辽金西夏研究年鉴
2009

景 爱 主编

學苑出版社

图书在版编目（CIP）数据

辽金西夏研究年鉴 2009 / 景爱主编．－北京：学苑出版社，2010.9

ISBN 978-7-5077-3639-7

Ⅰ．①辽… Ⅱ．①景… Ⅲ．①中国－古代史－研究－辽金时代－2009－年鉴②中国－古代史－研究－西夏（1038～1227）－2009－年鉴 Ⅳ．①K246.07-54

中国版本图书馆CIP数据核字（2010）第182237号

责任编辑：潘占伟　杨　雷
封面设计：徐徐书装
出版发行：学苑出版社
社　　址：北京市丰台区南方庄 2 号院 1 号楼
邮政编码：100079
网　　址：www.book001.com
电子信箱：xueyuan@public.bta.net.cn
销售电话：010-67675512　67678944　67601101（邮购）
经　　销：新华书店
印 刷 厂：北京信彩瑞禾印刷厂
开本尺寸：787×1092　1/16
印　　张：24
版　　次：2010 年 9 月北京第 1 版
印　　次：2010 年 9 月北京第 1 次印刷
定　　价：59.00 元

目　录

学术会议 /223

研究机构介绍 /231

博物馆介绍 /253

相关刊物介绍 /277

考古新发现 /303

出版动态 /307

卷首语

陈述先生有言，辽、金、西夏都是以少数民族为主体的政权，大体上处于同一历史时期，彼此有密切的关系。从事这方面研究的学者，应当多在一起切磋学问，相互交流。又言，以前人们轻视辽金西夏，一方面是受正统观念影响，不重视辽金西夏研究；另一方面同辽金西夏研究不充分有关，辽金西夏的重要性尚未被认识。

陈述先生上述意见，是很有道理的。在进入21世纪以后，辽金西夏研究队伍不断扩大，特别是辽金碑志大量出土、黑水城西夏文献的刊布，引起了学术界普遍关注，辽金西夏研究正在走向深入，许多论著相继出版。在这种背景下，沟通信息，相互交流，显得特别重要，许多学者不断提出编辑出版学术动态或年鉴类书刊的建议。

考虑到学术交流的需要，2009年编印了《辽金西夏历史文献·2008》（内部刊行）。该书明确提出："以总结每一年度辽金西夏历史文献研究成果和发布学术动态为宗旨，具有年鉴的功用，每年出版一辑。"此书印量不多，承一些专家学者的厚爱，提出了许多有益的建议，建议之一是应改名为《辽金西夏研究年鉴》，这样更名副其实。于是，自2009年起改名为"年鉴"。

目前年鉴类图书许多，属于历史学年鉴主要有两种。一是《中国历史学年鉴》，现在已停止编辑出版；二是《中国考古学年鉴》，每年一辑。在上述两种年鉴中虽有"辽金西夏史"栏目，然而篇幅甚小，很难满足读者之需要。本书是有关辽金西夏的专门年鉴，力求详细介绍这方面的研究成果和相关的学术信息，尽可能满足读者的需要。目的是通过年鉴这个平台，促进学术交流，实现学术资源共享。对于从事辽金西夏研究、关心辽金西夏研究的学者，或许能有一定的裨益。为读者服务，为科学研究服务，是我们全体编辑人员共同的心声。

景　爱

2010年3月21日

2009 年研究综述

辽史研究

吉林大学　王 姝　赵永春

2009年的辽史研究可谓收获颇丰。据笔者不完全统计，仅出版的相关著作和论文集就达20余部之多，史学研究、考古、文化等方面尤为突出。史学研究方面主要有陈述、朱子方主编《辽会要》（上海古籍出版社）一书出版，该书编纂以辽朝典章制度为主，主要采辑辽朝文献，包括辽朝人撰著、近年考古新发现辽代文物、志册，与以耶律俨《实录》、陈大任《辽史》为蓝本之元修《辽史》以及宋、金、高丽等国人之有关记述。前代和现代学者研究辽朝历史的成果，均相征引，充分弥补了旧有文献的不足。该书依据辽朝风尚制度多与中原不同的特点，遵照两汉、唐、五代及宋诸朝《会要》的成法，参考金毓黻先生《辽会要作法》的意见，斟酌损益，略作变通，分为二十部类。每类下有时列"杂录"一目，于典章制度因革损益之外，还记录大臣朝议及临时制敕等内容。同时，该书酌情增加星象图、散乐图、契丹地理图等，可以有助于读者了解辽代科技艺术发展的概况。另外，近年契丹文官印出土增多，虽然限于目前研究水平，多数文义无法辨识，但是《辽会要》中仍然载有印模，为日后学者们研究印文内容和辽代官制提供了翔实的材料。《辽会要》总汇相关文献、文物及近年研究成果为一书，成一代档案资料类编。区事分目，列举史实，提供了辽金研究检索之便，促进了辽代典制文化多视角深层次的研究。吴凤霞著《辽金元史学研究》（中国社会科学出版社）辽、金、元三朝的修史制度和各民族史家的风貌，在同中有异和异中有同之中，作者为我们描绘出了一幅中国古代多民族史学发展的画卷。同时，作者在本书最后一章中提出的几个理论问题，如"天下一家"、"国俗"、"正统"等等，以及当时的史学家、思想家、政治家们对这些问题的诠释，使我们可以从另一个侧面看到中国历史上客观存在的历史文化认同的趋势。《辽金元史学研究》作为一部断代史学研究著作，在这一领域，是开创性研究成果之一。此外，相关方面著作还有王曾瑜著《王曾瑜说辽宋夏金》（上海科学技术文献出版社），王明荪著《辽金元史学与思想论稿》（台北花木兰文化出版社出版），吴凤霞编《20世纪二十四史研究丛书·辽史金史元史研究》（中国大百科全书出版社），吴凤霞编《〈辽史〉、〈金史〉、〈元史〉研究》第九卷（中国大百科全书出版社），中华书局编辑部编《中研院历史语言研究所集刊论文类编·历史编·宋元辽金卷》（中华书局），李学勤主编《话说中国大历史·辽金元明》（华艺出版社），杨建新主编、刘建丽著《中国西北少数民族通史·辽宋西夏金卷》(民族出版社),郑师渠主编《中国文化通史·辽西夏金元卷》(北京师范大学出版社),徐斌、颜邦逸主编《战和之间的挣扎:北宋·南宋·辽·金》(长春出版社),李伯钦主编《中国通史》(普通图文版)卷6《宋辽西夏金元卷》(万卷出版公司),龚书铎《图说天下·辽西夏金:金戈铁马的交汇》(吉林出版集团有限责任公司),林言椒、何承伟主编《中外文明同时空·宋元VS王国崛起·辽金西夏·英法德》(上海锦绣文章出版社),李解民、李零、陈铁民等编译《白话二十五史精选·唐五代宋辽金》(新世界出版社),辽金契丹女真史学会编《辽金史论集》(第十一辑)(内蒙古大学出版社),宋慧娟主编《东北亚研究论丛》(第三辑)(吉林大学出版社)。考古方面:刘凤翥、唐彩兰、青格勒编著《辽上京地区出土的辽代碑刻汇辑》(社会科学文献出版社),该书辑录了内蒙古自治区的巴林左旗和巴林右旗契丹大字、契丹小字和汉字的全部碑刻,并且附有与辽代皇族、后族和辽代开国功臣韩知古家族有关的其他地区出土的碑刻,还附录了数篇考释近年出土的契丹文字墓志的文章以及《已经释读的契丹小字语词》与《契丹原字音值构拟》,既是对七十多年来契丹小字研究工作的总结,也体现了契丹文字的最新研究成果。还有,李卫著《辽金钱币》(紫禁城出版社),辽宁省辽金契丹女真史研究会编《辽金历史与考古》(第一辑)(辽宁教育出版社)。文化体育方面:郭杰、秋芙主编《辽金元文学》(上中下)(吉林文史出版社),张学淳《辽金元明清绝句品读》(上海社会科学院),师毅编著《辽金元朝状元诗榜眼诗探花诗》(昆仑出版社),黄聪著《宋辽金元时期北方少数民族体育文化研究》(陕西师范大学出版社)。人物研究方面:刘喜民著《契丹大帝——耶律阿保机》(河北大学出版社),龚莉著《人物中国·隋唐五代十国辽宋西夏金元》(中国大百科全书出版社)。其他方面:傅英仁讲述《红罗女三打契丹》(吉林人民出版社),祁野耘改编《澶渊之盟》(人民美术出版社)。

本年度发表有关辽史研究方面学术论文200多篇,涉及政治、经济、文化等各个方面。下面从政治、政治制度和人物研究,经济与经济制度研究,社会生活和思想文化研究,民族与民族关系研究,历史地理研究,文献与考古文物研究,书评、书序、研究综述等几个方面,作一简要评述。

一　政治、政治制度和人物研究

政治史。关于研究辽代政治方面的论文有李文军《论辽代契丹的正统化运动》(《内蒙古社会科学》2009年第1期),该文对辽代契丹争正统问题进行了系统讨论,认为契丹为了争得正统,在民族血统方面将自己认定为华夏圣王的后裔;采取"尊孔崇儒"的文教政策,发展儒学,任用汉族知识分子;在政治军事方面不断进取中原,试图统一天下。认为契丹争正统对契丹社会的发展产生了重要影响。姚雯雯《论辽朝汉族官僚群体的地位及其影响》(《东北史地》2009年第1期),分析了《辽史》和《辽代石刻文编》中记载的汉族官僚群体在辽朝社会中的基本特征、嬗变轨迹。认为汉族官僚群体对于辽朝政策制定、经济发展、文化传播等均有重要影响。周峰在《试论金朝对西部边疆的经略——以西夏和西辽为中心》（《东北史地》2009年第4期）一文中指出，在金朝对西部边疆的经略过程中，与西夏和西辽的关系是其中心内容。对于西夏，金朝基本上能始终站在宗主国的立场上，尽量维护两国的友好关系，支持西夏平定叛乱。对于西辽，金朝没有能力灭亡西辽，于是从最初的征讨逐渐转向密切关注与防御。王德忠《辽朝社会阶层之分析》（《辽金史论集》第十一辑），将辽朝社会阶层详细地划分为皇室、外戚和各族权贵，官僚，胥吏，宦官，士人，农民，契丹族平民，手工业者，头下户和二税户，宫户，奴隶、部曲和奴婢，军人，妇女，神职人员及宗教团体等14大类，对各个阶层的社会地位以及对辽朝社会发展的影响进行了分析和论述。宗喀·漾正冈布、刘铁程《契丹文化变迁与早期政治》（《西北民族大学学报》2009年第3期）一文对契丹早期的文化变迁予以梳理，以探求在文化变迁时代作为“历史衍生的”萨满文化和“由选择得到的”汉文化于其中的细微关系。齐伟《浅论辽末金初汉族仕人政治灵活性之原因》（《辽金史论集》第十一辑），从辽末汉族仕人群体的不同政治立场，其政治灵活性原因及其降金的原因等角度，分析了辽末金初辽代汉族仕人政治灵活性的历史、经济、时局等因素，同时认为宋金对待汉人的不同态度也是一个不容忽视的原因，其政治上的多变性对辽末金初的政治形势产生了重大的影响。张儒婷《试析辽景宗时期的用人特点》（《辽金历史与考古》第一辑）一文，通过研究辽景宗时期部分主要官员的选任及官员的特点，总结景宗的用人策略是在压制宗室近亲的同时，任用近臣，提拔有才能的契丹贵族和宗室远亲；任用有才能的汉族官员，但并不授予他们更高的官职。李秀《从参与军政活动看辽代契丹贵族女性的社会地位》（《前沿》2009年第7期），从契丹贵族女性积极参与政治、军事等方面活动，论述了这些优秀女性的参与政治军事活动的社会价值与理想抱负。

制度史。《辽史》无《选举志》，仅存的文献或石刻资料，对辽朝科举与进士的仕宦情况没有明确的记录。虽然至今仍无全面深入阐述辽朝科举与进士的著作问世，但学者们试图弥补《辽史》不足，2009年出现了多篇研究辽朝科举制与进士的文章。尤其是高福顺在此方面研究用力最勤，他在其博士论文《辽朝科举制度研究》的基础上，本年度又发表了数篇有关辽朝科举制度的论文，其中，《辽朝科举制度的发展演变》（《东北史地》2009年第3期）一文，详尽分析了辽朝科举制度创立、发展、鼎盛的不同阶段及演变特点，认为辽朝在我国北方游牧地区推行科举制度具有重要意义，它不仅使辽朝的选官制度发生了重大变化，而且使儒家文化在北方游牧地区得到了广泛的传播，出现了“华夷同风”的良好局面。《辽朝科举考试次数及其规模述论》（《东北亚研究论丛》第三辑）一文，详细考证了辽朝科举考试的次数及其规模，认为辽朝进士科于圣宗统和六年以后放进士次数为52次，如加上耶律淳、德妃的放进士次数应为54次。辽圣宗时期进士科放进士多在八月份以后，以年末居多；自辽兴宗开始至辽灭亡止，进士科放进士多在六月份。进士科放进士分甲、乙、丙科三等录取，甲科前三名为第一、二、三甲。进士科放进士的人数由最初一二人，发展到后期的百名以上。《辽朝“进士”称谓考辨》(《史学集刊》2009 年第 1 期）一文，梳理了在辽朝科举制度发展演变过程中先后出现的乡贡进士、前乡贡进士、前进士、殿试进士等与“进士”身份相关的称谓。认为乡贡进士、前乡贡进士是指获得礼部贡院科举考试资格而落第的士人；前进士是指擢第之后释褐授官之前的进士；殿试进士是指殿试合格的进士。李桂芝《辽朝进士杂考》(《学习与探索》2009 年第 2 期）一文，也对辽朝进士进行了考证，该文通过在对辽朝史料系统整理和分析的基础上，统计出终辽之世有记录可查的辽朝科举考试至少进行了 60 次，如果将北辽计入，则为 62 次；所取进士至少是 2321 人，另加北辽 127 人。在辽朝所取进士中，目前掌握的史籍留有姓名者至少 195 人，其中名见《辽史》者 94 人，《辽史》立有专传者 22 人。本年度，程妮娜翻译了高井康典行《辽朝科举与辟召》(《史学集刊》2009 年第 1 期）一文，该文认为，辽朝前半期官员入仕的主要途径有恩荫、流外和辟召，尤其藩镇辟召、奏荐州县官幕职官广泛流行。辽朝的藩镇应具有与唐朝后半期和五代时期藩镇相同的人事权，即这一时期朝廷的人事权受到一定的限制。辽朝后半期确立科举制度之后，朝廷通过任命新取进士为地方官，逐渐将藩镇的用人权收归中央。因此，辟召任官的现象明显减少。辽朝通过采用科举制度实现对汉地的深入统治。花文凤、郭瑞《辽代科举体制下少数民族教育公平问题及解决策略——兼议对解决当今少数民族教育公平问题的启示》(《昆明理工大学学报》2009 年第 12 期）一文，指出辽初期统治者面对国力较弱、体制不完善等问题，为促进民族教育公平，所实施科举考试思路及采取崇儒兴学的做法，对今天民族教育公平问题的解决产生了重要影响，也促使今天的中国应对辽代很多有实际价值的做法加以吸收和借鉴，从而促进多民族教育的公平发展。都兴智发表了《也说“横帐”》(《民族研究》2009 年第 6 期）一文,对辽代“横帐”问题进行了新的探讨，作者赞同“横帐”的“横”原义就是纵横之“横”的说法，同时对《辽史 · 百官志》中“御帐东向，遥辇九帐南向，皇族三父帐北向”的记载作出了新的解释。认为横帐具体所指的皇族成员范围并非一成不变，而是有一个发展演变的过程。最早的横帐很可能就是指太祖子孙，太祖当了皇帝后，将四帐皇族皆升为横帐。石刻资料证明，大约在兴宗时或道宗执政前期,二院皇族也被纳入横帐之列。辛鹏龙《辽朝斡鲁朵户试探》(《东北史地》2009 年第 2 期），对辽朝斡鲁朵户进行了探讨，认为斡鲁朵下的人户属于辽朝皇家的私人财产，他们承担着沉重的赋税、徭役、兵役和各种杂役。斡鲁朵户终年被束缚在土地、牧场、行宫中，辛勤劳动，世代依附于皇室。黄震云《辽代流刑的由来与司法考》(《东北史研究》2009 年第 4 期）一文，分析了辽代流刑中的投使和驱逐、流刑的类型、流刑的由来与变化，认为辽代的流刑渊源深远，参考了唐代的流刑制度，但是又与唐代同源，是一个独立的流刑法系，辽代流刑主要有流、放、逐、出、迁、谪、徙七类。陈晓伟《辽代功臣制度初探》(《辽宁工程技术大学学报》2009 年第 3 期），以《辽史》等文献资料为基础，同时利用辽代的汉文石刻材料，对辽代功臣制度进行了探讨，认为辽代功臣制度呈现出较大的随意性，功臣号授予方式包括“初赐后加赐”和“赐后改赐”等几种形式，认为辽代的“功臣”被赐予社稷大臣、属国的国主、耄年和致仕官员以及功勋后代，一般情况下，带有节度使身份的官员才有被封赐功臣资格。王雷《辽代致仕制度初探》(《中共郑州市委党校学报》2009年第5期),对辽代致仕制度进行了探讨,认为辽代的致仕制度初步形成于穆宗时期,官员的致仕年龄比较灵活,在70岁左右,致仕官员的待遇比较优厚,包括政治、经济、生活各个方面。这些对于保持官员队伍的稳定和发挥他们的才能,都有积极意义。刘庆《契丹、女真民族与中国重甲骑兵的复兴》(《辽金史论集》第十一辑),对反映辽金军事制度的重甲骑兵及其对中国骑兵发展的影响等问题进行了探讨。

人物研究。李桂芝《梁援家世考》(《黑龙江民族丛刊》2009年第2期)一文,考证了祖籍为河北定县的梁家发展轨迹,认为五代时有梁文规者移居燕京,会同年间,文规仕于辽,景宗时,其次子廷嗣北迁医巫闾山,遂为广宁人。认为辽金时,梁家虽不被列入汉官著姓,但七世以来,世代通显,自梁援为相后,又有从孙仕金,官至参知政事。其姻亲,则包括了契丹和霫等不同部族。都兴智《辽代国舅拔里氏阿古只家族的几个问题》(《黑龙江民族丛刊》2009年第5期),利用汉文和解读出来的契丹文墓志资料及新研究成果,对国舅拔里氏阿古只家族的世系问题进行重新探讨,认为阜新出土有墓志的萧氏仅一支出自阿古只家族。阿古只至少有安团、萧翰、家太师、萧海真等几个儿子,并厘清了各分支的世系。作者另文《略论辽金时期的渤海高氏》(《东北亚研究论丛》第三辑),从族源与世家、政绩和军功、高氏文士等三个方面对辽金时期渤海高氏家族进行了探讨。任爱君《麻答军与义州城》(《东北史地》2009年第4期),介绍了麻答出身及成长,认为辽太宗末年,麻答依靠家族的军政势力和私人武装,成为契丹辽朝中的实权人物。其家族的封邑义州城为麻答所统率的私人武装麻答军的主要来源。景爱《历史小说杨家将中的萧太后》(《辽宁工程技术大学学报》2009年第1、2期)一文,详尽梳理了杨家将小说的两种不同版本的源流、版本的异同以及小说产生的历史背景、历史影响等问题,认为,明朝人编写的杨家将历史小说用虚构的人物情节竭力丑化以萧太后为代表的辽朝人物,这对于中华民族的团结产生了负面影响。主张今人不应站在宋朝人、明朝人立场上去看待辽朝和契丹人,而应当站在中华民族的高度,去正确地认识辽朝和契丹人。王玉亭《辽代韩德昌及其子嗣职官述略——兼论玉田韩第五代权势问题》(《北方文物》2009年第3期),对玉田韩家族进行了探讨,认为玉田韩家族的兴衰与辽王朝的兴衰相始终,是辽朝崛起、勃兴、发展、衰微的一个缩影。作者通过对玉田韩同代人职官状况的考察,认为玉田韩到了第五代,其家族的政治权势仍然呈强盛状态。蒋金玲《辽代韩知古家族世系证补》(《辽金史论集》第十一辑),根据出土的墓志材料,考证了韩知古家族10代90余人的世系情况,对于《辽史》仅涉及6代15人的记述是一重大补充。向南《契丹萧思温家族》(《辽金历史与考古》第一辑),根据出土石刻资料,结合文字记载,梳理了萧思温家族的族属世系、族帐迁徙及其家族的盛衰等问题。张宏、刘延丽《浅析辽朝萧太后的治国方略》(《吉林师范大学学报》2009年第3期)一文,论述了萧太后萧绰在辅佐景宗、圣宗及亲政期间进行的一系列改革,包括选贤任能,整顿吏治;加强法治,释放奴隶;轻徭薄赋,发展生产;开课取士,学习汉族文化等问题,认为辽朝通过萧太后改革,最终完成了契丹社会的封建化进程。张宏又在另一篇文章《辽末后妃参政述略》（《黑龙江史志》2009年第1期）中，对辽末道宗宣懿皇后、道宗惠妃及天祚文妃三位后妃参政情况进行了探讨，认为辽代是一个民族融合比较开放的时代，约束少而又有才干的辽代后妃活跃于政治舞台之上，从而形成了辽代后妃频频参政这一独特历史现象，其中虽然不乏直接临朝执政者，但更多的是以妻妾之便参与人主谋划，站在权力舞台后面，参与政事。通过辽末三位后妃参政的考察，认为辽朝末年后妃参政呈现出逐渐走向衰落之趋势。刘肃勇《耶律德光与母后斗智进占燕云十六州》（《学习与探索》2009年第6期），叙述了耶律德光与母后斗智，统兵入关攻伐中原的后唐李氏政权，同时，在支援后唐叛将石敬瑭的战争得胜后，拥立石敬瑭为后晋皇帝，获得了农业发达的燕云十六州之地，又在新领地上创行了南面官制等等。

二　经济与经济制度研究

经济方面的研究一直是辽史研究中相对薄弱的环节，本年度辽代经济史及经济制度相关论文较上年略有增加。武玉环《辽代人口考述》（《学习与探索》2009年第6期）一文，充分利用辽代文献资料和石刻资料，对辽代人口进行了较为详尽细致的统计。首先是利用《辽史·地理志》中对各道人户的记载，从中统计出辽代的总户数。其次是从《辽史·兵卫志》中记载的每户所出的丁数，统计出辽代各府州县的总户数，再依据辽代碑刻墓志铭，统计出每户平均人口数，从而计算出以上两种统计方法中的辽代总人口数；再次是依据辽代石刻中的相关史料，间接推算出辽代的人口数。该文指出，用这三种方法分别进行计算，其结论大体相同，即辽代人口在750万左右。作者在另一篇文章《渤海国人口考述》（《辽金史论集》第十一辑）中，对渤海国人口进行了考证，认为渤海国初期共有人口60余万，渤海国全盛时人口在200万至240万之间。马慧丹《辽朝初期对汉族人口的安置与管理政策》（《赤峰学院学报》2009年第7期）一文，对辽朝初期汉族人口的来源、安置与管理以及因俗而治的意义进行了探讨。王成国《辽代契丹民族经济概述》（《辽金历史与考古》第一辑），从畜牧业、渔猎业、狩猎业、农业等几个方面概述了辽代契丹民族的经济状况，认为辽代契丹社会经济的发展伴随着国家政治制度的发展和完善而发展的，具有经济情况复杂、社会产业结构多元化的特点。刘本锋《辽代农业发展刍议》（《农业考古》2009年第6期），从辽代农业发展状况、发展原因及历史作用三个方面出发，探讨辽代农业的发展对北方社会进步起到的积极推动作用。朱蕾《辽朝时期阜新地区农牧结合的生产方式》（《辽金历史与考古》第一辑）一文，亦探讨了传统经济发展过程中巨变的，以农业和畜牧业等相结合的生产方式发展建立起来的辽代阜新地区经济状况。郭东升《从应感通宝观辽金时期的经济特点》（《辽金历史与考古》第一辑），认为契丹货币流通体系发展过程，是以契丹和女真民族从游牧到封建化，从单一畜牧经济向农、牧、工、商多种经济的新格局的过渡为背景而逐步发展起来的。研究科学技术的文章较少，只有刘建丽《两宋时期西北少数民族科学技术的发展》（《宁夏师范学院学报》

2009年第4期）一文问世，该文论述了两宋时期，活动在西北地区的吐蕃、回鹘、党项、契丹等民族政权的科学技术进步与发展情况。

三　社会生活和思想文化研究

社会生活。本年度有关辽代社会生活研究，在婚姻制度、服饰文化、军事体育以及酿酒业等方面的研究，有了新的发展和进步。高劲松、任静《辽代酒务官初探》（《内蒙古农业大学学报》2009年第6期）一文，整理了辽代酒务机构方面的石刻资料，对辽代酒务机构的组织结构的设置、人员的安排、等级划分及酒务官出身等问题进行了探讨和分析。高劲松、任仲书《辽代酿酒业及其发展》（《重庆工商大学学报》2009年第3期），从辽代酿酒业的发展条件、规模与特色、酿酒业对辽代社会的影响三个方面入手，考察了辽代酿酒业的发展情况。刘刚《试析辽朝的军事体育》（《赤峰学院学报》2009年第3期），从军事体育所培养的尚武、争胜与不畏艰险的军事素质人才是辽朝的立国之本，全民皆兵与军事体育的制度化是辽朝实力强大的保证，射猎体育是辽朝军事体育的主轴等角度分析了辽朝军事体育发展情况。孙佳佳、赵金铁《契丹服饰文化与社会生活》（《南宁职业技术学院学报》2009年第1期），从契丹服饰的民族特点与游牧生活、服饰文化的演变等方面，探讨了服饰文化对契丹社会生活产生的深远影响。杜成辉《金末文坛领袖雷渊——兼论辽金时期西京的出版印刷业》（《雁北师范学院学报》2009年第6期）一文，在考证金末文坛领袖雷渊的同时，论及辽金时期西京的出版印刷业，认为《归潜志》的刊印，证明辽金元时期大同的出版印刷事业也较发达。

宗教。本年度辽代宗教研究的论文较上年有所增加，主要围绕佛教信仰展开。张国庆《辽代佛教供养行为考论》（《辽宁大学学报》2009年第5期），在全面钩沉辽代考古实物资料和石刻文字资料的基础上，对辽代佛教供养行为进行了探讨，认为辽代佛教信徒所供养的对象为"佛"（诸佛造像、佛塔舍利）、"法"（各类佛经）、"僧"所谓的"三宝"；施供之物品种类繁多，但以香花灯烛及衣食等为主；供养人的身份、地位各不相同，分布于辽代社会各个阶层；供养模式，多为夫妻与子女等"合家"供养，亦有邑社众人集体供养者；供养人为表示对佛的虔诚，往往还绘刻有自己的形象，置于被供养对象侧旁；供养行为的终极目的，或为赎罪灭苦，或为祈福消灾。齐心、杨亦武《十字寺与景教》（《辽金史论集》第十一辑），通过文物考证，认为十字寺确实曾一度是景教寺院，其创建于晋代，原来是一座佛寺，唐代某个时期改为景教寺院，早期名为崇圣院，唐武宗灭佛的同时废了景教，崇圣院的景教亦被废止。辽及元代的一段时间，崇圣院又为佛教寺院，元至正十八年（1358年）重修后改名十字寺，一度恢复了景教，明清以后又为佛寺。同时探析了拉班·扫马、马克与十字寺的关系。尤李《房山石经〈佛顶尊胜陀罗尼经〉及其相关问题考论》（《暨南大学学报》2009年第2期），通过全面梳理房山石经中《佛顶尊胜陀罗尼经》的版本及刊刻情况，对8—11世纪华北北部地区的佛顶尊胜经幢的流行情况进行考察，结合地方社会，从族群史的角度探索中古时期的宗教信仰与社会的区域性差异问题。陈晓伟《灭罪与超度：辽时期〈佛顶尊胜陀罗尼经〉与晋北地区的造幢》（《五台山研究》2009年第1期），试图以一种动态的视野，从重点研究佛顶尊胜罗尼经为出发点，考察了晋北佛教状况，把“地域”作为考虑问题的重要范畴，较为具体、深入研究辽时期的佛教。该作者的另一篇文章《浅述辽代山西地区的佛教和寺院——以朔州“辽天庆八年经幢”为中心》（《文物世界》2009年第2期），以“辽天庆八年佛顶尊胜陀罗尼经”作为切入点，对山西地区的经幢存在情况进行了论述和分析。刘达科《佛禅与辽金文人》（《江苏大学学报》2009年第6期），从辽金两朝佛禅发展情况、佛禅浸润士林、文人的佛禅观三个方面，详尽探析了辽金两朝文人亲佛染禅，佛学禅法在文人中广泛流播及其向文学深层渗透的情况。该作者另一篇文章《辽金诗文话语与佛禅》（《晋中学院学报》2009年第6期），通过列举探讨辽金诗文作品中存在的大量由佛经禅典移植而来的话语，进一步说明佛禅对中国古代文学的渗透融浸，认为其表现主要反映在借用佛禅意象、使用佛禅故实和引用佛禅语汇三方面。张国庆、张冠男《辽代文学作品中的“禅意”与“佛缘”——“佛教文化与辽代社会变迁”研究之三》（《辽金历史与考古》第一辑），较为详尽地从诗歌类作品中的“禅意”和故事类作品中的“佛缘”等方面梳理了辽代文学作品中伴随着辽代社会变迁的佛教文化，认为至佛教文化大兴的道宗和天祚帝时期，辽朝佛教文化已经处于成熟阶段。〔日〕古松崇志著、姚义田译《从考古、石刻资料看契丹（辽）的佛教》（《辽金历史与考古》第一辑），列举了庆州白塔、燕京大昊天寺、《创建静安寺碑铭》、《马鞍山故崇禄大夫守司空传菩萨戒坛主大师遗行碑铭并序》等重要的考古和石刻资料，并进行了相应探讨。姜念思《从考古资料看辽代沈阳地区的佛教》（《辽金历史与考古》第一辑），通过分析佛教遗迹以及考古资料，概述了辽代沈阳地区佛教的发展及其影响。此外，杜晓敏《朝阳北塔佛舍利与辽代舍利崇拜》（《辽金历史与考古》第一辑），刘大志、王志华《朝阳北塔天宫发现的“七宝塔”初探》（《辽金历史与考古》第一辑），王飞《辽代皇家寺院——奉国寺》（《辽金历史与考古》第一辑），王志华《辽塔瘗葬香药探源》（《辽金历史与考古》第一辑）等文，也利用考古资料对辽代的佛塔和佛寺建筑以及辽代的佛教信仰等问题进行了探讨。

思想文化艺术。本年度有关辽代思想文化艺术方面的研究较为活跃，主要围绕儒家文化、教育、文化制度、壁画、音乐、歌舞等方面展开。石金民《儒家思想对辽代契丹女性的影响》（《北方文物》2009年第3期），认为契丹建国之初，把儒家思想放在了意识形态的首要地位，对辽代契丹女性产生重要影响：一是参政、议政、忧国忧民，二是成为操守妇道、尊老爱幼、勤俭持家等方面的典范。邢丽雅、于耀洲《略论儒学在东北少数民族中的传播》（《黑龙江民族丛刊》2009年第1期），分别分析了契丹族、女真族、满族等少数民族，有选择地接受或尊崇儒学中的三纲五常、仁学、理学、心学、气学、天命观、人生哲学等思想的情况及其特点，认为儒家思想成为少数民族思想文化的组成部分及行为的准则和规范。孙佳佳、任仲书《契丹文化对中原传统文化的影响》（《赤峰学院学报》2009年第2期）一文，从传统文化观念的改变、传统文化内容的拓展、传统文化风格的变化等方面对契丹文化对中原传统文化的影响进行了探讨，认为契丹文化具有开放性、认同性、民族性等特征，在辽宋时期，不仅中原文化对契丹文化产生重要影响，契丹文化对中原传统文化也产生了重要影响。修新宇《论辽代帝后——萧观音诗歌的艺术特点》(《赤峰学院学报》2009 年第 6 期)，介绍了辽王朝后妃萧观音诗歌的艺术特点。董艺《论唐代音乐与辽代音乐之关系》(《内蒙古师范大学学报》2009 年第 3 期)，认为辽代的宫廷音乐，大部分继承了唐代音乐，辽代音乐的定律、乐器分类法、雅乐名称、燕乐等都承袭唐朝。这种“宗唐”现象不仅是音乐风格问题，而且是辽代胡汉文化相争多年之后，汉文化占据主导地位的一种体现。刘希言《浅谈辽代墓室壁画从中期到晚期的发展——以陈国公主与驸马合葬 3 号墓和库伦 1 号墓墓道壁画为例》(《北方文物》2009 年第 1 期)，认为辽代壁画墓从中期到晚期，无论是壁画本身的内容、绘制技术还是通过壁画所反映的社会状况都有所不同，总的来说，逐渐受到汉族文化的影响，在保留原有特色的基础上又融入了汉民族的特色，形成了体制日渐完善、标准化的壁画墓形制。万彦《浅析宋辽金元墓葬孝子图像区域分布与盛行的原因》(《美术大观》2009 年第 8 期)，分析了宋辽金元时期墓葬孝子图像区域分布与盛行的原因。作者的另一篇文章《宋辽金元墓葬中女孝子图像的解读》(《艺术探索》2009 年第 5 期)，对宋辽金元墓葬中出现的曹娥哭江、杨香打虎救父、姜诗涌泉跃鲤、王武子妻割股奉亲、唐氏乳姑五种女孝子图像进行了解析，认为这五位女孝子的孝行方式反映了宋、辽、金、元时期人们对女子孝亲的要求，体现了“孝能兴家”、“以孝治家”的思想观念，并赋予这一时期“女孝”新的内涵。王莉《辽代四神图像的时代及相关问题》(《辽金历史与考古》第一辑)，分析了辽代四神图像的种类、分布、渊源、时代等问题，认为石棺主要流行于辽朝圣、兴二朝，最早的是圣宗统和二年，最晚为兴宗重熙十五年，其与厚葬习俗及道教文化密切相关。此外，王志华《解读朝阳北塔辽代舍利银棺上的涅槃图》(《辽金历史与考古》第一辑)、梁姝丹《阜新大板宝力根寺藏辽代石椁线刻画像石》(《辽金历史与考古》第一辑)，对朝阳北塔辽代舍利银棺上的涅槃图以及阜新大板宝力根寺藏辽代石椁线刻画像石进行了探讨和解读。

汤冰《契丹民族的教育特色》(《法制与社会》2009 年第 2 期) 一文，对契丹民族教育进行了探讨，认为契丹民族教育并未完全摒弃本民族的传统文化教育，而是在充分吸收中原文化并与其自身的优良传统相结合的基础上，形成了一套具有自己特色的民族教育。霍艳芳《略论辽代官方史书的编撰》(《图书情报工作》2009 年第 19 期)，从官方的修史机构、官修史书的成就及局限性三个方面略述了辽代官方史书的编撰特点。赵彦昌《试论辽代的文书档案工作》(《东北史研究》2009 年 3 期)，通过研究辽代的文书档案工作概况、职官及利用档案修史等问题，认为辽代的文书档案工作虽然对唐宋文书档案工作有所继承，并且体现出自己的民族特色，但是终辽一代，辽代的文书档案工作并没有取得很大的成就，没有形成自己的一套档案管理制度，传世档案也很少。王冰《论辽代的文书档案工作》(《兰台世界》2009 年第 3 期)，认为辽朝的各级文书档案机构中都配备有掌握多种或某种民族语言、文字的文书档案人员，为后人提供了宝贵的经验。常乐《辽金元百戏的演出与禁毁》(《衡水学院学报》2009

年第3期），认为辽金元时期百戏的演出在统治者的宽纵和好尚的影响下蓬勃发展，形成了与前代不同的特点，认为辽金元时期国家之间的对峙与更迭并没有妨碍各国散乐百戏演出的繁荣以及各国之间的文化交流，相反倒促进了百戏技艺的发展和成熟，认为元代的散乐百戏多被官方看作“诡怪百出，惊俗骇观，非所以善民心、化民俗，以滔堙心耳，归于淫荡”的惑乱行为，被禁断的百戏种类也达到十数种。王菲菲《两宋时期辽、金、西夏的歌舞及其与汉族的交流》（《艺术百家》2009年第3期），描述了辽、金、西夏政权统治下歌舞形式与时代特点，及其与汉族政权歌舞方面长期并存、交融的特殊局面。韩佳欣《中国狮雕艺术审美与辽金元狮雕收藏前景》（《商业文化》2009年第8期），以中国石狮起源及发展脉络为切入点，分析了辽金元时期狮雕特色及收藏价值。孟盛彬《契丹、汉语合璧诗新释》（《赤峰学院学报》2009年第5期），对北宋使臣余靖出使辽国，在辽兴宗庆贺生辰之际献上契丹、汉语合璧的祝寿诗等进行了新的探讨和诠释，认为《宋朝事实类苑》中对该诗的契丹语词汇存在误注的情况，他借用现代达斡尔语对余靖所上契丹、汉语合璧的祝寿诗进行重新注释和翻译，以期比较准确地了解全诗所要表达的含义和旨趣。

四　民族与民族关系研究

民族研究。任爱君《游牧封建制观点与民族文化共生现象的基本阐释——关于契丹辽朝前期社会性质问题的基本思考》（《辽金史论集》第十一辑），从游牧封建制观点的提出及其主要内容、北魏政权的早期结构、蒙古汗国与契丹辽朝的共生现象、民族史研究中相互勘验的基本条件等几个方面论述了契丹辽朝前期的社会性质，认为，辽朝前期政权的性质以北方民族故有的统治形式为主体，其社会发展面貌应该与蒙古元朝一样具备了封建时代的特征，并认为这些封建元素的主要表现是建立在“伴当制”、“家臣制”、“亲兵制”和建立在社会地位基础上的平均分配原则。张志勇《辽朝建立前契丹族文化与习俗考》（《辽宁工程技术大学学报》2009年第3、4期），从经济文化与习俗，军事文化与习俗，社会组织文化与习俗，法律文化与习俗，交易文化与习俗，婚姻丧葬习俗，宗教、道德、信仰与礼仪，衣食住行文化与习俗等几个方面对辽朝建立前契丹族文化和习俗进行了探讨，认为早在辽朝建国前契丹人就有自己的文化与习俗，契丹早期文化与习俗具有原始性、流动性、粗犷性、融摄性、学习性、创造性等特点。孙政《契丹未能统一中原的原因探析——以耶律德光南征为例》（《烟台大学学报》2009年第3期），详尽分析了耶律德光南征时，契丹未能统一中原的原因，认为：一是因为契丹在政治和思想方面还不成熟，统治者深受传统“华夷观”的束缚；二是受到了契丹统治阶级新旧势力分歧和斗争的牵制；三是契丹初期农业发展薄弱，无力支撑庞大的战争供给，野蛮的“打草谷”后勤保障方式激起了中原人民的强烈反抗；四是契丹的整体军事实力不足，汉族将领和军阀割据势力强大。曾国富《五代时期契丹南侵的促动与制约因素》（《北方民族》2009年1期），认为五代时期，中原地区反叛势力及割据政权的勾结引诱，中原王朝的挑衅，是契丹频繁南侵的促动因素；而中原王朝边防的巩固，给予入犯的契丹军以沉重的打击，和约的订立与友好关系的维持，则是契丹南侵的制约因素。作者的另一篇文章《辽朝建立前契丹族文化与习俗考》（《辽金历史与考古》第一辑），从经济、军事、社会组织、法律文化、交易文化、婚丧、宗教信仰、服发式等诸多方面较为细致地论述了辽朝建立前契丹民族的早期文化与习俗。葛华廷《辽奚迭剌部及相关问题浅探》（《北方文物》2009年第2期），对奚迭剌部名及其所居地点予以考证，认为奚迭剌部即奚耶律部，居于辽饶州一带。同时对有的学者提出的奚迭剌部即"奚铁勒部或奚铁骊部"的观点以及所谓此"铁勒"、"铁骊""只能是与'高车'为同义语的铁勒"之说提出了不同看法，并对《金史》中与此相关的两处记载提出了质疑。王宇勍《辽代奚族的地理分布》（《辽宁工程技术大学学报》2009年第6期），采用历史地理的研究方法，着重从奚王府管辖的各部和辽国直接控制的七部奚族两方面来论述辽代奚族的地理分布，进而动态地阐述奚族演变、迁徙、融合的过程。纪楠楠《关于辽代奚族的部族》（《辽金史论集》第十一辑），分辽朝前期和中后期两个部分对辽代奚族部族的发展和变化情况进行了探讨。王善军《由富求贵：从归化州张氏看辽金燕云豪族的发展路径》（《河北大学学报》2009年第6期），通过对归化州张氏家族由富到贵的发展过程的考论，总结出辽金时期具有特殊地位的燕云地区豪族发展演变的路径，认为辽金时期燕云地区豪族的发展和演变，从一个侧面反映了北方民族统治下汉人地区社会关系的演变。范雅黎《浅析哈剌契丹人建立的起儿漫王朝》（《重庆科技学院学报》2009年第6期），梳理了起儿漫王朝的建立、与蒙古帝国的关系及王朝居民的经济生活与宗教信仰等情况。郭虹虹《契丹迁徙研究》（《边疆经济与文化》2009年第5期），概述了契丹民族从起源、建国到国破的不同历史时期的迁徙情况。程妮娜《铁骊新考》（《辽金史论集》第十一辑），对辽代铁骊进行了系统考论，认为辽代铁骊女真的居住地应为今吉林敦化一带地区，即唐代铁骊女真分布在牡丹江下游之东，今黑龙江勃利县一带地区，辽太宗天显三年（928年），契丹统治者将渤海族人由原居地举族迁往辽东半岛后，铁骊女真南迁至牡丹江上游，即今吉林敦化或偏西一带地区。

民族关系史。张利锁《辽河流域渤海人与辽政权的关系》（《廊坊师范学院学报》2009年第4期），分析了辽东地区和上京地区渤海人与辽政权的关系，认为被迁徙到辽代腹心上京地区的渤海人，很大程度上表现出对新王朝的顺从和认可；而被迁徙到辽东地区的渤海人，辽政权对其采取了相对比较宽松的政策，因此这一地区的渤海人形成了一股较强的政治势力，也进行了多次反辽斗争。孙泓《西方文化在辽代的传播》（《辽金历史与考古》第一辑），作者对与西方相关的部分辽代墓葬出土的胡俑、壁画、金银器、玻璃器、琥珀饰品等考古资料详细归类分析，认为真正的草原丝绸之路是过去所说草原丝绸之路还要从呼和浩特继续向东，通过乌兰察布盟、赤峰、宁城、敖汉、奈曼到通辽。辽代契丹民族拓展的草原商路对东西方文化的融合，对草原地区与中原地区文化的融合起着非常重要的作用。袁本海《唐朝契丹朝贡述略》（《辽金历史与考古》第一辑），根据史籍中契丹朝贡的史料所列的贡表，对契丹向唐朝贡的贡品、时间、贡使、唐的回赐、朝贡次数及朝贡的阶段进行简单分析和论述，认为可以通过契丹对唐的朝贡，认识唐与契丹双边关系的发展。杨浣《辽夏关系的变动与东西方贸易的走向——〈李继迁兴起与西域朝贡年表〉》（《辽金史论集》第十一辑），从辽夏关系演变与西域对辽的朝贡贸易，辽夏双边贸易中的外来商品及辽宋时代中国陆上丝路贸易的主要特点等角度，对辽夏关系的变动以及东西方贸易的走向进行了探讨，认为，当西夏逐渐垄断了河西走廊贸易权利的时候，辽朝就日益重视通过草原丝绸之路来加强与西方诸国的贸易，辽夏关系好恶始终影响着辽朝与西方的贸易频率和质量，其研究成果推进了日本学者藤枝晃先生在此方面的研究。顾宏义、郑明《宋辽高梁河之战考辨》（《辽金史论集》第十一辑），主要依据宋、辽双方史料记载，逐日考述宋太宗北征燕京战事的具体进程，尤其关注于高梁河作战经过的考述，同时辨证了相关文献记载及论说的讹误。

五　历史地理研究

本年度在辽代历史地理研究方面，主要是在州县地理位置的考辨、辽京城体系的建设等方面发表文章较多，取得了可喜的研究成果。冯永谦《辽东京道失考州县新探——〈辽代失考州县辨证〉之一》（《辽金历史与考古》第一辑），对《辽史·地理志》中不载和已载但尚未解决完全的州县重新进行了辨证，考证了镇北州、定州、保州、来远城、铁州、汤州、嫔州、渌州、显州、宗州、乾州、永平县、同州、定武县、率宾府、铁利府、长岭府、镇海府、麓州、顺化城、荣州等二十个州县。孙永刚、黄文博《辽代义州、义丰县、富义县考》（《辽金史论集》第十一辑），通过对史料及碑铭资料的分析，认为义州应是辽太宗时期设置的渤海移民侨置州，重熙元年（1032年），义州废，改州为义丰县，属永州，后又尝改为富义县，属于泰州，金代该县废弃。魏耕云《辽代迁徙后所置渌州故址考》（《北方文物》2009年第1期），根据相关文献和考古资料，推定今天大石桥市沟沿镇青城村发现的辽城址为辽代迁徙后所置的渌州故城址。宋德辉《城四家子古城为辽代长春州金代新泰州》（《北方文物》2009年第2期），对吉林省白城市洮北区城四家子古城出土的金代文字刻砖进行了考证，认为该文字刻砖出土，印证了城四家子古城为金代新泰州，即辽代长春州的观点和认识，同时也印证了金朝时实行的“入粮鬻官”制度，并对辽代长春州的建置背景及作用进行了论析。朱国忱、曹伟《渤海王族进攻的扶余城问题》（《东北史地》2009年第4期），对学界有人认为的契丹攻灭渤海后，渤海王弟率众主动攻打的扶余城为原渤海时期作为扶余府治的扶余城的观点提出质疑，认为该城应为东丹国的天福城。余蔚《辽代懿州考》（《中华文史论丛》2009年第4期），通过整理比照包括碑刻资料在内的各种材料，结合辽代头下等相关制度，对辽代懿州的归属、治所、属县等问题进行了全面的考辨，认为，辽圣宗太平三年（1023年），圣宗女越国公主槊古建头下懿州。清宁七年（1061年），由其女道宗宣懿皇后献与朝廷，于州置倚郭平阳县。清宁九年（1063年），置顺安县，划为懿州属县。乾统元年（1101年），改倚郭平阳县名为宁昌县。至金代，懿州方迁治于顺安县。朱国忱《论燕颇——琰府与兀惹城——定安国问题》（上、中、下，《东北史研究》2009 年 1、2、3 期)，对燕颇、琰府与兀惹城、定安国进行了系统考证和分析，认为乌舍城渤海琰府王即指燕颇，乌舍城（兀惹城）也就是定安国或定安国都城，位于今东宁县大城子古城。左利军《辽上京“涞流河”考析》(《东北史研究》2009 年 4 期)，通过考察辽上京遗址周边河道现状、60 年代末河流状况对辽代情况的分析，认为辽代上京城的确有一条绕京三面的河流存在,《辽史》对辽上京水系的描述是正确的。陈士平《辽金“霭建村”元明“扎剌奴”》(《东北史研究》2009 年 4 期),考证了辽金霭建村,元明时的扎剌奴城、鹿鲁吉站为今巨源小城子古城。郝红暖、吴宏岐《辽、西夏、金都城建设对中原制度的模仿与创新——兼论唐、宋都城制度对少数民族都城之影响途径》(《中南民族大学学报》2009 年第 5 期)，认为辽、西夏、金都城对中原都城制度的模仿通过间接继承和直接继承两种途径，主要表现在都城的基本形制、附属建筑及整体布局等宏观方面，同时根据本民族习俗作出调整，形成自己的特色。认为跨朝代少数民族政权对中原都城制度的模仿具有混合性特点。郑恩淮《辽朝文化中心在南京（今北京)》(《辽宁工程技术大学学报》2009 年第 2 期)，认为辽朝的文化中心在辽南京，主要根据有三：第一，史书记载辽南京经济文化发达；第二,《辽藏》工程浩大,约六千多卷,历时七十余年,雕造于燕京阳台山清水院（今北京西山大觉寺)；第三，1974 年山西应县木塔发现一批辽代印刷品均为辽南京雕印。程嘉静、张利锁《从〈奉使辽金行程录〉看辽代的聚落》(《廊坊师范学院学报》2009 年第 4 期)，运用《奉使辽金行程录》中有关资料，分析宋人使辽途中所记载的聚落，按功能分为四种：一种为衔接型聚落，一种为投下军州，一种为守护驿馆而设的居民点，一种为看护佛寺而设的聚落。认为州城及其附近的聚落规模很小，推断至辽后期才在州城附近聚集起众多的人口。李冬楠《辽代都城研究中的几个问题》(《齐鲁学刊》2009 年第 3 期),学术界对辽代都城的研究,主要集中在上京的朝向、上京“城分南北”的原因、上京城的历史功能、辽代都城对中原都城制度的仿效等相关问题上，并出现了不同的见解及其争论，作者综合既有的意见，对各问题加以进一步研究探讨。作者在另外一篇文章《辽金元都城文化的特点及形成原因》(《学术交流》2009 年第 9 期）中对辽金元都城文化的特点及形成原因进行了探讨，认为，由于游牧民族独特的文化传统和价值观、万物有灵的宗教观和人与自然和谐的自然观，构成了辽金元都城文化的共同特点，认为辽金元都城文化具有非单一统治中心的传统、宗教建筑的营建、推崇人与自然的和谐等特点。诸葛净《论辽之京城体系》(《华中建筑》2009 年第 7 期)，通过对五京逐步建立的社会背景及其地理位置与四季捺钵地点关系的分析，指出这些京城形成了在政治经济文化生活中发挥重要作用的，各有分工、各有侧重又相互联系的京城体系。同时也揭示了五京建立过程及五京体系中各京城相互关系的变化与辽之政治体制及社会经济发展进程的密切关系。

六　文献与考古文物研究

文献。赵永春《“语录”缘起与宋人出使辽金“语录”释义》(《辽金史论集》第十一辑)，详细梳理了语录缘起及其分类，探讨了宋人出使辽金语录的涵义。对刘浦江所提出的宋人所说的“语录”只有宋代理学家讲学语录和使臣语录两种，并认为使臣记录应该分为“语录”、“专题报告”和“私人记录”三类的观点提出了不同意见。认为宋人所说“语录”在理学家讲学语录和使臣语录以外，还有佛学语录、道学（主要是道教）语录、兵学语录、杂史类语录以及有关诗文类“押韵语录”等等。《旧唐书》、《新唐书》所记南北朝人孔思尚所撰《宋齐语录》，为目前所见最早以“语录”命名的笔记小说类杂史语录。认为宋人出使辽金“语录”即是众多语录之中的一种，不过是在当时“语录”之称比较泛滥情况下的一种泛称而已。郑樵《通志》即将这类语录单独划分为一类，并没有在这类语录之下再划分出什么别的类别来。实际上，在宋人眼里，凡是使臣出使之记录均可以泛称为“语录”。刘浦江所说的“专题报告”和“私人笔记”，实际上也属“语录”范畴。吴凤霞《20世纪〈辽史〉〈金史〉〈元史〉研究及其影响》（《南开大学学报》2009年第6期），回顾了自20世纪以来史学工作者对《辽史》《金史》《元史》的补正、校勘和从史学角度考察、评议三史情况。总结了三史研究所产生的影响不仅仅局限在中国史学史领域，还扩展到了辽金元史和民族史的研究中。周峰《〈贞观政要〉在辽、西夏、金、元四朝》（《北方文物》2009年第1期），概要阐述了辽、西夏、金、元四朝对《贞观政要》一书的翻译与借鉴。孙国军、周峰《〈资治通鉴〉辽代北京记事辑稿》（《赤峰学院学报》2009年第8期），从中华书局点校本《资治通鉴》中辑录出关于辽代的北京史料80余条，供治北京史及辽史者参考。江庆柏《〈四库全书荟要〉辽金元三史提要校议》（《南京师范大学文学院学报》2009年第2期），校正了《四库全书荟要》辽金元三史提要的讹误，分析了《四库全书荟要》提要与分纂稿、《四库全书》书前提要及《四库全书总目》的关系。舒习龙《〈契丹国志〉的编纂特色与史学价值》（《河北学刊》2009年第3期），论述了《契丹国志》的编纂特色与史学价值，认为叶隆礼通过成熟的编撰技巧，运用纪、传等形式，客观地反映出契丹民族历史的发展大势与各族人物活跃于民族交融历史舞台上的生动事迹。《契丹国志》还客观记录了契丹民族的历史文化认同意识和汉化进程，因而在中国史学史上确立了自己的地位。叶隆礼有过人的史识，在史著中总结了契丹皇朝盛衰成败的经验教训，具有强烈的历史“资鉴”意识。金鑫《乾隆改定辽金元三史译名探析》（《满语研究》2009年第1期），通过对乾隆改定辽金元三史译名具体过程的深入考察，认为《通鉴辑览凡例》、《增订清文鉴序》只谈及金、元二史译名的改定，并不能证明乾隆对辽史存在忽视态度。通过考证，认为《钦定辽金元三史国语解》的始修时间应在乾隆三十四年，从词例分析，认为译名改定中使用的“索伦语”应该是鄂温克语。史金波、黄润华《宋元时期少数民族文字文献出版特点》（《出版发行研究》2009年第7期），分析了宋元时期契丹、党项、女真、蒙古等少数民族文字文献出版特点。邱靖嘉《〈辽史·耶律鲁不古传〉辨误》（《中国史研究》2009年第2期），认为《辽史·耶律鲁不古传》“会同初，从讨党项……天册中，拜于越。六年，为北院大王”中的“天册”应为“会同”之误。

墓志。本年度墓志的考释、契丹大、小字的研究均有新的进展。刘凤翥《契丹大字〈萧袍鲁墓志〉考释》(《辽金历史与考古》第一辑)，在对前人《萧袍鲁墓志》考释的基础上，对契丹大字中的“墓志铭”和“曰”，志主人的前辈，志主人历史任的职官及志主人的卒年和享年等问题作了进一步研究和探讨。李宇峰《辽孟初墓志考补正》(《辽金历史与考古》第一辑)，校识、考证了辽孟初墓志全文竖刻志文35行，满行36字，总计1173字。并据志文考证孟初出使高丽及其诗文略述，其官职、阶、勋、爵及其之死，分析了志文中涉及的历史地理诸事。吉如何、吴英喆《契丹小字原字字形规范与原字总表》(《内蒙古大学学报》2009年第3期)，比较各种新旧资料，并充分利用检索统计的方法，对20世纪70年代制定的“原字表”进行增减，鉴别出了430余个契丹原字，并以通用汉字笔画、笔顺规则编排已发现的所有原字，重新制定了一个原字总表。沈钟伟《契丹小字韵文初探》(《民族语文》2009年第3期)，对契丹小字墓志铭中的韵文进行综合分析，整理出包括22个韵类的“契丹韵谱”，为契丹原字语音的研究提出新的证据。张少珊、曲轶莉《丰宁县出土的契丹大字铭陶壶补释》(《北方文物》2009年第2期)，对1990年丰宁县大阁镇出土的契丹大字陶壶铭文作了补释，认为该铭文是契丹大字，可释为人名“留温”或“留恩”，意思为“撰”。黎新第《在辽代石刻韵文中见到的辽代汉语语音》(《古汉语研究》2009年第1期（总第82期)），认为辽代石刻韵文显示，辽代汉语中的全浊上声正在变为去声，口语中的促声字正在向舒声字转化，并指出尚有未见于《全辽文》的特殊押韵现象。孙伯君《从契丹小字“沓”看支思韵在辽代的分立》(《中国语文》2009年1期)，对契丹小字支思韵问题进行了探讨。张国庆《石刻资料中的辽代丧葬习俗分析》(《民族研究》2009年第1期）一文，利用辽墓出土的墓志及墓幢等石刻文字资料，对辽人丧葬习俗诸如“停柩权厝”、“遴选墓地”、“营造墓穴”、“卜占葬期”、“依礼下葬”、“祔葬先茔”、“特殊葬式”等问题进行探讨，不仅可弥补文献史料和考古实物对丧葬习俗记载之缺漏，而且有益于进一步深化与丧葬文化相关的辽代社会史研究。该作者与于航共同撰写的《辽代丧葬礼俗：生者为亡者镌志刻幢——以辽代石刻为史料》(《东北史地》2009年第1期)，以辽代石刻为史料，较为仔细地梳理了辽代志、幢的内容及分类，撰者的身份及层次。孙勐《北京石景山出土金代吕嗣延墓志考释》(《北方文物》2009年第3期)，结合相关史料，对北京石景山出土的金代吕嗣延墓志略作考释。付璐、孟凡云《耶律宗教生平及大事略考——以耶律宗教兄弟的墓志为主》(《科技创新导报》2009年第29期)，根据耶律宗教及其兄弟的墓志对其生平及其家族势力作了简单的考证。李宇峰《墓志所见辽代中京别称考述》(《东北史研究》2009年1期)，依据出土的辽代碑志资料，参考前人成果，对辽代中京别称进行了考证,认为辽中京还有中都、霫都、霫京三个别称。周峰《奚族碑刻概说》(《赤峰学院学报》2009年第9期)，在对奚族碑刻进行整理的基础上，对奚族碑刻进行了系统的研究，认为现存的奚族碑刻共有7件，其中有唐代碑刻、墓志各1件，辽代碑刻1件、墓志2件，金代墓志2件。文章对这些碑刻的出土情况、形制、内容、著录情况等略加说明，并阐述其史料价值。曹彦玲、王银田《辽许从赟墓志略考》(《文物世界》2009年第6期)，对辽大同节度使许从赟墓志进行了考证和论述。

考古文物。本年度关于考古发掘的单篇论文较多，涉及瓷器、玉器、铜器、木器、骨饰等不同材质器物，下面择要作一简单介绍。董健丽《辽代宗教瓷器述论》(《北方文物》2009年第2期)，对辽代宗教瓷器的出土情况、特征和产生的时间进行了较全面的阐述和考证，揭示了辽代宗教瓷器的文化内涵，探究了其产生的时代背景以及宗教对陶瓷艺术的影响。易立《试论五代宋初耀州青瓷的类型与分期——以墓葬、塔基出土物为中心》(《考古与文物》2009年第2期)，系统考察和梳理了五代宋初时期耀州青瓷类型与分期问题，对于理解辽代部分绿釉器的烧造动因具有参考价值。何松《中国辽金元玉器的民族风格与文化艺术特征》(《超硬材料工程》2009年第1期)，对辽金元玉器的总体面貌、时代特征、民族风格、用玉制度、官办玉器、民间玉雕、种类造型、琢玉工艺、个性特点、艺术特色、地域风情、文化内涵、审美情趣、创新意识进行了综合分析、研究与评价。许晓东《辽代璎珞及其盛行原因的探讨》(《辽金历史与考古》第一辑)，依据考古出土材料，较为详细地探讨了辽代的璎珞、项链及其盛行原因。

有关墓葬方面的研究成果主要有：刘未《辽代契丹墓葬研究》(《考古学报》2009年第4期)，分三个部分对辽代契丹墓葬进行了研究，第一、二部分凭借考古材料分析辽代契丹大型、中小型墓葬形成、演变及历史走势，第三部分进一步分析辽代契丹墓葬的等级制度问题，认为辽代契丹墓葬等级制度并非是现象上的单纯级差所致，实际应该对应于当时丧葬礼制的明确的等级差别规定。认为辽代契丹丧葬等级制度定型的时间在11世纪中期。张帆《试谈辽代墓葬的研究和对契丹文化的再认识》(《内蒙古文物考古》2009年第1期)，探讨辽代契丹和汉人墓葬特点及其变化原因。董新林、塔拉、康立君、肖淮雁《内蒙古巴林左旗辽代祖陵陵园遗址》(《考古》2009年第7期)，认为内蒙古巴林左旗辽代祖陵陵园遗址的调查和发掘，填补了辽代早期陵寝制度研究的空白，推进了中国古代陵寝制度、辽代考古学与历史学等方面的研究。

七　书评和书序

程妮娜《辽金社会与文化的探索——〈宋德金集〉评介》(《北方文物》2009年第4期)，认为《宋德金集》以中国辽金史和中国社会为主，尤其以辽金史论文为多，涉及辽金制度、文化、社会、民族、金宋关系等宏观与微观研究，是有重要学术价值的成果。太平《评乌拉熙春女真契丹学和辽金史研究的新作》(《辽宁师范大学学报》2009年第5期)，对2009年2月由日本京都松香堂书店推出的乌拉熙春的一部新作《爱新觉罗·乌拉熙春女真契丹学研究》释读并评介其研究的成果。瞿林东《断代史学与民族史学研究的新成果——〈辽金元史学研究〉序》(《廊坊师范学院学报》2009年第5期)，回顾了中国史学史研究和撰述特点，研究中国少数民族史学中的两点问题及吴凤霞教授《辽金元史学研究》这部新作的特点。

金史研究

辽宁师范大学　都兴智　周　爽

2009年国内外学者对金史的研究取得了丰硕的成果。据笔者的不完全统计，共出版相关专著40余部，发表论文150多篇。

史学界往往将辽金两代的历史一并进行研究，本年度辽金史著作可谓硕果累累。主要有北京市文物研究所编著《北京龙泉务辽金墓葬发掘报告》（文物出版社）。〔日〕爱新觉罗乌拉熙春著《爱新觉罗乌拉熙春女真契丹学研究》（日本京都松香堂）。〔日〕轻部谦介《ドキュメントアメリカの金権政治》（东京岩波书店）。中华书局编辑部编《中研院历史语言研究所集刊论文类编——历史编·宋辽金元卷》。（台湾）王明荪著《辽金元史学与思想论稿》（台北花木兰文化出版社）。中国辽金契丹女真史学会编《辽金史论集》第十一辑（内蒙古大学出版社）。景爱、孙伯君主编《辽金西夏历史文献2008》（中国民族古文字研究会主办、辽中京博物馆协办）。景爱著《历史上的萧太后》（中国社会科学出版社）。仝道荣主编《女真族的一支后裔——仝姓》（凤凰出版社）。马亚川讲述，王宏刚、程迅记录整理《女真谱评》（上下）（吉林人民出版社）。傅英仁讲述，王松林记录整理《金世宗走国》（吉林人民出版社）。《人物中国》编委会编《人物中国——隋唐五代十国辽宋西夏金元》（中国大百科全书出版社）。刘建丽著《中国西北少数民族通史》宋辽金西夏卷（民族出版社）。吴凤霞编《〈辽史〉〈金史〉〈元史〉研究》（中国大百科全书出版社）。李卫著《辽金钱币》（紫禁城出版社）。此外，相关的论著还有陈广恩著《金元史十二讲》，师毅编《辽金元朝状元诗榜眼诗探花诗》，孙昊、杨军著《女真帝国传奇》，王昊等著《话说中国大历史（伍）辽金——元明·繁华之后的衍生》，王曾瑜著《王曾瑜说辽宋夏金》，陈雨壮编著《宋金青瓷考证》，李伯钦主编《中国通史》宋辽西夏金元卷，刘宁主编《辽金历史与考古》，申喜萍著《南宋金元时期的道教美学思想》，马亚川讲述、王宏刚记录整理《阿骨打传奇》等。

一　政治史　制度史

政治史。本年度政治史研究主要集中于对金朝迁都问题的探讨，相关的论文有刘肃勇《金世宗对金源故地的经略》(《黑龙江民族丛刊》2009年第1期),该文指出金世宗为求得对金源故地的稳固统治,不仅大力提倡以射猎野兽为实战的习武运动,同时也注重生态环境保护,颁布相关法令。为确保金朝北部边疆的安全而残酷剿杀乌底改族;《论金朝完颜亮迁都》(《辽宁大学学报》2009年第5期)一文对完颜亮迁都予以充分肯定。分析了金朝迁都的原因既有外部军事的需要,也有为适应中原区经济与政治的需要,经过各方面得当的措施,使迁都圆满完成。其重大的历史意义在于首开了北京为一朝国都的历史。霍明琨、胡晔《试析金宣宗迁都开封》(《北方文物》2009年第4期)指出,金宣宗选择迁都开封是从抵御蒙古铁骑的进犯和朝廷日常生活安置的角度出发,作出的正确选择,同时这也是由金统治阶层的自我认识所决定的。董四礼《金世宗参与海陵王弑君夺权史事考》(《北方文物》2009年第3期)认为,金世宗参与了海陵夺权之事,至少是海陵夺权事件的支持者。世宗在称帝后,对海陵朝和金初实录大加删削,目的只能是想掩盖事实真相,欲盖弥彰。这在金史研究领域是一种新的观点,颇引人注意。李秀莲《试论金初宰相韩企先与隐者政治》(《辽金史论集》第十一辑)一文,对金初汉族出身的一代名相韩企先的生平进行评述,赞扬了他在金初政坛上所起到的重要作用和突出政绩,同时也肯定了他善于随机应变的政治权谋和智慧。都兴智《论金宣宗"九公封建"》(《北方文物》2009年第1期)认为,金廷南迁后采取"九公封建"政策,利用地主武装抵抗蒙古进攻、收复失地的举措,虽然是迫于形势而作出的一种权宜选择,由此也产生一些消极影响,但其在客观上所取得的积极作用应予以肯定。夏宇旭《浅析宋朝对金治下契丹人的招降》(《东北师范大学学报》2009年第2期)认为,在宋金对峙期间,宋朝招诱许多在金朝遭受厄运的契丹人投宋攻金,大大增强了宋朝的军事力量,金治下契丹人的向背对金宋政局产生了重大影响。李玉君《论金朝中央集权对女真皇族的防范对策》(《满族研究》2009年第3期)认为,金朝的灭亡与对皇族的防范有一定的关系。宋立恒《论金代对僧侣阶层的压制政策》(《满族研究》2009年第4期)指出,金代对僧侣阶层一直在人员数量、经济资产、法律特权、结交权贵等方面采取压制性政策,这与金代皇帝对佛教的抵触情绪,女真人对萨满教的极度信仰,国家政治文化的高度儒家化,以及"辽以佛废"的惨痛教训有关。金朝对皇族采取的虚封爵位、限制任官、无情杀戮、迁徙禁锢等防范政策在一定程度上削弱了金朝的统治力量,激化了统治集团内部的矛盾,动摇了金朝的统治。

探讨金代政治人物的论文较上年有所增加,主要有苗天娥《简评历史上的金兀术》(《北方文物》2009年第1期),作者指出,历史小说中的金兀术和历史上真实的金兀术有很大的出入,对于历史上的金兀术应给予实事求是的评价。景爱《历史小说杨家将中的萧太后》(《辽宁工程技术大学学报》2009年第1、2期)认为,历史小说《杨家将》是为了突出杨家将的光辉形象,用虚构的人物情节竭力丑化以萧太后为代表的辽朝人物,今人应当站在中华民族的高度,去正确地认识辽朝和契丹人。李秀莲《试论金初宰相韩企先与隐者政治》(《辽宁工程技术大学学报》2009年第1期)一文以由辽仕金的韩企先为研究对象,把他在政坛上的成功概言为"隐者政治"。他的隐者政治是金初贵族政治与皇权政治夹缝中的产物,属于个人,也属于金朝社会。

制度史。本年度制度史研究的论文较上年略有减少，主要有夏宇旭《初探金代契丹人的部族及乣组织》（《吉林师范大学学报》2009 年第 3 期），文中对金代契丹人的部族和乣组织的设立、分布、管理以及在这一组织下契丹人的生活状况作了论述。李玉君《金朝大宗正府考论》（《江汉大学学报》2009 年第 5 期）指出，金朝大宗正府的设置是对以前历代王朝宗室管理制度的继承和发展，同时对元朝的宗室管理产生了一定的影响。杨春俏《浅从〈揽辔录〉标点之失谈金代符牌制度》（《兰台世界》2009 年 2 月下半月）一文以《金史 · 百官志》为线索，介绍了金代符牌制度沿革的历史，亦解释了此处古籍两处标点致误的原因。

二　经济史

关于金代经济的研究成果主要集中在两个方面：一是研究商业贸易的论文，王德朋《论金代商业经济的若干特征》（《辽宁大学学报》2009 年第 3 期）认为，金代商业经济特色鲜明，商业发展的地域性差别明显，对外贸易规模有限，境内贸易中市场结构还不够完善。从历史影响来看，金代商业为元代商业发展奠定了重要基础。他在《论金与周边政权的商业贸易》（《中国社会科学院研究生院学报》2009 年第 1 期）指出，金代的贸易方式以公开的榷场贸易和隐蔽的走私贸易为主，境外贸易有力地促进了金与周边地区的经济文化交流，在金代经济发展史上具有重要地位。赵永春、吕士平《金丽使节“贡赐贸易”探析》（《北华大学学报》2009 年第 2 期）指出，金朝与高丽间的使节贸易分为四种类型，而金、高丽两国对贡赐贸易的态度不同，金朝侧重对高丽的宗主国地位，而高丽看重其所得的经济利益，这势必影响了两国交流的内容。孙久龙《金代盐使司》（《辽金史论集》第十一辑）一文，论述了金代盐使司的设置及发展变化、金代盐使司所辖的治盐机构、金盐使司的行盐界域等问题，并对金代的盐业管理进行分析。二是研究国家经济措施的论文，冯大北《金代官卖寺观名额考》（《史学月刊》2009 年第 10 期）认为，金代官卖寺观名额满足了僧道建寺度僧的要求，在客观上起到了普赐名额和度牒的效果。它对缓解财政危机、减轻农民负担以及赈灾备荒、促进钱钞流通均有一定的积极意义。陈德洋《金代和籴利弊初探》（《黑龙江教育学院学报》2009 年第 1 期）指出，金代和籴作为一种国家收购粮食的手段，作用和弊端始终相伴。在金朝中前期对于满足朝廷需要、赈济灾民、平抑物价起到了作用，但是后期，出于国家政治、经济形势的需要，则作为国家盘剥农民的工具；《试论金代地震与救济》（《黑龙江史志》2009 年第 4 期）指出，金朝是我国历史上一个地震多发时期，由于受科技水平的限制，金朝君臣对地震的认识大多是“灾异谴责”。震后，金朝政府采取减免赋税、徭役、减轻刑罚和伤亡赈济等赈济措施，以此来保障民生，维护统治。蔡定益《论金代的茶叶贸易》（《农业考古》2009 年第 2 期）认为，金代的茶叶贸易可分为茶叶榷场贸易、茶叶走私贸易和茶叶官营贸易三类，它们之间既有竞争关系，也存在相互的补充关系和一定的因果关系。

三　社会史　文化史

社会生活史。关于金代社会生活史的研究成果颇丰，王德朋《金代辽宁地域文化述略》(《辽宁师范大学学报》2009 年第 6 期）指出，金代是辽宁地域文化发展的重要时期，在教育方面、文学方面、宗教及艺术方面取得的进步，是各族人民共同创造的结果，同时也为元、明、清时期的辽宁地区文化的进一步发展奠定了重要的基础。杨军《金代马球散论》（《黑龙江社会科学》2009 年第 3 期）认为，金初女真人视马球为加强武备的途径，宣宗以后，由于女真人与汉族人观念上的趋同，马球在女真人眼中也仅仅是娱乐活动了。李秀莲、韩亚男《女真人崇柳习俗源流探微》（《北方文物》2009 年第 1 期）认为，女真人崇柳习俗是对北方民族树木崇拜的继承与发展，崇柳习俗在女真人中具有广泛而深厚的社会基础，甚至在满族人的宗教习俗中依稀可见崇柳的遗风。王久宇《论金代体育》（《体育文化导刊》2009 年第 5 期）金代的体育文化是在接受辽代体育文化影响和原体育文化影响的基础上发展起来的。体育是金朝社会生活的重要组成部分，金代体育的变迁也折射出金朝社会历史发展的轨迹。张帆《金代鱼纹铜镜与女真人社会生活》（《哈尔滨学院学报》2009 年第 9 期）指出，金代铜镜中鱼纹镜数量最多，纹饰最为丰富，深受女真人喜爱，它们展示了女真人特有的生活习俗，虽然处在汉化的洪流中，但仍保持其独有风貌。

思想文化。赵永春《试论金人的“中国观”》（《 中国边疆史地研究》2009 年第 4 期）指出，金人在入主中原之初，并没有将辽、宋排除在“中国”之外，实际上萌生了多统意识。到金代中后期由修端等人正式提出了宋、辽、金均为“正统”的多统思想，为元朝宋、辽、金“各与正统”思想的最终形成奠定了基础。郭武《金章宗元妃与早期全真道》（《宗教学研究》2009 年第 4 期）认为，金章宗元妃李师儿为在“皇嗣”问题上战胜对手，大力崇信全真道士，在很大程度上影响了金章宗朝的道教政策，对早期全真道的发展起到了推动作用，从中可以窥出“个人”因素在宗教发展过程中的重要作用。刘辉《金代儒学发展脉络缕析》(《东北史地》2009 年第 5 期）指出，金代从太祖太宗统治时期到章宗统治后期，儒学先后经历了“借才异代”、制度化、学术化三个发展阶段。封树礼《李纯甫佛学思想初探》（《辽宁工程技术大学学报》2009 年第 6 期）一文以李纯甫现存著述为主要研究内容，并结合耶律楚材等人的著述，从自报自得的因果论，淡化空有对立、强调自性空寂的空观，不离世间法的出世法，尊异求同、三教合一等四个方面对李纯甫的佛学思想进行了初步的探讨。李洪权《论金元时期全真教的无为政治观念》（《华夏文化论坛》2009 年）指出，金元时期的全真教以道家的无为观念为基础，屡次向最高统治者灌输体恤民力，轻徭薄赋，使民众有所苏息的政治思想，实际效果虽小，但在当时影响却很大。

本年度金代社会史研究侧重婚俗研究的论文较上年有所增加，主要有：刘代霞《从〈董西厢〉看女真婚俗对金代婚姻观念的影响》（《黑龙江民族丛刊》2009 年第 4 期）一文，从金代的说唱文学作品中看到，中原汉族的婚姻观念受女真族入主中原的影响，在婚恋活动中女性主体意识开始出现，主动性增强，贞节观念明显淡化。孙志刚《浅析女真完颜氏世婚制的原因》（《宿州教育学院学报》2009 年第 4 期）一文，从原始婚姻的遗风、深刻的历史条件和政治原因等方面分析了女真完颜氏世婚制产生的原因。

科技医学史。关于科技方面的论文有王书林、徐怡涛《晋东南五代、宋、金时期柱头铺作里跳形制分期及区域流变研究》（《山西大同大学学报》2009 年第 4 期）认为，东南地区在北宋大观以前，其柱头铺作里跳形制独具地方特色，并呈现出较为稳定的发展脉络。但随后其里跳形制明显受到了《营造法式》的影响，发生了本质性的改变，并一直延续至金代末年。吕志斌《金代早期瓦当探究》（《艺术研究》2009 年第 1 期）认为金代早期瓦当既有因地制宜的本色，又有因时而化的特点，既有“金源文化”的积淀，又有“中原文化”的融合。温静《略论辽金佛教寺院建筑特色》（《法音》2009 年第 1 期）一文从建筑布局与营造技术两个方面来探讨金佛教寺院的建筑特色及其演变。夏宇旭《金代农业科学发展探讨》（《安徽农业科学》2009 年第 33 期）一文从耕作技术、水利兴修和农田灌溉等三方面介绍了金代农业科学的成就。王梦林、杨卫波《浅析天宁寺三圣塔的建筑特色及人文价值》（《教科文汇》2009 年第 1 期）一文，对河南沁阳的三圣塔的建筑特色进行研究，认为三圣塔对研究沁阳的历史、民俗、文化、艺术以及发展旅游具有重要意义。

与上年略有不同，医学方面以金代医学大家刘完素的医学理论研究较为突出。主要有：程雅君《纯正道医、高尚先生——金代医家刘完素道医思想辨析》（《宗教学研究》2009 年第 4 期）一文，在全面分析刘完素的生平、著述以及学术思想等的基础上，阐释了一代道医刘完素的高道大医风范，大德之节贯彻到行医实践中。王燕、马燕、周铭心《刘完素治疗中风病方药特色方剂计量学分析》（《中医杂志》2009 年第 10 期）一文，运用传统文献学与方剂计量学研究相结合的方法进行一系列方剂计量指标的对比分析，得出了刘完素“降心火，益肾水”理论指导了清代医家的医疗实践，但其方药运用滞后于治法理论创新的结论。王英、尤可《刘完素中风论治探析》（《中国中医急症》2009 年第 11 期）认为，刘完素对中风的研究不限于对“心火暴盛，肾水亏虚”概括，他还在治疗上重视气血流通、滋肾阴、降心火，运用祛风药，取得了较好疗效。有关其他医学大家和医学思想的论文有金香兰、王左原《试论张元素对五运六气的继承与发展》（《中国中医基础医学杂志》2009 年第 8 期）指出，张元素对五运六气的研究，是在继承《内经》、《中藏经》和钱乙“五脏辨证”的基础上，用运气盛衰变化来分析人体生理、病理反应，研究治疗的方药，并创立了“脏腑辨证”说。潘桂娟、柳亚平《宋金元时期中医诊治痰病的学术思想研讨》（《中华中医药杂志》2009 年第 2 期）指出，宋金元时期在痰病的诊治和方药总结方面，已逐渐形成规模和体系，其影响已深入到临床各科疾病的诊疗。王琳《宋金元时期中药学研究特点浅述》（《新中医》2009 年第 9 期）认为宋金元时期中药学家们为满足临床需要，进而深入探讨中药药性、归经、升降浮沉等基础理论，开创了中药研究的新局面，对后世产生了深远的影响。刘佳《宋金元时代的中西医学比较研究》（《山东中医药大学学报》2009 年第 4 期）认为，宋金元时代中西医学的共性主要体现在学风上泥古与创新的并存及封建统治下医学的建制化；而差异则反映在阿拉伯医学对西医的影响大于对中医的影响，外部机制对中西医学的影响侧重点各异，当时中医各科的全面发展与西医少数学科的渐进的不同。叶险峰、李成文、张会芳《宋金元时期轻灸重针转折因素浅析》(《中国针灸》2009年第9期）一文，从疾病谱变化、灸法局限与弊端、中药与手术治法增多、经络腧穴理论完善等剖析灸法衰落原因，指出上述原因成为宋金元时期轻灸重针的重要转折因素。

艺术史。有关艺术史方面的论文呈现多样化的特点。关于服饰艺术的文章主要有：陈晓燕《简论金代服饰的特点》(《黑龙江史志》2009年第23期）认为，女真族初期的服饰着装简单、淳朴。金入主中原之后，受中原汉文化影响，尤其是丰富灿烂的服饰文化的熏陶，女真人纷纷仿效汉人服饰，开始追求衣着的华丽和奢侈。顾韵芬、张姝《金代女真族服饰文化的涵化》(《纺织学报》2009年第1期）一文以史料和考古发现为依据，研究金代女真族服饰文化涵化的不同特征阶段、产生因素和反应态度。杨海鹏《别样风情的女真金耳饰》(《收藏家》2009年第4期）指出，金代耳饰以耳环多见，耳坠较少，并分为男用耳饰和女用耳饰，其中差别不是很明显，男用耳饰较为简单质朴。

有关歌舞艺术的论文有王菲菲《两宋时期辽、金、西夏的歌舞及其与汉族的交流》(《艺术百家》2009年第3期）指出，两宋时期由于宋与辽、金、西夏等少数民族政权对峙局面的出现，形成了汉族与多个少数民族歌舞长期并存和交融的特殊局面。张本一《论金元北曲中的市井之音》(《西安音乐学院学报》2009年第3期）认为，宋金元时期是北曲萌芽、渐兴并趋于繁盛的时期，市井各类叫卖之声赋予消费行为以艺术色彩，人们对叫卖声的模仿等商业文化是促其形成的一个重要因素。此外，相关的论文还有常乐《辽金元百戏的演出与禁毁》(《衡水学院学报》2009年第3期）等。

关于收藏艺术的研究有：刘毅《金代的雕塑艺术浅析》(《雕塑》2009年第2期）指出金代的雕塑艺术有着显著成就，无论在陵墓石雕、砖雕和佛石窟雕像方面，都真实地体现出其特有的精神特征和艺术水平。赵美燕、王欣《关于山西金代黑瓷的若干思考》(《山西广播电视大学学报》2009年第4期）指出，宋金时期是山西黑瓷发展的顶峰，黑瓷烧造窑口遍及全省，所产黑瓷具有浓郁的独特地方风格。魏传来《山东淄博窑金代三彩陶器欣赏》(《陶瓷》2009年第9期）认为，山东淄博窑金三彩釉色艳丽，格调高雅，品种繁多，造型生动，是中国古陶瓷中的艺术精品。蔡毅《瓷枕探析》(《华夏考古》2009年第4期）一文，把目前尚未明确年代的瓷枕通过造型、纹饰、装饰技法与烧造工艺加以全面比较，归纳分类形成一种标准器的组合，为瓷枕年代较为准确的界定提供了依据。何松《中国辽金元玉器的民族风格与文化艺术特征》(《超硬材料工程》2009年第1期）指出，辽金元玉器总体上是对唐宋玉雕的继承、吸收和发展，并在玉器种类、工艺方法和艺术风格上表现出一致性。张鹏《金墓壁画的考古发现与美术史研究》(《艺术考古》2009年第3期）一文，以金代壁画墓作为主要研究对象，为深化金墓壁画的美术史研究，将不同技法表现的墓内装饰如砖雕、砖刻、砖砌、线刻、彩绘、石棺等纳入美术史研究视角。刘存忠《金朝钱币鉴赏——关于金代铸钱历史之我见》(《收藏界》2009年第5期）指出，金代铸钱皆采用汉字铸文，铸工精美，颇有宋钱神韵。此外，相关的论文还有：闫立群《昔日百姓糊墙用纸 今朝吉博镇院之宝——金代绘画精品文姬归汉图卷》(《收藏家》2009年第4期)，戴定九《我国古代北方的陶枕艺术》(《上海工艺美术》2009年第1期)，王冠仁《辽宋金钱币琐谈》(《钱币》2009年第3期)，于立凡《金代锦地开光梅花带柄铜镜》(《紫禁城》2009年第8期)，张翀《吴牛喘月镜，深藏国家天下大命题》(《艺术市场》2009年第2期)，李伟男、范云刚《河南南召高庄金代钧瓷窖藏》(《收藏界》2009年第2期)，叶柏光《"皇统通宝"面世记》(《收藏界》2009年第3期）等。

语言文字。本年度研究成果突出表现在借助地下出土的石刻资料来研究语言文字。景爱《金代石刻概述》(《北方文物》2009年第4期）一文，全面系统地论述了金代石刻文字的发现、著录、学术价值和研究现状，指出今日所见女真文字多为女真大字一说，仍需仔细研究，《奥屯良弼诗刻》应是女真小字。刘文生、朱国忱《金代女真人名解读》(《黑龙江民族丛刊》2009年第2期）一文对女真人名的特征、格式进行研究，以破译金代历史人物的女真人名，并对存在严重错误的女真人名进行分析和纠正。还有王耘《"寺"字从女真语到满语的音变分析——兼谈中原佛教在东北地区的本土化》(《东北史地》2009年第1期)。陆锡兴《九叠篆的来龙去脉》(《南方文物》2009年第1期）指出，宋金时期印章文字九叠篆是一种非常特殊的篆体，它出于道教的云篆，却有别于云篆，是可以识别的，并没有释读的问题。刘丽萍《试析金代汉字使用的原因》(《辽金史论集》第十一辑）一文，从金代的社会政治、经济、文化、移民政策、女真人汉化等几个方面论述了汉字在金代得到广泛使用的原因，证明任何朝代都无法脱离以汉文化为核心的中华民族大家庭的文化。

四 民族史 民族关系史

民族史。王善军《由富求贵：从归化州张氏看辽金燕云豪族的发展路径》(《河北大学学报》2009年第6期）一文，从对归化州张氏由富及贵的发展路径分析，指出该区域豪族的发展从一个侧面反映了北方民族统治下汉人地区社会关系的演变。任崇岳《河南省完颜姓女真遗民探析》(《中州学刊》2009年第1期）指出，河南省居住着将近2万名完颜姓女真遗民，并通过碑碣、地方志和谱牒证实了他们的身份，如今他们的大部分已与当地汉族融合了，但还保留着一些当年女真人的古老习俗。景爱、苗天娥《安徽肥东县的完颜氏》(《辽金史论集》第十一辑）一文，详细地介绍了肥东县的一支女真完颜氏后裔。作者通过实地考察，核对家谱、采访族人，弄清了肥东完颜氏的来源、世系和发展状况，证明他们与河南鹿邑完颜氏属于同一支系。这是继甘肃泾川、河南鹿邑完颜氏后裔之后又一重要发现，为金史和女真史研究增添了新的资料。田索菲《辽金时期契丹女真的民族政策和文化特点》(《黑龙江史志》2009年第15期）认为辽金少数民族的发展壮大，是由于吸收和借鉴了以汉民族为主体的中原地区的先进文化。同时，这些少数民族的发展壮大，也对中原地区经济文化的发展起到了积极的推动作用。兰婷、孙运来《金代教材建设》（《满族研究》2009年第4期）指出，金代教材建设承袭唐宋，虽无唐、宋发达，但也比较完善。由于统治者的重视，金代教材体系逐步完善，并形成了类型多样、特色鲜明的特点，成为金代教育的重要组成部分，对金代教育的发展起到了积极的促进作用。贾淑荣《金代女真人的贞节观》（《内蒙古民族大学学报》2009年第5期）指出，金代女真人的贞节观念经历了一个从无到有并逐渐加深的过程。贞操节烈的观念的逐渐渗透，对金代的女性生活起到了很大的束缚作用，使金代女性的社会地位进一步降低。都兴智《试论金蒙鼎革之际的契丹人》（《辽金史论集》第十一辑）一文，评述了金蒙政权递嬗之际契丹人的政治倾向及契丹人在蒙古占领中原过程中的作用等问题。

民族关系。杨树森《南宋三次内禅与宋金之和战》（《辽金史论集》第十一辑）一文，对南宋高宗、孝宗、光宗三次内禅的历史作了简略论述，并评述了金朝完颜亮南侵、南宋宁宗时韩侂胄北伐这两次重大历史事件，对南侵和北伐的成败原因进行分析，阐述了自己独到的见解。刘庆《契丹女真民族与中国重甲骑兵的复兴》（《辽金史论集》第十一辑）一文，从军事学和武器角度论述了辽金时期的契丹和女真重甲骑兵。同时分析了宋辽、宋金在实战过程中重甲骑兵的优势和不足，以及宋方对付重甲骑兵的办法。赵永春《语录缘起与宋人出使辽金语录释义》（《辽金史论集》第十一辑）一文，针对有的学者把宋人出使辽金的记录分成语录、专题报告和私人记录三类提出了自己的看法。认为宋人所说的语录除了理学家论学语录、宋代使臣语录之外，还有佛学语录、道学语录、兵学语录、杂史语录和诗文语录等。所谓宋朝使臣的语录（向朝廷送交的报告）、专题报告和私人记录，都属于语录类。张其凡、惠冬《金朝“南人”胡化考略》（《史学集刊》2009年第4期）指出，金朝入主中原之后，中原地区形成一个外部对南宋隔绝而内部多元化的文化空间，加之女真统治者对汉民族的统治政策及变化，都在强制或促进着中原汉人（“南人”）的胡化。都兴智《略论张觉事件与宋金寒盟》（《廊坊师范学院学报》2009年第2期）认为，宋朝与金签定海上之盟在当时的历史背景下并非失策。宋朝进攻燕京军事失利是宋金败盟的深层原因，没有处理好张觉事件则是双方关系破裂的导火线。金鑫《正隆大定之交契丹人起义若干细节问题的再思考》（《大连民族学院学报》2009年第4期）一文，对金朝正隆大定之交的契丹人起义的有关时间、地点、人物作了简要考证，为起义爆发于正隆六年说提供了新的证据，就“缔母岭”、“胜州”、“长泺”等交战地的位置提出了新的看法，对降金的义军首领“老和尚”的身份进行了必要的辨识。刘春霞、戴伟华《宋金交聘中的南宋泛使考略》（《求索》2009年第7期）认为，在宋金交聘中，不仅宋朝的泛使占据交聘的主动性，而且宋廷派遣泛使人次繁多，名目丰富。在不同历史时期，南宋向金国遣泛使频率与数量的不同，体现了不同的政治、军事政策。夏宇旭《略述金代契丹人对西夏的求援》（《兰台世界》2009年8月上半月）指出金朝建立后，契丹成为被统治民族，他们往往想投奔西夏寻求庇护，而这对金夏关系产生了很大影响。

五　文物考古 历史地理

文物考古。本年度关于文物考古的单篇论文较多，以下则择要概述。丁利娜《北京地区金代墓葬概述》(《文物春秋》2009年第4期）指出北京地区金代墓葬的形制主要有砖石混筑墓、土圹石椁墓、土圹砖室墓以及土坑墓等四大类型。王禹浪、王宏北《金代“建元收国”石尊考略》(《黑龙江民族丛刊》2009年第6期）认为，2006年阿城出土的石尊当为渤海国靺鞨人的遗物，后经女真之手，作为金朝开国典祀，建元“收国”的重器。此前曾有学者根据宋朝的史料，对《金史》上金王朝1115年建国和年号收国的记载提出质疑。这一重要文物的发现，为史学界关于金朝建国时间和有无收国年号的争议画上了句号。董新林《北宋金元墓葬壁饰所见“二十四孝”故事与高丽〈孝行录〉》(《华夏考古》2009年第2期）指出北宋金元时期，《孝行录》记载的“二十四孝”故事，应是中国北方地区最为流行的孝行故事版本。这为确认这一时期的墓葬壁饰题材等提供了重要依据。

杨海鹏《金代铜坐龙的发现与研究》(《北方文物》2009年第1期）指出，金代铜坐龙是渊源于辽代的坐龙、受宋代坐龙影响、包含了女真族民族文化心理的一种龙的形象，并探索出其发展演变规律及具有守护功用的价值。徐新云、王书林、徐怡涛《陕西韩城庆善寺》(《中国历史文物》2009年第4期）一文，指出韩城市庆善寺大佛殿前檐铺作的建造年代应介于北宋后期至金代前期之间，此结论填补了陕西地区已知早期木构建筑斗栱形制的空白。邢东风《大同善化寺与朱弁碑》(《世界宗教研究》2009年第1期）指出，大同善化寺是迄今保存相对完整的辽金佛教寺院，寺内保存的朱弁碑，既是辽金碑刻及书法艺术的杰作，又具有重要的史料价值。刘冰《赤峰博物馆征集四块金代石刻》(《内蒙古文物考古》2009年第2期）指出，赤峰博物馆征集到的四块金代石刻，石料相同，形制相似，雕刻技法一致，雕刻内容均为孝行故事，出自同一墓葬，是墓葬墙壁上镶嵌的石刻装饰的一部分。杨海霞《宋辽金时期铜镜发展状况初探》(《美与时代》2009年第11期)，宋辽金时期，铜镜形制本身所体现出来的造型之美越来越受到重视。在装饰题材及构图布局方面，辽的花卉纹镜，金的人物故事纹镜等，都或多或少地受到了宋镜的影响。马谋星、司建华《康乐县出土的金代窖藏钱币研究》(《西部金融》2009年第8期）指出甘肃康乐县窖藏钱币的发现，对研究宋、辽、金、夏之间的政治、经济、军事、文化和钱币的断代、钱币版样等方面的内容具有重要意义。

历史地理。本年度金代历史地理的研究取得了新进展。王禹浪、刘冠缨《黑龙江地区金代古城分布述略》(《哈尔滨学院学报》2009年第3期）考证，黑龙江地区的金代古城，集中反映了金代在这一地区的城市规模和发展状况。李锦萍、王金令《金代曷苏馆路治所的考辨》(《北方文物》2009年第1期）一文认定盖州市九寨镇五美房村古城遗址，为金代曷苏馆路治所宁州。景爱《金中都的地位及影响》(《东北史地》2009年第4期）指出，金中都的出现，标志着它从一个地方行政中心上升为一个国家的政治中心，对后世产生了重大的影响。李冬楠《辽金元都城文化的特点及形成原因》(《学术交流》2009年第9期）认为，辽金元都城文化的共同特点：非单一统治中心的传统，宗教建筑的营建，推崇人与自然的和谐。其形成原因在于，游牧民族独特的文化传统和价值观、万物有灵的宗教观和人与自然和谐的自然观。宋德辉《城四家子古城为辽代长春州金代新泰州》（《北方文物》2009年第2期）指出，城四家子古城出土的金代文字刻砖，印证了其为金代新泰州，即辽代长春州。同时也印证了金朝时实行的“入粮鬻官”制官制。以往的研究者多认定城四家子古城为辽代旧泰州，吉林前郭县的他虎城为辽之长春、金代新泰州。城四家子古城发现的金泰和六年字样的刻文砖无疑印证了该城址就是新泰州。可以此为坐标，去推定旧泰州及其他相邻州县的地望。应该说这一刻字砖的发现对辽金时期历史地理的研究有着重要意义。林玉军《〈金史〉行盐地理探微》（《北方文物》2009年第3期）一文从地理角度进行探析了金代七大盐使司与《百官志》中所列不合以及莱州盐场行盐范围缺漏等问题。林玉军、韩光辉《金代镇的若干问题研究》（《中国历史地理论丛》2009年第2辑）一文就金代镇的数目及其系年、镇的职官与管理、镇的人文要素、镇的职能等问题进行了研究。А.Л.伊夫里耶夫（著）、盖莉萍（译）《治中之印及赛金古城址行政级别考》（《北方文物》2009年第4期，本文译自《俄罗斯科学院远东分院学报》2006年第2期）指出，赛金古城址出土了金代和东夏国地方行政部门（州）的州长官助理或者文书办事员的官印，从而提出了赛金古城作为东夏国（1215–1233年）地方行政中心的级别问题。

六　墓志与文献研究及综述

墓志与文献研究。孙勐《北京石景山出土金代吕嗣延墓志考释》（《北方文物》2009年第3期）指出，金代吕嗣延墓志颇具史料价值，其志盖阴面还有吕氏家族墓地迁葬时的补刻，这在以前出土的辽金墓志中是不多见的。刘未《大同金代张澄石棺铭跋》（《山西大同大学学报》2009年第3期）指出，大同发现的金代张澄石棺铭显示其所属的张氏墓地是按照五音姓利原则来规划的，这说明燕云地区的五姓葬法，系唐、辽、金一脉相承而来，与中原北方地区宋元墓葬习见的同类葬俗并为唐代以降之两流。周峰《奚族碑刻概说》（《赤峰学院学报》2009年第9期）一文，对现存的七件奚族碑刻从出土情况、形制、内容、著录情况等方面进行研究，这些石刻资料无疑成为研究奚族历史的第一手宝贵史料。杨成凯《金刻本的鉴赏与收藏——古书版本知识》（《紫禁城》2009年第2期）一文介绍了金刻本的研究定位、版式特点、文献价值、版本鉴定、收藏和研究等方面的内容。

关于文献研究的论文，本年度取得了较为可喜的成果。主要有杨富学、陈爱峰《黑水城出土夏金榷场贸易文书研究》（《中国史研究》2009年02期）指出，黑水城出土夏金榷场贸易文书，其性质为西夏南边榷场使处理对金朝榷场贸易事务的文书，反映了西夏对外贸易问题，填补了史书记载的空白。沈仁国《〈文翰类选大成〉金诗拾遗》（《江苏教育学院学报》2009年第4期）一文利用明代李伯璵编纂的总集《文翰类选大成》，在《全辽金诗》的基础上，又辑得金诗 22 首，并对诗作者进了考辨。周峰《〈贞观政要〉在辽、西夏、金、元四朝》（《北方文物》2009 年第 1 期）指出，《贞观政要》在辽、西夏、金、元四朝分别被译成多种文字，并得到了统治者的重视。辽朝、金朝、元朝的皇帝无不将其视为统治的至理名言，积极学习和加以借鉴。仝建平《〈大金国志〉所载"太行山忠义社抗金"纠误》（《晋阳学刊》2009 年第 1 期）一文发现《大金国志》所记"太行山忠义社抗金"存在四处较为明显的错误，指出在利用这部书时要严加甄别。

研究综述和书评。研究综述类论文与上年比较为丰富。王德朋《近二十年来金代儒学研究述评》（《东北史地》2009 年第 1 期）一文对近二十年来学术界对金代儒学人物及其思想，儒学与金代社会演变，理学北传及金人对理学的评价等问题的研究作以评述；《2008 年辽金西夏史研究综述》（《中国史研究动态》2009 年第 10 期）一文对 2008 年辽金西夏史作以丰富、翔实的综合评述。李华瑞、杨芳《2008 年辽宋西夏金元经济史研究述评》（《中国经济史研究》2009 年第 2 期）一文从农牧业、土地制、经济产权、手工业、商业、贸易财政、赋役等方面，对 2008 年辽宋西夏金元经济史进行了较为全面的研究述评。周峰《〈金代官印〉评介》（《东北史研究》2009 年 3 期），全面评价了景爱、孙文政、王永成编著的《金代官印》一书的学术价值。李冬楠《金上京研究综述》（《黑龙江社会科学》2009 年第 5 期）一文从金上京的研究历程、主要研究成果、需要解决的问题等方面对金上京研究作以综述。

西夏学研究

宁夏大学西夏学　彭向前

2009年西夏学研究成果丰硕，据不完全统计，本年度出版专著3部，E. И. 克恰诺夫、聂鸿音著《西夏文〈孔子和坛记〉研究》，张迎胜著《西夏人的精神世界》和孙继民著《俄藏黑水城所出〈宋西北边境军政文书〉整理与研究》，另发表论文120余篇。现分别从文献考释和语言、文字研究，经济、政治、法律和社会，文化、艺术和宗教，族群和民族关系，考古、文物和遗民，书评、综述和其他等方面作如下概述。

一　文献考释和语言、文字研究

文献整理与研究成为近年来学术界的热点之一，就西夏学而言，西夏文文献考释依然是本年度研究的重中之重，汉文西夏文献方面也取得很大的成绩。先看对西夏文佛经的翻译和考证。聂鸿音相关文章有3篇，《西夏文〈阿弥陀经发愿文〉考释》（《宁夏社会科学》2009年第5期），指出俄藏 Инв.No.6518和7123两纸西夏文残叶可以拼配成一篇《阿弥陀经发愿文》，并对发愿文进行了翻译和考证，认为施主是夏仁宗的母亲曹氏，曹氏的尊号为“帝母”，表明《宋史》卷486记载的“国母”出自中原史臣的信手改易。《乾祐二十年〈弥勒上生经御制发愿文〉的夏汉对勘研究》（《西夏学》第4辑），首次完整公布了西夏文译本《弥勒上生经御制发愿文》，并作出译释。通过与黑水城出土汉文本对勘，指出翻译程序是先用汉文写就，然后再译成西夏文的，汉文作者与西夏文译者不是同一个人。《西夏文〈无垢净光总持后序〉考释》（《兰州学刊》2009年第7期），对俄藏西夏文《无垢净光总持后序》进行了翻译和考证，指出宋代施护的汉译本是当年西夏人翻译经文和撰写“后序”的首要参考。由于迄今还没有发现“后序”的汉文本，对西夏文的汉译采用了“构拟”的方式。孙伯君相关文章有2篇，《黑水城出土〈圣六字增寿大明陀罗尼经〉译释》（《西夏学》第4辑），对俄藏西夏文译本《圣六字增寿大明陀罗尼经》作了释读考证。认为题记中两个孩子的乳名“舅姑宝”和“舅舅孙”，为证明西夏婚姻制度中曾存在的姑表婚制提供了又一项有力的证据。《黑水城出土西夏文〈佛说圣大乘三归依经〉译释》（《兰州学刊》2009年第7期），文章首次公布了西夏文德慧译本《佛说圣大乘三归依经》，并提供了全文的录文、详细的解读和注释。通过与现存黑水城出土汉文本的逐字对勘，认为西夏文本当是依照汉文本而译。段玉泉相关文章有4篇，《西夏文〈圣胜慧到彼岸功德宝集偈〉考论》（《西夏学》第4辑），对西夏文《圣胜慧到彼岸功德宝集偈》藏卷、残卷作了补考，并参照房山云居寺藏、汉合璧本进行举例释读。考证出该经西夏文译者为周慧海，翻译底本是藏文本。多文本对勘为西夏语言学的研究提供了便利，并有助于探讨藏传佛教在西夏的传播历史。《西夏藏传佛教文献周慧海译本述略》（《中国藏学》2009年第3期），指出西夏文《圣观自在大悲心总持功能依经录》、《胜相顶尊总持功能依经录》、《圣胜慧到彼岸功德宝集偈》及《如来一切之百字要论》等佛经均由西夏功德司司副周慧海所译，底本为藏文本，并非如此前学者提出的译自梵文本。汉、藏、夏多文本对勘研究不仅于西夏语言研究具有重要意义，而且可以透过语言事实重审西夏文佛经翻译的源流问题。《元刊西夏文大藏经的几个问题》（《文献》2009年第1期）指出《河西藏》形制为经卷首题、尾题之下以及版端接纸处顶部刻有西夏文字函号，经折装，每折面文字6行、行17字。杭州万寿寺本《河西藏》雕刻主持人是鲜卑土情与知觉和尚慧中，而非管主八。管主八施印的《河西藏》即万寿寺版，时间在大德六年夏至大德九年底之间。如果将大藏经分南、北、中三系，《河西藏》当属南系大藏经。《甘博藏西夏文〈自在大悲心经〉写本残页考》（《宁夏大学学报》2009年第2期），本文对甘肃武威出土、编号为G21 · 060[20480]号的西夏文写本残页作了释读考证，指出这是藏传佛典《圣观自在大悲心总持功能依经录》的一部分。杨志高相关文章有2篇，《西夏文〈慈悲道场忏罪法〉卷二残叶研究》（《民族语文》2009年第1期），据印度刊布的两片残叶，译释了西夏译本《慈悲道场忏罪法》卷二的部分内容，适补中国国家图书馆收藏之缺。《俄藏本和印度出版的西夏文〈慈悲道场忏罪法〉叙考》（《图书馆理论与实践》2009年第12期），对俄藏本西夏文《慈悲道场忏罪法》初次系统地进行了考证性专题叙录，同时还对印度出版的同名经卷作了考证，探究其版本关系，以期最终足本复原该经。许生根《日本藏西夏文刊本〈大方广佛华严经〉考略》（《宁夏社会科学》2009年第4期），对比海内外收藏的不同版本，对日藏西夏文《大方广佛华严经》作了初步探讨。指出该经译自汉文八十华严，为我国现存最早的木活字印刷品之一，卷首有一幅版刻佛画《释迦牟尼说法图》。崔红芬《英藏西夏文〈华严经普贤行愿品〉残叶释读》（《文献》2009年第2期），指出英藏or.12380–3084aRV、or.12380–3084bRV和or.12380–2964的五纸西夏文刻本残叶皆出自《华严经普贤行愿品》，并将经文之汉文对译录出。黄杰华《黑水城出土藏传佛教实修文书〈慈乌大黑要门〉初探》（《中国藏学》2009年第3期），本文以藏传佛教文献《慈乌大黑要门》为例，将写本重新整理标点，再通过比对其他大黑天修法文书，说明该文书的内容要点，试图厘清大黑天信仰在西夏藏传佛教的轮廓，并就上述大黑天文书的作者问题作相关阐述。另有译文一篇，西田龙雄著，景永时、鲁忠慧译《关于西夏语翻译的〈法华经〉》（《图书馆理论与实践》2009年第2期），依据西夏文《法华经》，对西夏语的语法、文体等进行了探讨。认为西夏语是以党项（弥）族的口语为基础的书面语，西夏文体分单纯文体和复杂文体，而《法华经》译语是后者的代表，可暂时作为标准体之一。

Е. И. 克恰诺夫、聂鸿音著《西夏文〈孔子和坛记〉研究》（景永时主编“西夏学译丛”，2009年1月由民族出版社出版），则是对某种久已亡佚的道家著作的西夏文译本的研究，包括简介和翻译，并附图版以资参照。西夏文写本《孔子和坛记》的主要内容是以道家的观念对孔子的为人处世方法和儒家学说进行批评。这是一部道家传人在《庄子·渔父》的启发下杜撰的作品，汉文原本产生的时间不会早于晋代。该书的出版对中国文献史和西夏文化史研究将起到有益的推动作用。

在西夏文世俗文献研究方面，聂鸿音相关文章有3篇，对探索解读西夏文医学著作的门径具有示范意义。《西夏译本〈明堂灸经〉初探》（《文献》2009年第3期），本文指出西夏文《明堂灸经》译自当时流行的佚名所撰《黄帝明堂灸经》，内容原出北宋王怀隐主持编纂的《太平圣惠方》卷一百。并在这两部汉文医书的帮助下，对西夏译本的相关部分进行了解读。《俄藏4167号西夏文〈明堂灸经〉残叶考》（《民族语文》2009年第4期），对俄藏Инв.No. 4167号西夏文《明堂灸经》残叶进行了译释，指出西夏人据以翻译的原本是《黄帝明堂灸经》的注释本。《西夏〈天盛律令〉里的中药名》（《中华文史论丛》2009年第4期），指出西夏文法典《天盛律令》卷17开具了232味中药的名称，是直接从北宋《嘉祐本草》的某个续增本拣选而来的，这些名词大多是宋代汉语西北方言的西夏音译；并根据存世的《政和证类本草》重新核定了《天盛律令》里的中药译名，纠正通行汉译本里的误译70余条。黄延军《西夏文〈经史杂抄〉考源》（《民族研究》2009年第2期），本文指出西夏文《经史杂抄》一书主要依据敦煌汉文文献《新集文词九经抄》编译而来，是目前所知西夏人编译的唯一一本通篇征引汉文俗文学的作品。对它的解读为研究西夏教育和文化交流提供一份宝贵的材料。彭向前《夏译汉籍校勘价值举隅》（《宁夏师范学院学报》2009年第4期），指出用西夏文翻译的汉文典籍“夏译汉籍”，不仅在西夏语文译释研究方面有着十分重要的意义，还对汉文今本具有很高的校勘价值，可据以补充脱文、纠正误文等等。另有译文一篇，克平著，李杨、王培培译《汉武帝〈秋风辞〉的番语译文》（《西夏学》第4辑），认为《秋风辞》的番语译本具有更高的艺术价值。汉语原本被重新解读为武帝对短暂生命的悲叹，而番语译本则保持了它原有的情感，即武帝对于深爱着却已离世的李夫人的爱和哀伤。译文依照的是番语律诗原则，这使得西夏读者能够参照自己的诗歌原则来充分赏析一首汉语挽歌。最后指出番语译文可以作为重建汉语原文所依照的题材。

汉文西夏文献研究方面的突出成就表现在孙继民著《俄藏黑水城所出〈宋西北边境军政文书〉整理与研究》（2009年3月由中华书局出版）。全书分为整理篇和研究篇两大部分。整理篇包括题解、释录、校勘以及文书编年和缀合复原，研究篇包括专题研究论文12篇。此外，杜建录《英藏黑水城马匹草料文书考释》（《宁夏社会科学》2009年第5期），指出英藏黑水城马匹草料文书，佐证了《天盛律令》关于给公务人员提供粮饷草料的规定，由于文书较残，尚不能断定是军用马匹还是公用马匹支取草料。牛达生《夏州政权建立者拓拔思恭的新资料——唐代〈白敬立墓志铭〉考释之二》(《兰州学刊》2009 年第 9 期),重点对陕西靖边出土的《白敬立墓志铭》中的思恭事迹加以辨证。文志勇《从俄藏汉文〈杂字〉看西夏社会发展》(《兰州学刊》2009 年第 2 期),通过西夏汉文本《杂字》透露出的信息,结合其他记载,对西夏的纺织、农牧、水利以及酿酒等行业的发展进行了论述,有助于全面而深入地了解西夏社会发展状况。刘永刚《〈宋大诏令集〉西夏目诏令辑补》(《宁夏大学学报》2009 年第 5 期),对散见于宋人文集的北宋皇帝所给西夏的23条诏令作了辑补,并对一些诏令的系年略加考订。问永宁《〈元代西夏遗民文献述善集校注〉标点献疑》(《社科纵横》2009 年第 6 期),纠正了《元代西夏遗民文献〈述善集〉校注》一书中 30 处标点失误。

带有通论性质的文章,杜建录有 2 篇,《黑水城汉文文献综述》(《西夏学》第 4 辑),认为中国藏黑水城汉文文献有三大特点:一是数量大,目前所见有 4000 多件,俄藏 400 多件,英藏就更少了;二是社会文献居多,国外藏大部分是宗教文献,中国藏大部分是社会经济文献,有公文、词讼、契约、书信、票据等等,宗教文献只是很少一部分;三是因其以元代文献为主,可与国外藏黑水城汉文文献相互补充,对研究宋、金、西夏史与元史提供了珍贵的史料。《西夏文献的发现与整理研究》(《图书馆理论与实践》2009 年第 4 期),指出 20 世纪 90 年代以来随着国内外藏西夏文献的整理出版,西夏文献不再为个别国家或个别部门所垄断。进入 21 世纪,西夏文献数字化将引领西夏文献研究新潮流。孙继民《敦煌学视野下的黑水城文献研究》(《南京师范大学学报》2009 年第 3 期),该文指出黑水城文献与敦煌文献的相关性主要体现在:二者写材料、形成年代、出土地点、发现时间等方面最为接近,是学缘最近的两个学科;二者发现的国际文化背景相同,文献最初流散的命运归宿相似。区别在于:其研究对象分属不同的领域,各自构成相对独立的专门学问;二者作为代表性的版本形式和装帧形式明显不同,具有不同的时代特色。敦煌学的学术成就和学科建设对黑水城学的发展具有重要的示范作用,其研究方法上的成熟经验对提高黑水城学的整体水平具有借鉴意义。束锡红《黑城残篇频回首——英藏黑水城西夏文书的搜集、整理与研究》(《中国社会科学报》2009 年 8 月 20 日第 5 版),指出英藏西夏文献,总共有 4000 余号,7300 多件,内容涉及官府文书、军法兵书、典当契约、韵类辞书、日用杂记、诗歌艺文、医学药方、星历占卜、佛教经典等,为研究西夏王朝提供了丰富的资料。

宁夏大学西夏学研究院注重历史文献的现代转换,柳长青发表《基于 Level Set 方法的西夏字轮廓提取》(《中文信息学报》2009 年第 4 期),本文讨论了如何利用计算机科学技术对影印文献中的西夏字进行轮廓提取的办法。收藏于世界各地的大批西夏古籍文献通过影印方式陆续出版,将之数字化、文本化有着极其重要的意义。

文字研究主要集中在字形、字音的研究上。张迎胜《佛教与西夏文字的创制》(《兰州学刊》2009 年第 3 期),文章从基于佛教信仰的佛经译写是西夏文字创制的重要动因,以及西夏文字创制中佛教理念渗入等方面,追寻党项人在佛教信仰影响下思维的方法和特点,以求廓清西夏文字创制之谜。戴忠沛的 2 篇关于西夏文藏文注音的文章,为西夏语音研究提供了重要材料。《藏文注音西夏文残片的分类和来源》(《民族研究》2009年第6期),本文利用现时最完整的夏藏对音资料整理成果,按照三种不同笔迹,对现有的30份附有藏文注音的西夏文残片作了区分,考证了各类残片的来源,并指出不同类别残片之间存在表音差异,主要表现在加字的选用方面。《五份新见藏文注音西夏文残片校释》(《宁夏社会科学》2009年第6期),整理了最后5份新见的藏文注音西夏文残片内容,其中有2份来自俄藏黑水城文献,另外3份属大英图书馆收藏。至此,所有能确认的藏文注音西夏文25份残片均已作全文刊布。王培培《西夏文〈类林〉音译补正》(《宁夏社会科学》2009年第4期),继《类林研究》等书之后,进一步指出西夏文本《类林》中的西夏文误译字,并尽可能分析其误因。彭向前《释“兀擦”》(《书品》2009年第6辑),认为宋人胡寅《原乱赋》中的“兀擦”为西夏语词音译,字面意思是“脸热”,义为“惭愧”。苏轼《东坡志林》、《仇池笔记》中的“兀摖”和“兀”皆“兀擦”之误。

二　经济、政治、法律和社会

经济方面涉及西夏物产、制瓷业、谷物借贷、榷场贸易等。赵天英、杨富学《从朝贡和榷场贸易看西夏物产》(《西北民族大学学报》2009年第4期),根据史书零星所记西夏朝贡及榷场贸易之物品,结合黑水城等地出土的文献,尤其是西夏与金榷场贸易文书等,认为西夏物产丰富,既有畜牧业产品,也有手工业产品,其中不乏土特产,尽管其贸易量不大,但因是它国稀缺之物而倍受青睐。西夏制瓷业研究有2篇文章,在瓷器造型来源方面意见相左。彭善国《西夏制瓷手工业述论》(《内蒙古文物考古》2009年第1期),认为西夏瓷器在制作和烧造工艺上,与金代北方地区窑址属于同一工艺传统。在瓷器的类型上,虽以各色釉碗、盘为大宗产品,但剔刻釉花纹的扁壶、经瓶等极具地方与民族特色。李进兴《西夏瓷器造型探析》(《兰州学刊》2009年第9期),通过对西夏文字的起源,敦煌莫高窟的西夏壁画、榆林石窟的西夏壁画和出土的西夏文物及瓷器等三个方面进行比较,指出西夏瓷器的造型并非源于山西的磁州窑或陕西的耀州窑,而是保留和沿用了早先木制品和皮革制品的原貌。许伟伟《黑城夏元时期契约文书的若干问题——以谷物借贷文书为中心》(《宁夏社会科学》2009年第5期),通过对比夏元时期的谷物借贷文书契约,考察夏元文书各自的特色、文书在借期和还期方面的时间问题以及黑城地区的谷物种类、夏元习俗的传承等问题,揭示了黑城地区夏元时期的一些经济活动特点和社会面貌。杨富学、陈爱峰《黑水城出土夏金榷场贸易文书研究》(《中国史研究》2009年第2期),对15件在黑水城出土的西夏汉文文书作了研究,指出其年代应为西夏仁宗大庆三年(1142年),性质为西夏南边榷场使处理对金朝榷场贸易事务的文书。从中可以看出西夏与金贸易货物种类繁多,以丝毛织品居多,此外还有食用品和书写用品等。西凉府和镇夷郡是重要的货物供应地。南边榷场使应即卓啰边中转运司使,同时又兼任榷场货物集散地凉州的“榷货”之职。

政治方面侧重西夏政权名称、岁首和官阶制度等。有关西夏政权名称的文章有 2 篇，王炯、彭向前《“五德终始说”视野下的“大白高国”》（《青海民族学院学报》2009 年第 3 期），本文依据传统“五德终始说”的理论，对西夏国名中争议较大的“大白高国”重新作出阐释。认为有关西夏的德运、岁首、服色，虽然记载简略，但皆可以回环互证，表明西夏统治者确如秦以后的历代封建统治者一样，也接受了传统的“五德终始说”。受其在五德中的行序“金德”的决定，西夏政权以白为高，进而以色尚称国，国名“白高”。意在标榜西夏是继号称土德的唐王朝之后统治河西走廊地区的，与其他并立政权是对等的。杨浣、王军辉《“西夏”小考》（《宁夏大学学报》2009 年第 2 期），文中指出把“西夏”和西夏王国等同起来，这和历史的实际情况有一定出入。首先指代西夏王国的“西夏”，不是本土之自称，而是异域之他称。其次在宋代以前，“西夏”不是政权专称，而是地域名称。尽管不同历史时期“西夏”有着不同的含义，但自晋代以来，以河西走廊为“西夏”的说法是中原社会最为普遍的认知。彭向前还在《试论西夏“以十二月为岁首”》（《兰州学刊》2009 年第 12 期）一文中，从元昊向宋纳旌节敕告的时间、天文现象、西夏财政年度等方面对西夏王朝“以十二月为岁首”作了具体论证。文志勇《〈西夏官阶封号表〉残卷新译及考释》（《宁夏社会科学》2009 年第 1 期），本文对俄藏西夏文献《西夏官阶封号表》重新作了译释，纠正了以往的某些误译，并对封号表的结构提出了自己的看法，认为右栏上、次、中三品官号无“受”字，是因为大国王等一般只能由皇帝诸子或皇室宗、姻亲贵胄荣任，以示尊宠，称作“袭”更合适一些，不需着“受”字。至于六、七品官没有此“受”字，只能以等级上的差别来予以理解。上、次、中、下各品右栏中没有书写荣誉称号，是在书写时省略了。

法律方面包括对《新法》的翻译和对《天盛律令》旧译文的订正、诉讼审判制度、婚姻制度、税法和佛道法等。贾常业《西夏法律文献〈新法〉第一译释》（《宁夏社会科学》2009 年第 4 期），对《新法》第一作了译释，认为西夏末年内忧外患引发社会的不稳定，为调整社会矛盾特制定《新法》，从中可以看出西夏司法制度阶段性变化。许伟伟《〈天盛律令 · 节亲门〉对译与考释》（《西夏学》第 4 辑），本文以《俄藏黑水城文献》第 8 册所载《天盛律令》甲种本为底本，参考克恰诺夫和史金波等所译《天盛律令》的译本，重新对《天盛律令 · 节亲门》进行逐字对译，纠正了以往翻译的错漏，同时对《节亲门》的西夏语汇和内部构造作一些补充性的说明。邵方《西夏的诉讼审判制度初探》（《法学评论》2009 年第 4 期），认为西夏设有相应的司法机构，有较为完备的诉讼制度、审判制度以及监狱管理制度。在刑事诉讼中西夏法典明确规定对刑讯逼供加以一定的限制，规定人犯患病、怀孕可以申请保外就医。在狱政管理上，法典规定了人犯基本的生存条件。这些均反映出儒家慎刑德政法律思想对于西夏诉讼审判制度的影响。张永萍《唐与西夏婚姻制度之比较——以〈唐律〉和〈天盛改旧定新律令〉为中心》（《河北学刊》2009 年第 2 期），从主婚权、婚价和嫁妆的给取、等级婚姻方面对唐与西夏的婚姻制度作了比较，并对婚姻制度在不同民族与不同时代所发生的变化作了解析。姜歆《西夏法典〈天盛律令〉佛道法》（《宁夏师范学院学报》2009 年第 4 期），指出西夏在佛教道教法律地位的确认、管理体系的完善、僧侣道士的法律保护、主要犯罪及刑罚等方面进行了大量而又细致的规定。反映出西夏运用法律手段对宗教的扶持与利用，亦体现出西夏时期佛教道教在其政治、经济、文化等方面的影响。姜莉《从〈天盛律令〉看西夏的税法》(《贵州民族学院学报》2009 年第 2 期)，介绍了西夏税法中涉及的税种和税法要素，并从中总结归纳出西夏税法的特点。认为作为西夏主要税种的农业税在税制的设计上比较合理。但西夏税收的实体法要素和程序法要素在条目中的具体安排显得比较凌乱，不利于实践操作。

社会方面集中在文书、地理环境和城市规划上。高宗池、赵彦龙《论西夏法典中的文书制度》(《青海民族研究》2009 年第 1 期)，该文利用西夏法典《天盛改旧新定律令》，对西夏文书发文制度、收文制度、传递制度、管理制度等四个方面的内容进行了比较系统的探讨。赵彦龙、李晶、江菊玉《西夏的书信文书》(《宁夏社会科学》2009 年第 5 期)，对西夏书信文书概况、西夏书信文书内容这两大方面从文书学的角度进行了比较深入系统的探讨，从而完善了西夏文书的内容和结构体系。金勇强发表 4 篇文章阐述地理环境与宋夏战争的关系。《环境冲突视野下的宋夏战争》(《延安大学学报》2009 年第 5 期)，认为宋夏战争并不仅仅是单纯的政治或经济冲突，更是一种环境冲突，贸易封锁、战争掠夺、侵耕、扰耕则是这种环境冲突的具体体现。环境冲突造成了生产力的巨大破坏和生态环境的日益恶化。宋夏关系中的民间贸易与官方互市是利益调和的体现，只是无法形成一种常态，不能从根本上解决环境冲突。《论地形地貌对宋夏战事的影响》(《宁夏大学学报》2009 年第 2 期)，认为在宋夏战事中，地形地貌作为战争的辅助力量被发挥到了极致，其中作用最为突出的地貌类型是山地和沙漠，其次是森林和水文。从中可以看出，在局部战役的胜负上，地利起到了决定性的作用。《宋夏战争对黄土高原地区植被的影响》(《宁夏师范学院学报》2009 年第 4 期)，从战争期间草场焚毁和森林利用的角度出发，探讨宋夏战争背景下黄土高原地区植被的变化，指出宋代是黄土高原环境变迁的一个关键转折时期，而持续近百年的宋夏战争对植被的破坏又是造成这种转折的关键原因。《区域气候与宋夏战争》(《宁夏大学学报》2009 年第 5 期)，指出宋夏战争所在的黄土高原西部，是季风控制比较明显、四季变化比较大的地区，故战事发生有明显的季节性。由于黄土高原西部地区生态环境相对脆弱，加之受宋代以来中国大陆气候整体转寒的影响，生态状况每况愈下，而宋夏战争又加剧了这种环境破坏，致使极端天气的发生日趋频繁。关于西夏都城规划布局的文章有两篇，在对"人形"布局的看法上有分歧。颜廷真、陈喜波、曹小曙《略论西夏兴庆府城规划布局对中原风水文化的继承和发展》(《地域研究与开发》2009 年第 2 期)，认为西夏兴庆府城址选择完全符合理想风水模式，并奠定了以后银川城市的发展。内、外城等规划布局均仿照北宋东京城的风水设计手法，此外兴庆府城呈"人"字形布局，宫城作为"头部"位于西北部，其他机构分布在"腹胸"和"四肢"上，这与西夏民族敬拜鬼神的社会习俗有关，也是借鉴了与风水有密切联系的中医穴位理论，是对风水文化的一种发展。郝红暖、吴宏岐《辽、西夏、金都城建设对中原制度的模仿与创新——兼论唐、宋都城制度对少数民族都城之影响途径》（《中南民族大学学报》2009年第3期），认为辽、西夏、金三个少数民族政权都城对中原都城制度的模仿，主要表现在都城的基本形制、附属建筑及整体布局等宏观方面，并根据本民族特点和环境需要对中原制度作出调整，形成自己的特色。西夏兴庆府城“人形”布局是模仿中原都城传统的中轴线布局，东西长于南北则是受周围湖泊和河渠限制的结果。

三 文化、艺术和宗教

文化方面的文章围绕西夏人的精神世界，西夏文化特征以及西夏礼仪、教育、历法和印刷而展开的。张迎胜著《西夏人的精神世界》（2009年11月由黄河出版传媒集团、宁夏人民出版社出版），该书共分9章，广泛利用出土和地存的西夏资料，通过专题研究，从“高原气质和高原品格”、“民族传统”、“自然崇拜”、“原始巫术”、“佛教信仰”、“华儒情怀”、“社会习俗”诸多方面，具体描述了西夏人的精神世界。薛正昌《文化背景的大一统——从西夏文化遗存看传统文化的深层影响》（《宁夏社会科学》2009年第5期），认为西夏文化的主干是传统文化的翻版，只是一些表象与形式上的内容才融入了党项民族的文化。包括政治层面的直接影响、生产和生活方式等，主要表现在西夏文字与西夏文化所涵盖的内容、西夏佛塔与西夏建筑文化、西夏石窟与西夏宗教文化、服饰文化影响等，由这几方面就可以看出传统文化对西夏文化的影响及其程度，体现的是“大一统”的文化背景。艾红玲有两篇文章与西夏礼仪有关，《西夏礼仪制度考论》（《宁夏社会科学》2009年第1期），认为西夏人非常重视礼制建设，形成一套较为完整的礼仪制度：祭祀之礼包括祭祀天地祖先孔子等；军礼有占卜、盟誓、祠神和蒐守之礼等；朝会之礼源于唐宋，但仪式有所简化；婚礼也有类似于中土六礼的仪程，其中“婚价”在西夏人的婚礼程序中有着特殊的规定和作用；西夏已经形成了比较完善的丧服制度。《论西夏宗教信仰对其礼制的影响》（《兰州学刊》2009年第3期），认为西夏国在原始的自然崇拜影响下，形成了祭天地等礼典。鬼神信仰促进了具有西夏特点的多神祭祀制度和陵墓制度的建立。巫术信仰影响下的收葬礼俗、军礼制度和盟誓仪式具有其民族特色。礼佛祭佛之礼是西夏人对佛教虔诚信仰的表现。杨彦林《西夏启蒙教育初探》（《兰州教育学院学报》2009年第3期），从西夏时期对启蒙教育的重视、启蒙教育的教材和内容及启蒙教育的成功典范等多个方面，展现了西夏时期启蒙教育的基本面貌。彭向前、李晓玉《一件黑水城出土夏汉合璧历日考释》（《西夏学》第4辑），对斯坦因1914年从黑水城掘获的一件西夏文和汉文并用的写本历书作了重考。以“冬至”为突破口，结合每月的朔日干支和大小月，并利用二十八宿直日的记载与“七曜日”加以对比，考定该件历日属于西夏乾祐二年辛卯（1171年）而非西夏天授礼法延祚十年丁亥（1047年）历日。文章最后指出，残历无论从格式上还是从内容上都与黑水城出土绍圣元年（1094年）历书相似，表明宋代先进文明对西夏的影响并未因金朝在地理上的阻隔而中断。崔红芬《俄藏西夏文佛经用纸与印刷》（《兰州学刊》2009年第2期），文章主要对俄藏西夏文佛经的用纸、佛经刊印与抄写、佛经的装帧等情况作简要论述。同时指出负责书籍雕刻刊印的机构刻字司是西夏一个政府机构，既负责刊印世俗文献，也负责刊印佛教典籍，印刷地点主要设在规模较大的寺院里，由寺院完成具体印刷工作。

艺术方面涉及石窟壁画、佛经版画和造像等。在石窟壁画方面，刘玉权有两篇文章，《敦煌西夏石窟研究琐言》（《敦煌研究》2009年第4期），认为西夏统治者虽崇奉佛教，但并未提出所谓“以浮图安疆”的口号。所谓“以浮图安疆”,是“浮图”和“安疆”两个寨堡的名称。莫高窟第409窟所谓“西夏王”供养画像之说有误，应改称“回鹘可汗”。榆林窟第29窟的所谓“玄奘取经图”是肉眼看不清而导致的误判，应该是水月观音图的有机组成部分，描写的是有志要去观音道场瞻仰菩萨而不畏艰险的朝圣者。他在《榆林窟第29窟水月观音图部分内容新析》（《敦煌研究》2009年第2期）一文中，对后者作了详尽的描述。值得注意的是，对莫高窟第409窟供养画像的认识上，意见仍不统一。史金波坚持“西夏王”供养画像之说。他在《西夏皇室和敦煌莫高窟刍议》（《西夏学》第4辑）一文中，以西夏法典对皇帝以外服饰中龙纹饰的禁用，分析有争议的莫高窟第409窟窟主男供养人的团龙服饰，认为是西夏皇帝供养画像，该洞窟为西夏洞窟；又统计、分析莫高窟的龙凤藻井，认为可能与西夏皇室有关，大规模修建敦煌莫高窟洞窟可能是西夏皇室所为。关于西藏佛画对西夏绘画的影响上，顾颖《西夏藏传风格绘画与西藏佛画的异同比较》（《宁夏社会科学》2009年第4期），认为西藏佛画的传入决定了西夏藏传风格绘画的产生，二者具有共同的象征语汇系统、风格渊源和绘画程式，但在描绘的对象、主导的风格以及风格的衍化方面，西夏藏传风格绘画都表现出颇具民族性、地域性的特点。在西夏艺术对元代的影响上，有两篇文章。陈育宁、汤晓芳《元代刻印西夏文佛经版画及艺术特征》（《宁夏社会科学》2009年第3期），详细分析了《中国藏西夏文献》辑录元代刻印的7种西夏文佛经经首版画，有人物、护法神尊像及装饰图案等，题材大体分为情节性和非情节性两类。情节性题材版画有说法图、经变图、佛史图等；非情节性题材版画有人物尊像图及装饰图等，如佛像、护法像、上师像、云、龙、莲花、卷荷叶、莲蓬、节竹、菩提树、波浪形卷草图案等。这些版画题材丰富，人物造型多样，布局新颖，图案装饰风格独特，所反映出共同的艺术特征，是对西夏文化的继承、对中原传统绘画艺术和藏传佛教绘画艺术的吸收和交融。赖天兵《从藏汉交流的风格形态看飞来峰元代造像与西夏艺术的关系》（《敦煌研究》2009年第5期），本文通过分析西夏佛教艺术与飞来峰元代造像中藏汉交流风格的具体表现形态，结合元初江南佛教艺术的创作背景及西夏艺术可能的传播途径，离析了飞来峰元代造像中含有的西夏风格因素。认为如果没有西夏王朝长期积累的藏汉艺术并蓄的根基，仅凭蒙元政府对藏传佛教的崇信与大力扶持，南宋亡国后不久的飞来峰难以塑造出一系列手法娴熟的藏汉艺术交汇的佳作。此外有一篇通论性质的文章，束锡红《敦煌西域学界面临的新形势与俄藏黑水城艺术品的研究和出版》（《西北民族大学学报》2009年第2期），指出黑水城艺术品在时间上将衔接起唐代至宋元的链条，在空间上将贯穿起汉、藏、回鹘、蒙古和中亚、印度、伊朗之间的联系，展现了特定时代相关地域文化交流和融合的关系，相关研究的出版具有重要意义。

宗教方面集中在佛教研究上，涉及西夏佛典、佛教信仰、僧人地位以及与印度佛教的关系等。邓如萍著、聂鸿音译《西夏佛典中的翻译史料》（《中华文史论丛》2009 年第 3 期），本文开头提出了理解西夏文佛典史料的十条预置规则，随后根据从黑水城所出西夏佛典中收集的资料，提供了 12 世纪下半叶和 13 世纪初活跃在西夏佛教界的八个僧人的小传。最后，文章重新考虑了西夏帝师的问题，并且根据新近介绍的汉译藏传佛典《大乘要道密集》再次探讨了有关大乘玄密帝师的情况。公维章《西夏时期敦煌的五台山文殊信仰》（《泰山学院学报》2009 年第 2 期），认为西夏时期敦煌地区的五台山文殊信仰极为兴盛，主要体现在《华严经》在敦煌广泛流传、敦煌石窟中有大量的文殊变、普贤变的绘制。建于五代的莫高窟第 61 窟，作为敦煌地区五台山文殊信仰的重要活动中心，在西夏时期继续发挥其作用，吸引了西夏其他地区的高僧来敦煌观摩学习或交流文殊菩萨的礼忏仪式。樊丽沙、杨富学《西夏境内的汉僧及其地位》（《敦煌学辑刊》2009 年第 1 期），认为从黑城出土的西夏佛教文物与文献，尤其是西夏法典《天盛律令》等文献的记载，结合史书的记载可以看出，汉僧在西夏社会中的地位既不如回鹘僧人，也远逊于吐蕃僧人，更无法与西夏僧人相比。出现这种情况的原因首先是由汉人在西夏境内社会地位低下这一因素决定的，其次应与西夏长期与宋朝为敌，西夏统治者对汉人僧侣怀有戒心不无关系。陈爱峰、杨富学《西夏印度佛教关系考》（《宁夏社会科学》2009 年第 2 期），解释了西夏与印度之间的佛教联系。既有印度高僧入西夏讲经说法，更有西夏高僧赴印度求取真经。来自印度的高僧拶也阿难捺不仅在西夏担任僧职，而且还被封为国师，积极从事佛经的翻译，促进了西夏佛教的发展。西夏地处丝绸之路要冲，无论西夏与辽、宋、金的关系是紧张还是缓和，中印之间的往来僧侣皆可自由出入西夏境内，西夏在沟通中印佛教交流中起到了桥梁作用。

四　族群和民族关系

族群方面侧重于党项族称和番姓上。张丽娟、王宏涛《试论“党项”名称之由来》（《黑龙江史志》2009 年第 12 期），认为无论从史学材料方面看，还是从音韵学的角度分析，“党项”两字都极有可能是上古“氐羌”两字的讹声。孙伯君《西夏番姓译正》（《民族研究》2009 年第 5 期），通过汉文《杂字》与西夏文《三才杂字》、《新集碎金置掌文》以及西夏遗存文献、碑铭等所载姓氏的勘同，梳理了西夏时期近 50 个姓氏的规范译法，藉此建立西夏文文献和汉文文献之间的联系，为汉文史籍的校勘以及西夏、宋、辽、金、元历史的研究提供佐证。佟建荣、张万静《西夏后妃姓氏异译考论》（《宁夏社会科学》2009 年第 5 期）在全面搜罗西夏 7 个党项后妃姓氏异译的基础上，通过对照、分析、考辨，澄清因异译而导致的混淆，并对通行的点校本史书及《西夏姓氏录》中出现的相关讹误进行了订正。

民族关系涉及党项西夏与唐、宋、金诸朝以及契丹、回鹘之间的关系。李鸿宾《唐末的形势与党项势力的崛起》(《宁夏社会科学》2009 年第 2 期),从“二元制构造”的角度解释党项势力于唐末的崛起。唐朝疆域和民族(族群)是由农耕地区、汉人为核心的内层与非农地区(牧业、半农半牧等)、非汉群体的外层结合而成的。安史之乱削弱了内层实力,致使外层势力上升。党项的崛起即源于此,其发展之盛即在吐蕃衰微之时。党项崛起之实质,是地方势力分立的表现,其族性之张扬则依随于此并在唐朝消亡以后才膨胀的。汪天顺《论薛向经营北宋西北国防》(《宁夏社会科学》2009 年第 4 期),认为薛向在宋仁宗时期对陕西、河北边疆的治理整顿,特别是对河北边籴和陕西盐政、马政中的弊端进行改革,对巩固北宋西、北部国防发挥了重要作用,产生了深远影响。魏淑霞、陈燕《余靖与宋夏和议》(《宁夏社会科学》2009 年第 3 期),叙述余靖在庆历年间宋夏和议期间,面对当时复杂的政治环境,请命使辽,以过人的胆识和智慧最终说服辽同意宋夏和议,为宋朝带回了准确的情报信息,为推进宋夏和议的持续进行及维护宋的利益作出了重要贡献。李玉芳《宋夏缘边蕃汉经济法律述略》(《黑龙江史志》2009 年第 4 期),论述了宋政府制定和颁布的许多关于宋夏缘边蕃汉民之间的经济法律规范,主要包括茶、盐酒、书诸类贸易立法及其相关的告赏法令等。谢波《北宋对“归明人”的法律控制》(《北方论丛》2009 年第 6 期),认为北宋出于维护统治的需要,对归明人(泛指所有投归赵宋政权的少数民族人口)采用了既优待又限制的双重法律控制措施。其中,法律优待以赐田、授官、收恤为中心,法律限制则主要体现在人身控制方面。北宋对归明人的法律控制受民族关系的影响而富于变化,从中可以窥见北宋发达且富有时代气息的民族法制。姜春晖《宋人拒绝和亲之原因分析》(《湖北师范学院学报》2009 年第 2 期),认为宋人反对和亲政策的原因是多方面的,其中与宋人强烈的民族偏见、文化上的优越感和高度发达的社会经济是分不开的。在“守内虚外”方针指导下,大量公主与将门通婚,也大大降低同夷族和亲的可能。周峰《试论金朝对西部边疆的经略——以西夏和西辽为中心》(《东北史地》2009 年第 4 期),认为在金朝对西部边疆的经略过程中,对于西夏基本上能始终站在宗主国的立场上,尽量维护两国的友好关系,但后期在自己国力不能与蒙古抗衡的情况下,无力维护藩属的安全,因而造成两国反目,使西部边疆处于持续的战乱之中。对于西辽则从最初的征讨逐渐转向密切关注与防御,尤其是防止西辽与西夏勾结对金朝造成威胁。夏宇旭《略述金代契丹人对西夏的求援》(《兰台世界》2009 年第 15 期),认为由于西夏与辽朝的密切关系,使金初处于劣势的天祚帝和耶律大石都曾寻求西夏的帮助,成为金朝臣民后的契丹人多投奔西夏寻求庇护。金既要保持与西夏和平共处的关系,又要时刻防范契丹人与西夏接触,不惜在陕西部署重兵,还曾迁移部分契丹人到金源内地。陈爱峰、杨富学《西夏与回鹘贸易关系考》(《兰州学刊》2009 年第 1 期),认为在北宋时期,由于受宋夏矛盾的制约,西夏与回鹘的贸易受到了很大的限制;到了南宋时期,宋夏矛盾消亡,西夏推行了多项优惠的贸易政策,加之天盛年间国力的强盛,西夏与回鹘间的商业贸易和贡使贸易显现出繁荣的趋势。

五 考古、文物和遗民

考古涉及西夏陵墓、古城址等，庄电一《西夏陵六号陵地面遗迹有重要发现》(《光明日报》2009 年 2 月 18 日第 2 版)，称六号陵很可能就是乾顺的显陵。陵台基本可以确定为八角、七层塔式建筑。“在位三十年”的汉文碑刻残片，说明此陵与在位超过 30 年的西夏崇宗乾顺有密切关系。申东《西夏区发现大规模古代石灰窑遗址》(《宁夏日报》2009 年 8 月 5 日第 6 版)，称在贺兰山东麓大十字沟发现 40 余个石灰窑遗址，为西夏陵建筑材料来源提供了佐证。李清萍《青铜峡一西夏墓被盗》(《宁夏日报》2009 年 2 月 20 日第 7 版)，称位于青铜峡市西北的西夏墓群，有一处遭到破坏，所幸盗贼尚未探到墓室。束锡红《黑水城“河边大塔”的性质及断代——以考察队的地图和照片为中心》(《西夏学》第 4 辑)，本文以俄国探险队及其他考古队在黑水城的发掘过程为背景，通过对探险队所作的测绘地图，和各个考古队所拍的历史照片，提出以斯坦因收集品编号情况为定位尺度，推定黑水城著名的“河边大塔”的年代、属性，考察黑水城所发掘的文献、文物的相关情况。对于甄别黑水城各个遗址出土文献资料和艺术品的归属和断代具有根本性的意义。张生寅《北宋震武军城位置考辨——兼谈门源县境内几座古城的始筑年代》(《青海社会科学》2009 年第 1 期)，认为北宋震武军城为今甘肃省永登县境内水磨沟口的连城古城，而非今青海省门源县境内的克图古城，并进一步推测克图古城等门源县境内的四座古城为唐开元、天宝年间唐蕃对峙时期所筑。杨焘郡《银川发现西夏时期古井》(《宁夏日报》2009 年 12 月 4 日第 11 版)，称在银川市中山北街与解放东街交叉路口发现一口古井，井下发现数件西夏时期瓷器残片，初步判断为西夏古井。唐荣尧《来自青藏高原的——西夏大发现》(《中国民族报》2009 年 1 月 16 日第 12 版)，称在青海和西藏交界的澜沧江上游的觉扎山一带，相继发现了西夏后裔，西夏时期的宗教建筑，西夏国土赏赐给当地寺院的法器等；在甘肃和青海交界的黑河源头的多杰华山一带，发现西夏时期的古建筑和西夏军队驻守黑河时期的诸多汉藏史料。

文物包括文物发现与保护。李进兴《略说西夏塔形擦擦与铜模》(《中国文物报》2009 年 6 月 24 日第 7 版)，指出西夏的塔形擦擦是一种用活佛的骨灰与泥土掺混在一起制作而成的，多保存在佛塔、佛像腹内。制作年代当在西夏晚期。制作擦擦的模具一般为铜、铁器，也有木刻、陶器。志荣《西夏钱币珍品——大安通宝》(《收藏界》2009 年第 10 期)，介绍一枚西夏惠宗李秉常所铸“大安通宝”隶、真二体年号小平钱，将西夏铸二体年号小平钱的铸造时间提前了四十余年。李晓燕《贺兰山——西夏王陵景区保护性建设投资 2567 万元》(《华兴时报》2009 年 6 月 12 日第 2 版)，称此次建设的项目主要包括西夏陵防洪工程、刺丝围栏、安全围栏、安防消防，滚钟口、苏峪口防洪工程等，计划总投资 2567 万元。陈江涛《西夏陵 6 号陵成为“重病号”文物专家为其“会诊”治疗》(《华兴时报》2009 年 7 月 14 日第 2 版)，称宁夏多位文物专家就敦煌研究所提出的《西夏陵 6 号陵抢救性保护工程施工方案》进行评估，并提出“会诊”治疗方案。

遗民方面主要探讨了元代西夏遗民，杨浣《〈平乐府学记〉考释——兼论元末西夏遗裔也儿吉尼在广西的政绩》(《北方民族大学学报》2009 年第 5 期)，根据一篇为庆祝元末广西平乐府儒学重修落成而撰写的纪念性碑文《平乐府学记》，对西夏遗裔也儿吉尼的履历作了考察。王颋《元代大名路达鲁花赤唐兀人昔李氏世系考》(《北方民族大学学报》2009 年第 1 期)，对昔李氏三代世系作了详尽的考证，指出究其长期存留类似“世侯”的情况，应与所在地为窝阔台系封邑有关。文末所附《李爱鲁神道碑铭》，对四库馆臣在专名上的改动作了回改。他在与刘文飞合著的《唐兀人余阙的生平和作品》(《北方民族大学学报》2009 年第 5 期)一文中，对元代著名的“唐兀”人余阙生平、仕履、作品等进行较为深入的考察，认为从其于经学、文学、书法等方面的非凡成就，可以感受到元代西方移民迁居中原后文化上的巨大变迁。

六　书评、综述和其他

对《西夏社会》的评介有两篇，陈育宁、杜建录《一部西夏史研究的创新力作——评史金波著〈西夏社会〉》(《民族研究》2009 年第 3 期)，认为史金波著《西夏社会》在体例上构建起完整的西夏社会史体系。取材广泛，运用各种文献资料与实物资料，能够将西夏文文献和汉文文献有机地结合起来。注重比较与综合研究方法的运用。新见迭出，图文并茂。是西夏史研究中不可多得的优秀成果。庄电一《〈西夏社会〉再现西夏社会面貌》(《光明日报》2009 年 5 月 31 日第 1 版)，称史金波新著《西夏社会》多方面、多层次、多角度地展现了西夏社会，将近千年前一个鲜为人知的社会清晰地呈现在世人面前，其历史价值、资料价值、研究价值得到学术界的广泛认同。卜平、王艳春《传承文明自主创新——大型丛书〈西夏研究〉简介》(《宁夏社会科学》2009 年第 3 期)，对李范文主编的大型丛书《西夏研究》1－8 辑作了简介。这部丛书整理、翻译了为西夏学作出杰出贡献的专家学者的代表作，包括中国的罗氏父子、王静如、李范文，俄国的聂斯克、克恰诺夫以及日本的西田龙雄，我国台湾学者龚煌城等的作品。为西夏学研究成果的展示提供了平台，为西夏学研究者提供了新的科研信息，同时为我国历史文化研究宝库注入了更为丰富的内容。彭向前《〈天盛律令与西夏法制研究〉评介》(《宁夏大学学报》2009 年第 2 期)，认为该书把西夏立法中的种种现象放入特定的社会环境进行考察，从而使读者对西夏法制的理解更加深入，并与唐、宋律相关照，揭示了《天盛律令》独特本质及其在中国法制史上的特殊地位，是对西夏法制进行全面、系统研究的力作。对《俄藏黑水城所出〈宋西北边境军政文书〉整理与研究》的评介有 3 篇，史金波《残页作出大文章——评〈俄藏黑水城所出宋西北边境军政文书整理与研究〉》(《安徽史学》2009 年第 6 期)，认为该书在前人研究的基础上达到新的高度：整理更加规范、准确。拓宽了宋史资料使用范围，为宋史研究开辟新的学术增长点。主张用“黑水城文献研究”或“黑水城学”来概括黑水城及其附近出土文献、文物及相关人文和自然科学研究，不赞成“黑城学”的提法。

聂鸿音《〈俄藏黑水城所出宋西北边境军政文书整理与研究〉读后》(《书品》2009年第6辑),认为该书是对"宋西北边境军政文书"进行的首次系统探讨,其细致的录文和校订展示了标准的敦煌学套路。并提供一些相关的情况,如黑水城汉文文书的时代问题、"宋西北边境军政文书"的来历等,对今后黑水城汉文文书的研究不无裨益。《俄藏黑水城汉文文献研究的里程碑——评孙继民〈俄藏黑水城所出宋西北边境军政文书整理与研究〉》(《宁夏社会科学》2009年第6期),认为该书体现了作者敏锐的学术洞察力和对新材料的高度敏感,并实现了敦煌吐鲁番文书与俄藏黑水城文献整理的成功对接,建立了一套完整的黑水城文献整理的范式。无论是整理的精审、细致、完备,还是在研究的深度上,都达到了一个新的高度,堪称俄藏黑水城汉文文献研究的里程碑式著作。刘建丽、郝军《西夏文献研究的新探索——评胡玉冰〈传统典籍中汉文西夏文献研究〉》(《宁夏师范学院学报》2009年第4期),认为该书编纂体例有所创新,结构框架科学、合理。对汉文西夏地理文献、御夏议边文献、亡佚西夏汉文文献等作了深入细致的发掘梳理,具有较强的创新意识。论述深入细致,辨错纠误,方法多样,资料翔实,吸取众多科研成果。但也存在某些问题的分析不够透彻,部分说法过于武断,个别地名有误,部分资料有遗漏等不足。何玉红《宋夏战争史研究的新视角——〈拓边西北—北宋中后期对夏战争研究〉评介》(《宁夏大学学报》2009年第2期),指出该书观察问题视角独特,诸如寻找拓边活动缘起的内部因素、从现代军事战略角度考察北宋外交政策的演变、探求军事战争背后的政治含义等观察问题的视角,为我们提供了认识宋夏战争新的思考路径。

任菲菲《2008年西夏学研究综述》(《宁夏师范学院学报》2009年第2期),对2008年出版的7部专著和论文集,发表的100余篇论文,分别从文献考释和文字研究、经济政治和社会、文化和宗教、遗民和考古、其他等方面作了概述。孙颖慧、王艳春《第三届西夏学国际学术研讨会综述》(《宁夏社会科学》2009年第1期),对2008年在银川召开的第三届西夏学国际学术研讨会提交论文,从西夏语言文字、文献考释、社会经济、典章制度、文化艺术、宗教信仰、军事及其他等方面作了概述。黄秀兰《近两年国内西夏学研究文献统计分析》(《宁夏社会科学》2009年第1期),在统计数据的基础上,从西夏学研究的成果量、研究人员基本情况、发文期刊、引文、研究内容等五个方面,用量化指标客观表现、评价分析与综合评述相结合的形式,对第二届西夏国际研讨会之后国内的西夏学研究成果进行统计分析和评述。张琰玲《二百年中国西夏学著作概述》(《宁夏社会科学》2009年第5期),本文通过对中国几代学者的不懈努力所著述的有关西夏学研究成果——专著、编著、论文集、译著等,按出版的先后年代整理分类列目,并简要梳理,从年度研究成果的出版概况,可以大致了解中国西夏学研究的发展脉络。张琰玲、徐雯《60年来港台地区西夏学研究》(《宁夏师范学院学报》2009年第4期),简要介绍了20世纪50年代至今的60年里港台学者关于西夏的研究成果,认为港台地区西夏学专家独到的研究视角及其丰硕的研究成果值得广大西夏学专家研究与借鉴。马淑萍《〈宁夏社会科学〉西夏研究十七年》(《宁夏社会科学》2009年第6期),文章指出1992–2008年《宁夏社会科学》刊发西夏论文204篇,是此前西夏论文的3倍多,内容涉及语言文字、军事法律、经济地理、文化艺术、民族关系、西夏文献及考释等方面。这17年来，《宁夏社会科学》西夏研究为西夏学科建设作出了重要贡献，赢得了学术界的关注与赞誉。武宇林《日本东京大学所藏西夏文〈大智度论〉残片研究述评》(《北方民族大学学报》2009年第1期)，介绍了日本西夏学者荒川慎太郎对东京大学所藏西夏文“大智度论”残片的研究情况，包括外表形态、内容文字注音、语义等，并认为他的论文对整理研究日本藏西夏文献具有重要意义。

史金波《我与国家图书馆藏西夏文献》(《光明日报》2009年11月19日第6版)，介绍了国家图书馆西夏文献入藏经过和作者对这批文献的利用和整理。牛达生《简论西方学者早期西夏学研究中的几个问题》(《宁夏社会科学》2009年第2期)，认为西方最早研究西夏的学者是英人伟烈，最早“考定”西夏文字的是我国学者张澍。

综上所述，2009年西夏学研究取得了可喜的成就，西夏学诸层面皆有不同程度的拓展，文献研究方面尤为突出。但毋庸讳言，在西夏历史研究方面仍然存在一些不尽如人意的地方，如有些文章缺乏学术规范，虽然所论述的问题已有程度不等的研究，但却不作任何学术史的回顾，有抄袭掠取之嫌。在此呼吁操文衡、主编政的先生们，严格向投稿人提出撰写研究现状的要求，以营造良好的学术风尚。学科本身的特殊性决定了西夏学的开展必须立足于文献研究，尤其是西夏文文献的翻译和诠释。取用新材料研求新问题，“唯有源头活水来”，才能不断丰富研究内容，扩大研究范围。近年来大批西夏文献相继公诸于世，如《俄藏黑水城文献》、《中国藏西夏文献》、《英藏黑水城文献》、《法藏敦煌西夏文献》、《日藏西夏文献》、《中国藏黑水城汉文文献》、《中国藏黑水城民族文字文献》等，大大方便了研究者对分藏世界各地的丰富的西夏文献的利用，为西夏学研究提供了前所未有的契机。相信随着基础素材的逐渐积累，新世纪西夏学必将迎来新的质变飞跃。

辽金文学研究

安徽师范大学　胡传志　李定乾

20世纪80年代初以来，辽金文学研究取得了显著的进展，成为中国古代文学研究领域中的一个增长点。2009年该领域有几个明显的特点：一是成果的数量和质量不断提高，探讨的深度和广度加强；二是涵盖面不断扩大，不少著名学者涉足这一领域，并改变过去只注重少数大作家和个别著名作品的状况；三是学术活动逐步走向规范。9月在北京举行中国辽金文学研究会（筹）第五次年会，50多名学者云集北京红螺寺畔，共同研讨辽金文学，兼及元代文学研究。此次会议由中国辽金文学学会（筹）、中国传媒大学文学院、《民族文学研究》联合举办，其研究成果结集为《中国辽金文学学会第五届年会暨学术研讨会论文集》（以下简称《年会文集》），收录44篇论文。本次会议通过了学会章程，选举了学会理事会，确定了下次年会召开的时间与地点。2009年的辽金文学研究，在许多领域都在前人的基础上颇多深化和进展，也有若干填补空白的建树，展现出令人鼓舞的喜人景象。

一　文学综论

萧贡、元好问等人提出的"国朝文派"，是贯穿金代文学始终的重要概念。中国辽金文学研究会会长张晶（中国传媒大学）、副会长胡传志（安徽师范大学）不约而同地著文探讨这一命题。张文《金代文学中的"国朝文派"的整体性内涵》（《年会文集》）探讨了国朝文派的形成、涵义，认为在政治和地缘的含义之外，还有金源文学所独具的雄健、清切诗风，还渗透着强烈的北方文化意识。胡文《金代"国朝文派"的性质及其内涵新探》（《江苏大学学报》2009年第2期）就将"国朝文派"理解为诗歌流派的观点提出质疑，通过辨析，将它界定为与诗歌流派相对的文章流派。国朝文派又名中州文派、唐宋文派，"国朝"体现其国家属性，"中州"体现其地域特征，"唐宋"体现其正统意识。

在宋金之际，还存在特殊的伪齐政权。虽然名义上汉人刘豫为帝，实际上却是女真统治者操纵下的傀儡政权，所以伪齐文学是金初文学的一部分。青年学者邹春秀（安徽师范大学）撰写《伪齐政权的文人与文学》（《年会文集》）一文，第一次比较全面地探讨有着七八年历史的伪齐文学，通过对伪齐治下各类文人的考察，试图展现这一傀儡政权文人众生相，揭示傀儡政权文学的特点。她的研究填补了伪齐文学研究的空白，赢得了与会同行的关注。

辽金时期，北方佛教与道教兴盛，辽金文学与宗教的关系殊为密切。刘达科教授（江苏大学）在《江苏大学学报》主持“辽金元文学与文化”专栏，关注辽金文学与佛禅关系，连续发表多篇论文。《佛禅与辽金文人》(《江苏大学学报》2009 年第 6 期）分析辽、金佛教的差异，辽朝佛教侧重于法事活动，以华严宗、密宗为主流；而金朝佛教则以禅宗最为活跃、最有影响。两朝佛禅浸润士林，各族文人亲近山水的心态在很大程度上与佛禅的影响有关。后期文坛领袖李纯甫、赵秉文与佛禅的纠葛一明一暗，反映出文人沾溉佛禅的趋向。出入佛禅的文人受三教合一思潮的影响，往往对各种学说杂采并蓄。《辽金诗文话语与佛禅》（《晋中学院学报》2009 年第 6 期）指出，辽金诗文作品中大量的由佛经禅典移植而来的话语从特定侧面体现了佛禅对中国古代文学的渗透融浸，如诗歌借用佛禅意象、使用佛禅故实和引用佛禅语汇等方面。

政治生态与文学的关系，是近年来时常出现的话题。沈松勤教授过去曾深入研究过南宋政治生态与文学的关系，他与龙小松（浙江大学）合写的《金代后期政治生态与文学风格的演变》(《浙江大学学报》2009 年第 1 期）拓展到金代文学领域，指出金末文风由明昌、承安时期的浮艳嬗变为贞祐之后的奇古、风雅，是与金代后期蒙古入侵、金代衰落、渴望中兴等政治生态有关。由于学养和人生际遇的不同，文学革新的阵营分离出两个群体，一重学养、主师古、倡导中和之美，一重天赋、主师心、追求奇古险怪风格。赵秉文等人力主风雅，对文学发展亦有不少负面影响：过分抑宋崇唐，与文学史实不符；风雅一派流绪自我标榜，给文坛增加无谓之争执；文学风格的多样性受到制约，文学的抒情特质容易被忽视。沈文雪（吉林大学）《宋金文学的文化考察及其研究定位》（《长春大学学报》2009 年第 5 期）也是在宋金政权对立的背景下思考当时的南北文学，主张建立宋金文学史整体观，以便对这一时期文学有更客观、全面的认识。

与其他朝代文学一样，金代文学具有地域性，表现之一就是山西籍作家较多。本年度有两篇论文探讨这一论题。王万志（吉林大学）《略论金代山西文人与地域文学的发展及原因》（《史学集刊》2009 年第 2 期）认为金代山西地域文学在金末迎来鼎盛局面，原因有三：一是中原文化重心的北移；二是“壬辰北渡”时期山西士人的回归；三是金末山西文人的忠国意识与使命感。后两点更符合山西文人的特点。贾晓峰（长治学院）《隐逸与幽独——论河汾诸老的疏世心态》（《大庆师范学院学报》2009 年第 2 期）就这一山西文人群体，探讨其远避尘世的心态。认为他们基于对儒家安贫乐道精神的认同和对佛老精神的体悟，在隐逸生活中寄情山水、追求宁静，在创作上疏世独立、孤高自怜。以地域文人为研究对象的还有李大葆的《辽阳名士的诗意生活》（《中国地名》2009 年第 1 期），该文为历代辽金名士作传，包括辽金时期的耶律倍、完颜雍、李献可、李晏、王寂、张汝霖、高宪等人，突出传主的性情和成就，并选择传主的代表作品稍加点评。

文学的接受研究，也早已辐射到金代文学研究领域。全华凌（南华大学）《论金元士人对韩愈接受的特点》（《求索》2009 年第 9 期）研究韩愈接受史，概括金元士人大夫对韩愈文章文法的研究较为重视，对其儒学修养和传统伦理道德的研究相对淡化。

文体研究是近年来古代文学研究的热点，辽金文学界也不例外。唐明生（武汉大学）《宋金元时期批评文体概论》（《世界文学评论》2009 年第 1 期）指出宋金元时期文学批评文体形式上呈现出多样化的文体态势；语体上以说理、议论为主，论争的成分较浓；风格上呈现出学者化和随意性。王永（中国传媒大学）《金代散文分期与特色新论》（《年会文集》）审视金代散文分期“三期说”，提出“四期说”，并对金代散文价值进行再评价。赵忠敏（浙江大学）《论金元之际东平文人的词赋之学》（《北京理工大学学报》2009 年第 5 期）探讨词赋创作在严实父子统治下的山东东平地区再度勃兴的情景，认为东平文人以儒家文学观为标榜，致力于革除金代词赋之弊，为元初文坛的健康发展建立了良好开端。

二　金代文化及民族文化研究

辽金文学是少数民族政权下的汉语文学，与多民族文化的关系较为复杂，已经引起了众多学者的关注。金代文学的研究，必须要放在多民族文化的背景下加以考察，必须结合金代文化来加以研究。

2009 年，东北学者继续发挥其得天独厚的优势，纵论金代文化。薛瑞兆教授（黑龙江大学）占有大量金源文献，其《论金代文化的历史渊源》（《年会文集》）在对金代艺文加以考证和研究的基础上，对金代文化的历史渊源作更深入的、更翔实的、更具体的探讨，认为金代以中原文化为基础，是女真人继承渤海文化、契丹文化，并从两宋文化汲取大量营养的结果，金代文化是典型的多民族融合型文化。郭明志教授（哈尔滨师范大学）长期研究金代文献与文学，其《汉火百炼金源金，周制一用中华中——金源文化考论》（《北方论丛》2009 年第 5 期）从历史与文学的角度考述“金源文化”，认为金源文化即金代文化，是女真族与汉民族在冲突融合中全面接受汉民族先进文化，同时也保存有女真民族文化而形成的以中原文化形态为主要特征的一代北方区域文化。金源文化繁荣了一个多世纪，承传中州文脉，与南宋文化并存，不应曲解它、诋毁它、矮化它、否认它，金源文化同属中华文化。

有的学者则关注辽金时期某阶段文化，并进行了比较深入的研究。黄震云（中国政法大学）《三祖三变传说与契丹的史前文明》（《年会文集》）根据《契丹国志》中的有关记载，追溯契丹历史，对三祖三变之说加以考证和解读，进一步探讨了契丹的史前文明。宗喀·漾正冈布（Yongdrol K. Tsongkha）、刘铁程（兰州大学）《契丹文化变迁与早期政治》（《西北民族大学学报》2009 年第 3 期）对契丹早期的文化变迁予以梳理，探求在文化变迁时代作为“历史衍生的”萨满文化和“由选择得到的”汉文化于其中的细微关系。孙佳佳、任仲书（渤海大学）《契丹文化对中原传统文化的影响》（《赤峰学院学报》2009 年第 2 期）

研究契丹文化的形成与发展对周边民族文化，特别是对中原传统文化所产生的一定影响，主要体现在传统文化观念的改变、传统文化内容的拓展、传统文化风格的变化等方面。另有一些学者关注某一区域文化。如王德朋（辽宁大学）《金代辽宁地域文化述略》（《辽宁师范大学学报》2009年第6期）从教育、文学、宗教、艺术等方面概述金代辽宁地区地域文化，指出金代辽宁地域文化的进步，是各族人民共同创造的结果，同时也为元明清辽宁文化的进一步发展奠定了重要基础。李冬楠（中国人民大学）《辽金元都城文化的特点及形成原因》（《学术交流》2009年第9期）认为辽金元三个政权的都城文化都具有一些共同点：非单一统治中心的传统，营建宗教建筑，推崇人与自然的和谐，其原因在于契丹族、女真族、蒙古族相同的经济形态、地理环境或相同的生活习俗使三者在文化内涵和表现形式上呈现出一致性或相似性。

处于多民族文化中的辽金文学，自然受其多方面的影响。辽金文学研究离不开多民族文化背景，所以很多学者都是在多民族文化背景之下探讨辽金文学。赵维江（暨南大学）《女真族的汉化进程与词学兴盛》（《年会文集》）以金代女真帝王与贵族的词为研究对象，将金代与辽、元、清等北方政权加以比较，认为女真族与众不同的是，它彻底完成了民族语言的置换，从而造成了女真词人词学独盛的局面，而且不同时期的女真词正好体现了女真族不同阶段的汉化进程。牛贵琥（山西大学）《金代统一区域文化形成后的诗歌理论》（《年会文集》）也是在民族融合文化的大背景下，重新审视金代诗歌理论的“雅”、“诚”、“琢”等内容，认为其中鲜明的复古倾向体现了中国古代北方少数民族政权的学术规律。另外，李成（辽宁师范大学）《民族文化融合是辽金文学发展动力》（《年会文集》）分析民族融合之于辽金文学的作用。张春晓（暨南大学）《从四郎探母故事演变看民族认同的潜意识模式》（《年会文集》）别出心裁地考察四郎探母由明代小说到清代戏曲的变化，揭示统治阶级的意志导向、民间的民族矛盾、民族认同意识、大众娱乐精神等的深刻影响以及民族认同的潜意识模式。这些探讨都深化了北方民族文化与北方文学关系的研究。

以往的金代文学研究都以汉语书面文献为主，如何利用多民族文化遗存来推动辽金文学研究，是一个引人遐想的未知世界。作为金代文学研究的前辈，周惠泉先生（吉林省社科院）近年来由金代文学本体研究转向东北地区及满族口传文学的研究。他的系列论文《东北地区的非物质文化遗产及其重要价值》（《社会科学战线》2009年第3期）、《论满族说部》（《民族文学研究》2009年第1期）、《论金代女真族口传长篇叙事文学的发现在文学史上的意义》（《江苏大学学报》2009年第1期）揭示鲜为人知的东北非物质文化遗产，特别是多达2000万言的满族说部，不仅从民间文化、民间文学的视角为中国文学史补充极其珍贵的资源，还改变金代文化和文学、清代文化和文学研究的既有模式，给中国文化史、中国文学史的学科建设提供新的生长点，也给中国文学史的传播方式补充了同书面文学并行不悖的口承文学范式。

三、文体研究

（一）词

本年度的文体研究以金元词较为集中。除上面提到的赵维江文之外，还有多篇金元词研究的论文。

总论方面，有多篇论文。王昊（吉林大学）《论金词与元词的异质性和词史分野》（《年会文集》）探讨金元词的差异以及词史宏观上的演变，认为金元词本质性的差异在于，金词还属于音乐文学，元词则属于案头文学，这构成了中国词史上的分野。田玉琪（河北大学）《论金词的用调》（《江苏大学学报》2009年第6期）将金词的词调分为三类：唐五代词调、北宋词调，本朝新调，其中用唐五代词调基本上是沿袭北宋，而且数量呈现出减少的趋势，用北宋词调主要受柳永、苏轼的影响，本朝新调主要来自金源民间俗调。于东新《关于金代大定、明昌词风的文化考察》（《年会文集》）概括大定、明昌词风豪放与婉媚并重，隐逸与自适，典雅与浅俗共存。其原因是多元文化的进一步融合、融通的结果。

词人个案研究，仍然是金词研究的重点。张明星（内蒙古民族大学）《金代词家蔡松年词刍论》（《内蒙古民族大学学报》2009年第5期）结合蔡松年的仕金经历，分析其词作以"清"为主的艺术，具体表现为清新、清疏和清旷等方面。王定勇（扬州大学）《论女真词人完颜璹》（《黑龙江史志》2009年24期）将完颜璹视为女真汉化过程中的一个里程碑式的人物，金源衰微的时局带给完颜璹浓重的忧患意识和末世情怀，他的词作主要抒发历史的浩叹、人生的感慨、佛理的领悟、生活的情趣；情感复杂深邃，笔曲而意深，辞劲而情悲。王定勇的另一论文《论金源词人王寂》（《民族文学研究》2009年第3期）探究王寂的词学渊源，认为拙轩词熔铸吴蔡体、北宋诸家、花间词派，兼收并蓄，自成一格，把金词引入一个新的境界。其词带有鲜明的政治色彩和正统意识，从思想层面上标明国朝文派的正式确立。其词的玩世心态，为词作坛注入新风，也开启了后世散曲文学的玩世思潮。李楠（内蒙古民族大学）《论金代王寂词的艺术特质》（《集宁师专学报》2009年第1期）总结王寂词的艺术特质主要表现为：以"酒"为主要意象表达内心世界及生命情怀，清冷寂寥是其词的主要基调，词境追求"清疏"品格，同时还擅用"闺怨"题材来抒发仕途人生的苦闷；语言上崇尚本真凝练，具有较强的艺术感染力。

道教词是金词中的一大宗，过去研究得并不多。左洪涛（宁波大学）长期致力于金元道教词研究，2008年出版《金元时期道教文学研究》一书。其文《论王重阳道教词对宋词的继承》（《年会文集》）论述王重阳对苏轼等人词调的改用，对柳永词风和手法的继承、对北宋俗词的学习等，比较具体切实。李艺（北京联合大学）《从全真道教原生态词创作看金代民间词》（《年会文集》）亦探讨全真教词人在词的通俗化和回归民间原生态方面所作的尝试。

研究金词，不可避免要研究金词与民族文化的关联。白显鹏（内蒙古民族大学）《论金朝初年"贰臣"文人词——以胡汉文化的碰撞对话为视角》（《中国少数民族文学60年学术研讨会会议手册,2009》）描述金朝初年由宋入金的宇文虚中、高士谈、吴激、蔡松年等“贰臣”文人的心灵史，认为他们的词都带有一种强烈的文化阵痛感，胡汉文化融合之初的碰撞给词人内心造成的巨大冲击，给他们的词带来抑郁苍凉之感，浑莽恢阔、质直开朗的北地文化给词体带来刚健清新之气，这使得金初词既不同于北宋词又迥异于南宋的“北派风貌”。于东新（内蒙古民族大学）《论金代完颜皇族词——以胡汉文化融合进程为中心》（《中国少数民族文学60年学术研讨会会议手册,2009》）也以胡汉文化为切入点，认为胡汉文化融合推动了金词经历由雄健踔厉到典雅华美再到简淡萧散的演变。

（二）诗歌

金诗研究出现了一些新的迹象,一些青年学者陆续以辽金诗歌为硕博论文选题。杨忠（重庆文理学院）以《大定诗坛研究》为题，于华东师范大学获得博士学位，其《金世宗的史鉴意识及其影响下的大定诗坛咏史诗》（《年会文集》）当是相关成果，文章认为金世宗以史为鉴的自觉意识影响了大定诗坛的咏史诗创作。贾秀云（山西大学）以耶律楚材家族文学文化为研究对象，于安徽师范大学获得博士学位，其《耶律楚材家族与白居易诗歌在辽金的传播》（《年会文集》）考察耶律倍、耶律楚材、耶律铸与白居易诗的关系,认为白诗影响了他们的创作,他们的爱好又促进了白居易诗歌在辽金元的传播。硕士论文也有两篇，一是马晶（西北大学）《曹勋诗歌研究》，认为曹勋的使金诗深刻地表现了北方遗民的痛苦生活以及他们渴盼回归的心理，诗中凝聚了他甚至整整一个民族的悲哀，有着强烈感染力，代表了其诗的最高成就。二是彭亚萍（西南大学）《两宋之交宋金战事诗研究》，将宋金战事诗从《全宋诗》钩稽出来加以审视，从分析这一特定时段的宋金战事诗所产生的社会背景入手，对其题材类型、创作特点等进行分析、归纳、总结，并从文学史的角度对它作出公允的评价。

著述丰富的王辉斌教授（襄樊学院中文系）也涉足辽金文学领域。其《金元诗人与唐诗的关系探论》（《江淮论坛》2009年第2期）从金元诗人所撰唐代诗人传记、唐诗选本、诗话等方面，总结金元诗人师学唐人的两个具体标准：注重诗法、讲求风格。他的另一论文《金元诗歌变唐的特色与成就》（《三峡大学学报》2009年第2期）进一步论述金、元易代之际以元好问为代表的遗民诗人在诗歌创作中体现的变唐历程及变唐特色。

四　元好问研究

2009年元好问研究依然是辽金文学研究的热点，一批优秀学者加入其中，发表的论文数量多，质量高。作家个案研究一直是文学研究的主要领域，但作家个案研究面临两大难题，一是研究得较多的大中作家，如何再有所创新，二是研究得少的中小作家，如何突破生平—思想内容—艺术特色之类的套路，揭示其个性和价值。在辽金文学研究领域，元好问研究属于前者，其他中小作家研究属于后者。本年度论文虽然没有完全超越以上两难境地，但仍有多篇论文有所突破，这些研究元好问的论文都是就某一方面展开深入探讨的。

（一）诗歌创作及诗论

著名学者尚永亮（武汉大学）教授长于唐诗及接受史研究，他的《元遗山与白乐天的诗学关联及其接受背景》(《文学遗产》2009 年第 4 期）独具只眼地将元好问与白居易联系起来，探讨两者的诗歌关联。文章认为，遗山对乐天其人其诗有着深入的解会，不仅将白乐天视为紧承陶渊明的第一人，而且将白氏与杜甫、苏轼并列，认为他们的后期创作“皆不烦绳削而自合”，属于“技进于道者”。元好问认同白乐天的生活态度，效仿白体诗风，袭用白诗词语，继承白诗讽谕精神。元氏崇白效白的因素大致有三：一是同乡之缘导致元对白的亲近和崇仰，二人“五百年”的时间差寓意元对白的自觉承接意识；二是元氏诗学观与白诗平易自然特点相吻合；三是元氏接受当代诗评家影响，欲借“天然”、“真淳”之诗风扭转诗坛恶习。将元好问与前代诗人联系起来加以研究的，还有张秋爽（空军航空大学）的《元好问诗学视野中的陶渊明》(《吉林教育学院学报》2009 年第 9 期)。该文认为，元好问将陶诗的美学品质提炼为自然真淳，由此达到金源陶渊明接受史的高峰。另一著名学者查洪德教授（南开大学）长于元代诗歌研究，其《借鉴中求超越，在唐宋诗之外求出路——元好问关于诗歌发展之路的思考》(《年会文集》）对元好问《论诗三十首》、“以诚为本”、“以唐人为指归”这些研究得很多的话题加以重新研究，提出了诸多令人耳目一新的见解，如认为以诚为本的“诚”是源于理学的概念，与宋学相关，“以唐人为指归”实际上也是归趣于宋诗精神。元好问学会会长狄宝心教授（忻州师范学院）研究元好问的题画诗，其《元好问题画诗中的画论观初探》(《年会文集》）揭示元好问的画论观和艺术观，认为元好问主张师法造化，重视迁想妙得，主张解衣盘礴，写心以传神等等。香港学者方满锦《元好问论曹刘之新探》(《年会文集》）研究《论诗三十首》其二，认为曹刘指曹植与刘桢，并分析元好问论诗取刘琨而不取王粲的原因。

学界对元好问唐诗学给予学术层面的专题关注不够，尚未出现从诗学高度详细全面考察其唐诗观形成原因、过程及影响的成果。孙达（河南大学）的博士论文《元好问唐诗学研究》根据元好问诗歌创作及诗学观念演化的实际情况，将元好问唐诗观的发展分为三个阶段，从发展的角度分析其宗唐观中不断深化的内蕴，同时更从理论体系上总结其对唐诗学的发展所作出的贡献与影响。王辉斌（襄樊学院）《元好问与金代乐府诗——“宋金元乐府诗史论”系列论文之二》(《第二届乐府与歌诗国际学术研讨会论文集》，2009 年）认为，两宋乐府因与音乐脱离了关系而成为一种仅供人们阅读的案头文学，以元好问为代表的金代乐府诗则使这种案头文学又回归到了“原生态”时期，即其大都可配乐而唱。这种回归是乐府诗史上的一种进步。刘福燕（陕西师范大学）《元好问、严羽唐诗持论考察》(《西北农林科技大学学报》2009 年第 5 期）对作为当时南北诗学代表人物的元好问与严羽对唐诗持论进行比较，分析其异同，其相同处表现在两人都提倡唐诗的自然浑成、刚劲豪放和诗歌悟境；不同之处在于元好问论诗无门户之见，对唐诗的评价多侧重于思想内容，且态度较客观中允；严羽则门户之见森严，俨然以盛唐为法，对中、晚唐诗批评过甚。探究两人唐诗持论差异之成因，可见其主要受文化思潮、国情时势以及自身素养等多方面的影响。

作为封建社会后期屈指可数的几位大诗人之一，元好问在后代产生的深远而广泛的影响，元好问接受史研究是一个很有价值的选题。青年学者张静（忻州师范学院）的博士论文《元好问诗歌接受史研究》就是这方面的重要成果，提交辽金文学研讨会的《明代元好问诗歌的接受与传播》(《年会文集》）是其中的一章，研究明代接受元好问的背景、明人对元好问的评价、对元好问诗歌的辑选与传播。

（二）词及词论

遗山词研究是元好问研究中的热点，成果众多。赵永源（江苏大学）于遗山词研究有素，本年度又有新作。其《再论杜甫诗歌对遗山词风的影响》（《江苏大学学报》2009 年第 2 期）认为，遗山描写登山临水、表现隐逸之趣的词作，疏快超旷，清丽淡雅，颇得杜诗高旷清婉之致；遗山词还有缠绵悱恻、婉曲深挚的一面，既体现了他重言外意、倡韵外致的词学观念，又可与杜诗婉厚深远之神韵相颉颃。遗山词堪称“词中老杜”，该文还分析了遗山词之学杜与宋代周邦彦词的学杜不同之处。邓昭祺（香港大学）《遗山词中的“梦”》（《民族文学研究》2009 年第 4 期）将元好问写到梦的七十多首词分为渴望归隐、忧时伤国、悼念亡妻、怀念朋友和人生如梦等五大类，并逐一分析讨论，认为元好问梦词反映其真实的内心世界。王昊（吉林大学）《雅正与尊情：元好问词学思想的内在张力及其意蕴》(《社会科学战线》2009年第9期）认为，元好问的词学观念具有鲜明的崇雅意识和儒学背景。尊体意识下元氏对词体“吟咏情性”的要求是“合目的性”与“合规律性”统一，从而在“雅正”与“尊情”之间形成了话语张力。为解决这一矛盾，元好问晚年提出了“以诚为本”的诗学命题，试图在创作论层面使真、善统一于“诚”。颜庆余（南京大学）《元好问与词序的进化》（《兰州学刊》2009 年第 4 期）认为，元好问对于词序的创新，表现在更加复杂多样的功能，如交代写作的语境，记载有关文献史料，提供必要的词语、典故的训释，以及指明拟古的性质和对象，有时也表现在结构上对说唱文学的效仿，即词序与正文形成宾白相生、韵散结合的联系。黄春梅（揭阳职业技术学院）《元好问的宋词观》（《广西教育学院学报》2009 年第 2 期）论述元好问在如何继承宋词的问题上表现出的兼收并蓄、勇于超越的胸襟和气魄，使元好问在词体的本质、功能以及风格、流派等一系列词学基本问题上提出了许多颇有新见的主张，给后世词学批评理论的发展以深远的影响。

其他论及元好问词的创作的还有：王菊芹（济源职业技术学院）《乱世文人的心灵图景——元好问词刍论》（《濮阳职业技术学院学报》2009 年第 2 期）、于新（忻州师范学院）《浅析元好问的词》（《长沙铁道学院学报》2009 年第 4 期）、白琰（山西财贸职业技术学院）《浅析元好问的苏轼词论》（《山西煤炭管理干部学院学报》2009 年第 2 期）等。

对元好问其他方面进行研究的有：贾秀云（安徽师范大学）《金代士人的遭遇与元好问的悲剧意识》（《江苏大学学报》2009年第3期），从元好问《中州集》作家小传、碑记铭文、诗歌等作品中归纳分析其强烈的悲剧意识，揭示其内心的孤寂和痛苦。魏崇武（北京师范大学）《论元好问“避难南渡”时期的散文创作》（《西南民族大学学报》2009年12期）和《论元好问羁管山东时间的散文创作》（《年会文集》）以这一阶段的散文为研究对象，揭示金亡之后这一特殊时期元好问散文创作中的以文存史意识、守望金代文化遗产等等复杂心态，并探讨这一时期散文艺术上的变化，标志着金代散文的发展已达巅峰，并为蒙元初期的散文创作提供了成功的范型。李献芳《元好问在山东的文学创作及对文化的贡献》（《年会文集》）指出，元好问在山东创作了大量诗文，是不可多得的历史资料，他的游历对战后文物的修复起到了促进作用。

裴兴荣（大同大学）一直致力于《中州集》作家小传的研究，本年度发表《论〈中州集〉作家小传的文学史意义》(《大同大学学报》2009年第6期)《着色屏风　回文锦字——〈中州集〉作家小传所载诗句篇什述略》（《年会文集》）进一步论述《中州集》作家小传的文学史意义，考辨其中所载的诗句。

（三）文献考订方面

元好问诗歌编年，前人已经做了很多工作，但元好问金亡后所作诗歌中，仍然有20余首诗的写作时间，李光廷《广元遗山年谱》和缪钺《元遗山年谱汇纂》或未编年，或编年有误。狄宝心（忻州师范学院）在从事《元遗山诗集编年校注》期间，根据新发现的史料及研读文本所得，发表《元遗山诗系年考辨十则》（《江苏大学学报》2009年第3期）对上述两谱中相关内容的阙误作了清理、辨析、补充和订正，并提出新的看法。狄宝心还研究遗山诗版本讹误、异文，于《晋阳学刊》2009年第3期发表《遗山诗原貌考》，择遗山诗十七则进行翔实考证，力图恢复遗山诗原貌。张静（忻州师范学院）《〈元好问全集〉误收金元诗四首》（《江海学刊》2009年第4期）和《〈元好问全集〉增补诗辨误》（《民族文学研究》2009年第3期）考证出山西古籍出版社出版的《元好问全集》增订本中新增补元好问诗误收2首宋诗、2首明诗、误收4首金元诗，并指出这8首诗的误收均系沿袭前人编选错误所致。

刘达科教授（江苏大学）《民国诗话中的元好问研究史料发覆》（《江苏大学学报》2009年第1期）搜集和分析民国诗话中大量关于元好问及其作品、诗论和接受现象的记事、评论性文字的史料价值和学术价值。颜庆余《〈中州集〉徐鸿熙录吴祖修批点本跋》（《中国典籍与文化》总第69期）纠正《复旦大学图书馆善本书目》与《中国古籍善本书目》均著录复旦大学图书馆藏毛氏汲古阁刊《中州集》为“清徐鸿熙批点”的错误，考证出此本乃是徐鸿熙过录吴祖修批点，并对该跋进行介绍与评点。

五 其他作家作品研究

本年度有几位著名学者对中小作家进行研究，又有了新的开拓。如周惠泉先生（吉林省社会科学院）《宇文虚中新探》（《文学评论》2009年第5期）试图解决目前对宇文虚中认识上的盲区。宇文虚中为金代文学在汉文化与北方民族文化相激相融、互动互补中的探索与创新提供了一个颇高的起点。他是鲜卑宇文氏的后裔，人格上的直爽真率使他不屑钩章棘句、为文造情，其崇尚自然、注重实用的文学观念同北方民族的生产方式、生活方式和思维方式有着千丝万缕的联系。他推崇"卓然浑成"的文风，反对"冥搜巧绘"的习气，从而影响了有金一代的文风。宇文虚中入金以后，大漠风霜重新塑造了他的性格和他的诗风，其诗慷慨激昂，清刚俊健，给金代诗坛增添了令人瞩目的光彩。尚永亮（武汉大学）《论王若虚对白居易的接受及其得失》（《社会科学》2009年第9期）认为，王若虚之推赏白居易，一方面固然缘于他对白诗的喜好，另一方面则具有鲜明的现实针对性，既是对宋人过度贬抑白诗的一种反拨，也是对当世诗坛求靡夸多、务奇争险风气的一种针砭，而其救治的药方，便是向白诗的"哀乐之真发乎情性"、"坦白平易，直以写自然之趣"回归。王诗对白诗的效法，有失有得。而从接受史的角度看，其理论与创作均具启示意义。此外，探讨王若虚文论的有苏利国（甘肃政法学院）《不事雕篆　取法自然——论王若虚文论中的"理"》（《赤峰学院学报》2009年第6期）、《一心自得　浑然天成——论王若虚文论的审美指向》（《濮阳职业技术学院学报》2009年第2期）。

朱弁研究，本年度也有多篇论文。邢东风（日本爱媛大学法文学部）《大同善化寺与朱弁碑》（《世界宗教研究》2009年第1期）根据实地调查和文献记载，就大同善化寺朱弁碑文的内容以及相关的人物、史实、历史背景等进行细密考察，其中关于朱弁的身世经历，以及他与佛教的关系等问题的考察，有新的发现和见解，添补了相关研究的空白。贾秀云（安徽师范大学）《朱弁对苏黄的评价及其在金代的影响》（《晋阳学刊》2009年第2期）根据朱弁在使金期间的著作《风月堂诗话》，认为朱弁在诗歌理论上取得了重要成就，并对金代诗歌理论的发展产生了较大影响。刘启旺《朱弁诗话研究》（首都师范大学硕士论文）在对朱弁诗话资料进行钩沉辨析和重新校点基础上，从朱弁诗学思想产生的诗论史背景出发，对其诗学观念和思想渊源进行探讨，就《风月堂诗话》论及的杜甫、苏轼和黄庭坚晚年的诗歌创作，从个案研究的角度，并结合朱弁的诗歌创作实践，客观评价《风月堂诗话》的诗论史地位：《风月堂诗话》是一部较为系统的诗话著作，全书以"自然"诗学观为核心，对王若虚《滹南诗话》、王士禛"神韵"说有直接的影响；同时，朱弁借禅论诗的思维方式亦是严羽《沧浪诗话》直接以禅喻诗的先声，而且在一定程度上比《沧浪诗话》仅从诗歌艺术上着眼较为全面深入。

张毅慧（山西大学）《论赵秉文诗歌中的儒佛道思想》（《山西煤炭管理干部学院学报》2009年第2期）选取了赵秉文的几首诗歌，分析他诗歌中所表现的以儒为主，佛道兼备的思想，并揭示其儒佛道思想形成的原因。研究赵秉文的论文还有：王昕（黑龙江大学）《不乐

径归真吏隐　得闲随分寄僧居——赵秉文诗文之佛心倾向疏解》(《年会文集》)，牛海蓉（湖南大学）《论赵秉文赋》(《年会文集》)。

封树礼（辽宁工程技术大学）《李纯甫佛学思想初探》(《辽宁工程技术大学学报》2009年第6期）以李纯甫现存著述为主要研究内容，并结合耶律楚材等人的著述，从自报自得的因果论、淡化空有对立强调自性空寂的空观、不离世间法的出世法、尊异求同三教合一等四个方面对李纯甫的佛学思想进行了初步的探讨。

杨爱敏、姜剑云（河北大学）《姚孝锡诗歌情感探微》(《年会文集》）探讨由宋入金的诗人姚孝锡诗歌的情感世界，以及他由金初进入金代中期的过渡作用。邹自振、陈宗沅（闽江学院）《金代作家吴激生平与创作简论》(《闽江学院学报》2009年第4期）对吴激的生平进行考论，并论述其诗词创作，认为吴激是金代词人之冠，是北宋以来婉约词风的有力继承者，在宋金文学史上占有重要一席。

六　戏剧小说研究

戏剧研究，由于材料有限，向来研究薄弱，2009年的研究也出现可喜的迹象。

薛瑞兆先生（黑龙江大学）《论幺么院本》(《文学遗产》2009年第5期）从"幺么"释义切入，探讨了幺么院本的形态，并强调从戏曲艺术形成发展的历史看，幺么院本是古代戏曲发展形成过程中的重要环节，构成了北曲杂剧的摇篮，它的独特价值与意义是不应忽略的。高人雄（西北民族大学）《辽代戏剧三考》(《年会文集》）广泛搜集史料，努力考证辽代戏剧、辽之歌舞戏、辽之手戏影戏的具体情景，深化了辽代戏剧的研究。

学界研究曲体，通常关注曲体鼎盛时期的元朝与明朝，著名学者刘崇德先生（河北大学）《宋金曲之曲体及曲调》(《合肥师范学院学报》2009年第5期）一文却沿波讨源，研究曲体在宋金时肇兴与演变之轨迹，自然得出与众不同的结论。作者认为，曲体实兴自两宋与金，宋初的歌舞大曲、传踏，犹是词曲同流而难分，而"异流"分途的标志则是俗曲子"缠声"即缠令的出现，而缠令、缠达、唱赚、诸宫调是南北曲的滥觞。文章在占有大量文献的基础上，进行了精密的考证辨析，初步认定宋金曲体中曲牌共309体，这一说法具有首创性。文章考证了《董西厢》应为宋人所作而非金人所作，这也是对文学史上一个重大学术热点的全新的看法。文章还分析了词曲之间音乐等方面的差别，卓有见地地指出，词与曲虽皆源于唐曲子，但后来的发展，"实分两途"。张本一（信阳师范学院）《论金元北曲中的市井之音》(《西安音乐学院学报》2009年第3期）认为宋金元时期，市井各类叫卖之声赋予消费行为以艺术色彩，人们对叫卖声的模仿，使其逐渐成为新生之曲；由于北曲属性和文艺观念的变化，新生之曲被采合宫商，为北曲选择吸收，成为散曲及杂剧联套乐章的有机组成部分。北曲不仅是马上之音，也是市井之音。

其他论及《董西厢》的还有宋瑞斌（鸡西大学）《论王实甫〈西厢记〉对〈莺莺传〉和〈西

厢记诸宫调〉的继承和发展》(《黑龙江教育学院学报》2009 年第 5 期)、郑卫民(漯河高级技工学校)《从〈莺莺传〉到〈董西厢〉》(《读与写杂志》2009 年第 8 期)、罗冠华《红娘的形象何以变化多端》(《四川戏剧》2009 年第 1 期)、刘代霞(毕节学院)《从〈董西厢〉看女真婚俗对金代婚姻观念的影响》(《黑龙江民族丛刊》2009 年第 4 期)等。

金代小说较少，本年度没有论文。但是著名考古学家景爱先生(中国文化遗产研究院)著文研究小说中的辽代人物。其《历史小说杨家将中的萧太后》(《辽宁工程技术大学学报》2009 年第 1、2 期)认为明人所编《杨家将》为了突出杨家将的光辉形象，用虚构的人物、情节竭力丑化以萧太后为代表的辽朝人物。今人不应站在宋朝人、明朝人立场上去看待辽朝和契丹人，而应站在中华民族的高度，去正确地认识辽朝和契丹人。

七 文献研究

文献考订是文学研究的基础，本年度仍有一些论文，补苴罅漏，探隐发微。

辑佚方面，沈仁国(江苏教育学院)《〈文翰类选大成〉金诗拾遗》(《江苏教育学院学报》2009 年 04 期)利用明代李伯璵编纂的总集《文翰类选大成》，在《全辽金诗》的基础上，又辑得雷渊诗 10 首、朱自牧(好谦)诗 2 首、王渥(仲泽)诗 1 首、魏璠(邦彦)诗 1 首、刘著(鹏南)诗 2 首、施宜生(明望)诗 1 首、王绘(质夫)诗 1 首、贾泳(汉甫)诗 1 首、王敏夫七言绝句 3 首、无名氏七言绝句 3 首，共辑得金诗 22 首，可谓收获不菲。张建伟(山西大学)《方志中的金代诗文拾遗》(《年会文集》)辑得金诗 6 首，文章 13 篇。

具体作品考订方面，胡传志(安徽师范大学)的短文《房皞〈戊子〉诗杂考》(《晋阳学刊》2009 年第 6 期)围绕该诗题目是否有误、是否担任卢氏县县令、正大五年前后行踪、是否入宋等分歧进行考证。孙勐(北京市文物研究所)《北京石景山出土金代吕嗣延墓志考释》(《北方文物》2009 年第 3 期)对 2007 年 8 月在北京石景山出土的金代《吕嗣延墓志》进行了考释，根据该墓志对刘祁《归潜志》中关于吕氏家族的记载进行了订正。

版本方面，刘畅、魏崇武《〈闲闲老人滏水文集〉版本考》(《年会文集》)、李定乾(安徽师范大学)《赵秉文著述考》(《年会文集》)二文不约而同地考述赵秉文著述及流传情况。

诗人交游方面，有李润民(大同大学)《金末元初名士魏璠考论》(《年会文集》)、夏英琳(安徽大学)《刘祁在金源时期的交游考略》(《滁州学院学报》2009 年第 2 期)、夏英琳《刘祁与赵秉文和李纯甫交游述评》(《科教文汇(上旬刊)》2009 年 04 期)、战化军(山东理工大学)《杨宏道与淄川》(《山东理工大学学报》2009 年第 2 期)等文。

八 其他

邓绍基(中国社会科学院)《期待金元诗文研究的繁荣——〈金元诗文与文献研究〉序》

(《江西师范大学学报》2009年第1期)，是为王树林专著《金元诗文与文献研究》所作序文，概述金元诗文间渊源关系，评价王著，并对金源文学研究提出殷切期望。

文学研究之外，还一些研究辽金时期语言文字方面的成果。周露《〈滹南遗老集〉语言学研究》（扬州大学硕士论文）对《滹南遗老集》中语言材料从词汇、语法、修辞学三个方面分析王若虚语言学实践和理论，认为王若虚的语言学理论和实践有很多超越前人之处，对后来的语言学发展有发轫之功，前承汉唐，后启明清，是中国语言学发展链条上的重要一环，填补金朝语言学研究的不足。孟盛彬（中央民族大学）《契丹、汉语合璧诗新释》（《赤峰学院学报》2009年第5期）重新解释余靖所作的双语诗，认为《宋朝事实类苑》中对该诗的契丹语词汇存在误注。金宝丽（哈尔滨师范大学）《论女真文字与金源文化的关系》（《吉林教育学院学报》2009年第9期）揭示女真文字是金源文化的主要载体，是研究金源文化的宝贵资料，是金源文化的重要内容。綦岩（哈尔滨师范大学）《微探女真文字的流传》(《黑龙江史志》2009年第19期）通过对金代留下的文献资料、金石资料以及墨迹资料整理分析，探寻梳理女真文字的流传。黎新第（重庆师范大学）《在辽代石刻韵文中见到的辽代汉语语音》（《古汉语研究》2009年第1期）根据石刻文献，发现辽代汉语中的全浊上声正在变为去声，口语中的促声字正在向舒声字转化；尚有未见于《全辽文》的特殊押韵现象。沈钟伟《契丹小字韵文初探》（《民族语文》2009年第3期）对契丹小字墓志铭中的韵文进行综合分析，整理出包括二十二个韵类的“契丹韵谱”，为契丹原字语音的研究提出新的证据，为艰难的契丹小字研究开拓出一个新的领域。吉如何、吴英喆（内蒙古大学）《契丹小字原字字形规范与原字总表》(《内蒙古大学学报》2009年第3期）比较各种新旧资料，并充分利用检索统计的方法，对20世纪70年代制定的“原字表”进行增减，鉴别出了430余个契丹原字，重新制定了一个原字总表。论及女真文化或文字的论文尚有：刘丽丽（哈尔滨师范大学）《略论女真文字》(《世纪桥》2009年第12期)、田索菲（《北方文物》杂志社）《辽金时期契丹女真的民族政策和文化特点》（《黑龙江史志》2009年第15期)、霍明琨（黑龙江大学）《简论二十世纪的俄罗斯女真学研究》（《光明日报》2009年8月10日)。

由上可见，2009年辽金文学研究取得丰硕的成果。当然，也存在一些不足，少量论文新意不多，几乎没有著作出版，好在2010年会有多部著作陆续问世，将弥补这一遗憾。

新世纪研究综述

国内辽金史学研究

渤海大学　吴凤霞

辽金时期是中国古代多民族史学发展的一个重要阶段。20 世纪随着辽金史、中国史学史研究的深入开展，相关的研究引起了学者们的重视，尤其是八九十年代，出现了一些重要的学术成果[1]。进入 21 世纪，有关辽金史学的研究在承继 20 世纪已有研究成果的基础上，在一些方面有了新的进展，学者们对辽金史学研究的关注度也有所提升，这一点从周峰、孙国军所作《21 世纪辽金史论著目录》的设目可以得到说明[2]。本文主要从综论辽金史学与探讨辽金时期的历史编纂、辽金史家与辽金历史文献、辽金时期历史思想研究三个方面对 2000—2009 年十年间辽金史学的研究状况作一简单述评。限于识见，相关论文可能收录不全，评述或有不准确，敬请方家批评。

一　综论辽金史学与探讨辽金时期的历史编纂

辽代史学的发展历程与辽代修史：近十年来，有关辽代史学的综合论述较少。赵彦昌所

1　如崔文印的《金代在史学上的成就》(《史学史研究》，1983 年第 3 期)、张博泉先生所撰《元好问与史学》(《晋阳学刊》1985 年第 2 期)、杨树森的《辽代史学述略》(《辽金史论集》第 3 辑，书目文献出版社 1987 出版)、葛兆光的《金代史学与王若虚》(《扬州师范学院学报》1988 年第 4 期)、台湾学者王明荪的《金修国史及金史源流》(《书目季刊》第 22 卷第 1 期，1989 年 6 月出版）和《王若虚之史学批评》(《兴大历史学报》第 2 期，1992 年 6 月出版)、宋德金的《正统观与金代文化》(《历史研究》1990 年第 1 期)、朱子方的《辽朝史官考》(《史学史研究》1990 年第 4 期）和《辽朝的历史学家及其史学思想》(《辽海文物学刊》1995 年第 1 期)、台湾学者孟繁举的《元好问与金源史学》(《山西文献》37 期，1991 年)、程妮娜的《〈遗山文集〉与史学》(《史学集刊》1992 年第 2 期)、曾贻芬的《略谈辽、金时代的历史文献》(《史学史研究》1994 年第 3 期)、吴怀祺《辽代史学与辽代社会》(《史学史研究》1995 年第 4 期）和《金世宗时期的史学和大定之治》(《史学史研究》1996 年第 2 期)、何宛英的《金代修史制度与史官特点》(《史学史研究》1996 年第 3 期）和《金代史学与金代政治》(《北京师范大学学报》1998 年第 3 期)、黄震云的《论辽代史学》(《山西大学学报》1997 年第 1 期)，等等。中国史学史著作对辽金史学也有了更加明确的定位。如瞿林东先生在其所著《中国史学史纲》一书（北京出版社 1999 年出版）中以《辽金史学的民族特色及其对多民族国家历史文化的认同》为标题阐述了辽金史学的成就与特点。

2　从 2007 年开始，《21 世纪辽金史论著目录》的“文化”类下设有“史学”目。

撰《辽代修史研究》(《黑龙江民族丛刊》2007 年第 4 期）一文主要从辽代修史的基础——文书档案工作、辽代的史官、辽代利用档案修史三个方面探讨了辽代修史情况，作者重视辽代档案文书在修史过程中的作用。王惠德的《试探辽代史学的发展及其特色》(《内蒙古社会科学》2008 年第 3 期）探讨了辽代史学的几个发展阶段（太祖时期、太宗时期、景宗和圣宗时期、兴宗和道宗时期）和辽代修史的政治目的和教化功用，以及辽代史学所具有的对中华历史与文化的认同和民族特色，作者强调了碑刻在辽代史学产生之初的意义。

金代史学和官府修史工作：金代史学的最大成就是其实录的编纂，吴凤霞的《女真贵族的史学自觉与金代实录的编纂》(《史学集刊》2008 年第 2 期）梳理了金代实录的编纂过程，并分析了金代实录“详慎”与女真贵族重视修史的关系。赵彦昌的《金代修史研究》(《东北史地》2008 年第 6 期）则从修史工作的基础和修史工作的成就两个方面总结了档案文书对金代修史的影响。

综合论述辽金史学：吴怀祺著《中国史学史》第四卷“五代辽宋金元时期”(白寿彝主编《中国史学史》六卷本之一，上海人民出版社 2006 年版）综合论述了五代辽宋金元时期的史学，该书第十章《辽代史学》分四节阐述了辽代史学的基本面貌和独特风格。其四节的具体标目是：第一节　辽代史学概述；第二节　辽代史学的产生、繁荣与嬗变；第三节　契丹、汉族先民关系认同的历史意识；第四节　历史的借鉴：治国安邦的智慧来源。作者突出强调了辽代的史学思想和辽代史学在政治中的作用。该书第十一章《金代史学》分两节概述了金代史学的主要成就。即第一节　重视历史的民族；第二节　实录与直书论的争议。吴凤霞《辽金元史学研究》(中国社会科学出版社 2009 年版）一书力图对辽金元时期史学作综合的考察，以彰显多民族文化交融背景下史学发展的综合形态。其内容主要由辽金元时期的历史与史学，辽金元三朝修史制度、多民族历史撰述的丰富、各族史家史学思想的异趣与趋同、历史思想的发展趋势与时代特点五个部分组成，结语论述了辽金元史学在中国史学史上的地位。

二　辽金史家与历史文献

王永所撰《史家意识与遗民情怀——元好问碑志文新论》(《民族文学研究》2006 年第 2 期）揭示了元好问所写碑志文的史学价值。作者着力分析了元好问碑志文创作的意旨，剖析了元好问碑志作品的思想内涵，也论述了元好问碑志文在体制上的变化。吴凤霞《有金一代文明百年的客观记录——元好问著述的史学成就》(《辽宁大学学报》2007 年第 1 期）旨在申明元好问的史学贡献，文章从三个方面予以阐述：元好问著述与史学的关系、以存信史为己任，总结金代“文明百年”的历史。与元好问相似，王若虚文史方面均有成就，李定乾的《王若虚著述考》(《文献》2007 年第 1 期）对其著述作了详实的考证。王若虚也是很有思想的史家，他自言“平生颇好议论”。吴凤霞的《金代王若虚的“史例”思想》(《北方文物》2009 年第

4期）一文归纳王若虚“史例”思想的基本内容是：在采摭上，注重史源，反对爱奇；在体例上，讲求规范性；在文字表述上，追求“平淡纪实”。

辽金时期流传下来的文献很少，学者们努力发掘其中的史学内涵。冯巧英的《〈归潜志〉摭谈》（《太原大学学报》2001年第4期）介绍了《归潜志》的内容，分析了刘祁的思想见解和志向。王德朋的《论刘祁〈归潜志〉的史料价值》（《社会科学辑刊》2004年第1期）一文指出《归潜志》的史料价值主要体现在：有关金末政局的记述，有助于我们清晰地了解金朝由衰到亡的转折过程；收录的很多金末士大夫的遗闻轶事，为我们研究金末士风之变提供了真实可靠的史料依据；收录的大量诗文，为我们研究金代文学提供了详实丰富的第一手资料；其关于人物和事迹的记述，为元代修撰《金史》提供了有利条件。王海生、刘山青的《〈归潜志〉成因初探》（《雁北师范学院学报》2007年第1期）则力图从《归潜志》成书缘由探讨其价值，作者从该书撰著的背景、主旨、内容和刘祁个人的学术经历等几个方面作了阐释。吴凤霞的《〈归潜志〉史论的内涵与意旨》（《安徽史学》2007年第3期）一文认为：刘祁《归潜志》的史论着眼于文治的视角，反思了金代兴亡的原因，探讨了士风与国祚之间的关系，同时，刘祁也表达了对新皇朝文治的希冀。裴兴荣、张晶的《“借传以存史”——〈中州集〉史学价值新论》（《北方论丛》2007年第1期）从元好问在《中州集》编纂过程中渗透的浓厚的史学思想和《中州集》小传在研究金代历史人物的价值和其他史料价值三个方面对《中州集》的史学价值作了论述。周峰《〈贞观政要〉在辽、西夏、金、元四朝》（《北方文物》2009年第1期）论列了辽、西夏、金、元四朝对《贞观政要》的重视。

金元时期的史学研究也有专门之学，如《史》《汉》学、《通典》学、《通鉴》学，等等。关注金人专门之学研究的论文主要有：吴凤霞《金代〈通鉴〉学及其特点》（《北方文物》2007年第1期）和傅骏博士的学位论文《金元通鉴学之研究》（复旦大学博士论文2007年10月完成）。吴文探讨《资治通鉴》在金代的传播和研究情形与特点。傅骏的博士论文全面总结了金元两代通鉴学的成就。作者通过认真梳理金元通鉴学的发展历程，指出金元通鉴学是在两种因素共同作用下发展而来的，即宋代通鉴学研究的史学成果和金元北族统治的政治背景。作者认为，金元通鉴学发展出相当成熟的通鉴注释类和通鉴纲目类两个研究角度，且这两个角度各有其侧重点，其中第一种研究发展了司马光重史料和考据学的史学原则，兼有议论，侧重使读者自见褒贬的借鉴作用，其实质内核在于“求真”。而第二种研究侧重发掘朱熹讲究主观批判的史学方式，其实质内核在于“主观批判”。作者的结论性认识是：金元两朝可以看作是历代通鉴学研究的一个里程碑，它不仅继承和深化宋代的相关研究，并为明清的通鉴研究提供了大量的素材资料和研究方法。

值得重视的是，辽金文献整理方面的工作在新的世纪里也卓有成效，姚奠中主编、李正民增订的《元好问全集》2004年由山西古籍出版社出版。胡传志、李定乾的《滹南遗老集校注》2006年由辽海出版社出版。

三　辽金时期历史思想研究

辽金两朝人的思想观念的变化影响深远，学者们也格外关注。近十年有关辽金时期历史思想和史学思想的研究成果主要体现在如下几个方面：

华夷观、正统观：郭康松所撰《辽朝夷夏观的演变》（《中国史研究》2001 年第 2 期）一文认为：随着中原文化影响的加深和辽朝政治、经济、文化的发展，辽朝的夷夏观念发生了很大变化。辽朝初期，他们自认为是蕃，是夷狄；中期时，不再承认是夷狄，想求得与宋朝对等的地位，并开始出现辽为正统的思想；到后期时，辽自视为夏，是承天意，得民心的正统皇朝，且把其他少数民族视为夷狄。齐春风的《论金朝华夷观的演化》（《社会科学辑刊》2002 年第 6 期）分析了金朝华夷观前后发生的大幅度变动，肯定了金朝的华夷观与以前少数民族政权的华夷观相比是进了一大步。刘浦江的《德运之争与辽金王朝的正统性问题》（《中国社会科学》2004 年第 2 期）围绕着辽金王朝的正统性问题，对近千年来华夷观念的演变轨迹作了系统的梳理，其文中所及“契丹王朝之正统论与德运说”和“金朝的德运之争及其文化选择”论述了辽金两朝的正统观念和德运思想的演变历程。李淑岩的《“华夷之辨”思想在金源社会淡化的阶段性》（《佳木斯大学社会科学学报》2008 年第 1 期）一文认为：汉族文人士大夫在金初严守“华夷之辨”，大定、明昌时期，他们的华夷之辨的意识有所淡化，金末，“华夷之辨”观念彻底淡化以至消失。作者认为这种转变既得益于金朝统治者的世代努力，也是历史发展的必然结果。

历史文化认同思想和“中华多元一体”意识：李珍《试论辽宋夏金时期的民族史观》（《史学月刊》2002 年第 2 期）对辽金时期的史学活动及其所反映的民族史观作了深入的分析，作者认为：“辽、夏、金本民族文化的长足发展，使得它们在史学上各有成就。与此同时，与汉族文化不可分割的历史联系，又使它们在民族史学的发展中多以汉族史学为蓝本进行各项史学活动，并有意识地与汉族站在同一文化价值体系中进行正闰之辨、高下之争，这是辽夏金民族史观发展的时代特征，也是它们与魏晋时期相比的不同所在。正是这种对儒家文化的认同感，使元代大一统局面下民族史观进一步取得成就具有了不可或缺的思想基础。”吴凤霞的《辽、金、元的经史翻译与历史认同思想》（《河北学刊》2007 年第 6 期）则透过辽金元时期以少数民族文字翻译经史之书的史学现象，分析了多民族统一国家历史认同思想在这一时期的发展。王耘的《金代士人群体与文化认同——以〈归潜志〉为中心的历史考察》（《北方论丛》2008 年第 4 期）分析了刘祁所记金末士人群体的思想观念，认为金末士人群体族属观念不强，都以金人自居，形成了统一的政治文化认同。赵永春的《辽人自称“北朝”考论》（《史学集刊》2008 年第 4 期）很详细地考述了不同时期辽人自称“北朝”的意愿，作者认为，虽然辽人各不同时期称“北朝”的思想倾向不同，但可以肯定的是，他们都具有强调“南朝”、“北朝”是“一家”的用意。“一家”就是“中国”。作者指出，辽人的自称“北朝”应该是一种中国多元一体的思想倾向。赵永春的又一篇文章《试论金人的“中国观”》（《中国边疆史地研究》2009 年第 4 期）也颇见功力。作者对金人有关“中国”观念作了系统的梳理和分析，作者的结论是：“金人虽然援引‘中原即中国’、‘懂礼即中国’等汉儒学说和理论，自称‘中国’，但他们并没有把辽、宋排除在‘中国’之外。作为分立对峙政权，他们承认辽、宋、金分别是各自独立的不同政权，各有自己的国号，互为外国；但作为‘中国’，他们又认为辽、宋、金都是‘中国’。这就是中国古代比较宽泛的‘中国’意识，或称‘大中国’意识，也就是我们常说的‘中国多元一体’意识，或称‘中华多元一体’意识。金人的这种认识，无疑具有进步意义。”这一结论对于人们认识金朝、认识中国多民族统一意识的发展都是有助益的。

另外，从辽金人的史论来审视其历史思想也取得了一些收获。台湾学者王明荪的《金代士人之历史思想》（《兴大历史学报》第十一期，2000 年 12 月）一文透过金代士人的史学、史学批评、史观与其诗作之史怀来探讨他们的历史思想。作者指出：“在女真治下之金代士人，其历史思想仍是儒家之传统并无转变。”吴凤霞的《金代名儒赵秉文的史论特点》（《中州学刊》2007 年第 3 期）一文对《闲闲老人滏水文集》卷十四的十篇史论作了分析，作者指出赵秉文强调风俗、人才和兵食的重要，并就封建制与郡县制、魏晋和蜀汉的正名、汉唐的历史经验等提出了自己的见解，其宗旨在于揭示朝代治乱兴衰的原因，从一定意义上可以说，赵秉文的历史思想代表了 12 至 13 世纪北方士人的历史认识和价值观念。对历史人物的态度也从一个侧面反映了金人的历史思想。赵文坦的《宋金元人论管仲》（《管子学刊》2008 年第 4 期）考察了宋金元人对历史人物管仲的不同看法，作者提到金人对管仲并无苛责，目其为贤相，但较少谈论管仲尊王攘夷的事功和《管子》一书。

综上所述，近十年来国内辽金史学的研究在历史思想方面的收获较大，对辽金史学的综合研究和对辽金文献的研究也取得了一定的进展，但与其他时期史学相比，近十年来辽金史学研究的成果并不算丰硕，学者们尚须努力挖掘辽金史学宝藏，为辽金史和中国古代史学史的研究贡献力量。

关于我国女真遗民的研究

北京石景山文物研究所　苗天娥

金朝肇始于1115年，由女真族完颜氏创建，立国119年，1234年被蒙元取代。长期以来史学界对金遗民的传统看法是：金亡后，女真遗民分为两部分，一部分留居金源故地，经元、明之后发展为满族；另一部分是此前南迁到中原的女真人，逐渐被汉族同化，在生产、生活习俗和语言服饰等方面已经混同于汉族，元时已与汉族毫无差异。然而，事实并非如此，时至今日，在中国仍然还有分布广泛、数量相当的女真遗民孑存，如甘肃平凉泾川县的完颜部落、陕西岐山县的王上、王下村、河南鹿邑县的完氏家族、安徽肥东县的完颜氏、北京金朝皇室后裔、山西安邑县的女真遗民仝氏以及闽台的粘氏等等，不一而足。这些女真后裔的存在和发现，引起当今史学界的极大兴趣，也引发媒体的追踪报道。为此，本文拟对二十一世纪以来全国女真遗民的分布、源流及研究情况作一整体梳理，就正与专家同好。

一　甘肃泾川县的完颜部落

在甘肃省六盘山东麓的平凉市泾川县城西十多公里处王村镇，如今还聚居着一个完颜部落，这里就是2002年以来被众多媒体誉为“中国大地上最后一个女真部落”、“国内最大的完颜氏聚居区”。这个村庄依山傍水，坐落在“九顶梅花山”的南麓至泾河北岸的台地上，长期以来相对闭塞，经济不很发达。村民以姓完颜氏居多，约有3000多人，因而被称为完颜村。据说，他们800多年来一直守护着一座神秘古墓，恪守着祖辈留下的古老传统，演变为地道的泾川土著。人口如此集中的完颜氏村落，在全国实属罕见。

此外，甘肃省泾川县的完颜氏还分布在合道乡完颜洼村以及二十里铺的完颜村。加上王村镇的完颜氏，人口数量约五六千人。

那么，甘肃泾川县的完颜部落是何时定居此地的呢？又是源于什么原因来此安家落户的呢？完颜村父老们世代守护的神秘古墓的墓主又是谁呢？对此有两种说法：1. 完颜亨后人说。《金史》记载，金兀术长子完颜亨曾遭到海陵王的暗害，他的亲族担心也会遭到毒手，秘密地将完颜亨的坟墓迁到了平凉府（当时属凤翔路）安定郡。安定郡在金世宗大定七年（1167

年）改为泾川县，沿用至今。金统治平凉达110年，与南宋和西夏进行过数次较量，金兀术曾在和尚原（今宝鸡）、仙人关（大散关）等地与宋将吴玠、吴璘打过仗，他的旧部留居此地为官的可能性很大。同时这里又是完颜亨妃徒单氏家族的聚居区，且远离上京。完颜亨的亲属为避免灭族迁移坟墓到此并作为守陵人定居下来，这种说法在当地很流行。据说现在的完颜村，即由此繁衍生息而来，神秘古墓芮王坟的墓主即是完颜亨。当地村民和媒体多持此说[1]。2. 完颜承麟后人说。据《泾州乡土志》记载："完颜氏相传为大金国后裔。承麟帝为元所灭，其后裔遁于安定，成为泾州土著。"[2] 完颜承麟，金世祖诸孙之后，为金末宗室、名臣完颜承裔（白撒）的弟弟。哀宗末年，完颜承麟历任都尉、蔡州防卫军的东面元帅。1234年，蒙古人南进，蔡州城失陷，哀宗看到大势已去，自缢前将皇位传给完颜承麟，是为末帝，只当了一天皇帝，即被乱兵所杀，金朝灭亡。

如今，泾川县的完颜家族，保存有两份完整珍贵、大同小异的宗谱图，村人称其为"先人影"，一是民国时期拍摄的"先人影"照片，一是重新画在布上珍藏于族人手里的"先人影"。景爱先生依据宗谱图得出泾川县的完颜氏属于《金史》中记载的完颜承晖的后人[3]。最近有的学者据此又提出一种新说："先人影"中的完颜承晖不是《金史》中记述的完颜承晖，属于重名，"按其名字分析，应该是金末名臣白撒（完颜承裔）和完颜承麟的兄弟"，推断完颜承晖可能是"泾川完颜氏在金亡之后的第一位祖先"，"泾川完颜氏中的一部分应该是完颜承晖的后裔"。[4]

二 陕西岐山县完颜氏

在陕西省岐山县也生活着一支完颜氏，约有七百年的历史，但他们与泾川县完颜部落的知名度存在着天壤之别，外界对这一支完颜氏鲜有人知。"这一支从未有外姓迁入，实际上是西北目前比较纯粹的完颜氏后裔"。[5]

岐山县位于陕西省西部，渭河北岸的平原上，地处八百里秦川。这里土质肥沃，气候宜人。岐山县的完颜氏后裔，生活在蒲村乡洗马庄村的王上、王下组，王上现有160余户，王下有80余户，两组共计240余户、1000余人，皆为完颜鄂和的后裔，全部取汉姓"王"，为

---

1 马维坤、梁强、宋常青合撰《民族融合：走进最后的"完颜部落"》,《记者观察》2005年第3期第47页。完颜玺《揭开完颜古墓之谜》,《满族文学》2006年第1期，第51页。

2 清光绪三十三年（1907年），泾州知州张元潺著。

3 景爱《皇裔沉浮》（北京的完颜氏）第127—131页。学苑出版社2002年。贺晓燕《岐山、泾川完颜考察报告》，中国社会科学院研究生院2002级，历史学专业。

4 何志虎、贺晓燕《泾川家族祖先遗像考释》,《甘肃社会科学》2005年第2期，第131、133页。

5 贺晓燕《岐山、泾川完颜考察报告》，中国社会科学院研究生院2002级，历史学专业。

明太祖朱元璋所赐姓氏。《金国语解》中也称："完颜，汉姓曰王"。[1]宋、元以来这一带称为"益店"地区，现在蒲村乡仍属于益店管辖。从明万历十九年（1591年）至民国二十四年（1935年）的七、八种地方志中关于此墓均有记载，云完颜鄂和为金元帅、金宗室，墓在益店。传说完颜鄂和战死在王下，他的儿子永禄从东北负土至此，建成巨冢。史学界称这一支完颜氏为"岐山完颜"。

解放前，王上、王下皆有祠堂，不幸王上祠堂毁于文革期间。而王下幸存的完颜鄂和墓、完颜家族的祠堂及祠堂内世系碑一通，向世人证明了他们的祖先是女真族完颜氏。

在王下村东头，有个特别高大的墓堆，围大八十米，高四米，坐落在一望无际的田野里。在墓地的西南角草丛中躺着一通石碑，上刻："岐山县重点文物保护单位，完颜鄂和墓，岐山县革命委员会"。据《岐山县志》得知此碑立于1972年。

王下村的完颜祠堂坐落在一个杂草丛生的院子里。据祠堂内顶梁上的日期记载，此祠堂重修于民国三十年（1931年）3月13日。据村人介绍，在祠堂的正面，左右两边的墙壁上写着"出将入相"和"世代功臣"，而门楣上方依稀可辨"岐阳望族"四字。正对门的墙壁里镶嵌着一通石碑，为清同治年十二年（1873年）重修碑，这通碑非常重要，上面记载着这个家族的兴衰史。

碑阳刻的是一世祖（高祖完颜准）至十一世祖的家族世系，按照昭穆左右排列。高祖完颜准可能为"术虎元帅"的部下，术虎为女真人姓氏，属白号之姓，列白号之姓第六位[2]，《金史》卷106有术虎高琪。从碑文推算出高祖完颜准为官于元武宗时期，因"至大"是武宗的年号，时间为1308—1311年，而从地方志的记述看，完颜鄂和是金朝人，推断他应是完颜准的祖先。从高祖至四世祖，共46人，其中有1位侯，16位元帅，1位副帅，授官人数占总人数的39.13%。而从五世祖往下至十一世祖，共114人，已无一位元帅，仅有3位千户，1位指挥。其中，六世祖、九世祖、十一世祖均无一人授官。可见，在四世祖之前，即从元朝至明朝初年，是这个家族显赫繁盛之时，其间，完颜氏的元帅们镇守过岷州、陇州乃至四川、云南，为守卫边疆的官吏。四世祖中有一位完颜也先帖木儿元帅，"至正年守岷州，洪武赐姓王，死则归原姓。"明朝建立时，太祖朱元璋痛恨蒙古统治者歧视汉人，反其道行之，下令禁胡服、胡语、胡姓名。诏令颁行后，全国上下"更易姓氏"成风，岐山完颜氏四世祖时恰值明朝初年，被赐姓王氏，王下村因此形成。王下村现在的村人活着姓王，死后归送祖案的时候还姓完颜，世代传承至今不改。六世祖以后开始分立户籍，为官授爵之人在总人口中所占比例极少，家族日渐趋向下层平民化，但该家族在当地仍具有一定的影响力，据村里老人讲，直到民国年间，文武官员经过王下村的祠堂时，皆是"文官下轿，武将下马"，不愧是"岐阳望族"！

碑文中还罗列了完颜氏家庭成员的情况，即记载了夫妻双方及儿子的状况。从一世祖至

1 《金史》第2896页。

2 见《金史》卷55《百官一》，中华书局校点本第1229页。

四世祖完颜氏，其妻除高氏、郭氏、李氏、刘氏等汉姓之外，还有不少蒙古和契丹姓，如阿真氏、答答氏、柳真氏、蒙古氏、蒲鲁马氏、阿剌氏、底斤氏、查查氏、虎氏等。从五世祖以下的完颜氏所娶之妻均为汉人，且家族中同辈兄弟取名基本上是按照家谱的排字，只有个别不是。据村人讲，王下村过去人家起名是按照家谱里行辈字的。由此表明，从五世祖以后的完颜家族开始彻底汉化，开始了与周边汉人的密切交往与融合，顺应了历史发展的必然趋势。

值得注意的是，碑文提到四世祖中有“完颜琳，平凉副帅。今附籍泾州。夫人耶律氏”的记载。明万历十九年（1591 年）《重修岐山县志》6 卷刻本、清乾隆四十四年（1779 年）《岐山县志》8 卷、光绪十年（1884 年）《岐山县志》8 卷均在“武职”一栏记载：“元王琳宣授平凉府元帅碑记内称为岐山仕族见旧志。”经核实，旧志内容确与上文相同，如碑文所记，镇守平凉的副帅四世祖完颜琳即为县志所载王琳。这一点很重要，说明岐山的完颜琳因为官平凉副帅，便附籍泾州，成为泾州的完颜氏。所以有学者据此推测，现在甘肃泾川的完颜氏中，有一支即是元代从岐山附籍泾川的完颜琳之后代。[1]

据村老讲，王下村以前祭祖是公开进行的，不仅有祖案，还有王下村自己祖先的画像，可惜这些东西均毁于文革期间。解放前祭祖时，不仅王上、王下村的完颜族人都参加，而且甘肃泾川县的完颜氏也派人来参加，有一千多人。老人们对甘肃泾川完颜家族生前姓“完颜”表示惊讶，并在王下村流传一句老话叫“泾川老洼沟分族一半”，甚至还传说泾川县的完颜氏趁夜深人静盗走了王下村的祖案，从此两族不再来往。从这些村言俚语中提供的线索，可知泾川完颜和岐山完颜之间历史上是有渊源的。

三　安徽肥东县的完颜氏

在安徽省省会合肥市以东二十多公里的肥东县永安、定光等十二个乡中，也居住着一支女真遗民，约有 4260 余人，最初姓完，1983 年后一律改姓完颜。

据《完颜氏家谱》记载，居住在肥东县永安、定光乡的完姓人口，原为女真族完颜部，祖居东北长白山麓、黑龙江畔。金代灭亡后，辗转迁移至山西省大同府云内州（今大同市）居住。元朝建立后，窝阔台汗曾有“唯完颜一族不赦”之语，为避免遭到歧视和迫害，于是隐匿女真族为汉族，易复姓“完颜”姓为汉姓“完”。

张澍《姓氏寻源》称：“完氏，《姓苑》云，完，人姓。《潜夫论》云，宋后有完氏。《路史》云，微子后有完氏。澍按：金世宗大定十三年，禁女真人毋得混为汉姓。金完颜氏皆去完为颜，惟曲阜不敢冒究国之姓，特称完氏。凉州武威、河南宝丰皆有完氏。”[2]张澍说金世宗大定

1　何志虎、贺晓燕《泾川家族祖先遗像考释》，《甘肃社会科学》2005 年第 2 期第 131、133 页。

2　《姓氏寻源》卷 12 第 10 页 B。

十三年（1173年），“金完颜氏皆去完为颜”，即改为汉姓颜氏，在全国通行，只有在山东曲阜不敢冒姓颜，怕与颜回之后相混淆，“特称完姓”。《潜夫论》中的“宋后”，指宋代以后。按张澍的说法完姓应该仅存在于山东曲阜一县，其他地区尽姓颜氏，实际上今日安徽肥东县、河南鹿邑县多称完氏，而称颜氏者并不多见，也可能与汉姓颜氏相混淆或者迁徙之故。武威、宝丰完氏未见报道，张澍是武威人，对当地姓氏比较了解，武威县有完氏当属可信。宝丰县与郏县是邻县，地土相连，郏县有女真遗民仝氏（加古氏），则宝丰县有女真遗民完氏当属可能。

著名辽金史专家陈述先生云：“以姓氏为例，在后来的汉姓中，至少有五十九姓，或多或少地渗入了女真人的成分。”[1] 姓氏是判断是否为女真人的一个依据，但不是唯一依据，如果把它绝对化，难免失之偏颇，因为历史上赐姓、改姓现象屡屡发生，汉姓中很多来源于少数民族姓，同样，少数民族姓中也有不少汉姓的参杂。张姓中就有女真人改姓的现象，如元末有女真人昝卜，以善战著称，明成祖赐他姓张；女真族中的颜盏氏、赤盏氏也有改张氏的。金末多有赐姓现象发生。宣宗、哀宗时，对那些功勋卓著、可恃以为援的将领，均赐以女真族之姓，如梁佐、李咬住、张晖、刘永昌赐姓完颜，包世显、包疙瘩赐姓乌古论，何定赐姓必兰氏，赐马福德、马柏寿为夹谷氏等，不一而足。[2]

肥东县的这支完氏族人最早定居于此地是在明初。元朝末年，由于统治者的残酷暴虐，引发了轰轰烈烈的红巾军大起义，这支完颜氏的首领完佩积极响应，不远千里跋山涉水投奔到义军领袖朱元璋的麾下，跟随朱元璋东征西讨，转战南北，攻城略地，立下汗马功劳。明朝建立，被朱元璋封为将军。天下初定，江淮一带因连年战争民生凋敝不堪，为了休养生息，发展农业，于是朱元璋在此推行军屯政策，女真将军完佩就是这时屯田庐州的，从此落户肥东，成为本地完姓的一世祖，他的后代在此定居繁衍，遂成当地土著，距今已有640年的历史了。

肥东完颜氏世代尚武崇文，出了不少杰出人物，最早完佩将军、完贵以军功得封赐，世袭罔替。明万历年间，肥东完颜氏的一支流落河南，成为河南完颜氏的始祖。清代，完智、完廼仁父子联捷进士，皇封诰命孺人八位、恭人一位，朝廷旌表建立节孝牌坊共五座，牌坊村以此得名，该村先后出了完氏太学生、庠生、文林郎、奉政大夫、朝议大夫、进士、举人等一百多人，不愧是闻名遐迩的“文士礼仪乡”。

肥东县完颜氏家族非常重视修家谱，曾有道光乙未年（1835年）所修家谱、光绪二十三年（1897年）重修本、1947年所修家谱，文革期间家谱手稿和节略不幸焚毁，现存有《完氏宗谱》。

安徽肥东县的女真遗民长期以来不敢认祖归宗，经济文化生活都很差。解放后，人民政府实行民族平等政策，肥东县女真遗民依据政策和历史事实，1983年恢复完颜氏和满族，从

1 陈述《金史拾补五种》。

2 《金史》卷14《宣宗本纪上》。

此结束了他们隐姓埋名的历史，过上了幸福生活。

四　山西安邑县的仝氏

在山西省南部运城市东近十里处安邑县房子村和三家庄村，至今居住着一支女真遗民，一律姓仝，人数不详。

房子村仝姓后裔保存有《仝氏家谱》，修于清乾隆年间，民国十六年（1927年）重修。据重修谱序云：

“仝氏之先，出自大金夹谷氏，嗣遭元灭，遂易今姓。元初有讳庆成者，为本邑令，因家焉。”又云：“余先人自元时为安邑令，遂家县东，离城五里许，名房子村焉。历元及明，蕃衍甚盛，独居一里，编曰双安。后有迁迹河南者，有移居山东者。而京师实属根本之地，安邑乃其寄籍之初。”[1]

夹谷氏是女真望姓之一，白号之姓居第三位。《金国语解》云：“夹谷曰仝”。[2]说明早在金朝时就以“仝”作为其汉姓了。又元杂剧《虎头牌》谓：“夹谷氏姓佟”、《金安寿》称夹谷为童。这些记载中，字虽异而音皆同，由此皆可证明《仝氏家谱》的叙述所言不虚。仝氏祖先出自大金夹谷氏，因为金朝被元朝灭国，这些女真夹谷氏遗民担心遭受歧视和迫害，干脆改成汉姓“仝”，不失为上策。

夹谷又称“加古”、“夹古”，《金史》卷65《始祖以下诸子》记：“又有胡论加古部胜昆勃堇”，胡论即今黑龙江、吉林两省之间松花江的支流涞流河，亦称拉林河。《吉林通志》称：“加古部在今五常（县）境内”[3]，五常离上京会宁府阿城只有二百里之遥，这里是夹谷氏的发祥地。据家谱所言，这支女真夹谷氏祖籍“京师”，应该指金上京会宁府（今黑龙江省阿城市南白城）附近，安邑县只是他们的寄籍地，只因元初时他们的一位祖先名叫仝庆成，来安邑当县令，于是在房子村双安里定居下来，繁衍不息，一直至今。由此可以断定，房子村的居民皆是女真族夹谷氏后裔。

另一个叫三家庄的村子里，也全部姓仝。据传说，在元朝初年“移来三家姓金的蒙古人，故名三家庄”。据任崇岳先生考证，蒙古人中没有姓金者，姓仝的也决不是蒙古人，所谓“姓金”的蒙古人，必是当地人把金国遗民误认为是蒙古人，或者是女真人怕引起蒙古人的猜忌，故意把自己说成是蒙古人，因为身处元代，有意隐瞒，好侧身于统治阶级之中，免遭残杀。故此认定三家庄的仝姓也是女真夹谷氏遗民。[4]

1　转引任崇岳《谈晋皖豫三省的女真遗民》，《北方文物》1995年第2期。

2　《金史》附录《金国语解》“姓氏”第2896页。

3　转引自张博泉《金史简编》第31页。

4　转引任崇岳《谈晋皖豫三省的女真遗民》，《北方文物》1995年第2期。

五　河南鹿邑县的完氏和唐河县的仝氏

河南省，有人说是女真人的第二故乡。金朝得中原后，惟恐中原汉民难治，曾经创立屯田军以监视汉民，大批女真人被大规模地迁入河南等中原地区，与汉人杂处，渐渐为汉人同化。到了贞祐二年（1214年），金宣宗不堪蒙古人的打击，从中都（今北京）被迫迁都汴京（河南省开封市），女真人上至达官贵族下至黎民百姓，除一小部分留居金源故地外，绝大部分内迁，河南人口爆增数百万口。二十年后，金朝灭亡，金兵残余大多隐姓埋名，很快与汉族融合在一起，也变成当地居民，已无迹可寻。

如今，有案可稽的女真遗民在河南省有两支，一支在鹿邑县，一支在唐河县，共5000多人，都是历史上从外省迁移来的。

（一）鹿邑县的完氏

鹿邑的女真遗民分布在马铺、老庄、太清、贾滩、杨湖口等五乡十一个村中，共750余户，近3000人，另外，汝州市完颜庄、许昌县完门村尚有2000余人，是从鹿邑迁入的，共计5000余人。

据《完氏宗谱》记载，鹿邑县的完氏是从明朝万历年间从安徽肥东县迁徙而来，第一世祖名叫完颜必重。完颜必重是安徽肥东县完氏的第三世祖，“但因谱序有6世未列入正谱，加上始迁祖，共7世，必重实际上是肥东县第十世祖。必重之父名完颜潮，生子3人：必重、必孝、必启”[1]。《完氏重修宗谱》上说：“次子必孝，生于明万历乙未年（1595年），年弱冠为国学生……盖公本兄弟三人，长公字必重，未冠时报名袭职，赴都考试。得中后从戎至河南，不知所终。”按任崇岳先生考证，完颜必重从戎至河南应在万历三十五年（1607年）前后，故推断鹿邑的这支女真遗民是明朝晚期从安徽肥东迁入的，迄今已有400年的历史。

出鹿邑县城东南四公里，是涡北镇完楼村，村头是他们祖先完颜必重的墓地，立于明朝万历二十七年（1599年）的墓碑已经风化。1994年，完颜家族重修了完颜必重的墓碑。

完颜家族把居住的村子均冠以完姓，鹿邑县有完楼村、完老家村、完天齐村、完观庙村等。上世纪八十年代初，马铺镇完老家村的完颜后勤等人听说安徽肥东县的完氏恢复完颜氏、改为满族的消息后，他们也向鹿邑县政府提出申请。1987年，鹿邑县的完氏家族全部从汉族改为满族，并恢复为“完颜”复姓。

（二）唐河县的仝氏

据山西省安邑县房子村的《仝氏家谱》记载：“……后有迁迹河南者，有移居山东者。……”迁徙山东的情况不详，也未见报道。现今河南省南阳地区唐河县城郊乡有两个村子，

1　转引任崇岳《谈晋皖豫三省的女真遗民》，《北方文物》1995年第2期。

村民几百人，全部姓仝。当地人传说，他们是从山西洪洞县迁过来的。明朝初年，河南经历战乱，田园荒芜，人口稀少，明廷从山西往河南迁徙过一批人口，都在洪洞县的大槐树下聚集启程。如今几乎所有的河南人都说自己是从山西洪洞来的。任崇岳先生推断，安邑县在山西最南部，靠近河南，洪洞在安邑之北，距安邑不远，可能是唐河的女真人以讹传讹，误将安邑当作洪洞，因此任先生认为他们就是从山西安邑迁来的仝氏，时间大致在明初洪武年间或永乐年间。贾敬颜先生也说“南阳地区的仝氏（夹谷氏），分明出自女真……”[1]。现在，这支仝姓女真人，已无女真人任何特征，外貌也与汉人毫无二致。

另据张澍《姓氏寻源》：“仝氏，澍按：仝氏即同氏，俗字作仝。后人因以为姓。河南颊县多仝姓。”[2]据考证，颊县为郏县之误。郏县在明清时代属汝州，今属平顶山市，在河南省中部。这里的仝氏，应该也是女真族夹谷部的后裔，至于从哪里迁来，无从考证。

六　北京的皇裔完颜氏

有别于其他省市的完颜氏，北京的完颜氏是世系清楚的金朝皇室后裔，他们是金世宗庶子完颜守祥的遗裔，他们的身份曾得到清朝政府的确认，被列为显赫的贵族，许多人在朝为官，成为清朝的重要统治支柱。金世宗是金兀朮的侄儿，因而北京的完颜氏也可以说是金兀朮的后人。

金世宗完颜雍，是金朝的第五位皇帝。他从海陵王的过错、失败中吸取教训，施行仁政，提倡节俭，虚心听取大臣的意见，任人唯贤，国力最为强盛，是金代经济文化长足发展的时期，人称“小尧舜”。

据族人自述，完颜守祥是金世宗的旁支，属于族系疏远的完颜氏，按照封建宗法制度，立嫡不立庶，在当时地位比较低下，没有被叛国降敌的崔立送往青城，幸免于难，成为今天北京完颜氏的远祖。

据保存完好的《统系表》以及完颜氏家族祖辈口碑相传，完颜守祥在金朝末年，曾回归到北国“金源故地”，主要是为躲避崔立和蒙古军的追杀。到了元朝统治时期，完颜守祥一族曾躲避到上京以东的张广才岭的森林中生活。完颜守祥的六世孙隆万杭爱以智勇过人、善于打虎而著名于世，受到当地群众的拥戴。到了其孙子达晋和曾孙达尔汗时期，完颜氏的地位有了进一步的提高，受到明王朝的重视，被任命为地方官吏都督。

北京完颜氏宗族《统系表》，冠以“长白佛满洲完颜氏”的标题，他们的十四世祖鲁克素约在明朝末年南迁长白山，与努尔哈赤的崛起有关。长白山是努尔哈赤的发祥地，爱新觉罗氏即诞生于此。鲁克素南迁长白山，应是投奔日益壮大的努尔哈赤家族，即《统系表》中

1　转引任崇岳《谈晋皖豫三省的女真遗民》，《北方文物》1995年第2期。

2　《姓氏寻源》卷1第5页A。

提到的“天命初年，举族来归”，天命（1616–1626）是努尔哈赤称帝建后金时初用的年号，鲁克素的儿子护其哈与达其哈正式投靠努尔哈赤。《八旗通志》卷237，对护其哈兄弟投附努尔哈赤一事记载如下：

“鲁克素生护其哈、达其哈。是时，太祖高皇帝龙飞辽左。护其哈兄弟二人，率族来归，隶镶蓝旗。寻以其妹充掖庭，改隶镶黄旗内务府佐领。”

这样，他俩能较方便地接近皇室，为后来完颜氏的发展创造了极为有利的条件。皇太极时，护其哈兄弟颇受重用，《八旗通志》载：

“至太宗文皇帝时，护其哈任内务府大臣，达其哈任牛录章京，兼管辽汉人都督，总领火炮营。凡征高丽、蒙古、叶赫、乌喇、锦州、松山，及剿灭流寇，达其哈曾率所部为前锋。”

护其哈官内务府大臣，接近皇太极的机会更多。达其哈任牛录章京，掌管户口、田宅、兵籍、诉讼等一切事务，权力很大。“辽汉人都督”是管理东北汉族人的行政长官。“总领火炮营”是管理火炮营的军事长官，因此达其哈参与了清太宗年间的所有战争，特别是他率领的火炮营在灭明兴清战争中起了至关重要的作用。

1644年9月，顺治皇帝入关并迁都北京。护其哈、达其哈为首的完颜氏家族也“从龙入关”，隶属于镶黄旗，从安定门进入北京，最初居住在安定门内鼓楼大街，后世居住地虽有所改变，但始终没有离开内城的东北部。

有清一代，清廷对完颜氏优宠有加，乾隆朝已确认护其哈、达其哈的子孙为金朝皇族完颜氏的后裔。乾隆年间修纂《八旗氏族宗谱》的时候，“完颜氏本列二十八卷。奉高宗特旨，用虞宾义，列为第一。”所谓“虞宾义”，是取自尧舜禅位的历史典故。清朝皇室对完颜氏表示极大的尊重，将完颜氏列为八旗世族之首，表明了清廷对完颜氏的承认，在社会上产生了广泛的影响。如达其哈的七世孙麟庆作《鸿雪因缘图记》，许多知名的文人为其作序，都申明完颜麟庆为金朝皇裔。

景爱先生著有力作《皇裔沉浮——北京的完颜氏》，对这支女真遗民考证颇详。

七　山东省的完氏家族

山东临朐县的完颜氏，今已改姓王氏。金代时，完颜氏即有改姓王氏之说。不过皇族改汉姓王氏者，史所未见。在金朝灭亡以后，为了避免蒙古人的屠杀，皇族改姓王氏，自在情理之中。山东临朐改姓王氏，应在金朝灭亡之后。

山东临朐王氏，来源于一个名叫完颜清的贵族。临朐王氏墓碑，有如下的记载：

“尝思人生天地之间，犹水之有源，木之有本。业吾王氏溯源厥由来，实系女真国主完颜氏之后。簪缨数代，俱仕于金。迨至宋元构变，金运将斩。完颜讳清者，见（几）机而作，遂自汴梁渡河，北迁临淄，居高阳。讳完颜，以称王氏焉。”

民国二十一年（1932年），王子林在《王氏族谱序》中，亦称临朐王氏“实系女真国主完颜氏之后"，其始祖名叫完颜清。临朐方志称，临朐这支王氏，"其太高祖为大金亲王宛颜清。清识通机务，足系人望。金哀宗信任权（臣）崔立，清恐为害，封章屡奏，俱留中不发，清遂携家遁去临淄高阳城。后崔立果叛金降元，凡完颜氏在汴京者，悉遭其祸。清以知机独免。"[1]

引文中的"宛颜清"，为完颜清之误。高阳，为今临淄县高阳镇，在县西北。据《金史》记载，崔立是流氓出身，其人品行为，开封城中路人皆知。只是当时用人之际，崔立掌握一部分军队，金哀宗只好任命他为守城的西面元帅。完颜清对此深怀疑虑，故屡次上奏，却未被采纳，他只好携带其家眷逃往临淄县高阳镇，才躲过了"青城之难"，得以幸存。

王氏墓碑中，有"讳完颜，以称王氏焉"之言。据此可知，完颜清是逃到山东临淄以后，改姓王氏。"清"也未必是他的真名。金代的宗室人员，其名字排列有序。金熙宗、海陵王、金世宗一辈人的汉名，都是以"亠"为偏旁，金熙宗名亶，海陵王名亮，金世宗名雍。金世宗的儿子辈，最初是以"允"为名，金章宗之父名允恭。金章宗即位以后，为避其父之名讳，诏改"允"为"永"。金章宗、金宣宗一辈人，其汉名是以"王"为偏旁，金章宗汉名完颜璟，金宣宗汉名完颜珣。金宣宗的儿子辈，汉名以"守"字为序，金哀宗汉名初为守礼，在被立为皇太子以后，改名为守绪。完颜清与金哀宗完颜守绪是同时代的人，故疑其本名应是完颜守清。逃到山东临淄以后才更名改姓，这时他的名字应叫王清，故其后人均姓王氏。

在《金史·宗室表》中，没有完颜清、完颜守清之人。按当时的礼制，嫡庶之分非常严格，只有嫡子可入《宗室表》，庶子不会入《宗室表》。完颜清虽属宗室，然而未必出自嫡系。他没有做过官，故《金史》中无传。

完颜清一族支在离开南京开封城以后，最初是来到临淄县（当时属山东东路益都府）投靠亲友，居高阳镇（今仍其名）。完颜清有子名叫王德。王德生三子，名叫居仁、君佐、守信。居仁之子名叫王高。《临朐续志》记载，王高于"元至大四年（1311 年），由益都迁临朐张家亭子，分锦、衣、花、帽（茂）四支。衣支迁外县，锦支迁沂山庄，花支迁居石埠子，帽（茂）支迁居殷家河。后各分居王学圈、杨家河、石家峪、黄山、黑山头、黑洼、柳子等村。"[2]

自此以后，完颜清所留下的这支完颜氏子孙，人丁旺盛。今日在临朐、临淄、安丘、益都等市县，均有分布。其中临朐县人口最多，在上石埠、下石埠、殷家河、西沂山、东沂山、柞家庄子、西台、石河头、洛庄、王家营、石家峪、平安峪、西山、柳子、杨家河、王家圈、黑山头、下峪村等数十村中，完颜氏后裔多达数万人以上，其中多为王高的后人，仅这一分支即有万余人。

关于这支完颜氏，景爱先生撰有《山东临朐县的金代完颜氏》，论述颇有见地。[3]

---

1 《光绪临朐县乡土志》卷 4，《耆旧录》。转引自《临朐县旧志汇编》第 310 页，2002 年。

2 《临朐县志》卷八 - 九，《氏族志》。民国二十四年铅印线装本第 26 页 B–27 页 A。

3 景爱、孙伯君主编《辽金西夏历史文献》第 30—32 页，2009 年。

八　黑龙江双城的女真遗民

金朝的发祥地在今天的黑龙江省境内，近年黑龙江双城市联兴满族自治乡陈正蓝旗二屯发现的女真完颜氏遗民填补了此前金源故地未发现女真遗民的空白。

双城完颜氏家族亦存有布制家谱，上面记有“开辟大金国原始祖兀术，始祖母秦氏、阎氏”等内容，说明双城完颜氏是以兀术为始祖，自认为是兀术（汉名宗弼）的后人。

据《金史》记载，兀术只有一子，名叫完颜亨，其母为徒单氏。完颜亨之子乳名羊蹄。完颜亨和羊蹄先后被海陵王完颜亮杀害。兀术和其子完颜亨是否还有其他子女，《金史》缺乏记载。因此，有人怀疑兀术之后人已被海陵王斩尽杀绝。

然而事情并非如此简单。自金熙宗时期，金朝的宗法制度已经基本确立，金熙宗是以嫡长孙的身份被拥立为皇帝。这时的皇帝后妃很多，诸王也妻妾成群，除皇后、王后以外，还有许多其他民族的妃子、媵妾。例如宋徽宗次女荣德帝姬，被掠到金国以后成为金熙宗的夫人；宋徽宗第十六女宁福帝姬、第十九女华福帝姬、第二十女庆福帝姬都成为金熙宗的妃子或夫人。[1]诸王也是如此，宗翰（粘罕）曾以辽天祚帝的妃子为妾，后被部下杀死，以保护粘罕的人身安全。

同理，兀术（宗弼）和其子完颜亨也会有许多王妃、媵妾，她们所生的子女地位低下，很难记入《金史》之中。《大金国志》记载，兀术有子完颜伟。在大定十七年（1177 年）四月，金世宗与太子、诸王在东苑观赏牡丹、大家赋诗助兴时，他慷慨陈词，直言无忌，与兀术风格何其相似。完颜伟之人，不见于《金史》，为宋朝人所记，必有所本。完颜伟是宗弼之子，与完颜亨为兄弟，按说其名字应以“亠”为偏旁，然而他却以“伟”字为名，这种特例很可能与其母亲出身汉族有关。从金熙宗纳宋徽宗之女为妃子、为夫人来看，兀术长期在中原地区作战，掠夺宋朝宫女或民间良女为媵妾自在情理之中。双城完颜氏家谱中，有始祖母秦氏、阎氏字样，她们应当属于汉族人。所谓始祖母秦氏、阎氏，应是兀术的媵妾之流，故而不能见于史册。兀术的媵妾所生的子孙自然不会少，许多地方的完颜氏自称是兀术的后人，以兀术为始祖，即与此有关。

双城完颜氏家谱存在断代问题，家谱中记载原始祖金兀术，与其二世祖大太子嗷涵督都，二太子嗷牛督都，三太子嗷涵伯子，四太子萨呢涵伯乐、妻金氏等人的生活时代跨越了三、四百年或者更长的时间，证实了家谱不是按原来的顺序抄录，而是有选择性地抄录了原始祖及与他们最密切相关的临近祖先的名字和官职。“督都”本作“都督”，是明朝所封的小官，说明二世祖大太子嗷涵督都，二太子嗷牛督都曾依附于明朝，三太子、四太子在后金崛起时投奔了努尔哈赤，被授予贝子、贝勒封爵，伯子、伯乐应该是贝子、贝勒的误写。清初随从顺治皇帝迁都入关，隶属正白旗的第四参领（甲喇）色楞格佐领下辖的军户，居住在齐化门

1　景爱《历史上的金兀术》第 101—102 页，中国社会科学出版社 2008 年。

附近。现居双城的完颜氏遗民张全臣的先祖迁居黑龙江，源于清嘉庆十七年（1812年）的京旗移民，出发时很匆促，报到的地点在今天西长安街路南的草帽胡同，时间紧迫，抄录族谱非常匆忙，只好跳过许多无关紧要的旁支拣重要的、直系的祖先抄录，因此出现族谱抄错位置和笔误等混乱情形。

关于这支女真后裔的详情，参见《北方文物》2008年第4期笔者与景爱先生的联合撰文。

九 闽台粘氏后裔

粘姓人主要居住在福建和台湾，据统计福建晋江市900余人，石狮市40多人，泉州市500多人，南安市1100多人，福州、厦门、三明、漳浦等地100多人，合计2640余人。在台湾粘姓人主要集居在彰化县的鹿港镇和福兴乡，约有380多户、6000余人。此外，在台中、台北、高雄、屏东、花莲、台东、南投、嘉义、台南、基隆等地也有粘姓人居住，据说台湾粘姓多达10000余人。此外，在美国、日本、菲律宾、新加坡、马来西亚、泰国以及香港、澳门也有粘姓人定居。全世界各地的粘姓人，总计大约在15000人左右。台湾的粘姓来自福建，是在清乾隆年间越海去台湾谋生的。国外的粘姓，皆来自福建和台湾。

粘姓人内聚力很强。在福建和台湾均设有粘氏宗亲会、粘氏宗祠，定期地举行祭祖活动，并编纂家谱、族谱。粘姓人大多务农、务渔、务商，其中有少数人成为实业家，在台湾有一部分粘姓人进入政界，充当下级公务员，还有的人从事教育和文化工作。在福建的粘姓人，以前由于历史原因曾报为汉族，现改为满族，在台湾的粘姓人则自称是女真族。

粘姓的家谱和族谱很多，一部分面世，一部分仍然秘不示人。这些家族谱编修的时间有早有晚，最早的族谱始修于明代后期，其后又不断增修。有的家谱修纂于清代和民国年间，个别的家谱是近年所修。家谱族谱的篇幅不同，有的长达10余万字，有的只有1万多字。这些谱书主要是记载粘姓的世系、居住地、祖茔所在，同时也对某些人的事迹作了记述。

这些家族谱均记载，福建粘姓的祖先名叫博温察儿，元代时曾知河中府（今山西永济县），于元朝末年浮海南游，到达了福建晋江的浔江浔海居住。这里在元代产海盐，设有浔渼场。因此，粘姓家谱族谱多题有浔江、浔海、浔渼字样。博温察儿的坟墓尚存，在今石狮市永宁镇杨丹村（石狮市原属晋江，1987年从晋江析出）。博温察儿是福建、台湾粘氏的共同始祖。

博温察儿的事迹，史书无传。家谱称："博温察儿，南合公之子也。知河中府，旧谱遭倭乱散失，政绩事迹莫考，闻之故老，谓公因世乱流寓江南，遂浮海抵泉，距晋江永宁杨丹。"南合，《元史》卷一六四有传，附于粘合重山之后，传称南合"子博温察儿，知河中府"。南合之父为粘合重山，原为金朝贵族，金末为质于蒙古。金亡以后，协助成吉思汗略地有功，后为中书左丞相，协助右丞相耶律楚材"建官立法，任贤使能，与夫分郡邑，定课赋，通漕运，足国用”[1]，死于太宗窝阔台在位期间，赠太尉，封魏国公，谥忠武。

粘氏家族谱中，都一致地把远祖追溯到金代宗室贵族粘罕（完颜宗翰），把粘罕列为粘氏的一世祖。景爱先生考证，粘合氏即粘割氏，又作粘葛氏、粘哥氏，是女真人中出现比较早的一个姓氏，属于黑号之姓。女真族的姓氏有白号之姓与黑号之姓的区别，据《金史·百官志》，粘割氏属于黑号之姓，在《金史》中有粘哥荆山、粘葛奴申、粘割韩奴、粘割贞、粘割斡特剌等十余人。而粘罕属于金朝皇族，姓完颜氏，完颜氏为尊贵的白号之姓首位，与粘割氏是两个完全不同的姓氏。清人何桂撰《金史姓氏考》，遗漏了此姓。陈述先生撰《金史拾补五种》，于《金史氏族表》内指出："《辽史》三六属国军有粘八葛，有卷七又属国表寿昌三年二月，粘八葛酋长请复旧地。此粘割氏，或即其后裔也。"景先生还提到粘氏有北方、南方之分，北方粘氏主要分布于冀、晋、鲁三省，南方粘氏则遍布闽台二省和海外[2]。

1　《元史》卷 164，中华校点本第 3467、3466 页。

2　景爱《闽台粘氏家族谱读后》，《古籍整理出版情况简报》2004 年第 6 期。

新书序跋

《辽史补注》序

陈寅恪

裴世期之注《三国志》，深受当时内典合本子注之薰习，此系吾国学术史之一大事，而后代评史者局于所见，不知古今学术系统之有别流，著述体裁之有变例，乃以喜聚异同坐长烦芜为言，其实非也。赵宋史家著述，如《续资治通鉴长编》、《三朝北盟会编》、《建炎以来系年要录》，最能得昔人合本子注之遗意，诚乙部之杰作，岂庸得妄子之书诩矜笔削，自比夏五郭公断烂朝报者，所可企及乎？寅恪侨寓香港，值太平洋之战，扶疾入国，归正首丘，途中得陈玉书先生述寄示所撰《辽史补注序例》，急取读之，见其所论宁详毋略之旨，甚与鄙见符合，若使全书告成，殊可称契丹史事之总集，近日吾国史学不可多得之作也。回忆前在绝岛、苍黄逃死之际，取一巾箱坊本《建炎以来系年要录》，抱持诵读，其汴京围困屈降诸卷，所述人事利害之回环。国论是非之纷错，殆极世态诡变之至奇，然其中颇复有不甚可解者，乃取当日身历目睹之事，以相印证，则忽豁然心通意会。平生读史凡四十年，从无似此亲切有味之快感，而死亡饥饿之苦遂亦置诸度量之外矣。由今思之，倘非其书喜聚异同，取材详备，曷足以臻是耶？况近日营州旧壤、辽陵玉册已出人间，葬地陶瓶犹摹革囊，不有如释教信徒迦叶阿难之总持结集，何以免契丹一族千年之往事及其与华夏紧密关系之历史不随劫波之火以灰烬？故《辽史补注》之作，尤为今日所不可或缓者。寅恪频岁衰病，于塞外兄弟民族之文、史，久不敢有所论述，惟尚冀未至此身盖棺之日，获逢是书出版之期，并重于学术之林，斯则今日发声唱导之时不胜深厚诚祷者也。

三十一年十一月十九日陈寅恪书于桂林雁山别墅。

《辽史补注》序

顾颉刚

“文化大革命”后期，在毛主席、周总理的关怀下，恢复点校廿四史作为批判继承历史遗产资料。颉刚受命联系点校工作，一面感到汲长绠短，一面感到责任重大、光荣，几年来，在各级党组织的直接领导关怀下，现已陆续出齐。但是，体会毛主席古为今用的精神和详细占有材料的教导，还感到有需要进一步补充史料的。

在廿四史中，前人曾说：“辽史太简略”，“辽史最简略”。陈述同志所撰《辽史补注》，正是对辽史的全面订补，可称一代史料的总集，现在随辽史刊布并行，供读者参考。

曾检廿四史各史记载的年数，史记之外，以宋（三百二十年）、辽（二九六年）为最长，唐（二九〇年）、明（二七六年）次之。但就各史所用的篇幅（页数）看，《宋史》约当《辽史》的十倍，《新旧唐书》、《明史》也各当于《辽史》四五倍，可见彼此差距之大，而《辽史》是很漏略的。就各史在廿四史所用字数多少计，《辽史》占第十八位，其次各史，由第十九位至第廿四位是：《南齐书》、《新五代史》、《梁书》、《周书》、《北齐书》、《陈书》。其中年分最长的《梁书》五十五年（不足《辽史》的五分之一的时间），《辽史》以前十几种，都没有辽代的长，而篇幅则都比《辽史》多。《史记》因属通史未计，实《辽史》就叙契丹族而言，也带有通史的意义。辽代国号几次改变，称辽以前，曾号契丹；后又改契丹，再改大辽。辽史没有记载。甚至《食货志》未记“盐课榷场”，从各方面看，都显出《辽史》是迫切需要补充的。

清代以来，对廿四史中的某史全部作注成书者，有王先谦《汉书补注》、《后汉书集解》和吴士鑑《晋书斠注》。王注特别是《汉书补注》有益读者多在训诂考证，不重增补史料，吴注曾有志于考源考异和增补，但因晋书材料丰富，编纂较好，所以，它的主要贡献，还是在史文来源方面。

《辽史补注》的特点，主要是《辽史》事实缺漏，而本书明确着重在史料补充，作者曾多年校辑辽金史，充分利用了晚近出土的金石碑刻，并与辽史勘证，使事具本末有线索可寻，再有清钱竹汀、厉樊榭以下诸家的校订补充，作者曾核对吸收并搜集旧史、方志、行程录、文集等，其中大部分是元人修史时所未曾见到的。

由于时代要求不同，条件又比较优越，所以有不少后来居上的地方，尤其是考订精审，批判吸收了前人成绩，也解决了若干年前人未能解决的问题。

一九六四年春，颉刚参观东北归来，翻阅辽金二史及东北其他史籍，当时曾拜读此注，顿增新知。这次又细看凡例及部分内容，益信此书确是一部比较充实的、不可多得的资料，今幸随点校本廿四史以并行，当然不仅是节省读者翻检校对的时间而已。

我们这次校点工作，可能有一些缺点错误，但质量都有所提高，由于补注的出版，显然又是一个新的突破。行见补注之于《辽史》，并将如裴注之附陈志，为读者提供很多便利，也必将是读《辽史》者一部离不开的重要资料。

《辽史补注》序

陈 述

我国是一个统一的多民族国家。从很早的古代起，我们中华民族的祖先就劳动、生息、繁殖在这块广大的土地之上。历代先辈披荆斩棘，开发建设了我国的疆域。“今天的中国是历史的中国的一个发展”。我们多年积累的历史文化，曾为人类的文明和进步，作出过光辉贡献。

契丹人起于汉末，盛于隋唐，作为祖国古老各族之一，长期隶属中央朝廷。唐末，农民起义推翻了大唐的统治。契丹阿保机和后梁朱温同年建国，大辽继承唐代在东北的疆域，历二百多年（907–1125），沟通了农区牧区，开发了东北边境，辽宋彼此影响，为祖国统一奠定了牢固基础。大石西迁，又把中原文化带到了西域。辽代在各方面的贡献，久已融入祖国历史文化的整体。

辽史有当代留下的一份简单材料，即耶律俨实录。金朝两次修辽史，泰和六年，章完敕翰林学士陈大任专职修纂，但因义例争论，宣布罢休（《元文类》四五、修端《辽金宋正统辨》）。金史章宗纪泰和七年十二月所记“辽史成”，即指此次罢修。元代中统二年，至元元年经王鹗等建议修辽金二史，宋亡，复议修三史，终“以义例未定，竟不能成”（《续通考正史考》），长期纠缠义例，对于史实搜访订正很放松。元末，至正修史时，仅据耶律俨实录、陈大任辽史和《契丹国志》、《资治通鉴》等了草编缀，由至正三年四月至四年三月，仓卒作成。

辽、金、宋三史同修，按记载年数，宋史辽史均相仿（宋 320 年、辽 219 年含西辽 88 年，凡 307 年，金史较短（120 年），计其所用篇幅，宋史当辽史的十倍，金史亦当辽史的二倍（《宋史》685 页，《金史》1143 页，《辽史》666 页，皆中华四部备要本），这个数字表明辽史的漏略不备。清钱大昕、毕沅先后指出辽史缺漏（《潜研堂集》、《续通鉴》），赵翼也屡次说过：“《辽史》太简略”、“《辽史》最简略，二百年人物列传仅百余篇，其脱漏必多矣”（《廿二史札记》）。

过去不满意旧史而改作者，如欧阳修、宋祁的新唐书和欧阳修的新五代史等，例皆新史既行，旧史不废，及至读者感觉不便，又不得不有合抄。彭注《五代史记》，全采旧史，实际也是合抄。于是各为一史，实则三书，叠床架屋，给读者带来很大不便。刘知几《史通》有补注一篇，曾论裴注喜聚异同，不加刊定；陆注则仅较增缺，标为异说。又论范晔《后汉书》

简而且周、疏而不漏，刘昭采其所捐作补注，讥为“吐果之核”。但是他没有考虑到补注所用的材料，并不是修史时都能看到的，即使是修史时所能看到的，是否仍有助于参证，这就是补注体裁的优越性，远非重新改作所能比。

今天，作为国史代表的廿四史，均属正史资料，其中保存了宝贵的历史遗产，值得继承发扬；也存着应当批判的错误观点。要古为今用，批判继承，作为历史遗产材料，那就只有订补，无所谓改作。至于把颠倒了的历史再颠倒过来，更需要丰富准确的史料，更需要广聚异同，当然在技术上要尽量便利读者，节省读者时间。

关于史籍著作，不难于详，而难于详而不芜；不难于略，而难于略而不漏。所谓简要，须是由博返约，并非夺漏史实。在辽史说，只能说是漏，不能称为简。因为纂修之前，搜访工作很不够；修史时，又仓促塞责。叶适说过：“至要出于至详，至简成于至繁。”所以今天对于辽史的工作，仍当广求史实的详瞻。

明清以来，补订辽史最勤者，首推厉鹗，他就是用裴松之的办法撰成辽史拾遗，所惜因时地条件的限制，见闻未广，也有未及详细核对的，如兴宗景福六年九月，厉引李焘长编六月以寇瑊使辽，谓辽史作范沨，未知孰是。实长编当年八月辛已即载范沨使辽，以寇瑊病不能行。又重熙三年十二月引长编八月以谢绛为生辰使，辽史作杨偕，未知孰是。实长编同年十二月癸未即载杨偕使辽，谢绛以父疾辞。由于牵涉面很宽，难免顾此失彼。杨复吉撰辽史拾遗补，所补亦嫌未备。陈汉章辽史索隐多取一统志也多有不合者。述曾校辑各家所录及新获者为辽文汇两编，又取宋人入辽的语录纪行诗行程录等，汇集一编，也都属于史料校订，未能附入辽史正文，读者不便，因不自量度，发愿勉为辽史补注，补者效褚少孙之补史记，注者效裴松之之注三国。广征后魏以来诸史文集笔记，包括钱大昕、厉鹗诸家所考订及晚近出土资料和研究成绩，全面网罗，证其合否，一一补入《辽史》。考证之学，譬如积薪，现在的工作，即就前人所积者，接力积累，对辽史作全面增补订正。但愿返于辽史之前，使大辽一代尤其是契丹及其所属各部与中原的紧密联系，汇集于此，信而有征，以备读者参考。

司马光说过：“长编之作，宁失之繁，勿失之略”，此《辽史补注》，也可说是辽史长编。万斯同撰明史稿，自谓：“吾所取者或有可损；所不取者必非其真。”也是极言宁繁勿略之意。范晔《后汉书》作成了才说对《后汉书》史实“始得统绪”。确属实践体会之言。

述学无一得，才非撰造，对于辽史所知不多，只是条梳史实，便利读者。李善注《文选》，由补注再注以至五注。苏辙注《老子》，在晚年也对旧注有很多改订。现在只是一份初注长编，并非名山之藏，不敢自信为是。希望读者找出缺点、错误，以便改订。

《辽史补注序》读后

中国文化遗产研究院　景　爱

陈述先生撰著的《辽史补注》已打出小样，不久即将由中华书局出版。卷首有陈寅恪、顾颉刚、陈述三篇序言，都很短小，然而言简意赅，深刻地揭示了《辽史补注》一书重要的学术价值。

一

陈寅恪先生的序言作于民国三十一年（1942）十一月十九日，即抗日战争胜利以前。他在香港赴桂林途中收到陈述先生寄来的《辽史补注序例》，“急取读之，见其所论宁详毋略之旨，甚与鄙见符合，若使全书告成，殊可称契丹史事之总集。近日吾国史学不可多得之作也。”宁详毋略是撰著《辽史补注》的宗旨，1935年初撰《辽史补注》时，在序例中就明确提出了这个问题。宁详毋略一语源自司马光“长编之作，宁失之繁，毋失之略”。陈先生自谓《辽史补注》即《辽史长编》，故应遵循宁详毋略的原则。研究史学的人都会知道，只有详细占有相关资料，才能得出科学正确的结论。史学研究通常是从搜集资料着手的，占有资料越多越好。正如恩格斯在论述历史观时说的：“首先必须是详细研究各种社会动态的生存条件，然后才可试图从这些条件中找出相应的政治、私法、美学、哲学、宗教等等观点。”（致康·施米特）

陈述先生完美地实现了自己的诺言，他从1935年开始撰著《辽史补注》，到1992年最后完成，前后持续了近60年之久，倾注了毕生的精力。早在1975年《辽史补注》即以完成，与中华书局签定了出版协议，由于此后又出土了许多辽代碑志，故又“陆续增益”，进行补充修改（见1990年10月后记），一直持续到离世前夕仍未停止，最后形成了今日中华书局出版的《辽史补注》。

二

顾颉刚先生与陈述先生相识甚早，在20世纪30年代他便著文称赞陈述先生的辽史研究

“成就最多”的年轻学者（见《当代中国史学》）。20世纪60年代，顾颉刚主持二十四史校点，陈述先生亦参与此事。当他得知《辽史补注》已近完成时，十分高兴，1975年曾以专案向中华书局推荐出版，中华书局总编辑赵守俨根据顾颉刚的意见，与陈述先生就排印方法、体式取得了一致意见。顾颉刚的《辽史补注·序》，即作于此时。

顾颉刚之序称，在二十四史中《辽史》属于简略之书，清代学者早就提出了这一点。“陈述同志所撰辽史补注，正是对辽史的全面订补，可称一代史料的总集，现在随辽史刊布并行，供读者参考。”据此可知，当时的计划是《辽史补注》与《辽史》校点同时出版发行，只是陈述先生觉得还需做些补充，未能马上付印。

顾颉刚将《辽史补注》与清代学者撰著的同类著作（如《汉书补注》、《后汉书集解》、《晋书斠注》）作了比较以后，指出：“辽史补注的特点，主要是辽史事实缺漏，而本书明确着重在史料补充，作者曾多年校辑辽金史，充分利用了晚近出土的金石碑刻，并与辽史勘证，使事具本末有线索可寻”；“尤其是考订精审，批判吸收了前人成绩，也解决了若干年前人未能解决的问题”；“这次又细看凡例及部分内容，益信此书确是一部比较充实的、不可多得的资料”。

裴松之撰《三国志注》，一向被史家视为经典之作，清人赵翼称：“松之作注大旨，在于搜集之博，以补寿之缺。其有讹谬乖违者，则已意辨证。”（《廿二史札记》）顾颉刚序说：“我们这次校点工作，可能有一些缺点错误，但质量都有所提高，由于补注的出版，显然又是一个新的突破。行见补注之于辽史，并将如裴注之附陈志，为读者提供很多便利，也必将是读辽史者一部离不开的重要资料。”将陈述先生的《辽史补注》比之裴松之《三国志注》，是顾颉刚对《辽史补注》的高度评价，充分肯定了其学术价值，《辽史补注》将与《三国志注》一样，成为二十四史中皇皇巨著，永传后世的不朽之作。

三

《辽史补注》陈述自序，没有署时间。1990年10月，曾撰有《辽史补注》后记（见《辽金史论集》五辑10–11页），估计此自序应当与后记同时所撰，或前后相差不远。1935年10月，曾撰《辽史补注序例》，即赠陈寅恪所阅者，1987年9月又进行了修订（亦见《辽金史论集》五辑），比较此序与1987年序例，发现二者文字大同小异，可知此序是在原序的基础上改写而成。刘知几在《史通》中补注一篇，对史书补注加以贬斥。陈寅恪对刘知几之言，深以为非，他在《辽史补注·序》中指出：“裴世期之注《三国志》，深受当时内典合本子注之薰习，此系吾国学术史之一大事，而后代评史者局于所见，不知古今学术系统之有别流，著述体裁之有变例，乃以喜聚异同坐长烦芜为言，其实非也。赵宋史家著述，如《续资治通鉴长编》、《三朝北盟会编》、《建炎以来系年要录》，最能得昔人合本子注之遗意，诚乙部之杰作，岂庸得妄子之书诩矜笔削，自比夏五郭公断烂朝报者，所可企及乎？”这种批驳是很有说服力的。

陈述先生在自序中力陈补注之功。他说：“刘知几没有考虑到补注所用的材料，并不是修史时都能看到的，即使是修史时所能看到的，是否仍有助于参证，这就是补注体裁的优越性，远非重新改作所能比。”进而指出：“关于史籍著作，不难于详，而难于详而不芜；不难于略，而难于略而不漏。所谓简要，须是由博返约，并非夺漏史实。在辽史说，只能说是漏，不能称为简。因为纂修之前，搜访工作很不够；修史时，又仓促塞责。叶适说过：‘至要出于至详，至简成于至繁。’所以今天对于辽史的工作，仍当广求史实的详赡。”

正因为如此，陈述先生“发愿勉为辽史补注”。何为补注？陈述先生解释说：“补者，效褚少孙之补史记；注者，效裴松之之注三国。广征后魏以来诸史文集笔记，包括钱大昕、厉鄂诸家所考订及晚近出土资料和研究成绩，全面网罗，证甚合否，一一补入辽史。陈述先生引万斯同撰《明史稿》之感言：“吾所取者或有可损；所不取者必非其真。”指出这“也是极言宁繁勿略之意”。

《辽史补注》三序虽然写作的时间不同，然而都强调指出补注对史学研究的重要意义。虽然三序的写作距今时间很长，属于20世纪的作品，然而今日读之，仍深受启发。陈寅恪称《辽史补注》是“契丹史事之总集”，顾颉刚称《辽史补注》是“一代史料的总集”，给《辽史补注》以极高的评价，值得今人三思而后学。

《辽会要》前言

陈 述

我国旧日史体，至宋大为丰富，袁枢纪事本末，配合编年、纪传，备详一事之首尾，久为学界称誉并接受沿用。王溥因苏冕等所作，撰为《唐会要》，又撰《五代会要》，则按典章制度范围，断代成书，与《通典》之贯串各代者并存于史学之林。《四库提要》论《五代会要》云："欧史务谈褒贬，为《春秋》之遗法；是编务核典章，为周官之旧例。各明一义，相辅而行。"所论颇持平扼要。

会要体式形成后，甚为两宋朝廷所重视，由政府主持纂辑当朝典制，延续不断，先有《三朝国朝会要》，继又增加仁、英、神三朝为《六朝国朝会要》，分二十一类，凡八百五十八门，自神宗元丰迄靖康二年，又成《续会要》二百卷，其后有《政和会要》，又以建炎、绍兴部分辑为《中兴会要》。在此基础上成《国朝会要总类》五百八十八卷，续又辑《孝宗会要》、《光宗会要》、《宁宗会要》，是即《永乐大典》所收《宋会要稿》之前身。网罗两宋典制，凡具参考查阅价值者，巨细不遗，约略齐备，可称一代档案类编。

辽金起自北方，制度草创，当时未及纂録，以后亦未能及时补修。尤袤《遂初堂书目》列有《契丹会要》，已久亡无存。欲知祖国北方几百年故实，只有于散见事例及零篇简牍中寻之。而当时制度沿革，尤其南北结合融会之迹，如中原三省六部与北方草原左右北南等制，直接关系祖国近古文化形成之北系传统，及其成为当今统一多民族国家凝结一体之历史因素，实为近一千年祖国历史之重要内容，若能总汇有关文献、文物及近年研究成果为一书，以成一代档案资料类编，区事分目，列举史实，对于历史研究应起积极推动作用，殆无疑也。盖此种分类列事之法，即总集典制文化各类资料为汇编，便于检查，要在正史以外之史料增补与订正，如旧史食货，可以经济、财政扩其范围，多增新资料。至于帝系、后妃之类，名称虽沿旧目，内容则利用近年出土志册，借之增订史实，以为检读《辽史》时参证。旧瓶新酒，正不妨灵活为之也。

《续资治通鉴长编》、《太平治迹统类》、《宋大诏令集》等，具载南北国书聘问仪节及榷场交换等，《高丽史》、《东国通鉴》亦有彼此来往酬答各事。近年考古发掘成绩显著，碑志、壁画、石经及各类器物，乃至风习服饰，均有出土，可以补充制度文化方面记载之不足者甚多，是则会要虽属旧体，仍可新其内容。

上海古籍出版社拟议汇印《历代会要丛书》，委托述编辽金部分，顾念工程繁重，未敢匆匆承担，迟延殆年余，嗣辽宁社会科学院历史所同志欲以此入年度规划，遂得众手合力，共成盛举，其科技一编，又由中国科学院自然科学史研究所诸同志欣然协作，分任此事，更得展其所长。

在群策群力、共同承担、互相切磋商讨之下，纂成此稿，只是一份资料，提供辽金研究检索之便，以利对于大辽一代有关典制文化方面内因外缘之深入研究。

倘使会要一体，由秦至清，历代相续，蔚成典制大观，对读史者提供一份全面系统资料，配合正史，与各志参照，则历代会要即为历代全面典章制度之资料类编。总纲大同，细目可因朝代各异。又得别立新目，自成专编。但皆供备典章制度之考索。庶几合之可成一书，为上下几千年之通典，分之又各自独立，为一代典制之书，或单项抽出组合，成为历代兵制、历代官制或历代教育等。

此稿分编人员名单如下：卷一纪元、卷八崇奉、卷十民政、卷十四地理，分编者赵东辉；卷二礼、卷五交聘，分编者黄凤岐；卷十八国语，分编者王成国；卷四仪卫，分编者朱子方、刘肃勇；卷六选举、卷十六灾荒，分编者朱子方；卷七方伎，分编者何绍庚、华觉明、李仲均；卷九职官、卷十一食货、卷十二兵卫、卷十三刑法，分编者唐统天；卷十五部族、卷十七艺文、卷十九附载、卷二十边域，分编者冯继钦。

《辽会要》编纂叙例

会要为一代必备之典，辽朝尚付阙如。契丹起自朔方，旧俗事简职专，及其“兼制中国”，励行“因俗而治”政策，“以国制治契丹，以汉制待汉人”，政教文物，典章制度，多富有民族特色，南北交流融会之迹，灿然可观。今依前人编纂会要之体例，撰《辽会要》。

本书编纂以辽国之典章制度为主，此为总则。其他不属变化无方难以纪极之故事亦为辑入，庶几一代之典，得以大备。

本书取材主要辑采辽朝文献，其中包括辽朝人撰著、近年考古新发现之辽代文物、志册，与以耶律俨《实录》、陈大任《辽史》为蓝本之元修《辽史》以及宋、金、高丽等国人之有关记述。前代和现代学者研究辽朝之成果，亦相应征引，以弥补文献之不足。

会要内容之分类，始于北宋修《会要》。王溥《唐会要》、《五代会要》，内容虽然以类相从，而未标类目。章得象奉诏编纂之《庆历国朝会要》一百五十卷，分总类十五，类目之下，系以子目，此为《会要》分类之权舆，其后撰《会要》者多效之，如《元丰增修五朝会要》（一作《六朝国朝会要》）三百卷，《乾道续四朝会要》（一作《续会要》）二百卷，皆分总类二十一；《庆元光宗会要》一百卷，则分类二十三，此为总类之最多者。徐天麟为南宋史家徐梦莘之从子，其撰《两汉会要》，各分十五类，虽属私撰，亦渊源有自。北平图书馆影印《宋会要辑稿》，以清徐松从《永乐大典》中抄出之宋各朝《会要》残本汇辑而成，分为《帝系》、《后妃》、《乐》、《礼》、《舆服》、《仪制》、《瑞异》、《运历》、《崇儒》、《职官》、《选举》、《食货》、《刑法》、《兵》、《方域》、《蕃夷》、《道释》十七类，由此可见宋诸朝《会要》分类大概。本书依据辽朝风尚制度多与中原不同之特点，参照两汉、唐、五代及宋诸朝《会要》之成法与金毓黻先生《辽会要作法》之意见，斟酌损益，略作变通，分为二十类。其中沿用旧名者有《礼》、《乐》、《学校选举》（合为一）、《职官》、《民政》、《食货》、《兵》、《刑法》八类；易新名者七类，新增五类。兹将易新和新增缘由说明如次：

一、《帝系》改《纪元》为建国标志，乃一代史事之开端，亦所以明时间之断限；尤以辽朝曾三易国号，故以《纪元》名其首，而以《先世》、《帝号》、《后妃》、《诸王》、《公主》、《外戚》等子目附之。

二、《舆服》改《仪卫》。两汉、唐、五代、宋诸朝《会要》皆有《舆服》类目，《宋会要辑稿》有《仪制》类目，而《辽史》无《舆服志》有《仪卫制》，内涵《舆服》、《符印》、《仪仗》三项内容，故从之。

三、《运历》改《方伎》。《宋会要辑稿》有《运历》一类，其子目有《五运》、《历法》、《修日历》、《修实录》、《浑天仪》、《铜仪》、《节候》等。而将《修日历》和《修实录》亦纳入其中，显然有误。《东汉会要》曰《历数》。唐、五代《会要》虽然无类目，而有《历、浑仪图》（五代作《浑天仪》）、《测景》、《刻漏》、《地震》、《日月蚀》等目，皆有关技艺者。正史列传有《方伎传》，《后汉书》作《方术传》，《晋书》、《隋书》作《艺术传》，名虽不同，所记录者皆技术之士。《隋书》将之分为《阴阳》、《卜筮》、《医筮》、《音律》、《相术》、《技巧》六类，元代又增《工艺》一类，如制铠、造大炮、绘画、塑像及铸造金像等均属之。伴随时代进展，技术门类日益增多，乃势所必然，用《运历》或《历数》作类目，实难以概括，因此移花接木，借《列传》之名，以为《会要》之目，目的乃在扩展技术之范畴。

四、《道释》改《崇奉》。《唐会要》有《议释道》、《尊崇道教》等目，《五代会要》也有《寺》、《燃灯》、《观》等目，《宋会要辑稿》最末类目为《道释》。然辽朝之信仰不止道释两教，尚有巫教（即萨满教）等等，故《辽会要作法》改《道释》为《崇奉》，今从之。

五、《方域》改《地理》。关于《地理》。杜佑《通典》、马氏《通考》皆作《州郡》，诸朝《会要》多作《方域》。《唐会要》有《量户口定州县等第例》、《州县分望道》等目，《五代会要》同。《辽会要作法》改作《地理》，今从之。

六、《瑞异》改《灾荒》。前代《会要》多有《瑞异》或《祥异》一类，甚为封建统治者所重视，藉以愚弄人民。今改《瑞异》为《灾荒》，仅录水旱灾、日月蚀、星变、地震、虫害等因自然界变异所造成之灾害，以供研究科学史者参考。至于有关迷信之异闻奇谈，则概不收录。

七、《蕃夷》、《属国》改《边域》。边域，指辽朝边境与辽朝有政治联系之部族或属国而言，旧称《蕃夷》，意存轻侮，故易为《边域》。

新增类目凡五，增入之由，《辽会要作法》已作说明，今依其意简述如次。

一、交聘。辽宋之间，交聘最繁，每年例有遣使。西夏、高丽每年亦有贡使往来。惟辽、宋二史不立《交聘表》，而近人研究成果甚丰，为作补表者有四家。（傅乐焕《宋辽聘使表稿》，聂崇岐《宋辽交聘考、附表》，吴徵麟《补辽史交聘表》，张亮采《补辽史交聘表》）兹增《交聘》一门，辑录往来国书。

二、部族。契丹本为北方部族之一，然与之同栖止于北裔者尚有多数部族，悉为契丹一族所统属。部族之外，又有属国，大者如西夏、高丽，小者颇类部族，有时部族、属国颇难分清，《辽史》中《部族》、《属国》二表，即有界限不清之病。兹增《部族》一门，以明辽国特征。

三、《艺文》。《辽史》无《艺文志》，曾有数家为之补作，然不能详其原委；近年新发现不少辽人著作，故仿马端临于《文献通考》增《艺文》例，于《会要》中增入《艺文》一门。

四、《国语》。辽、金、西夏，皆自有国语、国书。契丹国书发现以后，中外研究之人颇多。《辽史》附《国语解》，语焉不详，以至今日，鲜有研习者。兹就文献金石之可考者，增入《国语》一门，以为研习之资。

五、《附载》。辽初立国，别建东契丹国于辽东。辽将灭亡，又建有北辽和西辽。尤以西辽之于西域，影响甚巨。亡国之后，又有起儿漫王朝，亦契丹遗裔所建立者。今辑辽事，所应勿遗，为立《附载》一门，以详其本末。

《唐会要》、《五代会要》每有《杂录》一目，于典章制度因革损益之外，别记大臣议论及临时制敕等，此等史料有关主题亦足为辅翼，故从其例，间或附以《杂录》。

旧体《会要》仅作文字记述，不载图象。今酌增《星象图》、《散乐图》、《契丹地理之图》，以助读者了解有辽一代科技发展概况。

符印为一代之信物，史志、会要仅载某宝、某印之名，难以了解其篆文形出制。尤以近年契丹文官印出土日多，目前虽尚不能识其文义，而载以印模，一则可以供学者研究印文，一则亦可据以研究辽代官制。

《辽史》缺谬较多，前人多有考证论述，对其研究成果，分类摘录选用。凡征引、节录资料原文，仿效古人惯例，不用删节号，如果文义不衔接，可增补或改易若干字，以使文意畅通。凡征引语体文或汉语译文，皆改为文言体，俾其划一。在征引资料中，凡因避讳而改易之字及宋人著作中常见之“虏”、“蕃”等字，皆维持原字，以存时代风貌。引文出处力求其详，以便读者核查。

《中国藏黑水城汉文文献》序

宁夏自治区政府主席　王正伟

黑水地区位于今内蒙古自治区额济纳旗黑河下游，历史上这里曾是一片宜于耕牧的绿洲，汉代设居延都尉，唐朝设宁寇军，西夏设黑水监军司，元朝设亦集乃路总管府。“亦集乃”为“黑水”的西夏语称，“亦集”即“水”意，“乃”即“黑”意，元朝沿用西夏旧称，仍名“亦集乃”，后世异称为“额济纳”。元朝灭亡后，黑水改道西移，草场农田沦为沙丘，城郭随之废弃。没有河水灌溉的黑水地区年降雨量不足 20 毫米，而年蒸发量在 3000 毫米以上，正是这种极度干旱的内陆性沙漠气候，使埋在地下的文书得以幸存下来。上世纪这里曾以发现“居延汉简”与“黑水城文献”而名扬海内外。

1908 年和 1909 年俄国大佐科兹洛夫两次从我国黑水古城盗走大批珍贵文献，现藏俄罗斯科学院东方学研究所圣彼得堡分所与艾尔米塔什博物馆（即冬宫博物馆）。1914 年英国人斯坦因步科兹洛夫后尘，也到黑水城寻找挖掘，得到了不少西夏遗物，现藏大英博物馆。黑水城文献出土后，引起了学术界的极大关注，它的直接结果是催生了“西夏学”，早期“西夏学”就是指对黑水城西夏文文献的研究，经过百年发展，“西夏学”已远远超出了黑水城西夏文文献研究的范畴，它包括对党项民族及西夏王朝的政治、经济、军事、地理、宗教、文献、考古、文物、语言文字、文化艺术、社会风俗等全方位的研究。

新中国成立后，黑水城所在的额济纳旗先后归属甘肃省和内蒙古自治区，两省区文物考古部门先后对黑水城进行了多次调查发掘。1962 年和 1963 年，内蒙古自治区文物工作队调查古居延时，在黑水城采集到部分文书，现藏内蒙古博物馆；1976 年和 1979 年甘肃省文物工作队两次到黑水城调查，分别采集到部分文书，现藏甘肃省博物馆。1983 年和 1984 年经国家文物局批准，内蒙古自治区文物考古研究所会同阿拉善盟文物工作站对黑水城遗址进行了大规模的考古发掘，出土近 3000 多件文书，包括汉文、西夏文、畏兀尔蒙古文、八思巴蒙古文、古藏文、亦思替非字、古阿拉伯文等多种民族文字文书，现藏内蒙古自治区文物考古研究所。这些珍贵的文献出土后，一直分散在全国各地的文物考古部门，没有系统整理出版，以致长期以来人们谈到黑水城文献时，往往只知道俄藏与英藏，而不了解我国还藏有如此丰富的黑水城文献。

宁夏大学西夏学研究中心是教育部人文社会科学重点研究基地，自2001年教育部批准为重点研究基地以来，陈育宁、杜建录等教授先后主持完成“中国藏西夏文献整理出版”、“西夏社会文书研究”、“党项与西夏地名、族名、人名、官名研究”、“中国藏西夏文献研究”等教育部重大项目和国家社科基金重点项目，其中《中国藏西夏文献》被教育部评为“十五”期间高校人文社会科学基础研究重大标志性成果。甘肃省古籍文献整理编译中心为专门的古籍文献整理研究单位，成立20多年来，相继整理出版了《中国西北文献丛书》、《中国西南文献丛书》、《中国简牍集成》、《中国石窟图文志》等重要文献，其中《中国石窟图文志》获中国图书奖。2007年两个研究中心完成《中国藏西夏文献》整理出版后，又联合内蒙古文物考古研究所，在学界前辈的支持下，整理出版《中国藏黑水城汉文文献》，实为弘扬中华民族文化的盛事。

中国藏黑水城汉文文献有两大特点：一是数量大，目前所见有4200多件，比较完整的700多件，俄藏500多件，英藏150多件；二是社会文献居多，国外藏大部分是宗教文献，中国藏大部分是社会经济文献，有公文、词讼、契约、书信、票据等等。这次把它们全部公布，和已经公布的俄藏黑水城文献与英藏黑水城文献一起，成为宋夏金元史与宋元佛教、中古社会、宋元科技、古代医药、丝路贸易、回族形成、法律制度、文书制度以及文献版本学等研究领域十分珍贵的原始资料。国学大师陈寅恪指出：“一代之学术，必有其新材料与新问题。取用此材料以研求问题，则为此时代学术之新潮流。”黑水城汉文文献的发现与整理刊布，必将引领上述研究领域学术发展的新潮流，提升宁夏文化软实力，这是我所殷切期望和衷心祝愿的！

《辽金史论集》（十一）序

东北师范大学　杨树森

中国民族史学会辽金暨契丹女真史分会第十一届年会，于2008年9月在“平地松林”的赤峰市召开，来自北京、上海、内蒙古、江苏、河北、宁夏、辽宁、吉林、黑龙江等9个省、自治区、直辖市的90余名学者参加了会议，还有来自澳大利亚等国的学者列席会议，收到论文60余篇。本次年会论文集经过筛选共收录28篇论文，涵盖面较广。至于论文的质量如何，还是由同道们、读者们给予评判，这里就不再多说了。

本次会议的与会者大多数是中青年学者，展示了辽金史学界生机勃勃的学术面貌。在会议论文的作者中，我们高兴地看到：著作者大部分是中年学者，他们逐渐成为辽金史研究的中坚力量。同时，这次与会者中还有多位在读辽金史的博士研究生和硕士研究生，他们是辽金史学界的未来，为辽金史学界的继续发展奠定了基础，这是令人欣慰的。

辽金史研究会自老会长陈述先生作古以后，学会曾一度陷于低谷。为了改变这种状况，本届年会进行了辽金史学会的换届工作。经过选举产生了以宋德金为会长的新一届理事会，这标志着辽金史学会的中兴。

当前值得辽金史学会同仁们重视的问题有三：一是辽金史学界的发展要靠每个研究者的执著追求，虚心学习，刻苦钻研，提高学术质量，打造学术精品；二是需要同仁们齐心协力，加强沟通，达成共识，使辽金史学会成为一个团结的研究团体，使学会兴旺发达。三也是最重要的，在选择课题上要扩大视野，拓宽思路，开拓研究新领域。一方面对某些重要问题，从不同角度、不同层面进行探讨，增强创新意识；另一方面选择前人未解决的学术难题、或者是未发现的新问题，经过刻苦钻研，提出新的见解。从而促进辽金史研究更上一层楼。

《辽金史论集》（十一）后记

中国辽金契丹女真史学会成立于1982年，虽然学会每两年开一次年会，但是由于出版经费短缺等种种原因，作为学会集刊的《辽金史论集》却始创于1987年。这一年将以前积压的年会的论文编辑出版了3辑，分别由上海古籍出版社和书目文献出版社出版。之后，直到90年代中期，基本保证了每次年会出版一部《辽金史论集》，到1996年共出8辑（1–5辑、7–9辑，第6辑于2001年才出版）。前5辑《辽金史论集》由会长陈述先生任主编，并于第4、5辑在封面上注明“中国辽金史学会编”。1991年陈述先生卸任中国辽金契丹女真史学会会长后，学会也开始逐渐走入困境。1996年以后，《辽金史论集》基本处于停刊状态。2006年于沈阳召开“中国辽金契丹女真史国际学术研讨会暨中国民族史学会辽金契丹女真史分会第八次年会”之后，重新恢复学会集刊的编辑出版工作，当年出版了《辽金史论集》第十辑。

2008年9月在内蒙古赤峰市召开“中国民族史学会辽金暨契丹女真史分会第九届学术年会”，来自北京、上海、内蒙古、江苏、河北、宁夏、辽宁、吉林、黑龙江等9个省、自治区、直辖市的90余名学者参加了会议，还有来自澳大利亚等国的学者列席会议，收到论文60余篇。这次年会的论文经筛选编辑为这部《辽金史论集》第十一辑。为了区别非本学会编辑出版的“辽金史论集”，学会决定从《辽金史论集》第十一辑开始，恢复在封面上注明“辽金契丹女真史学会编”。

21世纪以来，中国人文社会科学研究进入了全面大发展时期，辽金契丹女真史研究也走出了低谷，研究领域不断拓展，研究视域进一步开阔，研究队伍日益壮大。这部《辽金史论集》从一个侧面展示了当前辽金史研究的趋向，也反映了辽金史学界一贯保持的历史与考古相结合的特点。为了开创中国辽金史研究的新局面，学会的同仁们将共同努力，和谐团结，再创辉煌！

本文集在编辑过程中，宋德金会长对文集的稿件进行了审阅，杨树森先生为文集撰写了序言，程妮娜副会长为整理和组织稿件做了很多工作，内蒙古文物考古研究所的领导对文集的出版给予了很大的支持。内蒙古大学出版社的张昱先生为本文集的编辑付出辛勤劳动，在此一并致谢。

《辽金元史学研究》序

北京师范大学　瞿林东

辽、金、元三个皇朝，在中国历史上占有重要地位，它们和西夏、两宋的历史或相联系，或相衔接，形成了中国古代历史上自魏晋南北朝隋唐之后，又一个多民族大迁移、大组合、大融合的历史面貌。

辽、金、元三朝历史的重要，还集中反映在它们都是以少数民族即契丹、女真、蒙古等族的贵族为主建立的皇朝，是统一的多民族国家历史发展的一个重要时期。

因此，关于辽、金、元三朝历史的研究，历来受到史学界的重视，尤其是新中国成立以来的六十年中，这方面的研究取得了长足的进步，也产生了一些名家和名作。同研究辽、金、元三朝历史比较起来，史学界关于辽、金、元三朝的史学的研究，就显得薄弱一些。这主要有两个方面的原因，一是文献资料的局限，二是关于史学的研究，人们首先要关注史学上的那些影响巨大的传世之作。由于这两个原因，在中国史学史研究中，辽、金、元史学尤其是关于辽、金史学的研究，就显得很不够了。清代学者如钱大昕等曾经做过一些考证的和补作性的工作，然而他们的一些研究成果，似也未曾引起人们应有的重视。

随着中国史学史的研究和撰述的发展与深入，研究者对辽、金、元史学有了更多的关注，不论是对个案的研究，还是对整体面貌的概括，都有一些研究成果面世，反映了史学史研究者对中国史学是多民族史学积累、汇合而成的学术理念更加自觉了。老一辈的中国史学史研究者白寿彝先生和尹达先生都十分重视对少数民族史学的研究，而辽、金、元三朝的史学，除了具有中国史学主流的共性，也具有各自的个性，其中不乏民族的特点。这是中华民族多元一体在史学上的反映，因而应当引起史学史研究者的更多的关注。

关于研究中国少数民族史学的问题，有两点是需要明确的。第一，中国历史上的少数民族，大多没有本民族的文字，有的有本民族的文字，但流传于后世的文献很有限，而这些少数民族的史学活动以及其中一些代表人物的历史思想和史学思想以及一些史学活动，不少是保存在汉文文献中。因此，研究少数民族史学，一方面要十分重视现有的少数民族语言文字和文献资料，另一方面也要十分重视汉文文献中的有关资料，把二者充分利用起来，不断丰富我们对少数民族史学的认识。第二，研究少数民族史学的一个重要的宗旨，是揭示这些史学自身的特点以及它们同中原史学的关系，揭示它们在中华文明发展过程中的重要作用，在历史文化认同的发展趋势中所扮演的重要角色，进而说明中国史学发展中的某些规律性现象。

本书作者吴凤霞教授始以辽金史为研究对象，继而致力于辽金元史学的研究，这使她对历史与史学的关系有比较合理的认识，这在本书中有明显的反映。这里，我想特别提到本书的另外两个特点，一是辽金元三朝的修史制度和各民族史家的风貌，在同中有异和异中有同之中，作者为我们描绘出了一幅中国古代多民族史学发展的画卷。二是作者在本书最后一章中提出的几个理论问题，如“天下一家”、“国俗”、“正统”等等，以及当时的史学家、思想家、政治家们对这些问题的诠释，使我们可以从另一个侧面看到中国历史上客观存在的历史文化认同的趋势。我以为，这两点可以看作是本书的闪光之处。

《辽金元史学研究》在这一领域，是开创性研究成果之一，无疑会受到史学界同行的重视。当然，作为一部断代史学研究著作，同其他一些断代史学著作一样，都面临这样一个问题：怎样做到寓通识于断代之中，当是一个可以进一步共同探讨和努力的目标。

是为序。

（原刊《廊坊师范学院学报》）2009年第5期）

《辽金元史学与思想论稿》自序

台湾中国文化大学　王明荪

在历史研究之领域中，个人较集注于中国近古史此段时期，其间约始于十世纪至十四世纪，近五百年左右，以传统之朝代而言，包括辽、宋、金、元四朝为主，而旁及于五代、西夏，至于明初。所涉时间颇长，是企望于对历史能有一段较长时间之观察，用以了解中国历史由近古至近世，或前近代时期之转变。个人又以为历史之研究虽以史事为基础，然历史之范围甚广，而通常多着重于内政、外交、军国、制度、财经等广义之政治史，对于时代历史而言，若仅限于此，则不易有较全面之考察。晚近以来，于社会、妇女、法制、思想史等始颇受青睐，此与其言系开发新方向、新课题之探讨，毋宁说是对历史有较广阔之视野与认知。透过各层面之研究，再加以一较长时段之观察，庶几于能见及其演变与全面；此有待于共识之诸君子戮力以赴。

本书所论为辽金元时期史学与思想二方面。史学篇论文有七篇，其中四篇皆在于辽金元三代及明初之官方修史系统，《辽金之史馆与史官》、《元代的史馆与史官》两文，是对辽、金、元三代修史制度之研究，由于此三代为北族所建立之朝，本身或略有记事之法，但并无如汉族朝廷之修史传统与制度，故其修史系仿自汉文化而来，然以往皆为论者所忽略，故宜作填空补白并阐幽发微。《金修国史及金史源流》言金代之修史，《金史》被誉为详核老洁，出于《宋史》、《元史》之上，而《辽史》杂乱讹误，不足并论。《金史》之受誉，其究竟如何？本文由金代所修其本国史之情形加以考察，复析论《金史》所据之材料，得知实多赖金人已身之努力有以成就。《元史太祖纪之撰述》一文，论述明初修《元史》系依元代之各朝实录以完成《本纪》，太祖为开国创业之君，其时初有文字，所记事留于禁中，后来依之修成实录，本文比较北族所建朝代如魏、辽、金等开国太祖之纪，大体形式不异，史文载事较朴实，未言神奇异能之事，此为《元史》较特别之处。

关于金、元史学之三篇论文，《金代士人之历史思想》，欲讨论在北族政权下，汉族士人之历史思想是否有何转变或特色，本文透过史学、史学批评、史观与史怀各方面来看，得知汉族士人并不因在北族统治下有何转变，仍然体现出传统之儒家思想价值。金、元史家及其史学各为一篇，金代为《王若虚之史学批评》，王若虚为金代著名文学之士，故多能指出诸史书文句、语意之缺失，颇有所见及新意，是以其史学批评重点亦在于史文之论。其他诸如由史论上可看出其义理、名教观念，史学理论则以实录观为根本，论史书之繁简亦以此为据。《郝经之史学》，论元初学者郝经之学术与史学，在史学史上金、元二代并不为论者所重视，如郝经为儒者，受程朱理学之脉，其于史学中亦得以窥见，其巨作《续后汉书》为本文析论之重点，其书重史法而不在史事，准朱子纲目而尊蜀，体例有些新意而历史思想侧重于文化史观。尚有其他多处特色，然亦有如断限欠妥等缺失。

思想篇部分共有七篇论文，论元代思想者较多，辽、金则各有一篇。《略论辽代之崇佛与藏经》，较偏于文化史之讨论，以辽代建国前后即展开中央朝廷对佛教之崇敬，迄于辽亡而其崇佛皆不遗余力，由早从西域传入草原之佛教，加之中土北传之信仰，可知辽朝本即具有丰厚之佛教信仰基础。因崇佛而至中期乃有大藏经之雕印，此著名之契丹藏经于山西应县木塔中有部分发现，而此《辽藏》实可与北宋之《开宝藏》相媲美；在佛教史及文化史上有其价值与地位。《李纯甫之三教思想》，论述金儒李纯甫之学术与思想，以其著名之三教论为核心。三教之论于南北朝时即颇为风行，唐、宋以来流风不减，金代学术思想承北宋之绪，其间亦稍有些许特色，而李纯甫力传三教调和会通最为突出，其主旨在疏解儒者之攻佛排释，而欲以佛融儒、道二家。

元代思想史论文有五篇。《三教外人邓牧之思想》，邓牧为元初之南宋遗民，虽自号三教之外人，然其思想实以道家为主而兼儒家。于传统政治、社会有较重之批评，亦有见解，尤其在君、臣、人民之关系上，有其特出之看法；其思想可见于所著《伯牙琴》中。《元儒保八之易学与太极说》，讨论元代北族学者保八之学术思想。元代习汉学之蒙古、色目人已有专著论及，但蒙古人经学研究著述于今可见者仅有保八而已，保八精通《易》学，虽以程朱学说为主，解《易》中仍可见其自家之心得，其著述详尽清晰，强调明体达用，应为供教学而作,然颇有功于《易》学。《元代的儒吏之论与儒术缘饰吏治》、《略述元人对“隐”之看法》、《略述元代朱学之盛》，三篇论文原出自于早年之博士论文《元代的士人与政治》，稍加订补后发表，于此即不再多述。

吾生也有涯，而知也无涯，个人之精神体力毕竟有限，多年穷心，然所得亦有其限。因教学研究之需要与兴趣，对近古时期涉猎尚不称少，若略有所得，则草以为文，一则以示愚见私意，就教于方家，一则以志所学所知，期为将来之用。辑文为册，因以自序之。

新书评论

《辽会要》评介

吉林大学　赵永春　王 姝

由陈述、朱子方主编，辽宁社会科学院历史所、中国社会科学院自然科学史研究所专家担任分编的《辽会要》一书，作为《历代会要丛书》之一种，由上海古籍出版社于2009年正式出版。

陈述先生是我国著名的历史学家和民族史学家，毕生致力于辽金史研究，尤其钟情于辽史研究，成果丰硕，是我国辽史研究领域的一代宗师。朱子方先生也是我国著名的辽史专家，在辽金史学界享有盛誉。担任分编的辽宁社会科学院历史所和中国社会科学院自然科学史研究所的几位先生，也是辽金史或某一方面的专家和学者。由两位著名的辽史专家主编和素有名望的专家学者参编的《辽会要》一书出版，无疑是辽金史学界的一件大喜之事。

我国史书编纂体例，自从宋人王溥依据唐苏冕、杨绍复等人所撰《会要》编成《唐会要》一书以后，《会要》体裁就受到了各朝政府和史学家的普遍重视，纷纷撰写《会要》体史书和补修以前各朝《会要》体史书，但《辽会要》一书一直不见流传于世。据南宋尤袤《遂初堂书目》记载，宋辽金时期曾有人撰写《契丹会要》一书，然其书及其作者都没有流传下来。上个世纪二三十年代，国学大师金毓黻先生曾有志撰写《辽会要》一书，但由于各种原因，仍然未能如愿，只有其为准备撰写《辽会要》一书时所写《辽会要作法》一文流传后世。陈述、朱子方主编的《辽会要》一书问世，无疑填补了辽朝史书中没有《会要》体裁史书之空白，意义颇大。

《四库全书》将《会要》体史书列入政书类，与《通典》、《通志》、《文献通考》、《会典》等史书并为一类，谓其书为专记典章制度之专史，唯《通典》、《通志》、《文献通考》等书为典章制度之通史，而各朝《会典》、《会要》则是专记一朝典章制度之专史，两种典章制度史有如通史和断代史之关系。陈述、朱子方主编的《辽会要》一书即是辽代典章制度的断代史。该书吸取了唐、五代、两汉及宋朝《会要》体例之优点，又参考金毓黻先生《辽会要作法》之意见，依据辽代风尚制度与中原有所不同等特点，斟酌损益，略作变通，将全书分作二十类，每类为一卷，共为二十卷。其沿用古代《会要》体例旧名者有礼、乐、学校选举、职官、民政、食货、兵、刑法八类，改用新名者七类：帝系改纪元，舆服改仪卫，运历改方伎，道释改崇奉，方域改地理，瑞异改灾荒，蕃夷、属国改边域。新增交聘、部族、艺文、国语、附载五类，并依王溥《唐会要》和《五代会要》之例，每类之下有时列有“杂录”一目，记录大臣议论及临时制敕等，既吸收古代《会要》体例之优点，又吸收了当代研究之新成果，“旧瓶新酒”，完全可以称之为融会旧体和新体的创新之作。

该书依据古代《会要》体例，仍以突出有辽一代典章制度为宗旨，收集了有关辽代政治、军事、经济、文化、外交制度等方方面面的资料，除个别解释文字以外，均照录原文，不加褒贬。同时，还记录了有关大臣朝议及临时制敕等方面的内容，并杂取辽代帝王先世、灾荒、契丹语、风俗习惯以及方伎等方方面面之史事，实为整个辽朝史事之汇辑，与《辽史》等全面论述辽朝史事之作具有共明一义、相辅相成、异曲同工之妙。

辽代制度史资料搜集比较齐全是该书的又一特点。辽朝立国二百多年，臣服西夏和高丽，与北宋对掌南北“中国”之大政，几乎成为东亚各国之宗主，在中国古代历史上占有不容忽视的地位。但元人所编写的《辽史》仅有116卷，不足90万字，仅及《宋史》十分之一，记载史事过于简略早已为学者所诟病。至于《辽史》之外有关记载辽朝史事之著作更是寥寥无几，要研究《辽史》只能“于散见事例及零篇简牍中寻之”，至于研究“当时制度沿革，尤其南北结合融会之迹，如中原三省六部与北方草原左右北南等制”（《辽会要·前言》），更是存在史料少之又少、散之又散之弊端，为研究辽朝制度史带来更多不便。该书将有关辽朝制度史资料汇集一处，无疑为学者带来了方便。书中不仅注意于断简残编之中，搜集辽金元人有关辽朝制度史之记述；也注意搜集宋人的相关记载，如《续资治通长编》、《太平治迹统类》、《宋大诏令集》中有关“南北国书仪节及榷场交换”等外交制度方面的记载；还注意搜集朝韩和日本的有关著述，如《高丽史》、《东国通鉴》等书记载的有关辽朝史事及外交制度方面的资料。尤其值得提出的是，书中搜集了大量有关考古发现的新成果，如“碑志、壁画、石经及各类器物，乃至风习服饰”等方面的资料。至于现代学者研究辽朝史之成果，书中亦有征引。可以说，该书是目前搜集有关辽代各项典章制度资料最为齐全的著作。

旧体《会要》仅作文字记述，不载图象，该书在全面记述辽代典章制度的同时，酌情收录考古发现或见于有关原始史书的星象图、散乐图、契丹地理图以及相关的部分汉文和契丹文符印等图象，图文并茂，为读者了解相关制度史提供了形象资料。

书中虽然尽量搜集有关考古新发现的资料，但由于该书成书于20世纪80年代，对其后出土的有关资料采用较少，略显美中不足。但瑕不掩瑜，该书仍然不失为辽代各项制度史资料之渊薮，研究辽史者所必备的参考书。

简评《历史上的金兀术》

北京石景山文物研究所　苗天娥

《历史上的金兀术》一书，已于2008年3月问世，由中国社会科学出版社隆重推出的《中国历史知识小丛书——宋元辽金卷·人物》之一部，是著名辽金史专家景爱先生倾心撰述的力作。之所以说是力作，是因为作者言人所不敢言，道人所未足道，用详细缜密的考证还原历史真实，纠正了长期以来人们阅读《说岳全传》、收听评书《岳飞传》所形成的对女真人乃至金兀术的民族偏见和错误认识，"堪称'实录'新编"。[1]

作者把还原历史真实作为已任，广征博引，有几分史料说几分话，合理分析，站在唯物史观和民族团结的立场上，客观公正地评价历史人物，既不虚美也不丑化，真实再现了金兀术波澜壮阔、影响中国历史发展的一生，并给予恰如其分的评论。

一　尊重史实，重写金兀术的历史贡献

金兀术本名完颜宗弼，《金史》、《大金国志》等书有传，为金太祖完颜阿骨打的第四位嫡子，属于金朝的开国元勋之一。从他叱咤风云的戎马一生来看，既是身经百战的骁勇战将，又是辅佐金熙宗治国的大功臣。他曾经参与伐宋的多次战役，屡立战功，打下开封城，使徽、钦二帝蒙尘，灭亡北宋。南宋建立后，他追击康王赵构直到大海之上，攻打河南、陕西，迫使宋朝提出和议的请求。同时，他也是金熙宗时代掌握军政大权的核心人物，长期担任左丞相兼都元帅，是金宋和战的关键人物，朝中大事由他一人决断，确实是出为将、入为相，位居一人之下、万人之上，其活动不仅影响了当时宋、金历史的发展，而且还影响了后来中国历史的发展。

在宋金长期交战的过程中，金兀术极大地表现了忠于金国、为女真民族建功立业的英雄主义，同时也代表了女真民族的普遍心理。两国相争，各为其主，金兀术个人既然属于金朝的上层人物，就不可避免地代表着金朝统治者的意志，代表着女真民族的发展主流。然而他又是女真民族之一分子，其骨子里或多或少地带着女真族广大民众的价值取向，那就是任何

---

1 《历史上的金兀术》序，王可宾作。

一个民族都有的要求，即不断发展壮大、接受先进文化，由低级社会跨入到高级社会。中国是一个统一的多民族国家，这是由历史的不断演进而实现的，当年的女真族就是今天的满族。从这个意义上讲，只要承认历史上的女真族为中华民族共同体的形成作出了卓越的贡献，那么就不得不承认金兀术是女真族的伟大英雄或杰出人物。

当然还有更能说明问题的其他方面，最典型的是金兀术与南宋朝廷缔结的“绍兴和议”，对当时的社会发展和老百姓的安居乐业起到了积极的作用，这一点甚为高明，超越了同时代的其他人的认识水平。他看到了连年的战火对经济的破坏，也体验到了战争给老百姓带来的灾难，深刻认识到两国继续交战下去不利于生产力的发展、不利于人民生活，民心思安，穷金兀术弃战言和，既由当时宋金的政治形势变化所决定，同时又是金兀术看清形势、顺应形势的高明之举。然而，好多人受正统思想的影响，认为“绍兴和议”属于奇耻大辱，岳飞抗金功败垂成，完全在于秦桧等奸臣的陷害，显示了宋朝的软弱无能。这种看法在当时大行其道，而在今天看来，却未免失之偏颇，统一国家、收复失地固然重要，也得以人心的向背为前提。宋金达成和议，宋朝沦为金朝的臣属国，还得岁纳大量银绢，表面看很不体面，似乎让人不齿，然而实际上宋、金用一纸和约换来了两国老百姓求之不得的和平稳定局面，和平局面的出现有利于两国经济的恢复和发展，是顺应民心的举措，对历史发展也是有积极作用的。景爱先生站在历史唯物主义的立场上，正确分析了“绍兴和议”的历史作用，客观评价了金兀术在这次和议中所起的正面作用，他说：“‘绍兴和议’的实现，结束了宋、金长期的战争，对宋对金都是有好处的，用今日流行语来说，可以说是宋、金双赢。‘绍兴和议’被采纳，主要是金兀术的意见。对于这一点，南宋人宇文懋昭纂修的《大金国志》指出：‘兀术临终，以坚守和好之说。’”[1]这一点认识至为重要。

正因此，金兀术死后，金朝感念其南征北战和开国奠基之功，给予其极尊崇高贵的荣誉，谥忠烈，配享太庙，可见朝廷对他的重视。不仅如此，金兀术在民间也有广泛的影响和崇高的地位。据史载，金中都的民间宗教组织玉虚观中建有他的祠堂，名为故太师梁忠烈王祠，即根据他生前的官爵和死后的谥号得名。金章宗泰和四年（1204 年）八月，道士高守冲为金兀术立碑，户部主事庞铸执笔撰写碑文，可惜的是此碑不幸被毁。试想，在金兀术离世半个世纪以后，仍有人为他建立祠堂并树碑立传，充分说明他在民间的影响力和在人们心中的地位，人们还是很怀念这位浴血沙场、为大金国建功立业的英雄。[2]

二　立意高远，纠正民族偏见和错误观念

长期以来，金兀术是一个颇有争议的历史人物，这主要源于《说岳全传》的广泛流传，

1 《历史上的金兀术》题记，第 3 页。

2 《历史上的金兀术》题记，第 3、4 页。

以及刘兰芳讲说的评书《岳飞传》。《岳飞传》的话本是钱彩著的《说岳全传》，归根到底，老百姓对金兀术的认识来源于《说岳全传》。

《说岳全传》的作者钱彩，据景爱先生考证，没有取得什么功名，也没有做过官。此书撰著于清朝初年，可能其父祖受明朝的恩典颇多，属于明朝的遗老遗少，对女真人后裔建立的清朝十分不满，因此，钱彩在《说岳全传》中，有意歪曲金朝历史，篡改金朝的历史事实，丑化女真人形象，以泄私愤，因此这部历史小说在乾隆年间曾被列为禁书。

《说岳全传》中对历史事实的篡改比较明显，甚至进行移花接木。如小说首尾之处的因果轮回的虚构情节、金军伐宋的具体时间、金军围攻开封城的季节、部分金军统帅的死亡方式和地点、多处地理错误等等，都充分说明作者有意篡改历史事实，虚构一些吸引读者的情节，抬高岳飞的忠君报国，贬低女真英雄金兀术的形象，竭力掩饰金强、宋弱的历史事实，因此在广大民众中造成了金朝侵略宋朝的假象。事实上，金伐宋是有深厚的历史原因的，并不是简单的以强凌弱和外族入侵，是多民族国家形成中经历的必然阶段，相当于中国历史上的魏晋南北朝时期，不存在谁侵略谁的问题，是中华民族共同体的内部斗争，不属于外族入侵，与晚清时期的西方列强打着传播文明的旗号发展殖民地以及八国联军入侵北京有着本质的区别。

然而，钱彩在叙述金朝高级将领时，居然运用了“狼主”、“大狼主”、“总领狼主”、“老狼主”等多种带有诬蔑性的称谓，引导读者通过对“狼”的凶残本性的联想，把女真民族的首领比喻为像狼一样凶狠残暴，对中原充满侵略掠夺的狼子野心，用意在于挑拨民族关系，达到汉人憎恨女真人的目的，发泄对女真后裔清朝统治者的不满和仇视，这就是该书遭封禁的主要原因。其实在这里，钱彩采用的是音同字异、偷换概念的伎俩。景爱先生通过大量史料，证明了“狼主”一词来源于中国汉代以来称谓中的“郎”和“郎君”。从爱称到尊称乃至发展为后代的官称，“郎”和“郎君”一直是褒义词，到了唐代发展成为极尊贵的称谓，泛指地位尊贵的青年男女。无独有偶，金朝贵族宗室成员中也称“郎”或“郎君”，且是这一阶层的专称，属于尊称，为此景爱先生引用了陕西乾陵的无字碑的汉文碑记考释和金朝的文献史料，再次证明了女真宗室贵族中运用“郎君”作为尊称的事实。而钱彩、金丰在这里别有用心地用“狼”来代替“郎”，音同字异，一字之差意思发生了天壤之别，褒义一下变成了贬义，尊称顷刻间变成蔑称，显示了作者的小聪明，但同时反映了作者的不良用心。从今天来看，这种篡改历史的做法不利于民族团结，遭人唾弃。

正视历史，才能把握当今。基于此，景爱先生站在中华民族的整体利益上，从统一多民族的国家发展史观出发，深刻指出中华民族的共同体的真正含义，并不是某些人所讲述的汉族共同体，义正辞严地指出了这种认识和说法的片面性和危害性。他说：“稍有历史知识的人都会知道，汉族的民族共同体和中华民族是两个不同的概念，不能用汉族民族共同体来代替中华民族。如果用汉族来代替中华民族，岂不是将历史上的少数民族和当代的少数民族，统统由中华民族中驱逐出去，其政治后果将会如何？这是人们都很清楚的。不能再用新的大汉族主义来伤害少数民族的感情，维护五十六个民族的大团结，是构建民族和谐大家庭的政治基础，新闻出版部门不能出版有害民族团结的书刊，广大公众应当自觉地抵制那些伤害民族感情的书刊。”[1]这一论点高瞻远瞩，也是符合历史事实的科学论断。

三 史料可靠，再现宋金和战的历史真实

《历史上的金兀术》全书共十六章，重点写金兀术的章节只有四章，分量只占全书的四分之一，且集中在书的后半部分，占该书大量篇幅的是宋金之间的时断时续的战争和两次盟约，篇幅之大、笔墨之多，让人吃惊。乍一看，会让人产生喧宾夺主的感觉，觉得写金兀术的章节太少了，不像《说岳全传》那样扣人心弦。

其实，这正是这篇金兀术传记的最大特点，也是最大看点和卖点。景爱先生巧妙运用了抽丝剥茧的方法，在谋篇布局上，把金兀术这一历史人物，放在宋金和战的大历史背景中重墨刻画，人物性格彰显突出，人物形象丰满多姿。文章开头先从金兀术是历史名人引入，牵出历史小说《说岳全传》，严肃指出其不合史实的恶意篡改，调起读者的胃口。紧接着笔锋一转，把作者带入波澜壮阔、一波三折的宋金盟战关系中，在此不是单纯地写金兀术的英勇善战和岳飞的忠君报国，而是大篇幅地引用和分析史料，揭开宋金时战时和的真相，用无可辩驳的事实告诉人们，金朝是在什么样的情况下与宋朝签订“海上之盟”，又为什么背盟而三下中原伐宋，双方打得热火朝天之际，又是怎样偃旗息鼓、从战到和，金兀术在这一历史大舞台上充当了一个什么样的角色，起了什么作用，让人们看得清清楚楚、真真切切。在这部书中，没有故意虚构的情节，也没有引人入胜的传奇色彩，有的是娓娓道来的历史故事，有的是中肯客观的评价，这样写的目的就是把读者从《说岳全传》的错误观点中解救出来，让愿意了解历史真实的人们看到原来金兀术不是像狼那么残忍，也不是一介鲁莽武夫，而是一个有血有肉、有勇有识、善于治军、长于治国的开国元勋。

为了展现宋金和战的历史大背景，景爱先生大量运用了真实、可靠的史料，如《三朝北盟会编》、《金史》、《大金国志》、《宋史》、《辽史》等，特别是对《三朝北盟会编》的大量引用，特别令人瞩目。

《三朝北盟会编》为宋代史学名著，史料价值极高。作者徐梦莘（1126–1207年），江西临江人。二十九岁举进士，官至知宾州，以议盐法不合，罢归，其一生大部分时间居家著述，至绍熙五年（1194年）六十九岁时才撰成《三朝北盟会编》一书。全书分上、中、下三帙，凡二百五十卷。“三朝”指的是，宋徽宗赵佶、宋钦宗赵桓、宋高宗赵构三朝。该书会集了三朝有关宋金和战的多方面史料，故称为“北盟会编”。宋金和战是北宋末南宋年间头等大事，宋人据亲身经历或所闻所见记录成书者，不下数百家。但“各说异同，事有疑信”。因此，

---

1 《历史上的金兀术》后记，第228页。

徐梦莘将各家所记，以及这一时期的敕制、诰诏、国书、书疏、奏议、传记、行实、碑志、文集、杂著等，凡是“事涉北盟者”，兼收并蓄，对记述的异同和疑信，也不加考辨，全部收入。由于徐梦莘痛感“靖康之祸”，靖康史事也就成为该书的一个重点。该书自政和七年（1117 年）宋遣使与金订“海上之盟”开始，至绍兴三十一年（1161 年）金海陵王完颜亮被杀，次年宋金恢复和议止，共书四十五年事。靖康为时不过一年半，却占了七十五卷，几乎占全书的三分之一，而且叙事极细致。作者通过大量事实和细致的叙述，以揭示自“海上之盟”到“靖康之祸”的原委终始。《三朝北盟会编》征引的文献材料达二百多种，而且所引用的全录原文，因此保存了文献材料的原貌。这种引用方法在过去编年史著作中是不多见的。该书征引的史料，有许多后来散失，赖该书得以保存，为后来的研究者提供了方便。书成之后，皇帝听说后十分高兴，宋廷特除徐梦莘为直秘阁。庆元二年（1196 年）实录院取进《三朝北盟会编》，作为编修《高宗实录》的参考。其所引用的资料也因史馆缺少，录进了一百多种。此后，徐梦莘又继续编纂了《北盟集补》五十卷，但早已失传。此外，有些史册，诸如《建炎通问录》、《顺昌破贼录》、《靖康小雅》、《伪齐录》等，多与《会编》所载文字相同，当系从该书辑录出来的。《三朝北盟会编》史料丰富，记述详赡，为研究辽、宋、金史不可或缺的基本史籍之一。《四库全书总目提要》评价此书：“其起讫年月，与史所言合。所引书一百二种，杂考私书八十四种，金国诸录十种，共一百九十六种，而文集之类尚不数焉。史所言者殊未尽也。凡宋、金通和用兵之事，悉为诠次本末。年经月纬，按日胪载。惟靖康中帙之末有《诸录杂记》五卷，则以无年月可系者，别加编次，附之于末。其征引皆全录原文，无所去取，亦无所论断。盖是非并见，同异互存，以备史家之采择，故以《会编》为名。然自汴都丧败，及南渡立国之始，其治乱得失，循文考证，比事推求，已皆可具见其所以然，非徒饾饤琐碎已也。虽其时说部糅杂，所记金人事迹，往往传闻失实，不尽可凭。又当日臣僚劄奏，亦多夸张无据之辞。梦莘概录全文，均未能持择。要其博赡淹通，南宋诸野史中，自李心传《系年要录》以外，未有能过之者，固不以繁芜病矣。”

为了澄清史实，景爱先生大量地阅读、征引了《三朝北盟会编》，同时结合《金史》、《大金国志》、《宋史》、《辽史》的记载详加梳理、分析、考证，去伪存真，去粗取精，比较客观地描述了宋、金之间发生的一些历史重大事件的真相，接近历史实际，学界认为此书可以当作信史来阅读。“所言皆有根有据实话实说，成败起伏皆无所隐，堪称‘实录’新编。读起来既通俗又生动，实为当前难得一见的历史人物传记。”[1]

四　举一反三，正确评价少数民族历史人物的功过

由上可知，景爱先生为我们正确评价少数民族历史人物提供了一个可供借鉴的蓝本，即

1 《历史上的金兀术》序，王可宾作。

评价一个少数民族历史人物，既不能囿于民族偏见，也不能被历史小说左右，而要把历史人物放在特定的历史环境中去考察、去分析，只有这样才能得出正确、中肯、客观的认识，才能恰如其分地评价他们的功过与得失。

金兀术虽然为金朝的奠定和建立出生入死，为女真民族作出了杰出的贡献，然而随着《说岳全传》的广泛流行和家喻户晓，使得人们对他的认识停留在一个很低的层面上，这一点有悖历史真实，也是景爱先生写这本书的真实意图。他想提醒人们，历史不等于评书，历史也容不得人们戏说。中国是一个统一的多民族国家，是由历史上的各个民族通过血与火的斗争创造出来的，有一个历史发展过程。正如辽金契丹女真史学会首任会长陈述先生，称宋辽金这一时期为“后南北朝”。史家张博泉先生在他所著的《中华一体的历史轨迹》一书中，称此时为“前中华一体”。[1]这些看法都承认了一个事实，女真人也是中华民族大家庭中历史上的一个成员，今日的满族人就是当年的女真人的后裔。况且某些汉族人融有北方民族的血液。不仅如此，今天的某些地方还存在着许多女真族、契丹族、羌族的后裔。因此，我们在看待历史上少数民族的杰出人物时，就应该摒弃以前的大汉族主义，站在多民族国家的整体利益上，客观公正地评价这些人在历史上的贡献。对金兀术如是，对契丹族的耶律阿保机、萧太后、党项族的元昊以及蒙古族的成吉思汗等，都应一律平等对待，不应该受历史小说《说岳全传》、《杨家将》等宣扬的“忠君思想”、“正统思想”的左右和影响，不应该持有民族偏见，只有这样，才是用马克思主义的唯物史观研究历史，用辩证法指导现实。

（原刊《北方文物》第1期）

1 参见《历史上的金兀术》序，王可宾作。

《金代官印》评介

中国社会科学院　周　峰

《金代官印》，景爱、孙文政、王永成编著，线装二函十册，中国书店2007年8月出版，定价1980元。

由景爱先生等编著的《金代官印》一书，是在其《金代官印集》（文物出版社1991年版）一书的基础上增订而成。此书繁体线装二函十册，纸张为高级宣纸，内有衬页，书根印字。由专业的古籍印刷厂印刷，手工装订。书的装帧和函套都以绫子制作，古朴典雅，有较高的收藏价值。书名由著名历史学家蔡美彪教授题签，序言由著名辽金史学家杨树森教授所作。综观该书，有如下特点。

一　资料收集较全，堪称金代官印的总集

全书共17卷。前16卷为印谱，收入传世和出土官印915方，较《金代官印集》所收的554方有较大的增加。编著者除了从历代印谱中广泛搜集金代官印之外，如冯云鹏、冯云鹓《金石索》，瞿镛《集古印谱》，吴云《三百兰亭斋古铜印存》，罗振玉《唐宋以来官印集存》、《贞松堂官印集存》，侯汝承《意园古今官印勼》，金毓黻《东北古印钩沈》，罗福颐《满洲金石志》等等，另外著者还遍访出土过金代官印的山东、山西、河南、河北、陕西、北京、天津、内蒙古、辽宁、吉林、黑龙江等省市，搜集有关金代官印方面的资料近千本。在此基础上，补充了361方官印，才成此书。由此可见著者为此所付出的工作量之大。也正因为如此，才保证本书基本上囊括了已知的金代官印，堪称金代官印的总集。

二　编排科学，资料齐全，便于研究利用

本书前16卷内容分别是：1. 皇帝太子诸王玺印章；2. 尚书省及所属部院署库司印；3. 地方路府州县官印；4. 地方诸司印；5. 猛安谋克印；6. 诸记；7. 句当公事印宣差印应办所印；8. 元帅府印诸乣印；9. 万户印；10. 都统印；11. 副统印；12. 都尉边将弹压总押总

领印；13．提控印；14．提控所印；15．耶律留哥蒲鲜万奴刘永昌张致杨安儿刘豫印；16．其他官印。其排列顺序基本上依照《金史·百官志》编排，将同一类官印归入同一卷中，便于检索查找。另外印样尺寸皆为原大，每页只排列一方，使读者对该印有直观、真切的认识。金代官印的文字基本上都是九叠篆，这种字体不易辨读。为了便于读者使用，著者对每印均有释文。传统及时下的某些印谱，除了印样之外，没有其他说明文字，只有艺术性而无科学性。本书则不然，除了印样外，还附有简短的说明文字，记述其出土的时间、地点、收藏单位、完缺情况，对于印背、印侧的凿款情况，也全部录出。这样几乎包含了该印所有的信息，为研究者提供了第一手及最全面的资料。

三　学术价值较高

本书的编排，已经体现了其所具备的学术价值。而第17卷的《金代官印说》，则更显作者功力，是其多年学术积累的充分体现。该卷分为上、中、下三篇。上篇为金代官印的使用颁造，对于金代各朝官印的使用情况，皆有详细阐述。如介绍海陵王正隆年间制定官印制度，“正隆官印定制，包括有许多方面。其一是彻底废除辽、宋旧印和以契丹文篆字的官印。……其二是废除旧官名的官印，采用新官名的官印，即解决‘新旧名’的问题。其三是调整百官的官阶，根据官阶来确定官印印面积尺寸的大小。……其四是确定官印的质料和纽式。”这样，通过作者的介绍，使我们详细地了解到正隆官印定制的具体情况。中篇介绍金代官印的形制特点，涉及官印的质料、纽式、书体、章法、字款、编号、印面尺寸、干支纪年等等，均有详细介绍。下篇阐述了金代官印的学术价值，认为金代官印可补证《金史》地理志、百官志，订正年号、时间之误，以及补史实之缺。就最后一方面，著者具体以金代官印对东夏史研究的补益作用为例，认为对于研究东夏的纪年、都城、行政建制、职官制度、封爵制度、颁印机构、疆域等，东夏官印都提供了切实的依据。

正如杨树森教授在序言中所指出的：“《金代官印》二函十册，属于长篇巨制，对国内外研究辽金史的学者提供了重要的参考资料，学术价值很高，很值得阅读和收藏。”长期以来，由于金代的史料所存寥寥，使金史研究难以像其他断代史那样获得长足的进展与推动。因而对于新出土与新发现的各种金代文字资料（包括碑刻、墓志、印章、各种器物铭文等等）进行搜集与整理，是金史研究者必须要做的基础性工作，本书的出版也为此提供了一个范例。

在本文的最后，提供几方《金代官印》未收的官印，以补其遗。

1．“第二将蕃弓箭手第五拾九指挥首领记”。印文篆书。背款右：定十三年五月。背款左：礼部造。印钮顶：上、长宽都为4.7厘米，高4.4厘米。[1]

2．“都统所坚字印”。印文篆书。背款右：兴定五年三月。背款左：行宫礼部造。印钮顶：

1 《珍秦斋藏印——汉魏晋唐宋元篇》，澳门特别行政区民政总署文化康体部出版，2005年，第31页。

上。印台侧款：都统坚字之印。长、宽都为7.1厘米，高5.1厘米。[1]

3.“元帅左监军印”。印文叠篆，正方形，圭纽，边长8.5厘米，重0.75公斤。边款楷书阴刻三行“元帅右（应为左之误）军印”，“辛卯年”，“山东淮南行尚书省造”。1965年山东省诸城博物馆征集于民间。[2]

4.“壹钱合同”。印近似长方形，上端呈尖角，橛纽。印面无边栏，长4.5厘米，宽2.6厘米，高4.6厘米。印背凿刻有“上”字以指示方位，印文“壹钱合同”楷书直读，其中合同两字为合体。

（原刊《东北史研究》第3期）

1 《珍秦斋藏印——汉魏晋唐宋元篇》，澳门特别行政区民政总署文化康体部出版，2005年，第32页。

2 赵华锡、栾凤功《元帅左（右）监军印考》，《中国历史文物》2002年第1期。

《契丹语和契丹文》读后

中国社会科学院　聂鸿音

自从辽陵帝后哀册1922年在内蒙古巴林右旗出土之后，学界围绕契丹语文的探索已经断断续续地进行了80多年，但是解读这种神秘文字和语言的征途依旧漫长。当下如果有人试图加入这个研究队伍，希望尽快掌握必要的基础知识并了解现有的研究状况，那么我觉得他最应该读的一本书就是刚刚在荷兰出版的《契丹语和契丹文》(The Kitan Language and Script，Leiden：Brill，2009)。

《契丹语和契丹文》的作者康丹博士（Daniel Kane）是澳大利亚麦柯理大学（Macquarie University）的汉语教授，上世纪70年代初曾在北京大学学习中文，后来担任过澳大利亚驻华大使馆的文化参赞。由于受过专业训练并在北京生活多年，他能讲流利的汉语，并且对中国北方古代语言有着极大的兴趣，早在20年前就发表过一项关于《女真译语》的研究(The Sino-Jurchen Vocabulary of the Bureau of Interpreters，Bloomington：Indiana University，1989)。康丹博士为人热情风趣，在同中国学者交往时总愿意自称“北大的工农兵学员儿”，他的作品风格也总是在平易里透着亲切，而不像中国的有些同类著作那样，时常带有某种令人不解的偏执。

作为“东方学手册”(Handbuch der Orientalistik）系列出版物的一种，《契丹语和契丹文》遵循的是国际上“手册”类著作的标准写作模式，这决定了其目的不是一定要提出某种新理论或者研究某个新问题，而是要对本领域的学术背景和研究现状作出全面扼要的介绍，以作为初学者的津梁。从某种角度上说，“手册”有些像我国传统的目录学，只是它更加重视学术发展脉络和最新研究成果的叙述，一般不集中于对以往研究著作的逐一评论。

《契丹语和契丹文》全书凡七章，首章介绍有关契丹语言文字的历史资料、研究概况和语言文字特征，以下依次介绍契丹小字的形音义、契丹语的语法形态、契丹大字的研究历史，然后以举例形式解读了“郎君行记”、“耶律敌烈墓志”和“宣懿皇后哀册”三件契丹石刻，最后一章介绍了作为契丹语文解读基础的辽代汉语方言。书中附有丰富的参考文献和索引，读者一册在手，全部资料线索无需他求。

如所周知，对于契丹文而言存世文献中没有《女真译语》之类的双语字典和《蒙古秘史》

之类的双语对译史书，因此契丹文字的解读工作进展缓慢，甚至可以说我们至今还没有找到一条通向终极目标的途径，这导致每个研究者都可以凭借零星的资料对文字的形音义作出自己的猜测，即使是同一个研究者，也常常会在几年内多次改变看法而不作出令人信服的说明。应该说，康丹博士在收集整理现有成果的时候花费了不少心血，他希望选用被多数人认可的结论，而尽量避免纠缠于那些昙花一现似的“一家之言”，然而一个不可回避的事实是，近十几年来的契丹文字解读成果几乎都是在猜测的基础上从铭文中反复比对出来的，这决定了研究者很难就此作出合乎学术规范的论证，即使偶然言中，也终究无法躲避来自方法论的责难。相比之下，契丹语法研究尽管迄今只涉及少量形态学成分，但由于作者的论述比较规范，所以得到的支持意见明显比反对意见要多。面对这种局面，康丹博士在举例介绍契丹字的时候，即使遇到多数人公认的字义和字音，也不得不尽可能地搜集证据为之补出合乎学术规范的解说，而在介绍语法成分时就轻松一些，他可以利用已有的研究著作，比如乌拉熙春的《契丹语言文字研究》（京都：东亚历史文化研究会，2004），从中选取合适的例子重新组织一下就行了。

“手册”类著作对作者的思想境界有一个很高的要求，即他必须有能力从足够的学术高度俯瞰整个研究领域的全部成果，对每个研究者的劳动都给予同等的尊重，而不能仅仅局限于某个狭隘的专题而对其外的研究妄加褒贬。在这个问题上，康丹博士的著作可以说是处理得最好的一部，我甚至觉得他对学术史所持的公允态度应该成为我国学者的楷模。毋庸讳言，我们国内还没有哪本著作或者哪篇论文作出过这样全面的、心平气和的总结。假如有学生希望在国内报刊上找一篇回顾性的文章来了解近时的契丹文字研究史，那么他多半会感到失望，因为文章所展示的大都是作者本人对其卓越贡献和高尚品格的自诩，而极少去关注大批的同行们都做了些什么。读了康丹博士的著作之后，我们真的应该反省一下我们这种莫名其妙的心态了。

这里想特别指出的是，康丹博士在书中作出的一项努力绝对值得赞许，这就是对契丹小字进行拉丁转写的尝试。他在著作的第26页谨慎地指出：“中国和日本的研究者在引用契丹词语和句子的时候都不予转写，而在用英文写的著作中不能采用这种方法。”其实何止是用英文写的著作，用中文和日文写的著作同样有必要给出文字的拉丁转写。这里面的道理很简单——契丹小字是一种拼音文字，如果我们只知道一个或几个字符组合在一起所表示的意义，却不知道每个字符的读音，那么我们就永远不能真正理解契丹的语言。事实上，20世纪初期就有学者在解读契丹铭文时使用过拉丁转写，可是不知为什么，这个良好的学术传统却在数十年后被抛弃了。康丹博士主张恢复这个传统，并且设计了一套初步的转写规则，例如用句号标示契丹“原字”间的界限，用冒号标示契丹词根后附的词缀，等等。同时，为了尽可能地让契丹字与拉丁转写在出版物上形成直观的对应，他还大胆地把原来叠床架屋式的契丹文字改为直线排列。下面以“郎君行记”的第一行为例，这一行的中文意思是“大金国皇弟都统经略郎君”：

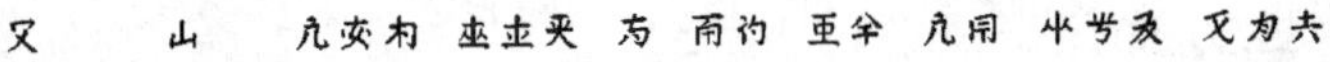

GREAT GOLD g.úr:en qa.ha:an deu cau.ji hur.ú g.iŋ l.iau.u ś.a.rí

前面两个契丹字知其义而不知其音，康丹博士直接用大写英文意译。对于大致知道读音的后面那些字，他基本上仿照蒙古学界的习惯采用了拉丁转写，至于为什么把舌根鼻音写成了国际音标的“ŋ”而非拉丁字母的“ng”，我猜想那大概是为了保持“一字一音”的理想标音原则。当然，如果能在书的适当地方附上一个“拉丁转写和国际音标对照表”就更好一些，读者就会很方便地知道转写的“g”是[k]，“c”是[ʧ]、“ś”是[ʃ]，等等。

我不知经他改革的契丹字排列法在今后会不会招致学界非议，但无论如何，新的排列法毕竟显得整齐美观，很好地适应了现代出版物的要求。当然，转写中使用的“句号”和“冒号”让人看上去有点不大习惯，我觉得不如一律代以连字符，另外，中国的著作如果能同时用汉语注出词义就更好，例如：

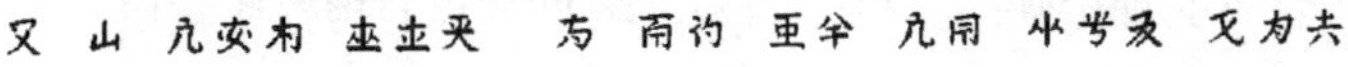

-- -- g-úr-en qa-ha-an deu cau-ji hur-ú g-ing l-iau-u ś-a-rí

大 金 国 皇 弟 都统 经 略 郎君

应该承认，康丹博士的这一尝试极大地方便了语言研究，但同时也带来了研究者们羞于见到的一个后果，那就是把迄今契丹语音构拟的一切缺陷都暴露无遗。上面用来举例的那个词组是迄今解读得最好的少数契丹语料之一，读者借助蒙古语和《辽史》可以从中清楚地体味到güren（国家的）、qahan（可汗的）和śäri（郎君）这三个词，可是其中ging liau(g. iŋ l. iau. u)的音韵结构却让人看上去极不协调——这是汉语“经略”的音译，而我们知道，所有阿尔泰系的语言都是以单元音为主，双元音已经很少，而iau这样的三元音结构实在不像是阿尔泰语的特征。事实上，任何语言中外语音译词的语音形式大都不会是外语的原样再现，而总要依照借入语的音韵面貌或多或少地起些变化。一般说来，两种语言的发生学和类型学关系越远，彼此间的音译词在语音形式上的差异就越大。这就是说，我们在构拟契丹语中的汉语音译词时，绝对不该不假思索地把近古汉语的语音形式照搬过来，而应该尽可能地参照相关资料，比如蒙古和回鹘文献中的汉语音译词，使我们的契丹字拟音最大限度地接近阿尔泰语言的借音习惯。作为一个外行的建议，我想我们或许应该考虑把“略”构拟成lyo或者lyu，这样不但避免了三元音甚至双元音结构的出现，而且还大致与蒙古、回鹘文献中的汉语译音形式相符。

关于音译词还有一点是不能忽略的，那就是借入语无论对外语有多大程度的改动，其中一定存在严整的语音对应规律。具体到汉语来说就是，中古等韵特征相同的汉字在进入外语之后，其读音必然相同。可是我们在康丹博士的著作中却发现了一些打破语音对应规律的情况，以第二章中汉语匣母字的译音为例：

开口一等　韩 qa.an（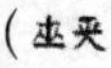 2.053），后 heu（ 2.250）

合口一等　虎 xu（ 2.036），和 xo（ 2.057），皇 hoŋ（ 2.075），黄 oŋ（ 2.340）

开口二等　行 xa. úŋ（[illegible] 2.280）

合口二等　华 xua（[illegible] 2.143）

合口四等　县 ki. ê n（[illegible] 2.163）

同是汉语匣母字，契丹人竟把它们读成了 q、h、x、o、k 五个不同的声母，尤其是古今读音都完全相同的“皇”和“黄”也被分别读成了 hoŋ 和 oŋ，应该说这是绝对不可能的。另外我们还看到，上面转写作 xo 的“[illegible]”字在第 41 页第 20 行又转写作 h ó，转写作 hoŋ 的“[illegible]”字在第 51 页第 5 行又转写作 oŋ。所有这些情况都说明我们的契丹文字转写还缺乏一套语音严格对应的预置规则。

康丹博士本人没有从事过契丹小字的拟音研究，他的拉丁转写都是从其他研究者的结论中折合转化而来的。看得出来，康丹博士已经运用其丰富的汉语言学知识对时人的构拟进行了力所能及的调整，为此他还专门论述了当时是否存在汉语和契丹语两套译音字的可能性，从而在一定程度上弥补了一些固有的理论缺陷。可惜的是，契丹字音的构拟毕竟属于先天不足，所以康丹博士的努力并没有带来原有结论脱胎换骨的变革。毫无疑问，现存的转写缺陷不应由康丹博士来负责任，我觉得这反而更加衬托出了对契丹字进行拉丁转写的必要性。作为“手册”类的著作，全面反映已有的研究成绩固然必要，但更难得的是不加掩饰地向读者公开这一领域存在的所有问题——明确了问题的所在才有继续前进的目标。比如除了上面所举的那个词组之外，在附上转写的其他契丹句子中我们就找不到那么多与蒙古语相近的词，这很容易导致读者产生一个错觉，即契丹语在阿尔泰语系中跟蒙古语的关系非常疏远，然而我相信，将来一旦学界能够给出每个契丹字的准确转写，我们就会看到契丹语和蒙古语的关系比我们想象的要近得多。就像康丹博士指出的那样，现在已经有证据表明契丹语存在像蒙古语那样的元音和谐，以及表示多种语法意义的词缀，只不过我们还没有足够的资料来描述这些现象的细节而已。

契丹语言文字之学一度被称为“绝学”，而近些时候关心这一领域的人已经越来越多了。几年前我曾经为美国达慕斯大学（Dartmouth University）一篇契丹语的学位论文做过通信评审，听说现在澳大利亚也有学生以契丹语为目标开始了学位论文的写作，显然，人们正在逐步意识到契丹语在阿尔泰语言研究中无可替代的重要地位，这已和多年前单纯“认字”的着眼点不可同日而语。我们感谢康丹博士及时为国际东方学界提供了这样一部优秀的著作，也殷切希望康丹博士书中提出的研究前景能够在更多学者的共同努力下尽早变成现实。

（原刊《满语研究》第 2 期）

专稿

对岳飞的评价应从多民族国家角度出发

人民教育出版社　王宏志

岳飞是中国古代知名人物，从古到今对他的评价基本上是肯定的，但还是有些程度上的不同。这些不同关乎到如何看待中国古代的多民族国家。因此，如何正确地评价岳飞，要先搞清以下两个问题：

一、中国古代是不是多民族国家？
中国古代的民族政权是不是中国的一部分？

我国有悠久的历史，早在180万年前就已经有人类生活在这片土地上。北起辽河，南至珠江，都有远古人类生活的遗址、遗物，从中可以看出，随着地域的不同，远古人类的生活有共同之处，也各有特色，这些特色就形成了后来不同的民族。

今日的汉族源于先秦的华夏族，华夏族又是由远古的黄帝部落和炎帝部落结合而形成的。黄帝部落原是戎狄的一支，炎帝部落是古羌人的一支。与此同时，生活在南方的蚩尤部落，曾向北发展，与炎帝和黄帝部落冲突失败后，一部分南下，同苗蛮生活在一起，形成日后的苗民。生活在东方的东夷部落，后来大部分与黄帝部落融合，一部分仍生活在东边沿海地区，形成日后的淮夷和岛夷等。著名史学家白寿彝说：“当汉族还没有正式形成的时期，西北的羌族、南方的苗蛮族、西南的庸、蜀、髳、微等族，就在历史上出现了。”[1] 史实说明，在华夏族形成的同时，周围的民族也都先后形成了，这就是史书上所说的“东夷”、“西戎”、“南蛮”和“北狄”。因此，在我国这片广袤的土地上，自古以来就生活着众多的民族，绝不止于一个汉族。正如杰出的史学家翦伯赞所说：“我国自古以来就是一个多民族国家，除汉族以外，还有很多民族。”[2]

一个国家里的各个民族在历史发展的进程中是不平衡的，有先进的，有落后的；所起的

1　《论爱国主义思想教育和少数民族史的结合》，《光明日报》1951年3月23日。

2　《对处理若干历史问题的初步意见》，《光明日报》1961年12月22日。

作用也不尽相同，有的大些，有的小些。其中人数多而又发展迅速的民族，必然会对这个国家的历史多起一些作用。在我国，汉族就是这样，无论在政治、经济和文化上，都起过较多的作用，这是客观存在的事实。

从国家政权的产生看，汉族的前身华夏族最早建立了国家，即夏朝。但夏同周围的各族关系很密切。禹为“天下之君”后，《淮南子 · 原道》中记载：他“施之以德”，“四夷纳职”。继夏之后的商，是东夷的一支，生活在黄河流域的下游。商灭夏，建立商朝。这实际上就是少数民族入主中原建立政权。商与华夏族逐步融合在一起。继商而起的周，是“西戎”的一支，周朝的建立也同样具有少数民族入主中原建立政权的意味。到了春秋战国时期，一些国家也是少数民族建立起来的，像楚国就是“南蛮”建立的政权，由此推理，屈原应是那个时代少数民族的诗人。后来统一六国的秦，本是“羌族的苗裔”，“亦称秦戎”[1]。清末民初的国学大师王国维说过：“秦之祖先，起于戎狄”[2]。正是这个起于戎狄之国，在商鞅变法之后，强大起来，继而灭了六国，在我国建立起第一个统一的、多民族的、中央集权国家，促使我国的历史向前飞跃了一大步。后来蒙古族建立的元朝，结束了长期的南北分裂局面，重建统一的多民族国家，尤其是统一了西藏地区和设立澎湖巡检司实现对台湾的管辖，一直影响到后世。满族建立的清朝，不仅完成了统一，而且奠定了今天的疆域版图。以上这些王朝，特别是少数民族建立的王朝，对我国历史的形成、统一和发展，都作出了重要贡献。

上述事实足以说明两个问题：一是我国自古以来是一个多民族国家，汉族和众多的少数民族在历史上，不仅联系密切，其中有些还出于共同的祖先。正如著名史学家范文澜所说：“凡是现在兄弟民族的祖先或者是已经融化似乎失踪的古代民族，都是汉族的伯叔祖先或者是祖先的一部分”[3]。二是我国古代的各个民族建立的政权，都是祖国的一部分，都对祖国的统一、疆域的形成作出了贡献。范文澜说过：“既然我国的历史是各族人民共同创造的，那么各少数民族的人民就都是中国人；少数民族的历史，不管他们在历史上处于什么地位，也不论他们纳入汉族王朝统治范围之内或独立于中央王朝之外，都应该是中国历史的组成部分。易言之，历史上的中国民族除了汉族还有少数民族，中国的历代疆域既包括中原王朝也包括少数民族独立建立的国家或政权的辖区，不能把历史上的中国与封建王朝划等号，更不能与汉族王朝划等号。”[4] 不仅现代著名史学家如此看，就是中国古代的王朝也不把少数民族排除在中国之外。如唐太宗李世民说过：“自古皆贵中华，贱夷狄，朕独爱之如一。”[5] 明太祖朱元璋也说：“朕至为天下主，华夷无间，姓氏虽异，抚字如一。”[6]

1 翦伯赞《秦汉史》第一编第一章，北京大学出版社 1983 年。

2 《观堂集林》卷 12。

3 《中国历史上的民族斗争与融合》，《历史研究》1980 年第 1 期。

4 《中华民族的发展》，《学习》第 3 卷第 1 期。

5 《资治通鉴》卷 198，古籍出版社 1956 年。

6 《明太祖实录》卷 536。

二、中国古代民族之间的战争是不是国内的战争？这些战争是什么性质的战争？

在中国古代，各民族统治者为争夺地域，争夺统治权，不断挑起民族之间的矛盾和战争；他们在取得统治权以后，为获取更多利益，往往还推行民族压迫政策，以掠夺、榨取被统治民族。因此，中国古代民族关系上，在政治友好交往、经济文化频繁交流的同时，也存在着民族压迫、民族矛盾和民族战争。这里还要说明几点：

一是我国古代民族之间的压迫、矛盾和战争都是中国多民族国家内部的事，与外国无关。也就是说，无论战争发生在祖国疆域的任何地方，都是内部的压迫与反压迫的战争、内部争夺统治权和统治区域的斗争，不存在改变祖国疆域的目的。

二是我国民族之间的压迫、矛盾和战争的双方民族，都是多民族国家中的一员，都是中国人，不存在谁是“异族”、“外族”的问题。

在旧中国，统治者宣扬大民族主义，造成歧视少数民族及其政权的后果。如一些历史著作和历史教材，对西晋末年少数民族起义和内迁，沿用封建史学观点，称之为“五胡乱华”，对建立元朝的蒙古族、建立清朝的满族，称之为“异族”、“外族”。由于旧传统观念的影响，至今在一些书籍和影视里，也不乏出现用歧视的眼光对待少数民族及其政权的现象。如，对元朝和清朝的建立，就说：“并非一般的改朝换代，而是异族入主中夏”，“外患当头”，是“入侵”；讲到英雄人物一心为国，常引用“匈奴未灭，何以家为！”这些都混淆了国内民族之间的战争和中华民族与外来侵略者之间的战争，容易加剧民族之间的矛盾。我国文化名人李一氓先生说过：如果今天仍然“把少数民族视为外族，把他们建立的国家或政权看作外国，就会犯时代的错误、地理的错误和道德规范的错误”。他还说：“假如把少数民族视为异族外国，那么，西汉时的匈奴和西域各族，隋唐时的突厥、回纥、吐蕃、南诏，宋朝时的辽、西夏、金、大理等就都成了外国，而中华民族自古以来生息繁衍的地区，将因当地有过时兴时灭的民族政权，时而是、时而又不是中国的领土，这岂不是荒唐可笑？”[1] 其实，这不仅荒唐可笑，而且更适合侵略者分裂中国的企图。近代以来，日、俄、美等国一些别有用心的学者，配合本国统治者侵略中国，提出许多谬论，说什么“中国人仅指汉族”，“中国东北除汉族以外的各民族不是中国人”；“中国的范围仅指长城以南，以北的土地不是中国领土”等。至今，还有的国家书里，将中国的东北地区称为“满洲”与中国并列。

三是对我国历史上民族之间的战争，也同样应当分清是非曲直。一般来说战争有是非之分。凡是带有掠夺性的战争，如旨在掠夺财物人口、破坏生产，甚至烧杀抢劫不同民族、不同政权人民的，属于非正义的战争；凡是反抗民族压迫、掠夺，为国家统一和繁荣、发展而进行的战争，属于正义的战争。如何分析我国民族之间的战争性质呢？我认为一方面，还应

---

1 《读〈辽史〉》，《文艺研究》1981 年第 4 期。

从多民族国家的角度出发，不能站在大民族主义一边，也不能站在某个少数民族一边，不能以为汉王朝都是站在正义的一方，少数民族反对汉王朝的战争都是非正义的；而应当实事求是、具体问题具体分析。另一方面，要弄清战争的性质，必须先确定此次战争的具体环境。必须把此次战争和它的历史环境联系起来。对待民族之间的战争，也应如此。如，从历史环境看，由于明朝晚期的腐朽末落，朝气蓬勃的清朝进行的统一战争是顺应历史潮流的；但清朝在统一全国的过程中，不听汉臣劝说，强令汉族人民剃发，激起江南人民的反抗，继而大肆屠杀掳掠，推行了残酷的民族压迫政策，这就转变了战争的性质，使统一过程中的一些战争，成为杀掳汉族人民的非正义战争，结果制造了激烈的民族矛盾，大大延缓了统一的进程。不过，我们今天指责清军下江南制造的民族压迫和残暴的杀戮政策，并不应否定清朝的统一。对我国古代少数民族统一中国，历史上也同样是肯定的。明朝修元史，并不否定忽必烈的统一功绩。民国初年修清史列传，也同样没有否定清朝的统一。

从上述问题的答案里，我们可以认识到，中国古代各个民族之间的战争，都是中国多民族国家内部的事，民族战争也有是非之分。

明确了上面的问题以后，我们需要进一步搞清两个问题，即岳飞生活时代民族与民族政权的状态及其参与的战争和战争性质。

第一，岳飞生活的时代我国民族与民族政权的状态。岳飞生于北宋徽宗崇宁二年（1103年），被害于宋高宗绍兴十二年（1142年）。那时在中国的土地上，存在着不同民族建立的几个并立政权。在北方，先后有契丹族为主的辽朝和女真族为主的金朝；在西北，有党项族为主的西夏和回鹘族为主的西州回鹘与黑汗王朝等；在中原和南方，先后有汉族为主的北宋和南宋；在西南，有吐蕃为主的吐蕃和白族为主的大理等。

如上所说，岳飞生活的时代，正是我国处在各个民族相互交融、民族政权并立的时代，契丹和女真都是当时中国境内的少数民族；辽、金和宋一样都是当时中国境内的政权。而岳飞所在的宋朝，相对辽、金来说是个比较软弱的朝代。在中国的“正史”之中有《宋史》，也有《辽史》和《金史》，这从一个侧面说明辽、金两朝是中国境内的王朝，它们的历史也是中国古代史的一部分。史学家吕振羽先生曾提出一个争鸣的问题：“辽、金与两宋是敌对的国家呢，还是在一个时期分裂出去的对立的政权呢？”他又明确地回答了这个问题：辽、金“都是中国的组成部分”[1]，是对立的政权，而不是敌对的国家。

第二，岳飞参与的抗金战争及其性质。岳飞参与的战争，即宋金之间的战争。宋金之间的战争是金在联合北宋灭辽的过程中，看到北宋的虚弱，就在灭辽的同年，即金天会三年（1125年）冬天，大举进攻北宋。那时北宋统治腐朽，防备空虚。宋徽宗忙把帝位传给儿子宋钦宗。宋靖康二年（1127年），金军掳走徽宗、钦宗及宗室、大臣，北宋亡。北宋灭亡之前，岳飞参军抗金。北宋灭亡同年，钦宗的弟弟赵构即位，是为宋高宗，后定都临安，史称南宋。南

1 《中国历史讲稿》第十三讲，人民出版社1984年。

宋初，岳飞受到开封留守宗泽等赏识，被用为统领，屡立战功，升任统制。宗泽病逝后，杜充继任留守，岳飞为其部下，继续抗金。金军进攻开封，杜充无能，率岳飞等南下。很快，金军南下，追击宋高宗，占领建康，继续南追。南宋抗战派将领韩世忠把金军阻截在黄天荡，金军被迫撤退，撤退到建康时，又遭岳飞袭击，只好继续撤退，岳飞收复建康。

从以上不难看出，金朝发动的攻打宋朝的战争，是想灭亡宋朝，统一全国；南宋阻击金军，想维持其统治权，后来宋朝的抗战派率兵收复失地，是想恢复北宋统治地盘，进一步灭亡金朝。总之，宋金之间的战争，是金朝与宋朝争夺统治地盘的斗争，是国内民族之间的战争，也是兄弟民族之间的战争。范文澜说："在当时，作为敌对的民族或国家，经常残酷地进行过斗争，今天看来，却是兄弟阋墙，家里打架。"[1] 吕振羽也说：两宋与辽、金的战争，是"国内战争，不是这一个国家和那一个国家之间定都的战争。""你打过来，我打过去，像'三国'或北洋政府时代各军阀之间的混战一样。"[2] 当然，这种"兄弟阋墙，家里打架"也有个是非之分。宋金之间的战争，就金方所进行的战争来说，在攻打宋时，采用了烧杀掳掠的方式，严重危害中原和江南人民的生命财产，使他们遭受战乱的痛苦，因而，属于非正义的战争。就宋方所进行的战争来说，虽然有维护宋朝腐朽统治的一面；但更有反对女真贵族制造的民族掠夺、民族压迫，拯救中原、南方人民的生存和文明的一面，因此，属于正义的战争。

上述几个问题都搞清楚了，如何正确评价岳飞的问题也就迎刃而解，下面就来具体谈谈。

如前面所说，从中国古代到近现代的史学界对岳飞的评价，总体来说，都是肯定的，但肯定的程度不同，冠以的称号也不同。我们先看看几套权威的中国通史著作里，是如何写岳飞的：

范文澜、蔡美彪主编的《中国通史》里，较为详尽地讲述岳飞抗金，称岳飞为"抗战将领"，是朝廷中"以岳飞为代表的抗战派"，说他"在抗金战场上，英勇战斗了一生"[3]。

郭沫若主编的《中国史稿》中，特别讲述了岳飞的抗金斗争业绩，称岳飞为"著名的南宋抗战派将领"，"抗战派的代表人物"[4]。

翦伯赞主编的《中国史纲要》里，专门设一个目，标题为"岳飞领导的抗金战争"，叙述岳飞抗金的事迹，称他为"以岳飞为首的抗战派"，说他"一直英勇地投身在抗金斗争的最前线上"[5]。

白寿彝主编的《中国通史》在综述编里设一目，标题为"岳飞北伐"，在传记编里又为岳飞单列一章，详尽地叙述了岳飞的抗金功绩，称他为"一代英豪"[6]。

---

1 《中国历史上的民族斗争与融合》，《历史研究》1980 年第 1 期。

2 《中国历史讲稿》第十三讲，人民出版社 1984 年。

3 《中国通史》第五册第二章，人民出版社 1994 年。

4 郭沫若主编，尹达主持修改《中国史稿》第五册第四章，人民出版社 1983 年。

5 《中国史纲要》第三册第七章，人民出版社 1963 年。

6 《中国通史》第七卷第九章和第八卷第九章，上海人民出版社 1999 年。

近年出版张岱年主编的《中国全史》里，专门设有一个目讲岳飞抗金，标题为“岳飞北伐中原”，称他为“南宋初中兴四大将”[1]之一。

其他还有一些中国通史，与上述的内容提法类似。但也有少数中国通史里，称岳飞为“民族英雄”，如：

尚鉞主编的《中国历史纲要》里，设有专目讲岳飞，即“岳飞领导的抗金斗争”，称岳飞是“中国历史上的民族英雄”。在介绍了岳飞的抗金事迹后，还有一段总体评价，其中谈道：“岳飞虽死，他的英勇战斗精神，他的善于打击敌人的智慧，他所表现的崇高的民族气节，却继续不断地鼓舞着中国人民，培养着中国人民的民族斗志。特别在鸦片战争后外患频仍的长时期里，人民始终纪念和尊崇自己的民族英雄岳飞，并把他的事迹作为教育自己和后代的活的教材。”[2]

这里值得注意的是，书中将岳飞精神与民族气节同“鸦片战争后外患频仍”联系起来，说岳飞的精神“不断地鼓舞着中国人民，培养着中国人民的民族斗志”。这就混淆了国内民族战争与对外反侵略战争的界线，将金朝列入“外国”，将岳飞树立成反抗外来侵略的“民族英雄”。但是，我认为这不一定是尚鉞先生的本意，因为与此同时，由他自己独立编写的《尚氏中国通史讲义》（即《尚氏中国古代通史》）里，详尽地讲述了岳飞的抗金斗争，但并没有给岳飞冠以“民族英雄”的称号，而只称“爱国将领”[3]。这个“国”自然仅限于宋朝。

又如，吕振羽的《中国历史讲稿》，篇幅不多，仅二十多万字，就用了近4页讲述岳飞抗金的事迹及对他的评价，说“岳飞站在抗战派最前列”，称他为“民族英雄”，是个“伟大的英雄人物”[4]。

除了中国通史之外，对岳飞评价有份量的就是辞书了。我翻阅了几部大的辞书，如，《辞源》、《中国历史人名大辞典》和《中国历史大辞典》的《宋史》卷（上海辞书出版社出版）中的岳飞条里，只介绍岳飞个人历史，没有冠以称号。而《辞海》岳飞条里，称岳飞为“南宋抗金名将”。只有《中国大百科全书》中的《中国历史》卷在岳飞条里，冠以“抗金名将、民族英雄”的称号。

对称岳飞为“抗金将领”、“抗金名将”的评价，我们容易理解。因为岳飞是我国历史上的著名人物，具体地说：

一、岳飞是我国古代不可多得的杰出将帅。中国古代有些著名的以少胜多战役，岳飞指挥的郾城大战，就是其中之一。他认为“用兵在先定谋”，每战不一定按“阵图”，不拘泥于“阵法”，而讲求“运用之妙”。因此，他战必胜，攻必克，守必固。连金军中都流传着：“撼山易，

---

1 《中国全史》《隋唐辽宋金卷》下编第九章，高等教育出版社2001年。

2 《中国历史纲要》第五章，河北教育出版社2000年。

3 《尚氏中国通史讲义》即《尚氏中国古代通史》第十八章，高等教育出版社1991年。

4 《中国历史讲稿》第十三讲，人民出版社1984年。

撼岳家军难！”[1]

二、岳飞所进行的抗金战争，是正义的战争。岳飞抗金虽有维护南宋统治和忠君的一面；但金军南下，烧杀掳掠，给中原和南方的人民带来深重灾难，岳飞抗金更有维护人民的生命财产安全的一面。

三、岳飞的部队军纪严明，爱护百姓，秋毫无犯，有“冻死不拆屋，饿死不掳掠”[2]的美誉，岳家军驻屯的地方，社会秩序安定，成为百姓逃避战乱的地方，百姓广泛赞扬岳家军。这都更体现了他参与的抗金战争的正义性。

四、岳飞是被冤枉迫害而死的。正当岳飞领导的抗金战争取得节节胜利的时候，却遭到宋高宗和秦桧的迫害至死，酿成千古奇冤。宋高宗即位以来一直奉行妥协苟安的国策，是投降派的首领。在顺昌、郾城大捷和诸路宋军节节告胜以后，宋高宗担心岳飞等将领功大势重，“尾大不掉”[3]，又怕迎回宋钦宗影响自己的帝位；而投降派的代表人物秦桧，也怂恿宋高宗急令岳飞班师，并进一步让宋高宗削夺岳飞等大将兵权。在宋金战争局势有利于宋以后，宋高宗坚决与金议和，他同秦桧接受兀术提出的“必杀岳飞，而后和可成也”[4]的条件。秦桧得到宋高宗允诺，以“莫须有”[5]的罪名冤杀了岳飞。中国人崇尚公平正义，对冤屈而死的，总要为他伸张正义，讨还公道。这就更增加了岳飞的知名度和赢得人们对他的崇敬，造就了他的千古英名。

对称岳飞为“民族英雄”，我以为应当先看看“民族英雄”一词作何解释。“民族英雄”是个现代词语，在古汉语辞典里是没有的。就是在现代辞书中也很少有解释，我仅在商务印书馆出版的《现代汉语词典》中看到解释：“民族英雄，捍卫本民族的独立、自由和利益，在抗击外来侵略的斗争中表现无比英勇的人。”我认为这一解释是很恰当、很严谨的，是衡量民族英雄的标准。它明确指出民族英雄要具备两个特点：一是在“捍卫本民族的独立、自由和利益”的斗争中“无比英勇的人”，二是在“抗击外来侵略的斗争”中“无比英勇的人”。用这一标准来衡量岳飞，就第一个特点来说，是没问题的，他捍卫的是汉民族的独立、自由和利益，维护的是代表汉族的南宋政权；而就第二个特点来说，就有问题了，关键是岳飞抗击的并非“外来侵略”，而是中国境内与宋朝并列的民族政权金朝的军队。由此看来，称岳飞为“民族英雄”是不恰当、不合适的。因为，被称为“民族英雄”的人，必须具备以上两个特点，而岳飞只具备其中的一个特点。在中国古代史上，像明朝反击倭寇的戚继光、明末清初收复台湾的郑成功，他们都具备了上述两个特点，称得上是“民族英雄”。那么，是不是我国古代除戚继光、郑成功之外，就没有民族英雄了？当然有，像漠西蒙古土尔扈特部的

1 《宋史》卷365《岳飞传》，中华书局校点本。

2 《宋史》卷365《岳飞传》，中华书局校点本。

3 《建炎以来系年要录》卷118，绍兴八年二月壬戌。

4 《金佗粹编》卷20《吁天辨诬通叙》。

5 《建炎以来系年要录》卷143，绍兴十一年十二月癸巳。

杰出首领渥巴锡，率领西迁的部众反抗沙俄的统治压迫，粉碎沙俄军队的围追堵截，历尽艰辛，终于回归祖国，就是我们多民族国家历史上的“民族英雄”。如果仅从一个民族来讲，应当说每个民族都有自己的英雄。如，契丹族的首领耶律阿保机，有勇有谋，统一了契丹各部，提倡农业，发展经济，接受中原先进文化，建立契丹国。他是杰出的政治家，也是契丹的英雄人物。又如，女真族完颜部的首领阿骨打，“力农积谷，练兵牧马”[1]积蓄力量，率众起兵反抗辽的压迫，取得胜利，建立了金国。阿骨打是女真的杰出政治家，也是女真族的英雄人物。由此可见，岳飞也是汉族的英雄人物。

但由于我们是多民族国家，各个民族对英雄人物评价不一，如金兀术，即完颜宗弼，对他的评价，金与宋就截然不同。兀术是金太祖阿骨打的儿子，年轻时是一员骁勇战将，在灭北宋的战争中十分英勇。南宋初年，他率金军追击宋高宗入海，后又占领陕西，因功被提拔为右副元帅。晚年的兀术，长期担任左丞相兼都元帅，出将入相，主持朝政，继续对宋用兵，曾与岳飞在郾城大战，被岳家军打得大败。继而兀术接受宋的请求，休战讲和，双方达成和议，史称“绍兴和议”。“绍兴和议”结束了宋金长期争战局面，客观上有益于人民生活的安定、生产的发展和南北经济文化交流。兀术直至临终，仍“坚守和好之说”[2]。兀术死后配享金太宗庙庭，民间也为他修祠堂[3]。这说明他无论在金的朝廷，还是在金朝民间都享有极高的荣誉。对女真族和金朝来说，兀术是英雄人物；但对汉族和宋朝来说，他是纵兵抢掠的敌将，是岳飞手下的败将，自然不会称他为英雄。

今天作为多民族国家，我们评论历史上各民族共同承认的“民族英雄”就比较困难，但可以按照战争的性质来划分，即：

一、代表整个中华民族共同利益，为反抗外来侵略，捍卫领土、主权和民族生存而不屈不挠斗争的英雄人物；

二、为了一部分民族利益，反对其他民族压迫、掠夺的而英勇斗争的英雄人物；

三、为本民族利益，而反对其他民族而进行斗争的英雄人物。

对上述不同的英雄人物，并不意味着分什么等级，有什么高低，而仅取决于战争性质不同。我们是多民族国家，各个民族对英雄人物评价不一，除第一种类型的英雄人物是各民族共同承认的民族英雄外，对其他两种英雄人物，不如按照他们的贡献来分别肯定他们。如阿保机、阿骨打，称他们是“杰出的政治家”，更为合适。兀术，称他为“金朝名将”就比较合适。岳飞、韩世忠，称他们为“抗金名将”“抗金将领”，也很合适。这样既实事求是，又考虑到民族感情。对岳飞不冠以“民族英雄”这顶桂冠，绝不意味抹杀岳飞的历史功绩。

对岳飞的评价，我还去请教过我的老师宋史大家邓广铭先生。在此之前，我和几个学者

---

1 《三朝北盟会编》卷3，上海古籍出版社缩印本。

2 《大金国志》卷27《开国功臣 · 兀术》，中华书局校正本。

3 景爱《历史上的金兀术》题记，中国社会科学院出版社2008年。

曾去内蒙古调查，还征求了我的北大同学、蒙古史专家伊林真对岳飞评价的意见。伊林真说蒙古族的学者对社会上称岳飞为民族英雄，很有想法，尤其是对岳飞的词《满江红》中的“壮志饥餐胡虏肉，笑谈渴饮匈奴血”，更有意见。我听了起初很奇怪，岳飞是抗金将领，金的建立者是女真贵族，而那时蒙古族是受金的压迫而起来反抗的，最后灭了金。为什么今天的蒙古族学者要站在金的一边，来看待岳飞呢？经过一番思考，我领悟出他的这种意见，反映了少数民族共同的立场。因此，在今天编写面向广大读者的历史书里，对我国历史上民族战争中的人物，应当慎重处理，既要充分肯定他们在历史上的贡献，又要考虑到我国自古以来就是多民族国家，要让各个民族都能接受。为此，我将去内蒙古了解的情况，讲给邓先生听，并说了我们的想法。他认为我们的考虑是对的，作为他个人意见，认为岳飞是“民族英雄”，但面向广大读者的历史书上用不用“民族英雄”一词，应考虑到多民族国家，考虑到少数民族的意见。听了邓先生的意见，我更加坚定了自己的看法：即今天我们评价历史人物，要把他们放在一定的历史范围内去考察，也就是应从多民族国家角度来评价。李一氓先生也说过：“我们这个民族，不是只有汉族”，“轻易的断定凡是打其他民族的汉族武装将帅，就是民族英雄，是难以信服的。”[1]

1 《读〈辽史〉》,《文艺研究》1981年第4期。

黑水城和西夏学

中国社会科学院　史金波

20世纪伴随着社会的飞速进步，人文科学的长足发展，一些新的学科悄然兴起，除人们已经熟知的甲骨学、敦煌学、简帛学等学科外，还有渐受关注的西夏学。对西夏的研究虽然可以追溯到很早，但作为一门真正的西夏学科，其形成、发展只有大约百年的历史。而其发轫正与原西夏西北边地一座古城遗址——黑水城有直接关系。

西夏（1038—1227年）自称大夏国，是中国中古时期的一个王朝，以党项羌为主体，统治西北地区近两个世纪，前期与北宋、辽抗衡，后期与南宋、金鼎立。西夏历十代帝王，设官立爵，创制文字，备一代典章制度，最后亡于蒙古。元朝例修前代史书时，未修西夏史，在中国正史中西夏史仅作为附传列于宋、辽、金三史之末，记载简略，难以反映西夏历史全貌。后西夏典籍渐被湮没，西夏资料奇缺，其历史文化模糊不清。有关西夏的汉文史料匮乏使后世治西夏史者深感困难。

20世纪初，黑水城大量西夏资料的出土，使西夏研究旱遇甘霖，绝路逢生。西夏学冲开沙土的尘封破土而出，逐渐形成一门新兴的学科。

一　黑水城和黑水城文献的发现

黑水城位于中国内蒙古自治区额济纳旗旗政府所在地达兰库布镇东南25公里处，为西夏始建，是西夏始设十二监军司之一黑水镇燕军司的治所。黑水，西夏语称“额济纳”，“额济”，“水”意，“纳”，“黑”意。今称“额济纳”即西夏语“黑水”意，这是用西夏语命名、保存至今的一个地名。

黑水城在西夏西北部，是河西走廊北部的屏障。当时西夏之所以把防卫北方的重镇建于此地，是因为这里流淌着一条生命之水－黑水。黑水也称黑河，即古之弱水，是一条内陆河，它源自甘肃省河西走廊南侧的祁连山。祁连山主峰冷龙岭海拔多为4000—5000米，有巨大的冰川。其上的冰雪融化后穿行于深山峡谷，集合几条支流后，汇成水量丰沛的黑水。黑水自张掖浩浩荡荡，逶迤千里北流入戈壁怀抱，它又分成东西两支，一称东河，一称西河，蜿蜒北去，最后形成了烟波浩淼的巨大内陆湖泊——居延海。这一带虽然干旱少雨，但黑水河所经途中，浸润万物，处处形成水草丰美的绿洲。绿洲、草原、沙漠，交错分布，形成黑水城一带独特的自然环境。水量丰沛的绿洲在西夏有兴盛的农业和畜牧业。从军事上和经济上，此地对西夏都十分重要。

在 11 世纪初至 13 世纪初，西夏管辖这里近两个世纪。13 世纪初，蒙古崛起于漠北。成吉思汗欲进兵中原，西夏首当其冲。成吉思汗六次攻打西夏，两次占领黑水城。西夏乾定三年（1226 年）蒙古军队首先攻破黑水城，翌年灭亡西夏，西夏故地归属蒙古。

忽必烈至元二十三年（1286 年），元朝在此地建立亦集乃路，在黑水城设立总管府。“亦集乃”是“额济纳”的同音异译字，仍是“黑水”意。黑水城在元代进行了大规模扩建。意大利旅行家马可波罗曾到这里。蒙古语称此地哈拉浩特（黑城）。

元朝的统治维持了 100 多年后，在大规模的农民起义冲击下，1368 年元朝末代皇帝顺帝退到长城以外，历史上称为北元。这期间，亦集乃路仍在北元的统治之下。北元时期设立了肃州分省，而且分省后来一度移驻黑水城。

明洪武五年（1372 年），征西将军冯胜攻破黑城时，随即放弃了这一地区。有的学者认为，当时明军堵塞了黑水城城以上 10 公里处的河道，使河水由向东北改道向北流去，于是绿洲逐渐退化为戈壁和沙漠，黑水城变成死城。有的专家提出明军把投降的北元官员、军队及农业人口迁走，使黑水城人去城空，成为死城。

黑水城遗址对近代探险者有极大的魅力。传说一位古代黑将军在这里英勇守城并于就义前埋藏了大量金银珠宝。掘获珍宝的愿望使一些西方探险者对此地产生了浓厚的兴趣。清朝末期政治腐败，列强入侵，当时不少西方探险队来到中国。

在著名的敦煌藏经洞被发现不久，1908 年俄国探险家科兹洛夫（П.К.Козлов）受沙皇指派率领蒙古－四川考察队来中国北部考察，其主要目标之一就是黑水城。考察队在这里翻找挖掘，找到了一些文物、文献，寄运回当时的俄都圣彼得堡，便离开了黑水城。俄国科学院的专家们尽管还无法认识文献中的西夏文字，但他们推测出这种文献可能有巨大的科学价值，并指令考察队回到黑水城。1909 年 6 月科兹洛夫又率领考察队进入黑水城遗址，奇迹终于出现了。考察队打开了西城外的一座佛塔，塔内从上部到基座摞满了大量文物、文献。他们似乎找到了一座古代的博物馆和图书馆。这些意外发现的珍宝，被运到圣彼得堡。从此这些中国古物流落异邦，现分藏于俄罗斯科学院东方文献研究所和爱尔米塔什博物馆。

黑水城在西夏属中等城市，并未发生过重大历史事件，少为世人瞩目。然而黑水城遗址的重大发现却使这里名声大振。这一发现使史料奇缺的西夏历史陡增丰富的资料。

此次发现是本世纪继甲骨文、汉简、敦煌文书以后又一次重大文献发现。黑水城出土文献，卷帙浩繁，内容丰富，有很高的学术价值。这些文献是中国中古时期西夏、宋、金、元时期的写本和印本，距今已有 700 － 900 年的历史，堪称珍本、善本。其中仅西夏文文献就有八千多编号，此外还有很多汉文及藏文等文献以及大量艺术品。俄藏黑水城文献包括了西夏语言、文字、历史、法律、社会文书、文学、宗教、天文、历法、医学文献，以及译自汉文、藏文的文献，是多学科研究的对象。这些文献不仅从多方面体现出西夏、元代历史文化的内涵，还反映出这一地区与整个中华民族文化内在的紧密联系，其学术价值越来越引起国际学术界的瞩目。

英国人斯坦因（M.. A. Seiin）步科兹洛夫后尘，1914年也到黑水城寻找发掘，得到不少西夏文献，虽绝大部分为残叶，但也有很多有价值的珍贵资料，现藏于大英博物馆。

二　简介俄罗斯所藏黑水城出土的重要文献和文物

（一）汉文文献

1. 古籍

黑水城的汉文古籍种类比较多，虽多为残本，但皆系宋代珍本，价值极高。其中有经书《论语》（《子路第十三》、《微子第十八》、《子张第十九》）、《礼记注释》（月令）等。也有小学著作如珍贵的宋代《广韵》、《平水韵》、《解释歌义》以及语音表等。

藏品中的历史书也是残本，其中有《汉书》（颜师古注，卷六六《陈咸传》）、《新唐书》（卷二二三《奸臣崔昭纬、柳灿、玄晖传》，卷二二四《叛臣周智光、梁宗义、李怀光传》）以及《晋记》残页等。

文学著作中最有影响的是金刊本《刘知远诸宫调》（卷第一、第二、第十一、第十二，今藏北京图书馆），还有笑话集《新雕文酒清话》（卷五－卷九）。此外有《千字文》、《慢二郎曲子词》以及其他诗歌集、词集等。

2. 文书

有宋朝西北边境军政文书，文书的另一面是西夏刻本韵书《文海宝韵》，共31件，涉及宋政和八年（1118年）至建炎二年（1128年）宋西北鄜延路、环庆路等地军事部署、人员调动、军粮供应、捕逃惩贪等方面内容。

有西夏社会文书多种，如《天庆年间裴松寿处典卖契》、《乾祐二年领物帐》、《乾祐二年文书》、《光定十三年注户状》、《收税、酒、绢等呈状》、《回贷文书》、《南边榷场使文书》、《天庆三年契约》、《军户编册》、《西北诸地马步军编册》等。

有金代和元代文书，如《阜昌三年秦凤路第柒将权会州冯发遣状》、《大德八年呈甘肃等处行中书省状》、《至正六年六月取承管人状》、《至正年间提控案牍与开除本路官员状》、《天历二年呈亦集乃路官府文》、《甘肃行省宁夏路支面酒肉米钞文书》等，以及书信、账目等。此外还有元代纸币至元宝钞等。

不言而喻，这些文书对研究当时的社会状况具有特殊的学术价值。

3. 历书、占卜书

有多种宋代历书残页。另有西夏汉文和西夏文合璧历书十分引人注目，从西夏崇宗元德庚子二年（1120 年）至桓宗天庆癸亥十年（1203 年）连续 84 年的历书，弥足珍贵。刻本有《西夏乾祐十三年壬寅岁（1182 年）具注历》，活字本有《西夏光定元年（1211 年）辛未岁具注历》。这与敦煌发现的宋代具注历日的形式基本上一样，并且增加了二十八宿。当时中国的历法计算和历书的制定具有先进水平。西夏出版的历书借鉴中原历法的成就，也有和中原地区相同的科学水平。因残历书多处“明”字缺笔，显然是避讳字，系避西夏太宗德明的名讳，说明这些残历书都是西夏出版的历书。

此外有关于历法的书《月将法》、《九宫法》、《二十四气》、《六十甲子歌》等以及占卜书《六壬课秘诀卷上》、《推占法》、《六十四卦图遴卦》等。

4. 医药书

有《孙真人千金方》残本，孙思邈著，存卷一三《心脏方、头面风第八》，卷一四《小肠腑方》、《小肠腑脉论》，是该书现存最珍贵的版本之一。另有《神仙方论》、《神仙透风丹》、《辰龙麝保命丹》、《敕赐紫苑丸》等写本医方。

5. 蒙书

西夏《杂字》，除卷首稍残外，基本保存完整。全书包括汉姓名、蕃姓名、衣物、斛豆、果子、农田、诸匠、身体、音乐、药物、器用、居舍、论语、禽兽、礼乐、颜色、官位、司分、地分、亲戚长幼共二十部，为研究西夏社会提供了重要资料。

6. 佛教文献

在黑水城出土的汉文文献中佛经也占绝大部分。其中有宋朝版本，西夏版本，金代版本，也有元代版本。内中有当时流行甚广的佛经，如《金刚般若波罗蜜多经》、《大方广佛华严经》、《妙法莲花经》、《观弥勒菩萨上生兜率天经》、《佛说阿弥陀经》、《佛说转女身经》、《仁王护国般若波罗蜜多经》等；有中原地区撰著的佛经注疏，如《金刚般若经钞》、《摩柯般若波罗蜜多心经注》、《观无量寿佛经甘露疏科文》、《四分律行事集要显用记》；也有佛学大师的著作，如《镇阳洪济禅院慈觉禅师劝化集》、《真州长芦了和尚劫外录》、《注清凉心要》、《中华传心地禅门师资承袭图》、《通理大师立志铭性海解脱三制律》、《注华严法界观门》等。还有藏传佛教经典，如《佛说金轮佛顶大威德炽盛光如来陀罗尼经》、《圣六字增寿大明陀罗尼经》、《密咒圆因往生集》等。有些是过去未收入经典的佛经，如《夹颂心经》、《圣观自在大悲心总持功能依经录》、《胜相总持功能依经录》等。此外，还有法事活动的祈祷文和仪轨，如，《护国三宝偈》、《文殊菩萨修行仪轨》、《黑色天母求修次第仪》、《亥母集轮供养次第录》、《金刚亥母禅定》、《梦幻身要门》、《圆融忏悔法门》等。还有佛经中的律、论等，如《释摩诃衍论》、《瑜伽师地论》、《般若灯论释》等。丰富的佛教文献为研究当时的佛学和佛教史提供了重要的资料。

7. 道教文献

有关道家的文献较少，但版本却很重要。有《南华真经》（郭象注，卷八－九）、《吕观文进庄子义》（吕惠卿注，包括《内篇义》、《外篇义》）以及《太上洞玄灵宝天尊救苦经》等。

（二）西夏文文献

1. 西夏文字典、辞书

如兼有《说文解字》和《广韵》特点的西夏文韵书《文海宝韵》、以声母分类的字书《音同》、西夏文韵图和韵表《五音切韵》、西夏文—汉文双解语汇集《番汉合时掌中珠》、同义词典《义同》等。

西夏文韵书《文海宝韵》

全称《大白高国文海宝韵》，简称《文海宝韵》或《文海》。是类似汉文《切韵》的韵书，但它又有解释文字构造的内容，这又和汉文《说文解字》类似。《文海宝韵》包括平声、上声和入声、杂类几部分，囊括了所有的西夏字。平声、上声前列平声、上声韵类代表字（即韵目），平声 97 韵，上声 86 韵。平、上声中各字依韵序排列，每韵中同音字排在一起。杂类首先分平声、上声两部分，每部分再依声母重唇音、轻唇音、舌头音、舌上音、牙音、齿头音、正齿音、喉音、来日舌齿音九类编次。

书中对每一西夏字的字形、字义和字音作了注释。在《文海宝韵》中，被注释字是大字，占满格，注释字是小字，双行占一格。每韵之前的代表字下用数字标明韵类。各韵所收西夏字基本上依声母为序排列。字音相同者集为一组，各组间以小圆圈相间隔。每一个字的解释都由三部分组成。第一部分为字形构造分析，多用四个字表示，如〇左〇右（〇代表一个西夏字），或〇头〇下，即以一字的左部和另一字的右部、一字的头部和另一字的下部组成此字，分析字形构造的术语除左、右、头、下外，还有全、圈、中、脚等，分别表示组字时取用的部位；第二部分为字义注释，多用同义、近义注释和解释法注释；第三部分为反切注音，同音字组只有第一个字有注音，多用四个字表示，形式为：〇〇切〇，第一二字是反切上下字，第四字是这一同音字组的字数；独字则只有反切上下字。这种韵书的编辑形式在中原地区的韵书中尚无先例，为西夏首创。

《文海宝韵》有残刻本和略抄本。刻本体例如上所述，残缺上声部分；写本为缩略本，大字较全，但解释简略，有一残序，知此书编纂在西夏早期。

西夏文字书《音同》

《音同》也译为《同音》，最初由切韵博士令□六犬长、罗瑞灵长编著。后几经学者改编、整理，有多种版本。特别是一种版本曾受到身为节亲主（皇族）、中书、知枢密院事的嵬名德照的关注和参与，请御史正、学士兀罗文信整理，可见当时对此书的重视。据《音同》甲种本序言中称：“依音立字，语及句成，乃世中大宝，为庶民所看之典。”《音同》的编纂目的是为了适应西夏语言、文字的学习和规范之需要。《音同》至少有 5 种版本，皆为刻本，可大体上分为两种，即义长的整理本和梁德养的校勘本。一般把前者称为甲种本，把后者称为乙种本。义长的整理本共 56 页，全书将所有西夏字以声母分为 9 类：重唇音、清唇音、舌头音、舌上音、牙音、齿头音、正齿音、喉音、来日音。每类中又分为若干语音相同的字组，每组中包含多少不等的西夏字，也有部分没有同音字的独字。每字下以小字解释字义，往往用同义词、反义词、与大字共同组成词组和注释等方式。这种字书的编排方式也很独特，是西夏人的独创。

义长和梁德养修订的两种《音同》版本都是同一种著作的整理、校勘本，因此体例上一致，但它们在同音字组的划分和独字的区别上有很大不同。《音同》乙种本的校勘者梁德养是西夏的著名学者，在《音同》重校序中明确提出："德养见此书（含有）杂混，乃与《文海宝韵》仔细比勘"。可能原来的《音同》没有比照《文海宝韵》校勘，平声、上声不分，自梁德养校勘后才出现了新的变化。《文海宝韵》编成一百多年后，西夏的语言学家仍需要以它来校勘《音同》，对《音同》作了修订，使之更加符合西夏语的语言实际。

西夏文《五音切韵》

《五音切韵》包括韵图和韵表，是西夏另一部重要西夏文等韵韵书。它有6种写本。此书中首列西夏语105韵母，再次是"九音显门"，以西夏文分9品音列36母，系套用汉语声纽类别。后为"九音之韵母系联法"，即西夏语韵表。9品音中每品列一韵表，表上为声类代表字，左为韵类代表字，中间为声韵结合的音节字，再后为西夏语韵图，每一韵类一图，有的本子有线格，有的无线格。图中纵向表声，横向表韵，自右至左5行分别标写该韵的重唇音和清唇音、舌头音和舌上音、牙音、齿头音和正齿音、喉音5种。自上而下9段中1至4段分别标写全清音的开合口韵，5至6段只用中间1行分别标写来日母的开合口韵，7至8分别是该韵平声、上声代表字。此书排列独特，结构创新。有的版本（No.623）中加贴了很多有重要价值的字条。

该书甲种本有一篇完整的序言，其中有"朕"的字样，应是御制序。由其内容还可看出，《文海宝韵》对《五音切韵》的影响。

西夏文汉文双语双解词语集《番汉合时掌中珠》

《番汉合时掌中珠》简称《掌中珠》是西夏仁宗乾祐二十一年（1190）党项人骨勒茂才编撰。全书共37页，以天、地、人分类，每类又分上、中、下三品，将社会上常用词语按天形上、天相中、天变下、地体上、地相中、地用下、人体上、人相中、人事下分为九类，其中以人事下内容最多。每一词语都有四项，中间两项分别为西夏文和相应意义的汉文，左右两项分别为中间西夏文和汉文的相应的译音字。其译音字的标注不是随意的、紊乱的，而是科学、系统的，合乎语音体系的规范。西夏文字和汉字都不是表音字，而是表意字，达到准确互相注音有很大困难。为了译音的准确，作者采用了一些特殊的标注符号和标注方法。

《掌中珠》是番人、汉人互相学习对方语言文字的一部工具书。正如作者在序言中说："然则今时人者，番汉语言，可以具备。不学番言，则岂和番人之众；不会汉语，则岂入汉人之数。番有智者，汉人不敬；汉有贤士，番人不崇。若此者由语言不通故也。"作者还直接阐明编纂此书的原则和目的："准三才集成番汉语节略一本，言者分辨，语句昭然，言音未切，教者能整。语句虽俗，学人易会，号为《合时掌中珠》。"显然这是一部用于番、汉民族学习对方语言、文字的通俗著作。它是中国最早的双语双解四项词典，显露出当时独创性的编辑能力和卓越的学术水平，在中国辞书编辑、出版史上具有重要地位。

西夏文同义词典《义同》

《义同》是一部类似《尔雅》的重要西夏文书籍。全书4卷，卷首残，缺首卷标题，卷第二为“边清”，卷第三为“半清浊”，卷第四为“全浊”，推断卷第一为“全清”。每卷7或8品，共32品。每品中集同义字、近义字或相关字为组，每组7言，间有8言者，共存32页，每页多为7行，有西夏字近6000，无其他注释。

根据对书中各卷文字的分析，4卷中文字与传统音韵学上声母区分为全清、边清、半清浊、全浊没有明显的联系，而可能和各卷文字的内容类别、字义的积极、消极有关。如卷第一“全清”中内容为佛教、皇室、官府、身体、眷属、族姓、思维等字，词义多正面、高尚、洁净；卷第二“边清”中内容为江河、树木、臣吏、食用、时节、建筑、工具等社会用基本字词；卷第三“半清浊”中内容为民庶、制作、宝物、动作、文化、赏罚等；卷第四“全浊”中内容多为强压、破坏、娱乐、野兽、盗诈、病残等字，词义多消极、反面、污秽，其中也有表示兴旺的“盛”品。这种标题和分卷方法十分稀见。

2. 法律著作

有20卷的西夏王朝法典《天盛改旧新定律令》、军事法典《贞观玉镜统》以及《新法》法律著作。

西夏法典《天盛改旧新定律令》

《天盛改旧新定律令》简称《天盛律令》，由西夏北王兼中书令嵬名地暴领衔编制，是中国中古时期惟一基本完整的保存原本的法典，也是中国历史上继《宋刑统》以后又一部公开印行的王朝法典，又是第一部用少数民族文字刻印、颁行的法典。该法典包括了刑法、诉讼法、民法、军法、行政法，具有综合性法典性质。全书原为20卷，共150门，分1461条，其中9卷完整，10卷各有不同程度的残缺，1卷全佚（存有条目名称），现保存全书约六分之五。内容十分丰富，多方位地反映了西夏社会，涉及西夏的政治、经济、军事、文化状况，引起学术界重视。书前有《颁律表》，后又有所谓“名略”，是各律条的名称，为全书的总目录。通过“名略”可大致了解残失条文的主述内容。

此法典从形式到内容都受到中原王朝成文法的很大影响，特别是《唐律疏义》和《宋刑统》都对《天盛律令》产生了重大影响。然而西夏是以少数民族为主体建立的王朝，所修律令也有自己的特点。内容比《唐律》和《宋刑统》还要丰富，在形式上也很有特色。

《天盛律令》在篇目设置上与唐、宋律差别很大。该书全部为统一格式的律令条目，既没有条后附赘的注疏，也没有条外另加的令、格、式、敕。该书条款分层次书写。中国传统的法典形式，每一条都顶格书写，尽管内容关联或隶属，在形式上仍各自独立。《天盛律令》打破了这一格局，将相关联的内容归纳为一条，对其中的细部可分层次书写，一条下可分为平行的若干小条，小条下还可再细分为若干小款。在中古时期西夏创造了这种一目了然、便于掌握使用的律令条目形式，在中国法制史上是一次大胆的、成功的革新。《天盛律令》形式上的系统性在当时是绝无仅有的。西夏王朝对法典形式的独创性达到了相当高的水平。

西夏文军法《贞观玉镜统》

《贞观玉镜统》是西夏贞观年间（1101–1113）的一部专门的军律。书前保留了残序半页，指明此军事法典的制订为正军令、明赏罚，规范将帅至士卒在用兵、行军、作战时的行为，是作战杀敌、胜败赏罚、进退功罪的规定。卷一仅存目录44条，目录尚缺约9条，正文全佚。从目录可知内容为将帅受命、牌印旗鼓、行军布阵等。卷二为“功品”，有目录77条，为正统军、副统军、行监、溜监、正首领、副首领、士兵、使军等官兵在作战中杀敌、俘获的功赏。正文仅存15条，为正统军、副统军、行监的功赏。

中国的军事著作很丰富，主要是兵书和兵制。至今稀见类似《贞观玉镜统》这样的专门军法文献。北宋曾公亮等奉敕撰《武经总要》载“罚条”70多条，文字仅数页，与《贞观玉镜统》相比，它不分卷次，条款简略，有罚无赏，且未署具体时代。《贞观玉镜统》是中国现存最早的一部专门军事法律著作，具有重要的文献价值。

3. 类书、蒙书

有反映西夏自然地理、风俗民情的大型西夏类书《圣立义海》、西夏千字文《碎金》、分类词语集《三才杂字》等。

西夏文类书《圣立义海》

《圣立义海》分门类地记录西夏自然状况、现实社会制度、生活习俗以及伦理道德，分五册十五卷，共142类，每类有若干词语，每一词语下有双行小字注释。全书约计200页。该书为残刻本，存目录及正文四分之一左右。第一卷至五卷为星宿、天象、时令、山川、草木，第六卷、七卷、九卷为农田、物产、耕具、畜产、野兽，第八卷、十卷至十二卷为服饰、饮食、皇室、官制、佛法、司事、军事，第十三卷至十五卷为人品、亲属、婚姻、贫富等。尽管其中也记载了不少一般的自然和社会现象，但大部分卷次真实地记录了西夏本土的地理、物产、制度和习俗等，内容十分丰富，可视为一部西夏时代的特殊志书。

《圣立义海》在每一小类中设置若干四字或二字的小词目，每一词目下有双行小字释文。如卷四有两类：地和山，山类（山之名义）中有拄天镇地、神顶圣山、山本土起、南界八山、西本东末、白河根本、峻岭群峰、八界金峰、夏国山美、山体二种、冬夏降雪、贺兰山尊、五台净宫等48个小目。书前有诗序，其中有关编辑出版意图，为世上事物名目繁多，物品、国事、佛事、仪礼、典章等都要记录下来。这样内容丰富的类书，特别是其中有西夏的山川地理和包括皇室在内的典章制度，应是官修书籍。第一卷末有题款：“乾祐壬寅十三年五月十日日刻字司人新行印制”，证明此书由国家董理印刷的机构雕版，此前已有刻本问世。

西夏文千字文《新集碎金置掌文》

《新集碎金置掌文》也是蒙书的一种，简称《碎金》，约成书于12世纪初期以前，全文一千字，每句五言。编者巧妙地将1000个不重复的西夏字编成了长达200句、100联的五言诗，编排方法和叙事列名的顺序与梁周兴嗣撰著的汉文《千字文》相仿，不过《千字文》每句四言，而《碎金》每句五言，并且多结合西夏社会生活的实际。全书没有明显的章节，自然也无类目。书中正文开始是自然现象、时节变化等，后为人事，包括帝族官爵、番性和汉姓、婚姻家庭、财务百工、禽兽家畜、社会杂项等。《碎金》反映了西夏的社会、民族、习俗、文学状况。如在第 14 联皇姓嵬名之后，罗列西夏王朝职官、职司，对研究西夏职官制度颇具参考价值。在第 39 联后有 12 联 120 个汉姓，不仅有姓氏本身的意义，还有隐含的双关意义。如“金严陶萧甄，胡白邵封崔”，隐含着“金银大小珍，琥珀少翡翠”；“曹陆倪苏姚，浑酒和殷陈”，隐含着“秋露宜酥油，浑酒和茵陈”。作者在编辑此书时匠心独运，颇费琢磨，形成本书一大特点。

《碎金》序言指出：“夫人者，未明文采，则才艺不备；不解律则，故罪乱者多。今欲遵循先祖礼俗，以教后人成功，故而节略汇集眼前急用要义一本。不过千字，说释总摄万义。……五字合句，四二成章。睿智弥月可得，而愚钝不过经年。号为《碎金置掌文》。”显然这是一本速成识读西夏文的蒙书。已经发现多种版本的《碎金》。

西夏文分类词语集《三才杂字》

西夏文《三才杂字》有多种版本，内容包括了西夏语的常用词语，以天、地、人分为三品，每品分为若干部，每部又包括若干词。其各部目录为：“上天第一”，包括天、日、月、星宿、闪、雷、云、雪、雹、霜、露、风、天河；“下地第二”，包括地、山、河海、宝、绢、男服、女服、树、菜、草、谷、马、骆驼、牛、羊、飞禽、野兽、爬虫昆虫；“中人第三”包括族姓、人名、汉族姓、节亲与余杂义合、身体、舍屋、饮食器皿、□日略类、诸司与余用字合、军杂物。其序言中强调此书为民庶学习而作：“彼村邑乡人，春时种田，夏时力锄，秋时收割，冬时行驿，四季皆不闲，又岂暇学多文深义？愚怜悯此等，略为要方，乃作《杂字》三章。此者准三才而设，识文君子见此文时，文缘志使莫效，有不足则后人增删。”此书除有多种刻本外，还有多种写本，可见它的出版适应了社会的需要，是流行较广的一部书。书中刻写时每行中都以二言为一小节，除二言词语外，一字的汉姓使之两两相连，四字的词语要从中间断开，总之都采用二言的形式书写。

4. 文学作品

有西夏谚语《新集锦合辞》、有西夏宫廷诗歌集，有民间诗歌《五更转》等。

西夏谚语《新集锦合辞》

西夏文谚语集《新集锦合谚语》仁宗乾祐七年（1176 年）梁德养初编，乾祐十八年（1187 年）增补出版。共收 364 条谚语，每条谚语由两句前后对仗工整的文字组成，内容互相照应关联。该书以文学的手法反映出西夏人，特别是党项民族的生活习俗和伦理道德，表现出西夏人的聪明睿智和生活理念，包含了西夏社会的经济、政治、军事、文化多方面的内容，富有人民性和哲理性。如“权者宅门设恶人，富者院中闹恶犬”；“无德富贵天中云，非道贮财草头露”；“不敬有智敬衣服，不爱持信爱持钱”；“千羊中有疮便招引蛇虫，万牛中有兜咀便有些痕迹”。这些富有哲理性的文句中，包括了不少具有民族特点、充满生活气息的内容，特别是一些与游牧生活有关的内容更具有浓厚的地方、民族、时代特点，有些诗句反映了当时阶级社会中贫富悬殊的现象以及对道德和金钱的朴素认识。

黑水城出土有乾祐年间刻本，共62面，基本完整。另有卷装写本，今藏大英博物馆。

在作者梁德养死后，接续完成整理者王仁持写的序言也提及编纂此书的宗旨："说智者道"、"演愚俗礼"，使之在世间流传。这种书籍的编纂在中国的中古时期也很有特点，其宣扬民族文化、开启民智的意图显而易见。

西夏宫廷诗歌集

西夏重视本土文学也反映在西夏出版诗歌集上。黑水城出土文献中有用西夏文撰写刻印出版的诗歌集。其中包括《赋诗》、《大诗》、《月月乐诗》、《道理诗》、《聪颖诗》等，题款载明为乾祐十六年（1185年）刻印。诗歌集背面是佚名的写本诗歌集，包括《巡行西方烧香歌》、《同乐万花堂歌》、《圣宫共乐歌》、《新修太学歌》、《天下共乐歌》、《君臣合和歌》、《君臣同德歌》、《比邻国夏德高歌》、《劝世歌》等28首。诗歌多是歌功颂德、粉饰太平的词句。在无法掌握西夏诗歌全貌的情况下，这些诗作是透视西夏诗歌最重要的窗口。

但有的还有更多的史学和文学研究价值。如《比邻国夏德高歌》，内容是契丹、赵宋王朝开始很强大，为所欲为，后来远离布衣粗食，喜好女色和声乐，有功不赏，谗臣幸进，人民离心离德，失地亡国，财宝流失，子女离散，宫殿毁坏，玉玺不存，总结对比，西夏皇帝德行高远。此歌大约作于辽和北宋灭亡之后，虽难免阿谀奉承之嫌，也见进言修德行善之心。诗歌形式上为歌行体，每句有六言、七言、八言、九言、十一言不等，多为上下句对仗的格式。长于比喻，将义理蕴于叙事之内，偶发感慨，使褒贬寓在所言之中。

还有一写本诗歌集中有《有智无障歌》等7首，每首题目下有作者。其中有没西义显、依力礼盛、棱嵬有志、没玉志长。

5. 医书、历书

黑水城文献中有多种药方，还有针灸著作；有连续80多年的珍贵历书。

出土的西夏文献中有多种医书。如西夏文《治热病要论》存38页，主要内容是治疗妇女病、恶疮病等，中有病名、药品、药量、煎法、服法，一般不用多种药配伍，似属单方、验方之类。此医书很有特点，可惜不知何人、何时编写。

又有封面题《明堂灸经》的医书，首页标题《新译铜人针灸经》，存19页。其序言提到"依孙思邈明堂经中说"，又有"诸人莫生疑，当依此作"，应是权威针灸著作，但与宋本《明堂灸经》不同，可能是西夏据中原著作改编的著作。

还有西夏文医方残卷，有的包含有治疗牙齿病痛、消瘦不止、热寒恶暑、腰痛及胃寒、肾虚耳鸣、妇人乳痛、口疮、目眩、目赤等。每一药方中都有所治病症，若是成药还有药名，如四白丸、薯蓣　皮丸、豆蔻香莲丸、返阳丹、豆滤丹、黄芪丸、乌贝丸，有的则没有成药名；然后列所用中药名及所用药量，最后是制作方法和服用注意事项。

西夏的医书表明其医学知识主要学习中原的传统医学。这些书籍的出版流行扩大了医书的传播和使用范围，是西夏医学发展的证明。

西夏的历书目前见到的有多种，其中有写本西夏文－汉文合璧历书，为表格式。每年一表，间以汉字和西夏字填写。右上角有该年的干支。有一种是从庚子年至癸亥年共连续84年的历书，也即从西夏元德二年（1120）至天庆十年（1203），历经西夏崇宗、仁宗、桓宗三朝。其中每年一表，表中每月一行，各行分为很多横格，自上而下为月序、该月朔日干支、日、木、火、土、金、水、罗（日＋侯右）、月孛、紫炁等星宿与该月时日的关系。此外还有一些类似的历书残页。由此历书可知，各年的日干支和中原历书完全一致。这种用夏、汉两种文字制作的历书，也许说明在西夏党项人和汉人共同研究编辑历法。这样的历书目前极为稀见，在中国历法史上占有独特而重要的地位。

西夏有多种印本历书。历书是民间广泛使用的书籍，每年都要更新。西夏为适应社会需要，不断印刷出版历书。如刻本《光定甲戌至辛巳年（1214—1221年历）等。

包括西夏文、汉文，以及西夏文－汉文合璧的多种类型的西夏历书，证明历书在西夏社会上得到广泛应用，历书的出版有着广泛的社会需求基础。

6．社会文书

在黑水城文献中还发现有一大批西夏文社会文书。有的文书卷子长达10米以上，也有很多残卷、残页。在西夏文《大般若波罗蜜多经》等经书的护封（书套）中，也发现不少裱褙用的文书残页。当时人们用视为废纸的账簿、户籍、契约等社会文书裱糊佛经。这些文书在今天看来恰是真实反映了西夏社会生活的最重要资料。文书数量很多，计有1500余号，包括户籍、账籍、军抄状、契约、诉讼状、告牒、书信等，其中很多记有西夏的年号。其中有关西夏户籍、人口的文书100多号，虽多为残件，但这些七八百年前的文书，保存了西夏时期黑水城地区户口的第一手资料，弥足珍贵。有关西夏税收的文书也有100多号，虽多为残件，但保存了西夏时期黑水城地区税收的第一手资料。契约也有100余号，内有契约500多件。军抄文书也很多，包括多种类型，如军籍账、军抄人员实有实无账、军抄物资账等。文书中200多件有具体年代。

这些文献多用难以辨识的西夏文草书写成。西夏文社会文书相较于敦煌石室出土文书无论是在绝对数量上还是在保存完好的程度上都有过之而无不及，不仅是深入研究西夏社会最重要、最难得的资料，而且由于与西夏同时的宋、辽、金各王朝保存至今的社会文书极少，这批西夏社会文书更具有时代的代表性，有助于中国中古史的研究。

7．译自汉文的典籍

俄藏黑水城文献中，有以西夏文翻译的经书《论语》、《孟子》、《孝经》，史书《十二国》、《德事要文》（《贞观政要》节译本）、《经史杂抄》，兵书《孙子兵法三注》、《六韬》、《黄石公三略》、《将苑》，已失传的类书《类林》等多种汉文典籍，这些文献对校订、整理古籍的作用是不言而喻的。

西夏文草书《孝经》

译自宋朝吕惠卿注本，而汉文《孝经》吕注本早已失传，西夏文《孝经》的发现能重现这部亡佚已久的古籍。

西夏文《类林》

《类林》是唐代于立政编撰的一部重要类书，分类记古人事迹，汉文本《类林》失传已久，然而它以西夏文刻本的形式保存在俄藏黑水城文献中。分十卷五十目，每一目下包括若干故事，以儒家思想作褒贬。西夏文《类林》本于乾祐十二年（1181年）刻字司刻印出版。现存卷三、四、六、七、八，残卷二、五、九、十，缺卷一，保留着全书约十分之七。近代在敦煌石室出土了汉文本《类林》残卷，但内容很少，不足以窥《类林》全貌。而西夏文本《类林》的发现补充了这一缺失。现该书已转译成汉文本，恢复了古《类林》本，使《类林》失而复得。《类林》因多是有人物、情节、对话的故事，故内容贴近生活，涉及事物广泛，语言生动活泼，是研究西夏语言的难得的重要资料。

黑水城出土的几部译自汉文的兵书《孙子兵法三注》、《六韬》、《黄石公三略》、《将苑》亦为中国的兵书增添了新的版本。

还有一种西夏文文献名为《新集慈孝记》，这是西夏辑译的中原地区慈愍孝行故事集。

西夏翻译的多种汉文典籍，表现了西夏吸纳中原文化的能力和深度，反映出中原文化对西夏文化的强大影响，是研究西夏文化与中原文化关系的有价值的资料。

8．佛教经典

俄藏黑水城文献中数量最多的是西夏文佛经，有四百多种，数以千卷计。这些佛教文献有的译自汉藏，如《大般若波罗蜜多经》、《大宝集经》、《大方广佛华严经》等；有的译自藏文经典，如《种咒王阴大孔雀明王经》、《大密咒受持经》等；有的系西夏人自己编撰，如《依金刚王亥母以净瓶亲诵仪轨》、《中有身要论》等。不少佛经都有多种不同形式的写本和刻本。这些佛典珍品对研究和校勘佛教经典有极为重要的价值。大量译自藏文的佛经，不仅是了解12－13世纪藏传佛教的重要文献，也是研究西夏佛教与藏传佛教密切关系的可靠资料。佛经中不少资料反映了西夏的佛教制度，具有重要的史料价值。如多种西夏文佛经的题款中记载了西夏的两位帝师，这是中国最早的有关帝师的记录，在中国佛教史上占有重要地位。西夏刻印的西夏文大藏经是中国第一次用少数民族文字刻印的大藏经。

（三）艺术品

黑水城出土的文物琳琅满目，十分丰富，多是中古时期稀见的艺术珍品，今多存俄罗斯圣彼得堡爱尔米塔什博物馆。

1．绘画

黑水城遗址所出大批绘画，多是绘在绢帛或纸上的卷轴画，计有300多幅。这批精美的绘画，有着多种艺术风格，有的受中原宋朝绘画艺术影响，还有大量具有藏传佛教风格的密宗画，这些藏传佛教唐卡浓彩重墨，色调深沉，反映了藏传佛教密宗“唐卡”风格。此外还有世俗画，如《西夏皇帝和随员图》、《相面图》等。这些绘画反映出中原地区和藏族地区宗教和绘画的巨大影响，也反映出西夏在吸收各民族绘画艺术成就的同时，逐渐形成了自己的绘画特点。

木刻版画是绘画与雕版技术相结合的艺术。西夏保存下来很多雕版绘画，多是佛经的卷首经图。如黑水城出土西夏文本经折装《观弥勒菩萨上生兜率天经》卷前有经图，占经折装 8 页，在这一大型木刻版画中有栩栩如生的佛、菩萨、天王、神、僧、人等像 100 余身，形象各异，衣纹流畅。图中有华丽的宫殿，简朴的房舍，一柱一石，线条清晰。图中多处以文字注明场所或人物的名称，有西夏文、汉文两种，分别冠于该种西夏文佛经和汉文佛经之前，表现出西夏的汉文刻本插图有很高的水平。又如汉文刻本《佛说转女身经》卷首有经图一幅 6 面，画面繁复，汉字榜题很多，以图画的形式表现经文内容，其中释迦牟尼佛在王舍城耆阇崛山中讲经，日净夫人腹中胎儿听讲，从母右胁中出生，变为菩萨等复杂故事情节。内中绘僧俗人物 80 余身，人物与建筑界画刻画细腻，是一幅结构复杂，绘制、雕印精细的版画。

西夏时期也有木板画，在拼接的木板上彩绘图画。如黑水城出土的两幅大型坛城木板画引人注目。木板画为《佛顶尊胜曼荼罗图》，一幅高 130 厘米，宽 108 厘米；一幅高 111 厘米，宽 131 厘米。分别由六、七块木板拼成，木板外有细木框。坛城正中为自佛顶尊胜，有三脸，每脸有三眼、八臂，由里向外面有圆、方、圆三层坛城，坛城外书写西夏文陀罗尼。两画面右角下分别绘有男、女供养人各一人，男供养人西夏文榜题译文为“发愿者耶和松柏山”，耶和为西夏党项族姓。女供养人榜题不甚清晰，译为“行愿者梁……”，二人可能是夫妻。此图也是典型的藏密画风，而发愿者是党项族。

2. 雕塑

黑水城出土的西夏艺术品中也有一批泥塑。其中最引人注目的是一尊分身佛像。分身佛像在佛经中有一表现佛教灵瑞、满足虔诚信徒愿望而产生分身佛的故事。以塑像艺术形式表现此故事，黑水城西夏分身彩塑佛像是目前所仅见。此像高 62 厘米，佛身披袈裟，肩上有两佛头，头向左右下方稍垂，头顶有螺髻，佛面丰满慈祥，气度非凡，肩下有四臂，两臂在胸前合十，另两臂向左右下方伸展，虽是双头四臂的特殊人物造型，但身形自然，显得可亲可近。

三　黑水城文献和文物的特点

黑水城出土的文献和文物是近百年来陆续出土，逐渐被人们所认知，还不为多数人所了解。综观已知的西夏文文献和文物，可总括以下几个特点：

西夏文文献在民族古文字文献中有突出地位。西夏文文献无论是与中国较早时期的佉卢字、焉耆—龟兹文、于阗文、粟特文、突厥文、回鹘文文献，乃至敦煌石室所出古藏文文献相比，还是与同时代的契丹文、女真文文献相比，或与此后的八思巴字、回鹘式蒙古文文献比较，都显得数量大，种类多，更加丰富多彩。

有特殊的文献价值和文物价值。西夏未列入正史，汉文史料相对缺乏，史实语焉不详。新发现的文献可弥补历史典籍的严重不足，推动西夏研究的新进展。宋版书传世甚少，皆成善本。与之同时代的大量西夏文文献与宋版书相类，其版本价值可想而知。西夏文文献装帧形式多样，皆列入善本，是中国文献宝库的重要组成部分。西夏各民族艺术相互影响、相互吸收，形成了在融会中发展、在借鉴中创新这样错综复杂的互动局面。西夏文文献反映着中国古代的一种消失的少数民族文化，对解密神秘的西夏王朝，具有特殊学术价值。

与国学有直接的关系。这些文献不仅是西夏、元朝历史文化的直接载体，还有很多有助于国学研究的有价值资料。比如汉文文献已失传的唐人编撰的《类林》，现存西夏文译本；西夏文《孝经》是宋吕惠卿注本，汉文本也早已失传，西夏文本《孝经》当助于汉文本《孝经》的研究。

西夏文文献已基本可以解读、诠释。西夏文虽是死文字，历经百年的探究、摸索，现不仅可以翻译有汉文文献参照的文献，也基本可以翻译没有汉文资料参照的、西夏人自已的撰述。对照有的少数民族文种如契丹文，目前还难以破译，西夏文献的利用价值显然有了更大的提升。

研究和利用的前景广阔。西夏文文献中有的已作整理、翻译，还有更多的文献尚未进行整理、翻译，需要一代一代的专家投入更多的精力掌握西夏文，继续进行整理、翻译，即便是已经翻译的文献，仍有补充、提高的必要。这些文献深层次的研究、开发则需要更多的投入，更长的时间。西夏文文献有潜在的多学科利用价值。有广泛的整理、翻译、研究和利用的空间。

西夏王朝早已成为昨日黄花，然而西夏艺术品历经数百年的沧桑，仍熠熠生辉，显示其重要成就。比如在西夏绘画中不仅有表现汉族和藏族艺术风格的作品，而且有的作品糅合了中原地区和藏族地区的绘画风格，融会贯通，自然天成。西夏的艺术品表明其多民族性、各民族的融合性和创造性。

新书名录

1．王曾瑜《王曾瑜说辽宋夏金》，上海科学技术文献出版社，2009年。

2．东吴春秋《女真金国的百年风云——开国篇》，凤凰出版社，2009年。

3．陈广恩《金元史十二讲》，中国国际广播出版社，2009年。

4．孙昊、杨军著《女真帝国传奇》，中国国际广播出版社，2009年。

5．辽金契丹女真史学会编，孙建华主编《辽金史论集（第十一辑）》，内蒙古大学出版社，2009年。

6．辽宁省辽金契丹女真史研究会《辽金历史与考古（第一辑）》，辽宁教育出版社，2009年。

7．辽上京契丹、辽文化研究学会《首届辽上京契丹·辽文化学术研讨会论文集》，内蒙古文化出版社，2009年。

8．《中研院历史语言研究所集刊论文类编——历史编·宋辽金元卷（全三册）》，中华书局，2009年。

9．黄聪《宋辽金元时期北方少数民族体育文化研究》，陕西师范大学出版社，2009年。

10．陈述、朱子方《辽会要》，上海古籍出版社，2009年。

11．仝道荣《女真族的一支后裔——仝姓》，凤凰出版社，2009年。

12．爱新觉罗乌拉熙春《爱新觉罗乌拉熙春女真契丹学研究》，（日本京都）松香堂，2009年。

13．吴凤霞《〈辽史〉、〈金史〉、〈元史〉研究》，中国大百科全书出版社，2009年。

14．吴凤霞《辽金元史学研究》，中国社会科学出版社，2009年。

15．王明荪《辽金元史学与思想论稿》，台北花木兰文化出版社（台湾），2009年。

16．景爱、孙伯君《辽金西夏历史文献（2008）》，中国民族古文字研究会，2009年。

17．北京市文物研究所《北京龙泉务辽金墓葬发掘报告》，文物出版社，2009年。

18．山西省考古研究所《走近考古　步入宋金——一次公众考古活动的探索与实践》，科学出版社，2009年。

19．陈雨壮《宋金青瓷考证》，河南美术出版社，2009年。

20．辛蔚《辽代玺印研究》，暨南大学出版社，2009年。

21．孙建华《内蒙古辽代壁画》，文物出版社，2009年。

22．李卫《辽金钱币》，紫禁城出版社，2009年。

23．刘凤翥、唐彩兰、青格勒《辽上京地区出土的辽代碑刻汇集》，社会科学文献出版社，2009年。

24．王新英《金代石刻辑校》，吉林人民出版社，2009年。

25．杨曾文、肖景林《中国佛教的佛舍利崇奉和朝阳辽代北塔：中国·朝阳第二届佛教文化论坛论文集》，宗教文化出版社，2009年。

26．温金玉《释迦塔与中国佛教》，宗教文化出版社，2009年。

27. 申喜萍《南宋金元时期的道教美学思想》，巴蜀书社，2009 年。

28. 周惠泉、杨佐义《文学名家名著故事全集 · 中国卷 · 辽金元文学（上中下）》，吉林文史出版社，2009 年。

29. 师毅《辽金元朝状元诗榜眼诗探花诗》，昆仑出版社，2009 年。

30. 张学淳《辽金元明清绝句品读》，上海社会科学院出版社，2009 年。

31. 沈文雪《文化版图重构与宋金文学生成研究》，光明日报出版社，2009 年。

32.《人物中国》编委会编《人物中国——隋唐五代十国辽宋西夏金元》，中国大百科全书出版社，2009 年。

33. 马亚川讲述、王宏刚记录整理《阿骨打传奇》，吉林人民出版社，2009 年。

34. 马亚川讲述、王宏刚、程迅记录整理《女真谱评（上下）》，吉林人民出版社，2009 年。

35. 傅英仁讲述、王宏刚、程迅记录整理《红罗女三打契丹》，吉林人民出版社，2009 年。

36. 傅英仁讲述、王松林记录整理《金世宗走国》，吉林人民出版社，2009 年。

37. 李伯钦《中国通史 · 宋辽西夏金元卷》，万卷出版公司 2009 年。

38. 任崇岳《中国文化通史 · 宋辽西夏金元卷》，北京师范大学出版社，2009 年。

39. 王昊、夏炎、夏冬、胡滨《话说中国大历史 · 伍 · 辽金——元明繁华之后的衍生》，华艺出版社，2009 年。

40. 张熙惟、赵文坦《山东通史 · 宋金元卷》，人民出版社，2009 年。

41. 林言椒、何承伟《辽金西夏 英法德——中外文明同时空——宋元 VS 王国崛起》，上海锦绣文章出版社，2009 年。

42. 刘建丽《中国西北少数民族通史 · 辽、宋、西夏、金卷》，民族出版社，2009 年。

中国社会科学院　周 峰

学者介绍

罗振玉父子对西夏学的贡献

中国社会科学院　白 滨

在中国近现代学术史上，一代国学大师罗振玉与其子罗福成、罗福苌、罗福颐以其学识与功力担当了中国西夏学的开拓者与领军人物。

一

罗振玉，字叔蕴，一字叔言。号雪堂，又号贞松。清同治五年（1866 年）六月二十八日生于江苏淮安山阳县（今江苏淮安）。祖籍浙江上虞县永丰乡。五岁入私塾，早慧，志于学，勤读书，善思考，十六岁中秀才，乡试不第，遂为童子师，课余著书自遣。经史而外，渐及小学、目录、校勘、姓氏诸学。1894 年，甲午战后，矢志农学，与蒋伯斧在上海创立《学农社》，设《农报馆》，历十年，所译农书百余种。1898 年创立《东文学社》。1900 年，应邀为湖广总督张之洞总理农务。从此踏上仕途，其一生大致可分为五个阶段：1900—1905 年，在地方政府教育部门任职，在治学上由农学转向教育，1906—1911 年，在清政府设立专管教育及考试的学部内供职；1911—1919 年辛亥革命推翻清朝，旅居日本，潜心学术；1919—1928 年，回国后寓居天津；1929—1940 年，移居旅顺继续搜集古物编著成书。民国二十九年（1940 年）五月十四日以病卒，享年七十五岁。毕生殚力治学，著述等身，其于学术贡献之大者有六：（一）殷墟甲骨文字之考订与传播；（二）汉晋简读之研究；（三）敦煌六朝及唐人写本之整理研究；（四）清内阁大库档案的保存与整理；（五）金石古器物之收藏整理与刊布；（六）经学及古文字学之研究。一生著作达一百三十多种，刊印书籍四百种以上。十九岁娶范氏为妻，续娶丁氏。生五子，三女。罗氏家学渊源，其子女学问俱有大成就。长子福成，三子福苌，五子福颐均为中国西夏学之开创者。

罗福成，字君美。罗振玉长子。清光绪十年（1884 年）十月十二日生于江苏淮安山阳县。先后毕业于江苏师范学校和日本早稻田大学兽医科。1911 年辛亥革命后随父旅居日本。1919 年，随父回国，寄居天津，1920 年主持其父开设的贻安堂书店。1928 年，迁至辽宁旅顺口定居。生平淡于名利，不图仕进。伪满时期，日伪当局多方招延，乃拒受伪命，闭门潜研学问。中外学术皆颇渊通，精通日语，于中国少数民族古代文字，尤其是契丹文字、西夏文字和女真文字深富研究，搜集资料和研究贡献巨大。解放后任旅顺博物馆研究员。1957年，以“反革命”罪入狱。1960年元旦出狱，同年元月10日病卒，享年七十四岁。1981年2月16日，经辽宁省大连市旅顺口区法院复审后宣布无罪，平反昭雪。

罗福苌，字君楚。罗振玉三子。清光绪二十二年（1896年）五月七日生于上海。1911年，随父旅居日本。自幼聪慧过人，颖悟好学，年十岁能读父藏书，博闻强记。弱冠，即通欧洲各国语文，如法、德语；继乃治东方诸国文字，曾从日本学者受梵文学二年而升其堂，凡日本所传中土古梵学书若干种，一一为之叙录。又创通西夏文字及突厥，回鹘，叙利亚诸文字。民国五年（1916年）二月随父回国，三月返日。八年（1919年）回国。体弱多病，民国十年（1921年）九月以病卒，享年26岁。著译多未完成，已完成者有《梦轩琐录》三卷，即古梵学书叙录；《西夏国书略说》一卷（汉、德文两种）；《宋史西夏传注》一卷；译作有译沙畹、伯希和所注摩尼教经一卷；《古外国传记辑存》一卷；《大唐西域记》所载《迦蓝名目表》一卷；《敦煌古写经原跋录存》一卷；及伦敦博物馆、巴黎图书馆敦煌书目各一卷。

罗福颐，字子期，晚号偻翁。笔名梓溪、紫溪。罗振玉五子。清光绪三十一年（1905年）四月八日生于上海。1911年，随父旅居日本，1919年回国定居天津，1928年，移居旅顺。幼承父教，又随兄长课讲，秉承家学。弱冠即学习汉印、古金文，稍长于自习之外，开始著述，兼协助罗振玉整理、编撰。早年主要著作有《古玺汉印文字征》十四卷，《印谱考》四卷，《三代秦汉金文著录表》八卷，补遗一卷，《国朝金文著录表校记》一卷等。1932年于《墨缘堂书店》期间，为罗福苌补注《夏国传集注》未完稿，完成《宋史夏国传集注》十四卷，附系表。1938年冬携眷迁居奉天，曾任职于奉天博物馆。1947年移居入京，先后任职于北京大学文科研究所、文化部文物处、故宫博物馆。其研究领域涉及甲骨、青铜器、古文字、古尺度、量器、镜鉴、石刻、墓志，汉魏石经，战国至汉代竹木简，古代医书，明清档案，西夏、辽、金、元少数民族文字等等。特别是对全国各地收藏的古玺印资料的调查、收集和研究成就巨大。平生著述263种，其中专著126种，文章137篇。1981年11月8日逝世于北京，享年76岁。生前曾任故宫博物馆研究所研究员，兼国家文物局咨议委员会委员，中国科学院考古学会理事，中国古文字学学会理事，杭州西泠印社理事等职。

二

罗振玉父子在中国近现代学术史上成就巨大、贡献卓越。当二十世纪初西夏学作为一门国学兴起于世界学坛之时，罗氏父子为中国西夏学的创立奠定了基础。

西夏学是从识别西夏文字开始的。罗振玉最早接触到西夏文官印，并认定其为西夏文官印。西夏官印最早见于清代金石家的著录。清同治元年（1862年），吴云（平齐）著《二百兰亭斋集古铜印存》收录西夏官印三方，但不识为何印。民国四年（1915年），罗振玉辑《赫连泉馆古印存》收录西夏文字官印一方，罗氏在序言中说："西夏文字，前人仅知感应塔记及西夏钱文，皆楷书，塔记有篆额，乃就其楷书，略屈曲之，初非有二体。予所藏西夏文官印作迭篆，与塔记额字大异，知西夏实有篆书，前人亦有藏西夏文官印，初不能定为何国书，予以其背有西夏文楷字，始得断定。"其后，1916年，罗振玉编《隋唐以来官印集存》收录罗氏家藏西夏文官印七方；1923年，罗振玉辑《贞松堂唐宋以来官印集存》收录西夏文官印十方；在1924年著录之《雪堂藏古器物目录》中，录入西夏国书官印三方。1927年，罗振玉和其子罗福成以其收藏总得西夏官印凡三十三方辑成《西夏官印集存》，是为首见的西夏官印专集。此外,罗振玉开始于西夏文物文献的著述还见于1916年著《历代符牌图录》二卷，《后录》一卷，其中收录铜制西夏文"内宿待命"牌一枚，"防守待命"牌三枚。文章有1909年为刊印武威学者张澍著《西夏姓氏录》一书撰之《西夏姓氏录跋》。此外，1921年，罗振玉还将其家藏西夏文《大方广佛华严经》用铅字排印数页作为样本，其第一页印出后并附汉文释文。

1912年至1918年，罗振玉及其子福成、福苌旅居日本京都，罗福成、罗福苌兄弟开始从事西夏文字语言的研究。1904年，法国学者毛利瑟发表了他于1900年在北京煤山所获西夏文绀纸金书抄本《妙法莲华经》（存三卷）的研究。1909年，俄国学者伊凤阁撰文介绍了俄国探险家科兹洛夫于1908年所获黑城书藏品中的夏汉合璧字典《番汉合时掌中珠》等，提供了他们解读和研究西夏语文的资料。其时，首先是罗振玉在日本京都大学羽田教授那里得到的三纸《法华经》卷七的照片以及罗振玉家藏的《掌中珠》照片（九纸），于1914年出版了《西夏译莲华经考释》一书（京都，东山学社）。同年又在京都出版了《西夏国书类编》一书（东山学社铅印本），作者在书中依据汉文史书的记载，简述了西夏文字创制的过程，并简单介绍了西夏语音和语法的特征。他还指出西夏文字的构造全仿汉字，并列举少量部首来举例证明。书末附有作者收集的西夏文字文物和文献。关于西夏文字部首的分析，欧洲学者本哈第和查赫在未见到罗福苌的研究成果之前于1919年也撰写论文，归纳出了一些西夏字的部首——比罗福苌整理的略有新增。总之是同罗福苌得出的同样结论。从1921年至1922年，罗福苌对《西夏图书略说》进行增补修订，相继发表在上海出刊的《亚洲学术杂志》卷一至卷四上。在本书中罗福苌又列举了一些新的部首，并从语音方面加以细致的说明。本书因作者于1921年因病去世而未写完。1924年，罗振玉从任职于苏联驻北京大使馆高级译员伊凤阁手中得到黑水城所出《番汉合时掌中珠》照片37页，（其中缺3、4、5、6、8页和26页半页共5.5页）罗福成恳请摹写抄录。罗振玉将其作为《绝域方言集》第一种在天津贻安堂书店石印出版社发行。（罗氏影印本，收入《嘉草轩丛书》。1935年，罗福成又根据俄国学者提供的西夏文字典《同音》的照片进行摹写，由旅顺库集整理处石印出版《西夏国书字典同音》一书。

民国十八年（1929年）秋，北京图书馆因购入宁夏灵武发现之西夏文佛经百余册，并出刊《国立北平图书馆馆刊，西夏文专号》纪念之。本刊之西夏文专号启事中云："因念斯学淹没数百年，近二十年来，断简遗文，时出人间，东西学者苦心冥索，于是此绝国方言，乃得渐通其读，而西夏一代史事，亦因之增添无数之新数据矣。吾国学人致力于此者，当以上虞罗氏君美、君楚两先生为最先，而其收获亦较丰。君美先生今犹孜孜不倦，而君楚先生则不幸英年早逝，不然得读科兹洛夫所获，其发明更是以震惊东西之老宿也，念先进之云亡，而后来学者之不可不奋也，馆中因决以民国十九年份馆刊四卷三号之地位，发刊一《西夏文专号》，以为读书之纪念。议既定，遂移书征文。幸得罗君美先生之赞助，慨为赐稿。"

1935 年 1 月出版的《国立北平图书馆馆刊》第四卷第三号《西夏文专号》中，以罗福成发表的论文最多，计十七篇，它们是：有最早在国内刊物上介绍和译释：俄藏黑水城出土西夏文辞书的《韵统举例》（即《音同》）、《文海杂类》、《杂志》等三篇文章；对两种国内所藏西夏文碑刻的介绍和注释：《居庸关石刻》和《重修护国寺感应塔碑铭》。前碑早在 1897 年由伟烈撰文辨识，认为其中的西夏文字是"女真小字"；后碑，1898 年戴维理亚著文论述认定为西夏文字，但未能解读。以下是罗氏兄弟有关西夏文佛经的译释：①对俄国聂历山寄赠的《大宝集经卷第二十七》释文；②对俄国聂历山寄赠的《大般若波罗蜜多经卷第一》释文；③对日本石滨纯太郎寄赠《佛说宝雨经卷第十》释文；④对日本石滨纯太郎寄赠《佛说佛母出生三法藏般若波罗蜜多经卷第十七》的释文；⑤转录《佛说地藏菩萨本愿经卷下》释文，此文本俄国聂历山和日本石滨纯太郎的释文，罗福成录此介绍于国人；⑥对《不空罥索神变真言经卷第十八》之释文；⑦对俄国聂历山寄赠译自藏文的西夏文《圣大明王随求皆得经卷下》之释文；⑧对西夏文草书公文背后之写经《六祖大师法宝坛经》残本之释文；⑨西夏文残经释文。以下有罗福成录俄国聂历山译释之西夏文译汉籍《类林》的两篇释文。又本刊附录有罗福成译释之《馆藏西夏文经典目录考略》92 种，及《各家藏西夏文书籍略记》。收入本刊的罗福苌的著作有：①记述 1908 年俄国科兹洛夫黑水城所获文献的《俄人黑水访古所得记》，列入三十四种；②为《宋史夏国传》作集注，完成上之一部分；③记载史传所载西夏向宋朝乞赎大藏经史实的《西夏赎经记》。西夏文佛经译释有：①得自仁和邵氏的河西字大藏经之《大方广佛华严经卷第一》残卷译释；②得自海外法人毛利瑟于庚子之乱时从北京获得的西夏绀纸金书《妙法莲华经弘传序》一页之释文；③《妙法莲华经序》释文。罗福成先生以高才力学，因体弱多病，英年早逝。本刊《西夏文专号》为纪念其对西夏学之贡献，特发先生遗像和王国维所撰《罗君楚传》纪念之。

罗福颐先生西夏学的著作，早期有 1932–1933 年为先仲兄罗福苌补注之《宋史夏国传集注》十四卷，附系表。在本书的序言中记其成书的缘由、体例与经过："先兄往岁居海东时治西夏文字之学，因并及其史事，乃以宋史传为经，旁搜别史及他籍载之记西夏事者，采以为注。略仿裴氏之注三国志例，不厌其详，并记其所从出，俾读者不迷所自。乃成书未及五卷以病中辍。逮返国未两载，遂捐馆舍，遗稿盈笥扃之十稔。顷以都中友人索兄遗著，拟为刊行。君美伯兄乃取此注录副贻之。颐惜其未为完书也，不揆剪陋，欲续兄之志，乃以壬申（1932）仲春，一遵旧例，从事赓续，竭四月，力成书十四卷，前五卷有遗佚者并为补之。

愿颐闻见有限，挂漏兹多，董正之事，期之异日。”

1935年，罗福颐搜罗汉文史籍之西夏遗文，辑录《西夏文存》一卷，《外编》一卷。

解放后，罗福颐先生任职于故宫博物馆，他借赴大江南北，全国各省市博物馆搜集古玺印之机会，注意搜集西夏官印，以故宫博物馆所藏及前人谱录记载，汇萃将近百方，于1978年编成《西夏官印汇考》一书，1982年由宁夏人民出版社出版。罗福颐还以紫溪笔名于1957年发表《关于西夏图书的介绍》(载《文物参考资料》1957年第一期)；1961年发表《西夏护国寺感应塔碑介绍》(《文物》1961年第四－五期)；1978年发表《一方研究西夏历史的印章》(《光明日报》1978年6月9日第四版）等。

三

西夏学和敦煌学一样，也是一部“吾国学术之伤心史”。西夏在中国，但作为国际显学西夏学的初兴，与西夏遗书的发现，或发轫于西方学者，或被外国探险家捷足先登。中国的西夏研究在相当长的时期内处于冷落的状态。幸有罗氏父子两代学人为中国西夏学的开拓与奠基作出了骄人的贡献。西夏学的发展已近百年，作为中国早期西夏学代表人物罗氏父子的学术成就与贡献主要表现在以下几个方面：

1. 最早介绍、研究和引进外国学者有关西夏学研究与新发现

1900年，法国学者毛利瑟发表了他于1900年在北京获得的西夏文《妙法莲华经》及其研究成果；1909年，俄国学者伊凤阁从科兹洛夫黑水城收藏品中发现并撰文介绍的《番汉合时掌中珠》字典，是西夏学初兴时期并奠定其发展前景的重要文献。罗氏父子立即投身于西夏学的研究与引进资料的工作。从1919年到1922年期间，伊凤阁陆续把《番汉合时掌中珠》照片转给罗振玉父子。因此，1914年，罗福成依据毛利瑟出版物和从京都大学羽田教授那里得到的《莲华经》卷七照片和几页《掌中珠》残片，出版了《西夏译莲华经考释》和《西夏国书类编》两种著作。1924年，罗福成将从伊凤阁那里得到的《掌中珠》全部照片摹写，罗振玉在天津将其刊布（贻安堂书店石印本《绝域方言集》第一种)。1935年，罗福成又根据俄国学者提供的黑水城收藏品中的西夏文字典《音同》照片进行摹写，由旅顺库籍整理处石印出版。以上这些研究成果和公布的重要文献都成为国际西夏学的奠基之作，极大地方便了国际西夏学者的研究工作。如日本学者石滨纯太郎认为：“首先是《掌中珠》的足本根据罗君美的影写本，以《绝域方言集》第一种面试，可喜可贺。有了罗氏的前印本，又有了伊博士的语汇，其内容已大体明了，进行研究时可免隔靴搔痒之苦”(《西夏遗文杂类（代序)》)。石滨纯太郎在另一篇文章中写道：“共十页的《番汉合时掌中珠》被罗氏影印出版，使之变得易得易见。……同时由于福苌君的苦心劳作，西夏文的字书草稿亦将完稿。罗氏一家对西夏学贡献颇大”(《西夏学小记》1920年)。俄国学者聂历山认为，罗氏摹写刊出的《掌中珠》“尽管刊本中有些误抄或漏抄的地方，但总的来说还是令人满意的，今天凡对西夏文字感兴趣的人都应该备有一册（《西夏研究小史》）”。此外，1932年出刊的《国立北平图书馆馆刊》第四卷第三号《西夏文专号》上罗福成、罗福苌兄弟把得自俄国学者聂历山和日本学者石滨纯太郎提供的俄藏黑水城遗书中的西夏文世俗著作《音同》、《文海杂类》、《杂志》、《类林》残卷，佛经文献《大般若波罗蜜多经》残卷译释发表，罗福苌遗编的《俄人黑水访古所得记》一文，介绍俄国科兹洛夫发掘的黑水城遗书重要世俗著作与佛经文献刊本和写本三十四种，第一次让国人了解了这一批重要发现。

2. 西夏文字解读、译释和研究的卓越成就

西夏学初兴时期，由于西夏文字数据存世很少，还谈不到对这种文字的结构规律进行全面的探讨。黑水城西夏文献中著名的夏汉对译字书《番汉合时掌中珠》的发现，使西夏文字的识读成为可能。国外学者开始试着研究西夏词语的语源。中国学者由于长期使用方块汉字，其目光自然集中在方块西夏字的构成上。最早尽全力来探寻西夏字和汉字的形体对应关系的首推罗福苌的《西夏国书略说》，罗福苌尝试采用传统的汉字学方法来分析归纳西夏字的“偏旁”和“部首”，以求说明西夏字的构成在形、音、义三方面的理据。例如罗福苌从《掌中珠》和当时所能见到的西夏文佛经里举出23个西夏字“部首”为例，指出它们分别和汉字部首“雨”、“水”、“火”、“土”等等相当。在此同时，罗福成在其所著《西夏图书类编》一书中运用同样的办法把西夏文献中的部首归纳为164个。“现在看来，他们研究中有一点最值得称道，那就是他们指出了西夏字是取汉字笔划累积而成的，这一规律虽然不能用以解释今天我们见到的全部资料，但在解释某些具体‘部首’的来源方面则被后代多数人确信不疑。”（聂鸿音《二十世纪西夏文字研究》，载《二十世纪西夏学》，宁夏人民出版社，2004年12月）。

关于这一点，法国学者伯希和在一篇书评中写道：“从1914年起，罗福苌据此在他的《西夏图书略说》里发表了关于造字原则的许多结论，这些结论与稍晚些时本哈第夫人和查赫先生独立得出的差不多。”（评《西藏文字对照西夏文字抄览》，《通报》24号，1926）。1918–1919年，本哈第、查赫在其所发表的《西夏语文评注》一文中说：当他们得知中国学者罗福苌发表《西夏国书略说》时，他们“借助从上海回来的杜布瓦雷蒙（Du Bois-Reymond）教授的友好帮助而到了我们手中。值得赞许的是，罗氏把所有可供使用的数据整理得非常清楚，并且和我们一样多次取得了相同的成果。因为他不仅依靠观察和推论，在他面前的还有一部词典的一部分，所以我们能领会他和我们一致的观点。在他列出偏旁之前，我们已经发现了其中的大部分，对另外的一部分还不熟悉。他同样也谈到，西夏字是根据汉字的‘六书’创制的，后来在他提出名词的固定形容词之后，通过那本词典他提供了几个以往为大家所不知的例子。在此基础上，他还带给了我们那本词典页面上的大量失真的语音数据，而对这些数据的修订还未进行。为了丰富我的论文，我们使用了罗福苌发表的数据，我们认为这是很恰当的。”（转引自孙伯君编：《国外早期西夏学论集》（一）民族出版社，2005年10月）

3. 西夏文物数据利用与西夏汉文史籍的注释

外国学者最早根据钱币和碑铭上的文字辨识西夏文字，由是西夏学兴起。中国传统的金石学是罗氏父子的学术强项，在他们的著作中最早著录和译释金石等西夏文字文献。如收入罗振玉著录《历代符牌图录》中的西夏文铜牌，不同时期编印的印谱和《西夏官印集存》专集等。罗福成则有对《居庸关石刻》和凉州《重修护国寺感应塔》西夏文碑铭的校录和译释。他们在著作中开了利用西夏文物纪年数据以证史籍记载西夏纪年之误的先河。罗振玉在《西夏官印集存》一书的序言中说："考之宋史，其改元之岁有可据印款订正其误者，宋史称贞观元年，当宋崇宁元年壬午，印款则元年，当在建中靖国元年辛巳，其元德、正德、大庆、天佑，不着岁名无从考其合否。然宋史载天佑止二十三年（按：《宋史夏国传》中记载，天佑有二十四年），而印款则有二十四年，至宋史载天盛改元在绍兴十九年己巳，则与印款正符。"五十余年后，罗福颐为编辑《西夏官印汇考》卷首前言中又称："根据石刻感通塔碑，知其天佑民安元年改元，当宋元佑五年庚午（宋史误作次年辛未）。由西夏施经发愿文及《掌中珠》序，知西夏天佑元年，当宋乾道六年庚寅，宋史作乾道七年辛卯者误也。今于此四则外，印款有雍宁丁酉四年，又榆林窟西夏人题名，亦有雍宁甲午句，于此证知雍宁改元当宋政和四年甲午，历史记载误晚一年矣。又官印款有大德五年，虽未具甲子，然得证宋史说大德止四年之误。至此册中印款更有元德甲辰六年，历来记载无德甲辰为五年，又印款有元德九年字样（宋史谓元德止于七年）。此二者均与记载不合，然则元德左右记年今或仍有未安，却无以证，是有待诸来者。今日新知虽无多增益，却于此证传世遗物有碑史籍，岂虚语哉。"以西夏时期的金石文字纪年证汉文史籍记年之误，二十世纪八十年代之后一些西夏学者都据以对西夏纪年作了考订。

具有深厚"国学"根底的罗氏父子在中国西夏学的建设上除重视新发现的西夏文献文物的译释考证和利用外，还十分重视中国传统史学的史料考订。1911年，罗福苌随父旅居日本时，除治西夏文字之外，即开始为《宋史·夏国传》作注，"属稿未半"，不幸病逝。十年之后其弟罗福颐又为之"补注"，成书十四卷，完成其兄的遗志。关于注释《宋史夏国传》的重要意义。1932年罗福颐在其序言中有简略的叙述：

"昔拓跋氏崛起西陲，创业垂统，二百余年，与宋相为终始。初虽以戎马开国，厥后制文字，崇儒术，能以文守之，然有华风矣。意当时人才之盛必有可观。乃卒以僻在边裔，亡国之后，文献零落，致其史事仅附见宋、辽、金三史中。其国人载不可得而见也。近百年来，治史学者间有搜集，录为专书，凡五六家，然多不得传者。清浦吴氏广成《西夏书事》，乌程张氏《西夏纪事本末》，近开县戴氏锡章《西夏纪》三书，杂采前籍，吴、张二家均不注所出，载书注所出矣，而一事兼诸书复增损其文，甲乙混糅，读者莫能辨别"。（《待时轩丛刊》本，1935年）罗氏兄弟利用丰富的宋代史料，辑录《西夏文存》和注解补充《宋史夏国传》，成为治西夏史者的基本史料。

西夏学奠基者——王静如教授

中国社会科学院　史金波

王静如教授（1903−1990 年）是中国社会科学院民族学与人类学研究所研究员，当代中国著名语言学家、历史学家、考古学家和民族学家，是中国西夏学的奠基者，一生著述丰厚，建树颇多，为民族研究作出了重要贡献，在国内外学术界享有很高的声誉。

一

先生初名振宇，号净之，笔名斐烈。1903 年生于河北省深泽县南营村。其父葆真先生是近代中国的一位革命活动家，早年参加同盟会，追随孙中山先生进行民主革命，是中国国民党革命委员会的创始人和领导人之一，中国共产党的亲密朋友。

先生 10 岁考入保定直隶省第二师范附小高一年级，三年后以优异成绩考入直隶省第六中学。先生少年爱好音乐、绘画、文学、历史和英语，为后来的语言研究作了良好的铺垫。1923 年中学毕业后，到北京入民国大学语文系学习，选修著名学者邱椿、闻一多、黄侃和黎锦熙等先生讲授的课程，开始接触到汉语音韵和印欧语言学方面的书籍，翻译了瑞典汉学家高本汉研究汉语音韵的文章，并得到了黎锦熙、钱玄同、赵元任等知名教授的指导与鼓励，逐渐认识到语言学在研究工作中的重要作用，自此对语言学产生了浓厚兴趣。1927 年考入清华大学研究院，师从赵元任教授，攻读语言学专业，同时向陈寅恪和李济两位教授学习历史与考古。先生在青年时期得到多位国学大师的言传身教，受益良多，为后来的研究工作打下坚实的基础。

先生于 1929 年清华大学研究院毕业后，即任中央研究院历史语言研究所助理研究员，主攻西夏文，三四年间突飞猛进，创获良多，著述丰厚，成为中国西夏学的奠基人之一。1933 年受研究所委派以海外研究员的名义赴法、英、德等国进行语言学、中亚史语、印欧语比较语言学以及古代欧洲社会经济史与艺术史等方面的研究。1936 年回国后，任北平研究院史学研究所研究员和中法大学教授，其间兼任辅仁大学史学系教授、燕京大学中文系教授与研究院导师、中国大学中文系教授与文学院研究部导师、中法大学文史系主任。1950 年任中国科学院考古研究所研究员，1953年任中央民族学院研究部教授与室主任，1958年任中国科学院民族研究所研究员、学术委员和室主任。“文革”后，1978年后任中国社会科学院民族研究所研究员和学术委员，兼中国社会科学院研究生院教授与博士生导师，国家文物局历史文物咨议委员会委员，中国民族研究会常务理事，中国语言学会理事，中国音韵研究会、中国民族史学会、中国敦煌吐鲁番学会、贵州文物保护和北京市语言学会顾问等职。1990年7月荣获国务院颁发的为发展我国社会科学事业作出突出贡献的政府特别津贴和证书。

先生一生在学术上涉猎广泛，造诣很高。他长期从事语言学、音韵学、历史学和民族学等领域的研究工作，在汉语音韵、秦汉史、古代与现代少数民族如西夏、契丹、女真、突厥、回鹘、吐蕃、达斡尔、土家、苗等民族的历史、语言和文字，以及古代生产工具史等学科的研究方面成效卓著。他的论著中多有独到的见解，具有开拓性的价值。特别是在西夏研究方面取得了举世瞩目的成就。

20世纪一些新的人文学科悄然兴起。在新兴学科中除人们已经熟知的甲骨学、敦煌学等学科外，还有过去鲜为人知、又渐受关注的西夏学。西夏学的形成和发展借助于大批新资料的发现。当时西夏文献有两次重大发现，一是在敦煌藏经洞被发现不久，1909年以科兹洛夫为首的一支俄国探险队，在中国的黑水城遗址（今属内蒙古额济纳旗）城外的古塔中盗掘了大量西夏文献和文物，仅文献就有数千卷之巨，其中绝大部分是西夏文文献。俄国探险队将中国这批珍贵遗物席卷而走，至今仍藏于俄罗斯圣彼得堡东方学研究所和冬宫博物馆。这次发现是本世纪继甲骨文、汉简、敦煌文书以后又一次重大文献发现。二是1917年在灵武县（今属宁夏灵武）也发现了百余卷西夏文佛经，使西夏文文献更加丰富，现大部分藏于北京图书馆（今中国国家图书馆）。北京图书馆所藏西夏文文献，于20世纪30年代由周叔迦先生整理编目，使学术界第一次了解到北京图书馆丰富的西夏藏品，令人耳目一新，引起学界重视。

王静如先生投入西夏研究之时，正是俄藏黑水城文献开始介绍和初步研究之时，也是北京图书馆刚刚开始接受灵武所出大批西夏文佛经之时。先生具有研究语言、文字的专业能力，勤奋努力，善于钻研，又恰逢有接触、利用新见西夏文资料机遇，为其创造出优异的成绩提供了先决条件。

先生入中央研究院历史语言研究所的第二年（1930年），在研究古汉语音韵的同时，发表了《西夏文汉藏译音释略》一文，用古代汉语西北方言和藏文译音解释西夏文字的音韵，并对西夏语音系统及其特点作了阐述，在当时西夏研究的早期，此文无疑具有开创性，至今仍为学术界重视。1933年他还发表了《佛母大孔雀明王经龙王大仙众生名号夏梵藏汉合璧校释》一文，用西夏文、梵文和藏文互相解释，从中可看出此西夏文佛经不是译自汉文佛经，而是译自藏文佛经，对深入进行夏、梵、藏文三种文字的比较研究具有重要推动作用。

在西夏学在发展过程中，有一个重要的阶段性的里程碑，就是1932年1月出版《国立北平图书馆馆刊》西夏文专号。当时中、苏、日三国的西夏研究都取得了可喜成绩，中国的国学大师陈寅恪、王国维、赵元任、罗振玉等关心西夏新资料，并潜心研究，撰写著述。国内外西夏学专家搜集资料，解读文字，初释文献，形成了一次西夏研究热潮。当时北京图书馆适时出版《西夏文专号》，搭建了一个深入研究西夏的重要平台，由中、俄、日三国专家撰稿，有黑水城考古介绍、西夏文文献释文、西夏文文献目录，不仅荟萃中外西夏学专家王静如、罗福成、罗福苌、聂历山、石滨纯太郎等人，还有周叔迦、向达等学者加盟，编辑西夏文佛经目录，译介西方著述，成为当时西夏学的一次盛会。显然这个平台中，王静如先生是重要台柱之一。此刊开端的长篇“引论”及《苏俄研究院亚洲博物馆所藏西夏文书目译释》皆由先生撰写，书前还特别刊布了即将出版的先生撰著的《西夏研究》第一辑中、英文目录。此专号反映出当时西夏研究的最好水平，为后世治西夏学者的必备教科书和参考书。不少后学者通过此西夏文专号比较全面地了解西夏学的相关资料和研究历史，从而步入西夏研究的殿堂。

二

特别应予提出的是先生在1932—1933年撰著出版的《西夏研究》(三辑)，这是他最有成就的代表作品。先生在结束留学生涯的当年,也即在《西夏研究》出版后的第三年（1936年），该书获法国院士会铭文学院授予该书以东方学“茹莲（S.Julicn）奖金”，这是中国学者个人获得该项奖金的第一人，随后他被推荐为法国巴黎语言学会会员。为了解此书内容，特将此书三辑目录列出：

第一辑

序　赵元任

序（佛母大孔雀明王距夏梵藏漢合璧校释序）陈寅恪

序

引论

河西字藏经雕版考

东汉西南夷白狼慕汉歌诗本语译证

新见西夏官印考释

西夏国名考

现在贤劫千佛名经卷下残卷考释

过去庄严劫千佛名经考释

佛母大孔雀明王经夏梵藏汉合璧校释

斯坦因Khara—Khoto所获西夏文大般若经考　陈寅恪

斯坦因Khara—Khoto所获大般若经残卷译释

西夏文经典题款译释举例

英文提要

在第一辑中有两位国学大师赵元任和陈寅恪写的序言，陈寅恪先生还撰写了《斯坦因Khara-Khoto所获西夏文大般若经考》一文编入是书，可见二位先贤对此书的重视。王静如先生在书中考证推敲，功力深厚，是当时西夏研究的高水平成果，概括其作出的贡献有：

1. 对西夏语进行多方面的探索与论述，如与东汉白狼歌作比较研究，对西夏语音中的尾鼻音和浊辅音、鼻冠音等作了深入探讨等。

2. 对西夏文佛经雕版作了系统研究和详细论述。

3. 书中用大部分篇幅刊载了四部西夏文佛经，为学术界提供了原始资料，在当时西夏文资料极为缺乏的情况下，起到资料库的重要作用。书中对这些佛经作了逐字对译，通过翻译辨识了很多西夏文字，并列出汉、藏两种文字对照，便于查找、利用。

4. 书中对美国学者屋尔芬登西夏有复辅音的说法，提出不同意见，并反复辨证，得出可信结论。

总之，《西夏研究》有丰富的内容，有很高的学术价值，正如陈寅恪先生在序中所言，研究西夏语言“尚未有用今日比较语言学方法，于其同系语言中，考辨其音韵同异，探讨其源流变迁，与吾国语言互相印证发明者。有之，以寅恪所知，吾国人中盖自王君静如始”。从该书出版至今都是中外学者从事西夏研究必备的参考书与教科书。俄国著名西夏学家克恰诺夫教授指出："王静如教授发表的论文，他的专辑《西夏研究》，是所有希望认识西夏文字和语言的人真正可资利用的教材。"因该书在学术研究上的重要作用和价值，在该书出版半个世纪后，台湾和大陆先后再版。

先生学识宽泛，研究领域不断扩展。从20世纪30年代中期后，先生又对契丹文、女真文、突厥文及吐火罗语进行研究，发表了数篇有重要学术价值的论文，包括《辽道宗及宣懿皇后契丹国字哀册初释》、《契丹国字再释》、《宴台女真文进士题名碑初释》、《突厥文回纥英武威毗伽可汗碑译释》、《论吐火罗及吐火罗语》等，推动了相应文种的研究，在西夏文以外的其他文种的研讨中作出了新的贡献。同期还发表了多篇研究古汉语、中国古代史的论文，在学术界产生了重要影响。先生以其深厚的语言学功力研究汉语音韵学，1930年发表的《跋高本汉的古汉语中的几个问题并论冬蒸两部》和1941年发表的《论开合口》，以及1948年发表的《论古汉语之腭介音》等文，都是讨论古汉语音韵问题的重要文章，对中古音的拟构提出了很有价值的论述，成绩卓著。

三

新中国成立后，先生以其精深的历史和语言学识，投身于政府组织的少数民族调查研究工作。他先后参加了少数民族识别和少数民族历史调查。为适应当时民族工作的需要写出了许多有价值的论文。1955年发表的《关于达斡尔语言问题的初步意见》和《关于湘西土家语言的初步意见》，为当时进行的民族识别工作提供了重要依据。1956年发表的《关于吐蕃国家时期的社会性质问题》，最早提出了吐蕃社会性质问题，得到藏学专家的高度评价。当时他还从事对吐蕃社会史资料的翻译工作，从法文、英文翻译巴寇（Bacot）、杜散（Tousamt）、陶麻斯（Thomas）所译的敦煌古藏文历史写卷，为了解吐蕃社会历史面貌和解决社会性质问题积累了重要材料。

上世纪60年代初，先生在领导部门和本单位的支持下，又开始恢复西夏研究工作。民族研究所为先生配备了两名助手，1962年又招收了第一名西夏文研究生。因中国西夏研究的长期停滞，需要了解国外研究情况，积累资料。先生不顾年事渐高，努力投入工作，一方面组织助手搜集俄、日等国的西夏研究进展情况和新的资料，一方面放眼长远，培养学生。

当时任敦煌文物研究所所长的常书鸿先生看到莫高窟中有很多西夏文题记，有待译释，与王静如先生商量拟对此专门调查、翻译、研究。同时二位先生考虑到西夏占领敦煌近两个世纪，又笃信佛教，所定西夏洞窟却寥寥无几，对此提出质疑。1964年中国科学院民族研究所和敦煌文物研究所共同组成敦煌洞窟西夏调查研究小组，对敦煌莫高窟、安西榆林窟西夏洞窟重新进行系统考察，由常、王二位先生主持，北京大学宿白教授作顾问。时先生年逾花甲，又患心脏病，仍不顾年高体弱，亲赴敦煌，在艰苦的条件下深入洞窟考察。敦煌洞窟高低错落，需攀爬台阶，先生策杖并在学生搀扶下尽量多看相关洞窟，以便比较研究。除莫高窟外，先生等还到距莫高窟170公里的榆林窟考察，当时无直路可达，要绕道安西县，路上坐大卡车颠颠簸簸行驶一整天。在那里一行七八人皆住山洞中，自己做饭，攀援洞窟的路更为陡峭。经3个月考察，对相关洞窟从文字题记到艺术风格进行科学记录和研究，最后认定莫高窟、榆林窟有80多个西夏洞窟，使举世闻名的敦煌石窟的时代与分期面貌大大改观，深化了西夏在河西及敦煌的地位以及西夏学和敦煌学的关系。可惜此次考察成果尚未公布，“文革”即已降临。

“文革”期间，先生受冲击迫害，身心备受摧残，并被下放到河南省息县干校劳动。1970年在周总理的关怀下，一批老专家被保护返回北京，先生位列其中。返京后，运动仍未结束，先生抱着对学术负责的态度，很快自动恢复西夏研究，继续编辑《西夏文字典》，并对新出土的西夏文文献、文物进行考释，撰写论文，在当时硕果仅存的社会科学学术杂志上刊布，为当时所瞩目。

“文革”结束后，迎来了科学的春天。先生虽届耄耋之年，仍壮心未已，精神矍铄，孜孜不倦地开展西夏研究，一方面陆续撰写论文，一方面招收研究生，培养西夏人才。这时又陆续发表有关西夏研究的论文，其中有对西夏文文献、文物的考证研究，有敦煌洞窟的考察探讨，有西夏语言的解析和新论，由这些论文可见先生宝刀不老，对西夏研究发挥了老专家的独特作用。先生培养的学生和助手也成为西夏研究的成员，接替先生衣钵，为西夏研究作出成绩，个中也凝聚着先生的心血和贡献。

先生1929年自清华大学研究院毕业后，至上世纪80年代后期，从事学术活动已近一个甲子。1988年民族研究所及民族历史研究室的领导和同仁计议，拟以历史室编辑的《中国民族史研究》第2辑作为庆祝先生从事学术活动60周年编纂纪念文集。消息传出后，国内外学者纷纷响应，精选25篇论文，由中央民族学院出版社于1989年出版。卷首刊登先生照片，前言介绍先生学术成就，高度评介其学术贡献。

上世纪90年代初，民族出版社来民族研究所联系，拟出版老民族学家的个人论文集，希望民族所择优提出老专家名单。民族所领导经慎重研究后，开列几位老专家名单，先生自然在选。先生论文涉及多种学术领域，内中除汉文外，还包括多种外文，又有难以排印的国际音标、西夏文以及图版，排版、校对繁难，延宕了出版时间。先生在世时，竟未见到自己的论文集出版。直至先生离世后八年的1998年，《王静如民族研究文集》方才问世。书中由著名语言学家马学良教授作序，收入先生有关民族研究论文13篇。

先生晚年虽年高有病，大身体状况尚算平稳，一直伏案研究。1991年10月心脏衰弱住院，在友谊医院竟成病危。时中国社会科学院和民族研究所领导多次到医院看望，并数次与医院领导联系，希望用最好条件医疗，未料竟医治无效。先生享年88岁。

西夏学经过百年的发展，由中国的王静如教授、俄国聂历山教授、日本石滨纯太郎教授等先贤披荆斩棘的开掘，以及后来更多专家们的继续努力，加之所见文献、文物越加丰富，研究成果累累，已渐成为人文科学的显学。西夏语言的构拟也渐成体系，走向成熟；西夏文献的翻译进展迅速，现不但已经能基本译释西夏文文献原文，还能译释大部分草书文献。依据新发现的西夏文资料、文物资料结合汉文史料，深入探讨，提高了对西夏历史文化的认识，在很多方面重塑、填补了西夏历史。目前西夏学已经发展成一门研究西夏语言、文字、社会、历史、文学、宗教、法律、文物、文献等方面的综合性学科，它与敦煌学相交叉，又往往涉及自然科学的某些领域。西夏学作为一门有浓郁民族特色的学科，与中华民族文化有着内在的、紧密的联系。西夏学发轫于王静如先生等老一辈专家筚路蓝缕的奠基、开创，西夏学的繁荣和发展正是先生等老一辈专家的期许。西夏学界应以先生为榜样，执着追求，努力工作，使西夏研究水平不断提升，成果更为丰硕，为中华民族传统文化的弘扬作出新的贡献，先生一定会含笑九泉。

附录　王静如教授著译目录

一　著作

1.《西夏研究》第一辑，国立中央研究院历史语言研究所单刊甲种之八，1932 年 。

2.《西夏研究》第二辑，同上单刊甲种之十一，1933 年。

3.《西夏研究》第三辑，同上单刊甲种之十三，1933 年。

4.《王静如民族研究文集》，民族出版社，1998 年。

二　论文

1.《西夏〈番汉合时掌中珠〉补及西夏民族语言与夏国史料》，《中央研究院历史语言研究所集刊》（西夏研究临时刊之一），1930 年。

2.《跋高本汉的古汉语中的几个问题并论冬蒸两部》，《中央研究院历史语言研究所集刊》第 1 本，1930 年。

3.《西夏文汉藏译音释略》，同上集刊第 2 本，1930 年。

4.《论阻卜与鞑靼》，同上集刊第 2 本，1931 年。

5.《中台藏缅数目字及人称代名词语源试探》，同上集刊第 3 本，1931 年。

6.《释定海方氏所藏四体字至元通宝钱文》，同上集刊第 3 本，1931 年。

7.《佛母大孔雀明王经龙王、大仙、众生主名号，夏梵汉藏合壁校释》，同上集刊外编（蔡元培先生六十五岁庆祝论文集下卷），1933 年。

8.《辽道宗及宣懿皇后契丹国字哀册初释》，同上集刊第 3 本，1933 年。

9.《西夏文专号》书中“引论”，北京图书馆馆刊，《西夏文专号》，1934 年。

10.《苏联藏西夏文目录译释》，北京图书馆馆刊，《西夏文专号》，1934 年。

11.《就元秘史译文所见之中国文人称代名词》，同上集刊第 5 本，1935 年。

12.《契丹国字再释》，同上集刊第 5 本，1935 年。

13.《宴台女真文进士题名碑初释》，《史学集刊》1937 年第 3 辑。

14.《突厥文回纥英武威毗伽可汗碑译释》，《辅仁学志》第七卷，第 1、2 期合刊，1938 年。

15.《论开合口》，《燕京学报》第 29 期，1941 年。

16.《释吊》，中法大学文学院特刊第 2 号，1943 年。

17.《论吐火罗及吐火罗语》，《中德学志》第 5 卷，第 1、2 期合刊，1943 年。

18.《新莽革政及其失败》，《中德学志》第 6 卷，第 1、2 期合刊，1944 年。

19. Arsi and Yan—chi, Tokhri and Yuch—shih, (Monumcnta, Serica《华裔学志》)(英文)，第 9 期。

20.《论古汉语之腭介音》，《燕京学报》第 35 期，1948 年。

21.《论中国古代耕犁和田亩的发展》，《史学集刊》第七期，第 1、2 合刊样本，1952 年；《农业考古》1983 年第 1、2 期，1984 年第 1、2 期。

22.《西汉的奴隶和佣假》，《史学集刊》第七期，第 1、2 合刊样本，1951 年。

23.《关于达斡尔语言问题的初步意见》，《中国民族问题研究集刊》第 1 辑，1955 年。

24.《关于湘西土家语言的初步意见》，同上第 4 辑，1955 年。

25.《关于吐蕃国家时期的社会性质问题》，同上第 5 辑，1956 年。

26.《奢香》，《历史剧拟目》，北京史学会编，中华书局，1961 年。

27.《郑和下西洋》，《历史剧拟目》，北京史学会编，中华书局，1961 年。

28.《西夏文木活字版佛经与铜牌》，《文物》1972 年 11 期。

29.《兴隆出土金代契丹文墓志铭解》，《考古》1973 年第 5 期。

30.《甘肃武威发现的西夏文考释》，《考古》1974 年第 3 期。

31.《保定出土明代西夏文石幢》(与郑绍宗合作)，《考古学报》1977 年第 1 期。

32.《敦煌莫高窟和安西榆林窟的西夏壁画》，《文物》1980 年第 9 期。

33.《西夏文石刻》，《中国大百科全书 · 考古部分》，1981 年。

34.《西夏语音系导言》，《民族语文》1982 年第 2 期。

35.《西夏语中的早期辅音和演变》，第十五届国际汉藏语言学会论文，1982 年。

36.《新见西夏文石刻和敦煌安西洞窟夏汉文题记考释》，《王国维学术研究论文集》第 1 辑，1983 年。

37.《珍贵的〈唐僧取经图〉壁画》，《人民日报 · 海外版》1985 年 8 月 19 日。

38.《西夏文》，《中国大百科全书 · 民族卷》，1986 年。

39.《孙中山先生论民族问题》，《团结》增刊《民革首届孙中山研究学术讨论会专辑》，1987 年。

40.《西夏文》，《中国大百科全书 · 语言文字卷》，1988 年。

41.《回忆政法大学校长李麟玉先生》,《李麟玉先生诞辰一百周年纪念专刊 1889—1989》,北京理工大学、北京政法大学校友会合编,1989 年。

42.《西夏法典 · 序》,《宁夏大学学报》1990 年第 1 期。

43.《汉语音韵学雅言》,《汉字文化》1990 年第 4 期。

44.《序——兼纪念聂历山教授诞生 100 周年》,《西夏文〈杂字〉研究》序,《西北民族研究》1997 年第 2 期。

三　译著

1.《中国古音(切韵)之系统及其演变(英文)》,国立中央研究院历史语言研究所集刊,第 2 本,1930 年。

2.《论考证中国古书之真伪之方法》(英文),同上。

3.《论吐火罗语之真实性》(德文),《研究与进步》第 2 期,1939 年。

4.《中国传说中之东罗马》(德文),《中德学志》,1944 年。

5. 弗尔克(A. Fork)《中国宇宙(天文)观念史》(英文),未出版,1943 年。

6.《敦煌出古藏文吐蕃史记》(法,英文),巴寇(Bacot)、杜散(Tousamt)、陶麻斯(Thomas),油印,未刊,1957 年。

学者年谱

罗继祖自撰年谱

编者按：此年谱原称两启轩主人八十年自述简谱（两启轩是其室号，全称为两启三助四不轩），刊罗继祖先生八十寿辰纪念文集《海角濡樽集》，由长春市政协文史资料委员会1993年印制。

中华民国二年癸丑（1913年），1岁

4月19日巳时，主人生于日本京都市净土寺町字马场三番地侨寓之永慕园。时祖父雪堂公年48岁，祖母丁太淑人年39岁，父君美公、母何孺人年并29岁。乳名报曾，名继祖，字奉高，今改甘孺。

三年甲寅（1914），2岁

四年乙卯（1915），3岁

春，妹瑜生。我遂依祖母膝下。

五年丙辰（1916），4岁

六年丁巳（1917），5岁

始识字。雪堂公亲授之。时携游京都诸名胜。

七年戊午（1918），6岁

雪堂公赴沪，办河北春赈。时家人多染疫，三叔君楚公与四叔母李最重。四叔母卒于淮。8月，从妹玖生。

八年己未（1919），7岁

春，雪堂公携眷返国，举东屋赠之京都大学，为印书之资。至沪凭屋以居，遣嫁王氏姑母。我始识刘蕙孙表兄及其弟审言。雪堂公定居天津，谋觅屋，而津绅金氏以其别业集贤村舍相假。与五叔梓溪公同从塾师左李先生读。不逾年，李先生以病去，遂从四叔君羽公读。

九年庚申（1920），8岁

夏秋间，祖母携至沪，探君楚公病。时我粗解文字，祖母口授令作家书。9月，津屋嘉乐里筑成。附设贻安堂书铺于旁，以售居东时所著印书。冬，君羽公续娶贵阳陈氏。雪堂公办旗赈务，售长物为倡，设银行，办工厂。

十年辛酉（1921），9岁

9月，君楚公卒，处廿六。始从满洲关同寅师读。

十一年壬戌（1922），10岁

正月，三叔母汪卒，年廿五。从妹由祖母抚之。二月，从弟承祖（律）生，二姑母卒于颍州，年30。是年雪堂公得清内阁档案。刊《史料丛刊初编》。得逊帝溥仪赐“贞心古松”匾额，以“贞松”自号。升允自青岛携家来津，以寓楼一区相假。

十二年癸亥（1923），11岁

冬，五叔梓溪公娶于番禺商氏。

十三年甲子（1924），12岁

8月4日，逊帝召雪堂公入直南书房，遂入京。10月逢冯军逼宫。溥仪被迁北府。公愤极，与柯劭忞、王国维约同殉，后未果。受命与民军折冲，归而大恸，神明顿失，幸获愈。又侍溥仪移寓日使馆。

十四年乙丑（1925），13岁

2月朔，雪堂公恸侍逊帝微服莅津，赁张园为行在。宵人间之，逊帝为所惑，遂靠边站。60生日，逊帝赐“岁寒松柏”匾额，同人赋诗为寿。从姑庄自沪来祝。

十五年丙寅（1926），14岁

8月，王伯深姑丈病殁沪上，雪堂公往视，与观堂太姻丈肺腑交也，至是以嫌挟姑母大归。间为我讲述《诗故》。略解文义。又从祥符王仲郊师学画，师以《芥子园画传》为蓝本。又遍览家藏古迹，遂粗通画理，然亦止能画山水。

十六年丁卯（1927），15岁

春，雪堂公为家人讲《四书》，令旁听。夏，王太姻丈从汨罗之游，雪堂公为开追悼会于日租界公会堂。并校刊遗书四集。我预于校字之役。秋，染猩红热，幸无恙。是年雪堂公为订婚萧山陈氏，名文珍，长予3岁。

十七年戊辰（1928），16岁

冬，售津宅，迁居旅顺口新居扶桑町三番地。屋在山巅。生平未见山海，遂如入桃源异境。

十八年己巳（1929），17岁

春，雪堂公为讲《书目答问》，始之治学应从目录入手。又于就寝时为讲述旧事，听之倦忘，惜未能尽记。12月，从妹玖以肺炎暴殇。

十九年庚午（1930），18岁

春，雪堂公作《朱笥河年谱》，令助属草。既成，以名归我。后寄沈阳出版。关师以病辞馆，我改作童子师，授承祖弟读。

二十年辛未（1931），19岁

4月，结婚，岳丈茂丞先生，岳母沈儒人亲送至连合卺。秋，文珍归宁匝月。外祖何耐庵老人自淮来，雪堂公恐我荒学。请外祖为西席，授承弟读。而我从吉林宣雨苍师学作诗文。约一年，师去沪。是年，雪堂公与关东军决迎逊帝莅东之计，亲迎于汤岗子。公主大清复辟，而计划中变致疾，逊帝临问。是年，筑藏书楼一区于屋后。

廿一年壬申（1932），20岁

3月，逊帝赴长春就任伪满洲国执政，雪堂公辞参议不就。仍依恋逊帝不忍去，于东三道赁宅。君羽公任秘书处秘书。夏，草《春秋异地同名考》（后毁于“文革”中）。10月，长子安国生。我授兴祖弟读。

廿二年癸酉（1933），21岁

6月，雪堂公任监察院长。辞，不允。秋，库籍整理处成立，外祖就名誉职。承弟仍从我读。雪堂公为满日文化协会常务理事，议集赀印《大清实录》。

廿三年甲戌（1934），22岁

正月，伪满改帝制。5月，长女允康生。我数年来读书泛览，先后成程易畴、段懋堂、李履园三《年谱》，与前朱笥河谱合称《朱程段三先生年谱》，并李谱堂公皆命付石印。

廿四年乙亥（1935），23岁

6月，雪堂公70寿。逊帝赐寿，赏“朴学忠谟”匾额。10月长春东顺治路宅筑成，用北京四合院式。《明宰相世系传》成，雪堂公命会石印。

廿五年丙子（1936），24岁

雪堂公《三代吉金文存》成，寄海东影印，我任缮写序文及目录。妹瑜适山阴樊氏，婿丰令，君美公、何孺人亲自送至沪就婚。

廿六年丁丑（1937），25岁

3月，雪堂公辞职照准，监察院旋废。公归旅顺以著述自娱，每岁春秋佳日，仍赴长春觐逊帝兼与朋友好话旧，直至易箦。秋，与家人合摄一影，计23人。今存。

廿七年戊寅（1938），26岁

从姑庄来旅顺省雪堂公，留数旬。辑《杜诗授读》，命作注释，交满日文化协会印行。冬，成《辽史校勘记》八卷。与梓叔之《满洲金石志》并付工石印。又命作《辽史拾遗续补》（稿成未刊）

廿八年己卯（1939），27岁

春，雪堂公成《石交录》四卷。次女允宜生。10月，就奉天（今沈阳）满洲大学预科讲师之聘。前一年梓叔已来沈任博物馆学艺官，遂同寓三经路。

廿九年庚辰（1940），28岁

五月十三夜雪堂公突患心脏病，呻楚达旦。医来救治不及，翌晨巳刻易箦，享年七十有五。得电，与梓叔匍匐星奔，已不及一面。叔祖邈园公自沪来襄葬事。8月寅时永窆于水师营西沟屯西南山茔穴。

三十辛巳（1941），29岁

3月，从姑庄卒于沪上，年47。始与梓叔理雪堂公新旧稿成《贞松老人遗稿》甲集八种。周丈作民慨任刊资。暑假中，与梓叔侍祖母丁太淑人赴京，寓大姑母南官坊口兼旬。闰七月，三女允明生。10月7日大姑卒于北京，年53。

卅一年壬午（1942），30岁

暑假，满医预科国文课废。黑田主事，不欲令我失业，为介绍日本京都大学文学部任讲师。遍读家藏书画，录其题识成《雪堂书画记略》略加考订。冬，护照到成行。到京都识仓石（武四郎）、吉川（幸次郎）两君，拜狩野山君、松本亡羊两博士暨羽田总长。课简，学生才五人，又兼任东方文化研究所嘱托，继续研究《辽史》。访净土寺旧居，与旅舍迩。

卅二年癸未（1943），31岁

4月承弟来京都，雪堂公故人佐伯一郎翁约共游岚山。暑假返家，留两月。

卅三年甲申（1944），32岁

见大兴朱氏手稿，作《朱锡庚事辑》。《辽史表订补》初草成，又作《涧上师友记》（后者稿佚）。时太平洋战事亟，我只身羁旅，心忧家园，乞归，京大不能强留。8月暑假告归，计先后侨两年。11月，叔祖邈园公卒于沪寓，年63。公营蟫隐庐书店终其身，前一年书店歇业。

卅四年乙酉（1945），33岁

春，应日人上野魏办康德印书馆之约赴长春。长白荣厚为理事长，我为理事。设筹备处于万字会内（今市图书馆址）。始识孙晓野（常叙）。4月，四女允和生。"八·一五"日皇宣布无条件投降，印书馆解散。自大雅庄归东顺治路。日人挟逊帝奔临江，长春地方由苏军暂管。11月，冒险回旅顺。始知扶桑町家被苏军占据，我一房老弱八口赁上沟铺面屋栖身。书楼之书苏军令新成立之地方人民政府以麻袋全部移出，贮市内仓库，破损狼藉。

卅五处丙戌（1946），34岁

日常食维艰，群美公赴日市货物以糊口，我仰屋无计而病，似瘧疾。过从相慰藉者惟孙玉良、朱仁甫三数人。10月，延安地工人员廖华同志为挽救文化，畀以整理之役。为市府临时科员，辇书就市天后宫整理之，薪资外兼给家族粮勉支朝夕。

卅六年丁亥（1947），35岁

时大连成立关东公署，以庙地逼仄，载书赴连市南山废庙，命我随往。觅宅地于市高尔基路55号，职隶教育厅，留旅顺者惟二老。领事者为党员周化南，另两助手。

卅七年戊子（1948），36岁

是年整理事竣，与从弟承祖共禀祖母命以书呈献国家，计九万册（此据归旅大图书馆数，归省馆者未计入），国家报以酬（以粮核值）。适廖华同志来连任公署文物保管委员会主任，与市劳动公园设"劳动人民文物陈列所"，命我主所事，写说明，备咨询。

已丑1949年　37岁

是年廖主任去福建。旋周化南亦去，代之者为张逸秋。10月1日中华人民共和国宣告成立，改用公元纪年。

庚寅 1950 年　38 岁

上呈公署文物保管委员会代主任，请求调动工作。得此去沈阳。冬成行，蒙沈阳文物处处长王士修委为文物处研究员，派在博物馆。时博物、图书两馆皆新建。日人去，东北人无明田野考古者，王士修令李文信主其事。于是规模初具。李于东北考古有开导之功。

1951 年辛卯　39 岁

春，满铁图书馆先为苏踞，至是才归还。东北文物处往接收，予预其役。时“抗美援朝”尚在相持中，惧战局蔓延，且接收，且疏散，将书籍装箱，忙了一个多月。闻捷报后谋开馆。予与王士修遂同留馆，在参考研究部，士修为主任。是年“三反”运动开始，予以受封建家庭思想影响最深，请作为重点批判对象。

1952 年壬辰　40 岁

开箱将书籍还原上架。兼从事各地查访资料，有求必应，殊有应接不暇之势。

1953 年癸巳　41 岁

时馆址狭，藏书多，另辟南山旧庙为分馆。又以人员少，我亦预于值日值夜之列，以致夙夕不遑，不复能事笔砚。

1954 年甲午　42 岁

选取馆藏善本书若干种写为善本书卡，为研究工作之开始。得“积极工作者”奖。是年父君美公在旅顺博物馆工作。中以细故为领导所揭发，以认错态度不好成僵局，予属进谏不能从。

1955 年乙未　43 岁

4 月，奉中央教育部调吉林省东北人民大学。计在连不足 5 年，同事中素心相与者惟王士修一人。到新任，初拟派在图书馆，以历史系需人，遂改派历系七级讲师，开“中国史学史”课。肃反运动开始。

1956 年丙申　44 岁

历史系《史学集刊》创刊。君美公被拘讯，9 月 1 日释回。

1957 年丁酉　45 岁

2 月，吉林省政府聘任为文物管理委员会委员。6 月“反右”运动开始，全国哄起，同时又引起“教育革命”。史学史课被作为批判靶子，由学生发动批判。作《自我批判》，说对马列主义只是一年级小学生，如何能任此课。讲了几学期，遂由别人替代。冬，君美公病大叶性肺炎，甚剧。是年反右中，系主任丁则良被迫捐生。

1958 年戊戌　46 岁

春，君美公病愈仍返旅顺旧居，讵料为人下石，借反“右”罗织下狱并抄家，母何孺人遂来大连。7 月与历史系学生配合吉林博物馆赴农安普查文物，自 23 日至 8 月 17 日历时 26 天，著《农安伊通河西岸文物普查简记》。8 月，东北人民大学遵中央定制改名为吉林大学。

1959 年己亥　47 岁

3 月，沈阳满族史编写小组约往助编，往北陵，留约一月，编两章。与傅乐焕对榻。12 月 7 日，祖母丁淑人疾终北京寓所，享年86岁。

1960年庚子　48岁

君美公于狱中染病，保释出，于1月10日殁于家，年75。我在校得电亟归。是年任“中国历史文选”课。诸生好学者时来问业，因为作课外辅导，讲解四子书。

1961年辛丑　49岁

8月，暑假中与文珍同侍母赴上海，中途风浪大，船停于青岛，得登岸一游。9日抵沪，寓大妹家，滞沪凡七日。又赴杭晤璧承内兄，留三四日返沪。时值困难期，人不得果腹，沪市亦萧条。

1962年壬寅　50岁

经济困难中，予以食小灶稍免饥饿，然亦计粮而食。著《辽承天后与韩德让》、《读金史傅慎微传》、《杨业与杨家将》三文，先后发表，皆为人所激赏。5月3日，匡校长在校8年，勤劳卓著，誓言要把吉大建为具有高水平的第一流大学，惜继起非其人，又值“十年内乱”。8月，安国与祖秀兰结婚。秀兰籍河北抚宁，中专同学，又同服务于市建筑设计院。

1963年癸卯　51岁

暑假后，调中华书局，参加“廿四史”点校工作，任《宋史》。时抽调各校人员皆聚居北京翠微路中华书局，列屋而居。所得皆史学界知名人士，而以不才滥竽其中。素寡交游，至是亦得“合志同方之乐”。提升为六级讲师。

1964年甲辰　40岁

《宋史》部头大，研究成果少，校点起来颇为棘手。予又患失眠，血压高，精力疲乏，故时间多耗于求医料药，致工作未能满意。是年“十·一”建国纪念日，荣预于天安门观礼，异数也。是年赴沈阳参加满族史研究会，会毕游千山。

1965年乙巳　53岁

正月，长女允康与潘宗华结婚，潘上海籍，学工。4月，长孙放生。秋，失眠渐愈，胃病又起，食欲不振。8月，次女允宜于钧鹏结婚。于籍金州，学工。9月假期过天津，晤范叔仁表叔，便至锦州道嘉乐旧居一看，祖父所书里名尚存，正在翻修。时正在讨论吴晗《海瑞罢官》剧，蓦地风波在酝酿中，将起矣。

1966年丙午　54岁

自去冬姚文元《评新编历史剧海瑞罢官》发表后，引起议论纷纭。但姚文元在有力者支持下，不可动摇，于是批“吴”的声势日盛。北京大字报已贴满，中华亦闻风而动，傅乐焕因不堪屈辱而投身陶然亭。好心人怕我蹈傅覆辙。我与傅情况不同，心境仍自怙然，但胃病未愈。

1967年丁未　55岁

6月，中华校史小组解散，扶病回校，在校招待所养息月余，居然病况好转，“八五斗鬼”及“体力劳动”安然度过，其详见王庆祥所撰传中（1991年长春市政协文史资料三十六、三十七合辑——《胜友懿范各千秋》）。

1968年戊申　56岁

9月，工军宣队进校，私设监狱于数学楼，计在狱中半月。与于省吾同奉命回系坐走廊窗下学习，劳动亦减轻。

1969年己酉　57岁

春，首被解放，宣言“已回到人民队伍中来了”，用其“一技之长”。

10月，为教育革命，随系下舒兰县搞社教两月。时下乡之风已萌，借口“备战”，使干部及教师下乡。吉大已有大量教师携家下乡插队落户，我以单身在校未下，而大连亦号召下乡甚力。寒假中，街道动员，拒之不可。

1970年庚戌　58岁

安国、秀兰下至复县逢家大队，三儿两女亦下乡。街道以家中人少，勒令将高尔基路一楼一底让出，另换花园广场一号楼下小房，只一间半。

1971年辛亥　59岁

6月，次孙散生。9月13日，发生林彪叛逃事件，运动有转机，而“四人帮”仍在。

1972年壬子　60岁

吉大工农兵学员开学，仍令授“中国历史文选”课，教材专选农民战争篇章。不意上课中，受一生无理指摘，系总支信之，致起轩然大波，幸得平息。又拒绝其无理要求，遂辞谢，总支许之。时“四人帮”当道，假“批林”之名以“批孔”，掩其丑迹。我仍为工农兵学员上三国魏晋南北朝及宋史课。

1973年癸丑　61岁

吉大考古专业成立，即转去教东北古代史课。“四人帮”在内假毛主席名义作号召，批孔尊法，在外粉饰升平，一般皆为所愚。暑假后与张博泉等五人赴沈哈一带访古，欲游镜泊湖，未果。

1974年甲寅　62岁

仍任东北史课。时考古专业在内蒙奈曼旗发掘有所得，我未能随往。

1975年乙卯　63岁

6月，随考古专业至内蒙科尔沁右翼前旗考古，在察尔森水库为作辽金史概况讲述并录音。9月从弟承祖在乡，为邻人患病者击脑受伤，救治不及而殁。冬，应法律系邀去天津参加其《法律思想史》定稿，皆“四人帮”观点。寓河西马场道法院。

1976年丙辰　64岁

正月，到北京，宿五叔家。值周总理逝世。留旬余归。10月上旬，中央一举粉碎“四人帮”，人心大快。

1977年丁巳　65岁

春，随考古专业下河北易县燕下都办亦工亦农考古短训班，宿农民家。事毕到京仍宿五叔处，留旬余。是年，允明与衣凤翔结婚，凤翔初姓蓝，后改归原姓。

1978年戊午　66岁

正月，省内开宣传工作会议，列席。时拨乱反正，舆情发抒。6月2日，学校组织赴吉林市参观3天。暑假后赴哈尔滨参加东北三省古籍善本学习班授课一周，馈以中华新校点本《汉书》一部。8月，妹瑜以胆管癌殁于上海。是年进级为副教授。我服膺孟子“天爵人爵”之说，故于进级漠然视之。12月，长春市政治协商会议开会，我以无党派民主人士参加。

1979年己未　67岁

时“批孔”余风未净，本年日本友人吉川幸次郎以访华代表团团长来北京，诋为“数典忘祖”。12月31日母何孺人疾终连寓，享年95。时予尚未归，家人不敢告，及归，已不及一面。母体质素弱，又经历忧患，疾苦不断，惟生活尚能自理。九十后，以患风湿关节炎，遂卧床不起。我每假期宁家，辄以作画娱亲，为开颜一笑。

1980年庚申　68岁

学校给明德路宿舍一区；文珍得来长春，连寓适允和与王继武新结婚，遂留允和夫妇同住。“东北史”课由张博泉继任，我别授“目录学概要”课。5月与王同策参加武汉召开之历史文献研究会首届年会，过京晤五叔。会，华中师大历史系教授张舜徽所首创，发行刊物，年一册。会毕赴南京晤巽姑，留其山西路寓所一周。10月参加吉林省史学会于左家。是年《永丰乡人行录》由江苏人民出版社代为刊行（内部）。

1981年辛酉　69岁

2月16日，君美公冤狱得旅顺口区法院平反，宣布无罪，而吾母地下不及知矣。8月与王可宾同领东北史研究生赴沈、津、京实习，先沈后津京。晤五叔四婶，时五叔已病，宿教育部招待所。11月闻讣音，诊为胃癌，骨灰得附八宝山革命灵室。12月我忽得脑血管痉挛致眩晕，眼前所见物皆倾倒易位。眩晕是多年宿疾不时发，此次较重，卧床数日，医治不甚见效，渐至两耳俱聋，殆类所谓“美尼尔”症。是年，经人介绍入九三学社为社员。

1982年壬戌　70岁

耳聋未愈。4月来大连老干部疗养院疗养，针治，效甚微。月余又患胃病，不思食，遂离所回家，服王医志远药得愈。9月，安国伴赴津、京配助听器，不适用。冬返校，仍服中药。

1983年癸亥　71岁

进级教授。以耳聋不能授课及带研究生，东北史研究生只带一届，遂转职吉大古籍研究所，为所文献研究室主任。时台湾《罗雪堂先生全集》（计七集，140册）已刊行，昌霈姑寄贻一部。于是吉大亦有创重校订雪堂公论著中华刊行之议，委我任主编，纠合同人分任校点。

1984年甲子　72岁

2月，中华书局刊《枫窗脞语》。此书创始于张伯驹《春游琐谈》，“文革”初期几失之，后又续加撰辑始成书，而《琐谈》亦在河南出版矣。7月17日于省吾教授逝世。年八十八。我与于老共事三十年甚相得，且共历患难，晚年培养古文字研究生，收效甚宏。作悼词。

1985年乙丑　73岁

作《庭闻忆略》十四万九千言，副题为——回忆祖父罗振玉的一生。初付长春市政协，作文史料第十辑出刊。至是年10月又补写《家乘点滴》十则，改由吉林文史出版社刊行。主要为祖父辨诬，且订《我的前半生》记载之误。吉大出版社重印《殷墟文字楹帖》，作跋。

1986年丙寅　74岁

4月作《两启三助四不轩小记》，因自号两启轩主人。作台湾本《罗雪堂先生全集校读记》，刊东北师大《古籍整理学刊》中。我自耳聋后，体力亦大衰，每日晨起惟在附近散步，集会在当地不得不去者亦必索车，不出远门。7月27日与文珍返大连，至9月12日归校，得与刘蕙孙表兄一晤。兄久寓福州，解放后才一见。为研究生十人讲《论语》。10月5日，吉大党委以我在职已三十年以上，又值建校四十周年，特颁发“荣誉证书”。

1987年丁卯　75岁

3月，校系同人及门下诸子与在长友人为我祝寿，聚餐于市内南北饭庄，尽欢。费皆出每人自办，人以为难。学校新章教授年龄过限可延聘，发聘书，从1986年9月1日起至1988年9月1日止共两年。8月3日与文珍同赴大连，此行专为从建筑设计院领回“文革”中被抄文物而来，文化局人在场，凭单领回。作感谢状。17日返校。10月，北京《文献》第四期刊我的《自传》，乃第二稿。

1988年戊辰　76岁

4月申请离休得准，颁发老干部离休荣誉证第200086号，享受司局级待遇，接受单位则大连市管理干部学院也。我老家皆在南方，转居外地年深不可复归。遂从权大连为道丘之地，蒙干院欣然接受，而安国又正工作于院。吉大出资于市区白云村122楼得一宅，遣人妥为安顿。以六月往。临行，知友人们饯行，我赋诗答谢之。到连以新宅工未竟，暂舍于旁宅，逾一年始迁入。

1989年乙巳　77岁

离休后与家人团聚。此地是两度沦为殖民地，好读书人少，门庭冷寂，门人皆远离。但平日仍以读书阅报为事，萦心事故，逾于在职。以病废闭门谢客，人亦几不知尘世中尚有斯人也。

1990年庚午　78岁

病感冒后忽得膀胱结石症，尿血。经确诊谓非施手术不可。吉大为延清白求恩医科大学泌尿科萧连升大夫执刀，获愈。4月初入辽宁军区210医院，6月初出院。时已入新居五楼三室，山海环抱。8月，文珍八十寿辰，作寿联，回溯一生遭际。

1991年辛未　79岁

体虽渐衰，而笔耕不辍。是年写两文皆满意，一为《长恨歌新评》，一为《杨毕奇案本事考》，皆已发表。

1992年壬申　80岁

3月，《涉事琐记》（上）脱稿，为《回忆录》第二部。4月15日八十生辰，长春大连两地领导、友人及门人来祝者60余人。王庆祥为撰传——《没有进过小学的大学教授》一文，在《长春市文史资料》三十六、三十七辑中发表。

学者自述

陈述[1] 自述

编者按：此文原稿，题作《求学自叙》。原刊于高增德、丁东编辑的《世纪学人自述》一书，由北京十月文艺出版社。所谓求学不只是指学生时代生活，而是指其一生的学术研究过程。故先生文末有："活到老、学到老、工作到老"之言。（注释为编者所加）

陈述字玉书[2]，河北省乐亭县人[3]。1911年10月20日生。[4]任中国社会科学院民族研究所研究员、研究生院教授、国务院古籍整理出版规划小组顾问、中国辽金契丹女真史研究会会长。幼年家境清寒。父亲是一位有修养的读书人，诚朴务实，在家里教小学。幼年随父亲学了小学课程，念过《四书》、《诗经》、《书经》和汉唐以来的古文若干篇，背诵讲解，要求懂文义，对《论语》、《孟子》的讲解，还时常彼此比较对照。常说："文无定格也有定格；办事说话，也常用赋、比、兴启发思路，总要有个条理头尾嘛。"不准看杂书、小说，幼年没有看过《三国演义》、《水浒传》这一类的书。背诵几句唐诗，还是孩提时期，由祖母口授的。单一地学会"之、乎、者、也"的用法，也粗知历代学术、文章大概，当然是很皮毛的。一般文化常识很贫乏。

十二岁，母亲去世。十三岁，进县城高等小学。那年月，小学举行全县会考，我在初小、高小两次考取第一名。当时误以为年幼，接受快、记得牢，以后回想，实际是得力于教诲。

来北京上学，两次转校，先在香山中学一年[5]，转入省立第十六中学（宣化），一年后，又

1 原稿在"陈述"下，署72岁。先生生于1911年，则此文作于1983年，即逝世前九年。

2 先生原名锡印，字玉书。后改名陈述，仍字玉书。改名的时间待考，有可能是考入大学以前，因为在大学时代发表的论著，一律以陈述为名。

3 先生生于直隶省（今河北省）乐亭县崔埝乡罗庄 。

4 其父讳履成，母李氏。先生行二。

5 香山中学，指香山慈幼院中学。北洋政府国务总理熊希龄创办的慈善性学校。今香山双清别墅，即熊希龄私人别墅。其辞官以后，曾从事慈善事业。熊希龄之墓，在香山公园东墙外。

转北京求实中学[1]。由于连次转换学校，倒培养了自学的习惯。

1929–1935 年，在北京师范大学历史系学习直至毕业（获文学士学位）。学校实行学分制，除必修课外，选课不拘束，自学的时间很多。我们有十来个人，围绕著陈垣（援庵）先生的讲授，分别读书上课，茶余饭后，偶尔也互助切磋，形成一个没有任何形式的松散小组，援庵先生常讲，要把研究中国史的中心夺回来，不能让中国史的研究落后于国外。平常讲究方法、史源，要求提高识力，要求举一反三。他通过提问交谈，掌握学生们的进度，作个别指点。我们十来个人中，张鸿翔是老大哥，已三十几岁，我年岁小，还不到二十。

1932 年以前，我作过四项系统的练习：

第一《陈范异同》。范晔《后汉书》和陈寿《三国志》有一部分是重叠的，就像《史记》、《汉书》那样，一部分重叠。宋朝人倪思以史、汉重叠部分，互相对比，作成了《班马异同》，就是校对《史记》、《汉书》，看彼此的差别。我仿倪思的办法，作成了这本书。

通过此书，可以看出范晔怎样根据《三国志》增改成《后汉书》，增的是什么新材料，减的哪些是文字精简（即刘知几所说的“点烦”）或者有所移动。此书由师大出版科印了一个单行本。

第二《南齐书艺文志》。这个练习，要看《南齐书》、《隋书 · 经籍志》及其相关的一些书，要掌握目录学知识。当时上海开明书店筹印《二十五史补编》，顾颉刚先生在北京替开明访求、组织书稿，这本书被印在《二十五史补编》里。

第三《蒋士铨年谱》[2]。这个题目要广览清人诗文集，从史部以外求史，练习编年，熟习编年传记。1932 年印在《师大月刊》。

第四 《金史氏族表》。这个练习是参考《元史氏族表》体例并斟酌、改订。搜集宋、辽、金、元各史和这一时期的其他文献作成。

四项都属于习作，实际是沿着二十四史看书、查书，通过实践印象深，当然也有不足的一面，即带着框框去看，无形中会受一定拘束，在实践中也发现新问题。年轻精力充沛，自知资质鲁笨，就“慢雀先飞”。全靠“人一己百，人十己千”。用变换代替休息，锲而不舍。对二十四史清人著作，有的细读过，也有的粗略翻一翻。因在课堂上学过《日知录》、《廿二史札记》、《史通》这一类的书，翻一翻也有一定的印象。

当时正值“九一八”，书生报国，也愿意知道一些东北史。

师大研究所作二十四史索引，要对各史标点，我也标点了辽、金二史和元史的大部分。在进行中，有些不易断句的也需要查书。大辞典编纂处委托标点者把特殊词目记下来，这使我对辽金史又比较熟一些。

1 北京求实中学，即今北京市第二十三中学，在交道口东大街。“文化大革命”以前，学校木刻的光荣榜（学习成绩优秀的学生）上，尚可以见到陈玉书的名字，排在第一位，今已毁坏不可见矣。

2 蒋士铨，字心馀。此文发表时，题作《蒋心馀先生年谱》。

我听陈先生（垣）、朱先生（希祖）、陆先生（懋德）诸先生的课，平素注意史学史，既综观整个史学的发展，也留心具体著作的某些技术细节，注意前人有哪些成就，哪些是美中不足的地方。这对我以后的学习、工作很有影响。

北海图书馆[1]、学校里的图书馆是常去的地方。到北海去，一般是中午不回来，也有时是晚饭以后去。

1933年春，有一天，援庵先生告诉我，他在一个小型集会上，把《金史氏族表》交给两位先生看，并请估计作者的年龄，寅恪先生看了以后说："可能在四十左右。"他说："他只二十一二岁，是我的学生。"对方感到还年轻，"你让他跟我见个面"，我就这样去到西四姚家胡同陈宅。那是初次见面，陈宅的看门者是位老年人，用旧规矩，把名片举在右肩膀上，导客入室。前辈对后学，倍极勉励，说今谈古，诚恳热情，给青年留下难忘的印象，临别时还说："平日我在清华园，周末进城，以后再来。"

1934年秋末，罗常培先生用电话约我到北海静心斋，说傅孟真先生要跟我谈谈。傅先生问了我学习的情况，简单介绍了中央研究院和历史语言研究所，希望我毕业以后能到所里来，我表示同意，转过年来4月就搬到北海研究所（先住蚕院，后迁西院）。

进静心斋便门，顺西墙向北月亮门内，有个坐西朝东的小院，我就住在那三间西房的南屋，对面屋住陈槃，左侧北屋住丁声树，出圆门，拾阶而上有徐中舒。在这个幽静的园中之园里，拱桥长廊，花木如画。每天早晚，连厨师茶房门者总共不到十个人。读书就是办公。风雨鸡鸣，启人遐思。自度应当做点较大的工程，也算是担负时代责任。我考虑到二十四史在祖国历史的地位，辽金史在二十四史中的比例，辽金史里还有哪些工作需要做，也注意《新元史》的工作，效果并不完全理想美满，学问没有止境。任何学问都是积累的、长期的接力工作，所以不能不研究前人的经验教训。见贤思齐向人学，见有不合适的地方，就不再走弯路。柯绍忞就是在工作上疏忽了这一点，他虽然已经利用了当时所能利用的材料，如《元史译文证补》、《永乐大典》等，作了渊博精审的考订，但是他没有从欧阳修的工作里吸取经验：新史既行，旧史不废。新史既是不能代替旧史，则作新史就是给读者添麻烦。我们应当提供读者以新材料费、新知解，又要尽可能节省时间，便于翻检，这才是理想的办法。符合这种精神的办法，才是可取的。能够满足这样的要求体式，才算是有生命力的体式，才值得继承发扬。一个史学工作者需要知道这一点史学史，就像一个门诊大夫，一面要对患者诊看病情，一面也要翻一翻患者的病历。

我在大学里学过日文、俄文，都是按规定，没有像英文那样认真用功，时间也短。在北海时，和劳干等三、四人，请了一位教师，每周用三个晚上，在俞大纲家里学日文，寅恪先生说："和文汉读就可以了。"学了三个多月，因时局紧急迁南京，就停止了。在南京住定了以后，我每周用三天晚上从鸡鸣寺到新街口去学习俄文，当时翦伯赞就住在新街口花家巷，上课前后，有时到他家坐一会儿，久了就成朋友了。尹达也在那里学过一段俄文。

1 北海图书馆，在北京西城区北海西岸，故先生称其为北海图书馆。民国年间称国立北平图书馆，1949年以后改称北京图书馆，今改称中国国家图书馆古籍馆，主馆已迁往白石桥路紫竹院公园北侧。

敌机侵扰南京以后，随研究所内迁长沙，住在韭菜园圣经学堂西北楼，和临时大学同院，寅恪先生们每周来授课，让我先把要用的书准备了，届时就拿到课堂去，历史组的部分同仁也跟着，陈先生讲南方民族：巴蜀蛮獠，溪俚楚越，就是那里讲的。当时丁则良是每堂必到的学生。以后研究所由桂林、南宁、转越南到昆明，住定了又开始工作，往地虽然迁转，业务却连续未停。

在南京、昆明作过几篇论文，如《契丹世选考》等，都发表在历史语言研究《集刊》。

1940年冬，四川三台东北大学成立东北史地经济研究室，金静庵先生主其事，我被聘为研究员研究东北史，地理、经济分别由各该系的两位教授兼。东大在城里，研究室在城外，还有几里路。住在研究室的，除了金先生和我，还有几位研究生。金先生半年在重庆，半年来三台。研究室附设两台石印机，一面编印《东北集刊》，一面印研究东北的专著如《东北通史》、《东北书徵》等，还承印东大的学报《志林》，《辽金闻见汇录》、《辽史补注》也排入过计划目录，实际无力印。又因研究室改为研究所，任务由研究东北转向一般教学，1942年我专任历史系教授兼研究所导师，印书的事就搁置了。

在三台期间，因辽金史研究，得过美国哈佛燕京社的奖助金，三台同仁中，丁山、陆侃如也因自己的研究项目同时得到，以后在梁方仲的传记里，看到方仲和寅恪先生、汤用彤先生也得到过。

丁山、孔德、我和蒙文通等创办草堂书院，我讲史部目录学（也兼教务），《四库提要史部笺》便是当时作讲稿用的。我在教书期间，除讲辽金史外，又讲中国史学史，教学相长，这有机会得以熟悉祖国史学遗产，数点家珍，主要看前人在已有基础上不断进步。鉴往知来，就使我们在工作中，比较清醒主动。后人可以看前人，前人无法看后人，因此就要学历史（当然学历史并不限于看前人）。作为一个科学工作者，不论在哪一个领域里，知道一些本学科的发展经过，都是完全必要的。

我在三台几年，和很多同事们有同样心情，大家都盼着早日胜利，有那样一天——

“青春作伴好还乡”

日本投降了！大家交相庆贺。一片欢腾，也一片混乱，不少同事争先飞离四川，也有沿陆路过西安走的。臧校长（启芳）要到南京交涉复员以后的安排，委托我代理他任复员总领队，我就同全校人员别了三台，过重庆，顺江而东。出川的人多，交通工具少，秩序也差。一路耽误很久，才到南京。丁山留我在上海暨南大学，就没有到沈阳去。

到了上海暨南，同时又任复旦大学教授。教课之余，清理过一次战前校辑的《辽文汇》，也未能印出（此书在北京解放后由科学院出版局印成线装四册）。那一年，上海正处于反饥饿、反迫害抗议活动，罢课罢教，我也在反饥饿的大队里。一年以后，回北京师范大学。

在北京，也常遇到同学、同事遭迫害。有一次，大家从厂甸[1]步行到新华门请愿，整整在

1　厂甸，今天称琉璃厂，多书肆。和平门外新华街，为北京师范大学旧址。新华街南与厂甸相接。1952年院系调整以后，北京师范大学迁往北太平庄铁狮子坟，原校址成为教育部宿舍。

马路上坐了半天。

在北京，我写过《阿保机营建四楼说正误》（刊在《辅仁学志》），用游牧民族的实际生活结合文献记载，证明汉人对《辽史》的附会。写过《论契丹选汗大会》（刊在北平研究院《史学集刊》），用实例说明选汗大会的前后变革和北方草原上的通例。

由北平研究院出版过一本《契丹史论证稿》，这是一本比较深入讨论辽代历史的书，经过斟酌去取，详细考证。目的在用史料阐说祖国南北文化的结合奠定了统一的基础。另册讨论制度，未付印。出版以后，鸟居龙藏曾为该书作了长篇的书评（刊在《燕京学报》）。他说："还等着再作一次光荣的评介。"即指另册言。书刚印的时候，市面上，已经使用金圆券。真正是"风雨如晦"的时候了。

美国洛氏基金会给师大一个教师进修的机会，可以去两年，学校让我去，陆先生（懋德）催我去。丁易说："很多人已到石家庄（解放区），现在去美国，回不来了怎么办？"当时我也接到邮局寄来的印刷品，封面上印着《剿匪小丛书》，内容是《五一宣言》、《社论》之类，我意识到是党的地下同志寄来的。当时决定：安下心来迎接光明。陆先生说："我多年教书，只遇到两个在学生时期能作出学术成果的，一个是你，一个是清华的张荫麟。既不出国，那就著书吧。"（陆先生在各大学教书，很有一些学生有成就，我并没有作出什么成绩，这只是加重督促。）话虽是勉励，其意若有失焉。

北京解放了！知识分子也翻身了。首先是学习改造，从头学起，转变人生观——怎么为人民服务。应吴晗提议，发起组织中国新史学会；因吴晗之介，参加了民主同盟。

听到毛主席宣告："中华人民共和国成立了，中国人民从此站起来了。"自己感到欢欣鼓舞，精神振奋，顿觉年轻了很多，也觉得是进入新时代了。[1]

有一天，徐老（特立）到我家里来，谈了一会儿，要看看《辽史补注》，同来的还有中宣部的两位同志，前后翻看了几段，说："很好。和王先谦的《补注》并不相同，以后我替你设法印。"我很感激徐老的鼓励。和王书不同，当然指的是不专考订训诂，而在增补史实。当时大学里，师生一同学习《社会发展史》、《从猿到人》，在学习高潮中，自己也积极学习改造，在革大研究院学习了十个月。

除在师大教书外，又兼过中法大学、燕京大学教授，讲辽金史。[2]学习马列理论，觉今是而昨非。改造思想是长期的，通过业务更觉得思想改造的重要。

从 1952 年任民族学院研究部教授[3]，配合民族识别、民族调查，几年的时间里，作过《大辽瓦解以后的契丹人》，达斡尔、鄂温克、鄂伦春等族来源和文章，发表在期刊杂志。写过一本《达斡尔历史》（待刊）。组织上编写三套丛书（简史、简志、区域自治概况），跟着大

---

1 陈先生以高级知识分子代表的身份，出席了开国大典观礼。其所佩绶带，至今犹存，收藏于北京辽金城垣博物馆。

2 1952 年院系调整以后，中法大学被取消，燕京大学合并到北京大学中。

3 民族学院，即中央民族学院，以少数民族学生为主。今改名为中央民族大学，在京西魏公村。

家一同审看润色。新的风气，常有集体协作任务：边界材料、历史地图、辞海，任务带动工作。也有外边送来的，如历史所送来的蒙古人民共和国（丕仍来）的博士论文，要求作学术鉴定，写评语。外交部送来的匈牙利人问中国匈奴史的问题。博物馆有时带来地方馆的问题，军队某部来问过城防沿革，长影的同志来问过契丹男女衣装，也有青年来信问书。几年里，跟大家一样显得忙忙碌碌，没有作出什么成果。

在民院曾兼图书馆主任，也兼过研究室主任。印过《金史拾补五种》（科学出版社），《契丹社会经济史稿》（三联书店）。前者属资料工具，后者是解放后学习研讨契丹历史的一本书。台湾把我在解放后印过的书文，差不多都在《辽史汇编》里翻印了。

由上边布置和翦伯赞等编过民族史料（由中华印过三本，唐以后待续），对文献检索查对，还需要有工具书，我做的《辽史五种》既是资料，也是工具书，有了工具书，替后人省时省力，也避免误解。“读史共推《纠谬》细”，《纠缪》即纠《新唐书》的失误处，但有的如恒山作常山，是避唐讳；程昌胤作程昌裔是避宋讳。虽未统一，不算谬误。区别人同名异名，可免张冠李戴。资料工具工作，就是为本学科前进奠基铺路。

50年代里，日本、苏联有些讲契丹字的文章，他们都是追求读者，我看了他们主要的材料意见，试图通过各种渠道，找出些音义，在再解读实践中，去其未合，存其可取，用已知推未知，试探开展。为了找中世纪蒙古语文作参考，把《元朝秘史》的汉字记音，用英文字母登入卡片，注上汉义。又用汉字字义按笔划制成卡片，随附标音的蒙文，见于《辽史》、《元史》和其他文献的译语也注进去了一些，未能做齐，就开始批判“三家村”。

因和吴晗认识，又在初期替我一个学生说了两句公道话，运动不久，就被拨入扫地拔草大队。[1] 除了写交代材料外、外调材料以外，动笔的机会不多，十年差不多没有写过什么信，书已加封，这是认字以来从未有过的一段“全休”。

惟有棚栅最堪隐，万人如海一身藏。

休也不休全，得空还是看看书，放不下，当然没有什么收获。藏也藏不住，有外边来人通过工宣队来座谈边疆问题。下干校前，还经工宣队安排写过三次边疆材料。

在干校养猪种菜一年多[2]，被调回参加标点二十四史。

每天从西郊进城，早出晚归，这不仅是比起在干校来轻松了很多，更感兴奋的是又接触了书纸笔墨。直到任务结束，回研究所工作，收束辞海未了项目，做过契丹文字三论：历史概况，有关解读的几个问题，解读释例（我的学生、友人们有可喜的发展，当然离全部通解，还有一段遥远的路程，这要靠众手接力）

拨乱反正以后，心情舒畅，精神旺盛，虽然年事渐高，但体力转健。从1979年以来，特别是在十一届三中全会以后，各条战线上欣欣向荣，更激发了学习、工作的积极性。除带

1　扫地拔草大队，即打扫环境卫生。这是“文化大革命”中惩罚知识分子的一种方式。

2　干校，即五七干校。是改造知识分子的场所，美其名曰干校。

研究生、进修生和其他工作任务外，还发表了学术论文十来篇，印了《辽代史话》（普及读物）、《全辽文》（一部辽代当时直接史料的总集），打算印《辽史补注》的同时，再印《辽金工具书十种》。[1] 我的学习工作范围，重在证实纠偏，证实以见当时历史实际情况；纠偏则纠正历史上遗留下来的民族偏见。

伟大祖国的历史文化，是各民族人民共同创造的。辽金两代在祖国历史上有特殊贡献（如沟通长城南北，稳定祖国北疆，融合南北文化等）。过去由于民族偏见、旧时代正统观念等，没有得到应有的重视，长期作辽金研究，应当深入学习宣传，消除歧视偏见，蔚成风气。

愿和青、壮年同志一道，深入学习宣传民族平等、民族团结，开展实事求是的学风，投入"四化"建设。

活到老、学习到老、工作到老。

1 辽金工具书十种，指《辽史别录五种》和《金史拾补五种》，合计十种。先生原意合编为一书，逝世以后难以实现了。

杨树森自述

我是陕西富平人，1925 年 12 月生。新中国成立前曾在北平学习法律。解放后转入东北师范大学，1953 年毕业于东北师范大学历史系。现为东北师范大学历史文化学院教授。从事辽宋金元史的教学与研究。兼任中国宋史学会会员及中国辽金史学会顾问。吉林省英才奖章获得者。获国务院颁发的政府特殊津贴。

一　专著

1.《清代柳条边》，辽宁人民出版社 1978 年出版，获 1979 年吉林省社会科学荣誉证书；1982 年又获吉林省社联荣誉证书。

2.《辽史简编》，辽宁人民出版社 1984 年出版。1985 年《史学情报》说："本书是解放以来第一本辽史专著。"同年《中国历史学年鉴》说："本书系统论述了辽王朝的兴衰全过程，对当时的民族矛盾（主要是对宋朝的战争）以及辽朝本身的经济、文化作了较为深入的研究，并提出了一些独到的见解。"1988 年本书获吉林省首届社会科学成果优秀奖。

3.《辽宋夏金元史》主编（执笔：穆鸿利、王德忠、赵永春、杨树森），辽宁教育出版社 1986 年出版。

4. 参与完成六卷本《中国历史 · 隋唐辽宋金卷》，任辽宋夏金史主编（执笔：李锡厚写辽和西夏，宋德金写金，杨树森写两宋）。全书各卷有不同的内容简介，本卷内容简介说："本书为六卷本《中国历史》的第三卷——隋唐辽宋金卷。作者详述了隋唐辽宋夏金各朝的政治兴替、政治制度和国家行政管理、社会经济与管理、思想、学术与文化、社会生活与习俗等，在内容和体例上比同类书有所创新。作者还注意广泛吸收学术界的新成果，使得本书不仅成为通史教材的一个有机组成部分，而且也可以当作一部断代史专著来使用。"本书由高等教育出版社 2001 年出版。2005 年 10 月，获教育部第五届高等教育教材国家级一等奖。

二　论文

1.《清入关后战争性质向题商榷——兼说对康熙评价》，《民族团结》1962 年第三期。

（以下中外关系三篇为《历史研究》编辑部组稿 ：）

2.《柳条边的历史和苏修的谬论》，《历史研究》1975 年第三期。

3.《再论柳条边的历史——驳齐赫文斯基〈中国历史学中的大汉族霸权主义〉》，因校对确认稿因故未按时返回编辑部，耽误了刊期，为争取时间，由《吉林师大学报》1978 年第一期刊出 ；

4.《三论柳条边的历史——驳梅里霍夫〈柳条边——清帝国的疆界〉》，稿子将要杀青，1982 年因形势有了变化，编辑通知该文停发。

5.《论耶律楚材》，该文写成于 1962 年春。为纪念成吉思汗八百周年学术会议而作。20 年后的 1982 年才刊于《东北师大学报》第三期。当年 7 月 9 日（或 9 月 7 日）的《光明日报》，以《正确评价耶律楚材》为题，介绍了该文第四部分的主要论点。同年 10 月《新华文摘》第 10 期，又全文转刊。

6.《略论辽代军事家耶律休哥》，载《辽金史论集》第一集，上海古籍出版社，1978 年出版。

7.《辽代史学述略》，《辽金史论集》第二集。书目文献出版社 1984 年 7 月。

8.《略论辽与五代、北宋战争的性质》，载《社会科学战线》1986 年第一期。

9.《辽朝的历史作用初论》（合著），《辽金史论集》第　辑，书目文献出版社 1987 年 7 月。

10.《〈辽史 · 地理志〉所记辽朝北界辨误》，《东北师大学报》1991 年第 4 期。

11.《浅谈辽朝的孝道和忠君》，《辽金史论集》第八集，吉林文史出版社 1994 年 12 月。

12.《辽朝统一北方和有效的行政管辖》，载《中国边疆史地论集》，黑龙江教育出版社 1991 年。

13.《怀念陈述老师》，载《陈述先生纪念集》内蒙古教育出版社 1995 年 7 月。

14.《我国历史上多民族国家的统一与分裂历史发展之管见——兼论辽、夏、金时代对中国历史承先启后的历史作用》，载《赵俪生先生八十寿辰纪念论文集》，山东大学出版社 1996 年 10 月。

15.《辽代农、牧业生产发展述论》，载《辽金史论丛》——《纪念张博泉教授逝世三周年论文集》，吉林人民出版社 2003 年 7 月。

16. 辽金史专家陈述，中国大百科全书第二版新增辞条〈陈述〉释文。

17.《契丹传统的畜、牧、渔猎社会生活习俗和辽朝四时捺钵制度》，载《赵俪生先生纪念文集》，甘肃民族出版社 2009 年 8 月。

18.《辽宋金时期交通体制的变化和发展概况》，载《宋史研究论文集》（2008 年 7 月宋史研究会编刊）上海人民出版社 2008 年 7 月。

19.《南宋三次内禅与宋金和战》，《辽金史论集》11 辑（2008 年十一届年会编刊），内蒙古大学出版社出版 2009 年 11 月。

20.《辽朝后期的政治和统治阶级内部的斗争》，这是为 2010 年辽金史 12 届年会，所提交的一编论文，约一万二千余字，虽为旧作，但有个人的一些看法。有可能收入本届年会编刊的《辽金史论集》。

三　书序

1. 黄斌《大辽国史话》（辽朝历史作用）序，吉林人民出版社 2000 年 8 月。

2. 景爱等《金代官印》（二函十册）序，中国书店 2007 年 8 月。

3.《辽金史论集》11 辑序（11 届年会编刊），内蒙古大学出版社 2009 年。

四　书评

《对〈中国历史大辞典 · 辽夏金元史卷〉的一些意见》，主要是对辽史部分一些辞目的释文商榷，意见共七十七条。

1989 年，中国社会科学院原《中国历史大辞典》秘书处来信说，中国历史大辞典各卷已出齐，拟以《辽夏金史卷》作重点，征求意见，作为各卷修改时的参考。辽史部分求我拜读。我用了几乎一个暑假的时间，按页码分别对七十七条的辞目释文提出了商榷意见，大部分都是史实错误。秘书处认为所提意见很细，既具体又有特点，有些是一般不注意的，要求在内部刊物《中国历史大辞典通訊》上发表。我说以我原意是供作者修改时参考，故原稿未作任何整理和修改，就原封不动寄出去了。他们说就以原稿原汁原味发表更好。我就同意了。这个稿子发表在《中国历史大辞典通讯》1989 年 4 期。

附注：过去所发表的论文，由于未留有记录，今天查找起来困难较大，肯定有所遗漏。如《〈辽史 · 地理志〉所记辽朝北界辨误》一文，我早已忘记。一年前我在书店看到吴凤霞主编的《辽金元史研究》，收有该文，这才回忆起来。因此以上所列篇目，不能代表论文的全部。

宋德金自述

我是辽宁新民人，生于 1937 年。直到中学毕业前，都是在家乡度过的。

1957 年考入东北人民大学（1958 年改为吉林大学）历史学系，1962 年毕业后，经考核入东北文史研究所，任实习研究员。“文革”期间，命运多舛，曾任中央军委办公厅秘书、“学习班”受审学员、工厂工人。

1978 年，重回研究部门吉林省哲学社会科学研究所（东北文史研究所为其前身之一，今吉林省社会科学院），参与学术期刊《社会科学战线》杂志的创办工作。1979 年，调入中国社会科学院《历史研究》编辑部，任编辑。1980 年后，《历史研究》隶属在本编辑部基础上新组建的中国社会科学杂志社，先后任编辑、副编审、编审，编辑室主任、中国社会科学杂志社副总编辑、《历史研究》杂志主编。社会兼职有中国社会史学会副会长、中国辽金史学会会长等。个人研究方向和专长是中国辽金史、中国社会史。1997 年退休赋闲。

在我的履历中，有研究人员、军人、工人和编辑四种职业，前三种都是过渡性的，从事时间最长的职业是编辑。虽然当编辑并非我的初衷，本想作专职研究人员，不过当了半生编辑，却无怨无悔，乐此不疲，而且对从事学术研究并无大碍。

在 20 年编辑生涯中，做的是“为人作嫁衣裳”的工作。我认为做一个好编辑，不仅要熟悉分管学术领域的研究动向和作者专长，而且也要有自己的一块阵地，就是在学术上的某个方面有一点发言权。不然，你退了别人的稿件，人家会说你“不识货”——因为那时我们的刊物没有实行匿名审稿制度。因此，我在承担编辑工作之余，还抽时间作一点学术研究。

个人研究方向（中国辽金史和中国社会史）的确定，最初也是出于编辑工作的需要。

早年我曾对先秦史有些兴趣，大学毕业前后的四五年间，主要精力集中在这一段。到《历史研究》编辑部后，社里安排我分管辽宋夏金元史和民族史方面稿件的编辑工作，于是就把研究方向确定在辽金史方面。其原因是考虑到我的研究只能利用编辑工作之余，而辽金文献较少，可以大体读尽，辽金史研究相对薄弱，空白也多。30 年过去了，实践证明当初这一选择还是对的。

在 20 世纪 80 年代，中国社会史研究开始受到国内史学界的关注，《历史研究》编辑部抓住这一发展趋势，与南开大学历史系共同发起召开中国社会史研讨会，并倡导成立研究会。此后，《历史研究》用较多篇幅刊登社会史研究文章，介绍、评述社会史研究状况，为引领、推动中国社会史研究作出了贡献。与此同时，出于个人兴趣及编辑工作需要，也在中国社会史研究方面下了一点功夫。

由于在职时，能够自由支配的时间毕竟有限，研究成果不过就是发表几十篇文章和一本十几万字的小书而已。退休之后，再无工作之累，才能够真正静下心来，毫无牵挂地认真作点研究，相继撰写、出版了《中国风俗通史 · 辽金卷》、《辽金论稿》、《中国历史 · 金史》、《宋德金集》等几本专著和文集。

退休后的十多年间，除发表以上成果之外，参加一些与本人专业有关的学术活动。

1997 – 2000 年，与两位朋友组织来自全国 30 多个高校和科研院所 40 多位从事社会史研究的知名学者，共同编撰一部 120 多万字的《中国社会史论》。

2003 – 2006 年，应北京大学邀请，参加“10 – 13 世纪中国文化的碰撞与融合”课题。此课题是北京大学、台湾“中央研究院”历史语言研究所和美国亚利桑那州立大学的合作项目，同时被列为教育部人文社会科学重大项目。除按要求撰写论文、参加学术会议外，还随同课题组赴内蒙古、山西、河南、陕西、甘肃及台湾等地考察，获益颇多。

2009 年，应中华书局之邀，参加“点校本二十四史及《清史稿》修订工程”之《金史》审定工作。此项工程将于 2012 年完成。

我们这代人一生最好的时光，是在一个接一个的政治运动中度过的，真正的学术生涯就是改革开放后的 30 多年。同许多前辈和后辈相比，总体来说，这辈学人的根基不深，外语不灵，眼界不宽，难出大家，都是时势使然。

通过对自己学术经历的简单回顾，有几点粗浅体会。

一、注重填补空白和学术创新。当 20 世纪 70 – 80 年代初，刚刚走出“文革”时代，我选择了当时研究薄弱、空白较多的辽金史，经过二三十年的努力，取得了一点成果。80 年代是我国学术界处于反思、探索的时期，沉寂几十年的社会史研究受到许多人的关注。我在以辽金社会史为切入点的同时，关注中国社会史的研究，并且利用在《历史研究》杂志的工作之便，为呼吁、推动中国社会史研究作了一些力所能及的工作。

二、不断开拓、扩大史料来源。辽金传世文献不多，在研究中除依靠官、私史书之外，还尽量利用碑刻、考古资料以及宋元笔记、文集等。特别是在文化、社会生活研究方面，除了使用研究者所共同关注的文献之外，注重利用诗文和考古资料等，这是“正史”和其他史书所无法替代的。

三、调整知识结构，开展多学科研究。辽金两朝是北方民族契丹、女真建立的王朝，有其明显的特点。在研究辽金史时，除使用传统的历史方法之外，还注重借助其他科学，如民族学、民俗学、社会历史学等理论和方法进行研究，努力吸取相关的研究成果。

其实，以上只是心向往之，在主观上尽力朝这个方向去做。然而，由于这一代人整体状况及个人驽钝所致，也只能是一个愿望而已。

我在自选集的“后记”中说过，在盘点和回顾几十年的学术生涯时，我才深切地体会到，自己的能力与成绩是何其渺小，微不足道！尽管如此，却无力改变了。

最后，对目前的辽金史研究状况谈点看法。

近年来，辽金史研究继续向前发展，在契丹、女真语言文字研究，辽代石刻文整理及利用墓志研究辽史等方面都有进展，但是从总体来说，辽金史研究并重大突破。

当前存在的问题有三：一是理论和宏观探索不足，我想这是辽金史研究鲜有重大突破的重要原因之一。二是低层次重复较多，一些研究者无视或不知别人相关问题研究成果，继续写来写去，耗时费力，无所进展。三是对传世文献及近人重要成果的发掘、利用尚欠精深，甚至想在缺乏充分论据的前提下颠覆成说，走向另一个极端。我想，以上几点也许是制约辽金史研究取得重大突破的主观原因吧！

中国辽金史研究状况的改变，寄希望于甘于寂寞、辛勤耕耘的广大研究者和爱好者，特别是中青年学者！

附录：宋金德著译目录

一　专著

1.《金代的社会生活》，陕西人民出版社，1988 年。

2.《中国饮食史（第四卷 · 辽金编）》，华夏出版社，1999 年。

3.《中国风俗通史（辽金卷）》，上海文艺出版社，2001 年。

4.《中国历史（隋唐辽宋金卷 · 金代部分）》，高等教育出版社，2001 年。

5.《中国考试通史（卷二 · 辽金部分）》，首都师范大学出版社，2004 年。

6.《辽金论稿》，湖北教育出版社，2005 年。

7.《中国历史 · 金史》，人民出版社，2006 年。

8.《宋德金集（中国社会科学院学者文选)》，中国社会科学出版社，2008 年。

二　文章

1.《吴兆骞和他的边塞诗》，《社会科学辑刊》1980 年第 6 期。

2.《金代女真族俗述论》，《历史研究》1982 年第 3 期。

3.《近三十年辽金史若干问题研究》，《民族研究》1982 年第 4 期。

4.《刘祁与〈归潜志〉》，《史学月刊》1982 年第 3 期。

5.《“烧饭”琐议》，《中国史研究》1983 年第 2 期。

6.《〈金代的诗歌创作〉的史实订误与商榷》,《文学遗产》1985年第1期。

7.《谈桦木与东北古代文明》,《北方文物》1985年第3期。

8.《金史研究的新成果——评张博泉著〈金史简编〉》,《中国社会科学》1985年第4期。

9.《关于辽金史研究的几个问题》,《光明日报》1985年6月16日;《新华文摘》1985年12月。

10.《金代宗教简述》,《社会科学战线》1986年第1期。

11.《开拓研究领域　促进史学繁荣——中国社会史研讨会述评》,《历史研究》1987年第1期;《新华文摘》1987年第3期。

12.《金代的衣食住行》,《辽金史论集》第3期,书目文献出版社,1987年。

13.《契丹汉化礼俗述略》,《辽金史论集》上海古籍出版社,1987年。

14.《金章宗简论》,《民族研究》1984年第4期。

15.《评近年的社会史研究》,《人民日报》1989年3月31日。

16.《女真社会史研究的新成果——评王可宾著〈女真国俗〉》,《中国社会科学》1989年第5期。

17.《正统观与金代文化》,《历史研究》1990年第1期。

26.《谈谈史学著作的可读性》,《光明日报》1990年4月18日。

18.《金代女真的汉化、封建化与汉族士人的历史作用》,《宋辽金史论丛》第2辑,中华书局,1991年。

19.《纠正史学著作中的若干混乱现象》,《光明日报》1991年8月14日。

20.《〈历史研究〉四十年》,《历史研究》1994年第1期。

21.《金上京访古》,《中国典籍与文化》1994.年第3期。

22.《金代社会与传统中国》,《中央民族大学学报》1995年第3期。

23.《辽金妇女的社会地位》,《中国史研究》1995年第3期。

24.《评〈金代文学学发凡〉》,《人民日报》1995年8月3日。

25.《回忆陈述先生》,《陈述先生纪念集》,内蒙古教育出版社,1995年。

26.《辽朝正统观念的形成与发展》,《传统文化与现代化》1996年第1期。

27.《绚丽多彩的民族文化画卷——评〈中国少数民族文化史〉》,《辽宁日报》1996年3月27日。

28.《评近十年中国社会史研究》,《社会史研究通讯》创刊号,1996年8月。

29.《金代儒学述略》,《辽金史论集》第九辑,中州古籍出版社,1996年。

30.《佟冬与历史学》,《社会科学战线》1997年第4期;《新华文摘》1997年第11期。

31.《当前俄罗斯史学界对一些重大历史问题的看法和认识》,《对外学术交流情况》第81期;《学术动态》,第942期。

32.《辽朝的"因俗而治"与中国社会》,《传统文化与现代化》1998年第2期。

33.《二十世纪中国辽金史研究》，《历史研究》1998 年第 4 期。

34.《金代文学研究的新高度——评周惠泉著〈金代文学论〉》,《晋阳学刊》1998 年第 6 期。

35.《金代的学校考试和诠选考试》，《社会科学战线》1995 年第 2 期。

36.《中国考试史专题论文集》，高等教育出版社，1999 年。

37.《卢沟桥今昔》，《文史知识》1999 年第 3 期。

38.《十年辛苦不寻常 东北史苑添新葩——评佟冬主编〈中国东北史〉》,《中国社会科学》1999 年第 2 期。

39.《辽金文人与酒》，《社会科学战线》1999 年第 2 期。

40.《"跨鞍""捧镜"之俗源流》，《学林漫录》第十四集，中华书局，1999 年。

41.《辽代文化及其历史地位》，《文史知识》1999 年第 8 期。

42.《读〈金代政治制度研究〉》，《民族研究》2000 年第 2 期。

43.《说"本命年"》，《学林漫录》第十五集，中华书局，2000 年。

44.《辽金文化比较研究》，《北方论丛》2000 年第 1 期。

45.《金中都的历史地位》，2003 年。

46.《双陆与民族文化的交流和融合》，《历史研究》2003 年第 3 期。

47.《序〈北京辽金史迹图志〉》，2003 年。

48.《纪念张博泉》，《辽金史论丛》，吉林人民出版社，2003 年。

49.《构建理论体系 提高研究水平——重读胡乔木致黎澍函》,《东北史地》2004 年第 4 期。

50.《辽金人的忠孝观》，《史学集刊》2004 年第 4 期。

51.《序〈二十世纪中国历史学〉》，2004 年。

52.《我所知道的李泰棻》，《文汇读书周报》2004 年 9 月 24 日。

53.《〈夷坚志〉中的宋金关系和金代社会》，《辽金论稿》，湖北教育出版社，2005 年。

54.《善疑与求实——从华罗庚对卢纶〈塞下曲〉的质疑想到的》，《历史学家茶座》第 2 辑，2005 年 11 月。

55.《萧观音冤案与契汉文化冲突》，《光明日报》2006 年 2 月 21 日。

56.《忆杨向奎先生》，《历史学家茶座》第 5 辑，2006 年 3 月。

57.《称谓的嬗变及尴尬——以同志、先生、小姐、师傅为例》，《历史学家茶座》第 6 辑，2006 年 4 月。

58.《大金覆亡辨》，《史学集刊》2007 年第 1 期。

59.《读〈龙龛手镜〉札记》，《文史知识》2008 年第 1 期。

60.《金源文化的历史地位》，《金上京文史论丛》第 2 集，哈尔滨出版社，2008 年。

61.《〈社会科学战线〉：31 年前中国学术期刊史上的奇迹》，《中国社会科学院报 · 社科院专刊》2009 第 3 版。

62.《东北文化三题》，《光明日报》2009 年 7 月 14 日。

63.《一名编辑眼中的邓广铭先生》，《历史学家茶座》2009 第 1 辑，总第 15 辑。

64.《大辽故都行》，《文史知识》2009 年第 6 期。

65.《布衣傲王侯——我的老师金景芳先生》，《文史知识》2009 年第 10 期。

66.《五国城文化琐谈》，收入《五国城文化暨满族故里论坛》，中国戏剧出版社，2009 年。

67.《〈历史研究〉：新中国历史学发展的缩影》，《中国社会科学院老干局编〈人民共和国是一切胜利之源〉（中国社会科学院庆祝新中国成立 60 周年离退休干部征文选集）》，世界知识出版社，2009 年 12 月。

三　索引·资料汇编

1.《辽金史论文资料索引（1949—1982）》，《辽金史论文集》，辽宁人民出版社，1985 年。

2.《中国考试史文献集成（第四卷 · 辽金部分）》，高等教育出版社，2003 年。

四　主编

1.《辽金史论文集》，辽宁人民出版社，1985 年。

2.《辽金史论集》第四辑（与陈述等），书目文献出版社，1989 年。

3.《辽金史论集》第五辑（与陈述等），文津出版社，1991 年。

4.《中华文明史（辽宋夏金卷）》（与张希清），河北教育出版社，1994 年。

5.《历史爱好者丛书》《文化系列 20 种》，广东人民出版社，1996 年。
《军事系列 18 种》，华夏出版社，1996 年。

6. 宋金德《中国社会史论》（与周积明、郭莹），湖北教育出版社，2000 年。

王明荪自述

王明荪，字子明。湖北省当阳县人，1947年9月9日生。中国文化大学学士、政治大学硕士、中国文化大学国家文学博士。曾任淡江大学历史系教授、佛光大学历史系教授兼教务长、中兴大学历史系教授兼系主任，兼职中华文化资源学会理事长，现任中国文化大学史学系教授。

一　家庭生活与教育

在我的记忆里，父亲很爱读书，看书也非常广博。因此，我幼年、青少年时期的家庭生活和教育，是较为传统的家庭教育。因为父亲本身阅历及读书都很广博，平日也常跟子女们讲述其见闻和所知，子女都很愿意听他谈话，几乎成为日常生活的一部分，尤其也鼓励子女们多读书。出生这样的一个家庭背景，我在幼年上小学时就对各种书籍都很有兴趣。

上了中学以后，自己也会找很多书来看，当然那时候阅读能力有限，读的大部分都是传统文史方面的书。还记得读得较多的以历史方面为主，除了一般小说式的像《水浒传》、《三国演义》、《红楼梦》、《七侠五义》、《封神榜》之外，大概高中时候就读完《资治通鉴》，也读完了《史记》，有时候还跟父亲有一点讨论，当时虽然没有多少心得，但对历史的兴趣是非常浓，尤其是父亲指定阅读的《国史大纲》更是心慕不已。古文、诗词方面，父亲常常要子女们去读《古文观止》、《古今文选》、《古诗源》等。有时候还要背唐诗宋词等古典文学，也教导习作对联、诗句等。除了史籍、古典文学以外，兼及经、子、书，但多未读通，不过好学而已。此外，阅读的范围也扩及当时比较新的书刊、杂志，例如商务印书馆的《人人文库》丛书、《文星丛刊》，还有《文星杂志》之类的，后来也看《中华杂志》，西方文史译著等，总之，兴趣广、读书杂，旧学新知都不放过。因为那时候知识有限、懂得也不多，比较学术性的著作读较少。

二　学校教育

小学、中学读书，纯粹是因为兴趣，受家庭教育的影响较深。真正影响日后的工作和研究，最关键的是进了大学之后直到研究所的学校教育，尤其是师长的影响。那时候在大学执教的名师辈出，亦不乏一代宗师级的硕学鸿儒，每一位先生都对我很有启发。后来的研究课题和领域，相信在这个时期就奠定了。例如，国学大师钱穆早期在北部各大学讲学，后来在外双溪素书楼讲课，当时也躬逢其盛。钱先生所撰的《先秦诸子系年》、《刘向歆父子年谱》、《中国近三百年学术思想史》等，早已名满士林，在台湾也几乎是就读文史学子必须研读的专书。一面听讲各门课程外，一面拜读这些著作，对于儒家学术也略有心得，而及于熊十力、唐君毅、劳思光、徐复观等著述，同时也埋下后来研究中国史学思想与学术史的因缘。由于在大学上过札奇斯钦教授的课，他的研究是以蒙元史为主，我也很有兴趣。所以大学毕业后，就到札奇先生创办的政治大学边政研究所（民族所）继续进修研究。蒙元史一般是非常生疏的；加上姚从吾先生倡导国史的扩大绵延，而主张用新观点新方法来研究辽金元史，深受启发，因此从这里开始确定了日后的研究方向。十至十四世纪宋辽金元四朝，在国史上承隋唐中古之世下开明清近代。史家陈寅恪审查冯友兰《中国哲学史》时曾云：平生为不古不今之学，宋辽金元这段可称近古之学的五百年史，则成为我治学的主要领域，至于其他研究课题和范围也多由这段中国近古史延伸出来。

我的硕士论文写的是《早期蒙古游牧社会的结构》，主要是写成吉思汗时期的蒙古社会。当时在这方面的研究非常少，那时候有一部俄国学者兀迪米拉佐夫的著作，台湾、大陆都有翻译本，我看完以后觉得可以针对蒙古的游牧社会作一个历史性的整理。

从论文的题目来看，可以知道我当时的研究也受到社会学的影响。由于少年时期对于知识的广泛涉猎及兴趣，所以在大学时期已经修读了社会学、人类学、心理学及政治、经济等社会科学。札奇先生赴日游学深造时，颇受当时日本社会科学热潮的影响，政大边政所因此开设了一些社会科学理论课程，我于此时更大量涉猎这类书籍和理论。撰写硕士论文时，也就使用一些社会学理论作为分析架构。这篇论文从史料和历史文献爬梳蒙古氏族、部族的组成，来探讨游牧社会的结构。因为婚姻和氏族、部族的组成有密切的关联，所以第二部分探讨蒙古婚姻制度及其形态与社会制度如何形成，最后讨论蒙古游牧社会的风俗习惯、价值观和文化。社会学理论所谓“社会结构”乃指社会的组成，我整篇论文的研究方式应已超出社会学理论的架构。

硕士以后，我曾经教过几年书，因为觉得所学不够，所以又回头到博士班继续进修深造。以《元代的士人与政治》为题进行博士研究，时间断限还是元代，研究的方向则从硕士时期的社会文化史转到政治与思想史，也就是探讨政治层面与知识分子的关系。元代这样一个特殊的时代，汉人的部分可以从很多角度去讨论、研析。我比较注意到的是一些关于思想史的部分，要看元代的知识分子，以汉人为主，他们跟政治的关系，分析元代的政治结构，以及汉人士大夫的政治关系与处境，探讨他们的社会心态、推动汉文化的思想等。

三　研究方向

我在取得博士学位以后，研究的方向大体可以分作三个大的部分。如前文所述，第一个重点研究领域是在近古史即宋辽金元史，这一段从十世纪到十四世纪约有五百年的时间。辽、金二朝的历史几乎与两宋相终始，可以说是国史上第二次的南北朝，同时在整个中国历史的发展脉络上也是相对较为复杂的时期。我对这段历史的思考，又可归纳为若干关键的主题。首先，契丹、女真和蒙古固有的传统社会与文化，硕士论文《早期蒙古游牧社会的结构》就是这一思考的成果。五代时期的政治运作有两条发展路线，一是枢密的出现，这后来发展为辽代中央政治中枢；二是三省有逐渐合一的趋势，这显然又影响宋、金、元三代中央朝廷的发展。所以，我对近古史思索的第二个主题便是政治结构。早期重辽金政治集团，博士文论第二章《元代统治阶层的构成》之探讨以及辽金元三代《华北汉人世家》的提出，就在这种背景下完成。我读书的兴趣和关怀，本在思想与文化上面。因此，汉文化的延续发展和北方民族传统文化的变迁，是我对近古史讨论的第三个主题。辽金元三代北族的汉学，也就是这个主题下的成果。辽、金二朝政区与城市的问题，则牵涉到北方民族文化的变迁及汉人筑城技术在草原的兴起。至于，对儒家学术和思想阐释和抒发就成为我学术研究的第二个重点领域。我将近古时期历史的发展视为国史“胡汉”关系的一环，又由于两宋与辽金形成南北对峙的局面，所以我在近古史研究上的第四个主题为分裂经验的探讨。《中国历史上的分裂经验》，就是在这个观点下进行的研究。

我所累积的上述四个近古史主题的研究，形成个人对这一段时期历史的诠释观点。我以为应该把宋辽金元四朝放在一起来看待，是一个所谓“近古变迁”的时期。战后日本东洋史学界，对中国中世史的下限应该放在唐末抑或宋代有不同的意见。随着见解的歧异，引发日本学术界在唐宋变革问题上的争论和笔战。因为当时争论非常激烈，各地唐史与宋史学术社群后来也都参与这个问题的讨论。如前所言，五代时期的政局发展，延续到辽朝与北宋形成北系和南系两条主线的发展。金元建立以后又兼受辽宋影响，逐渐合流。我个人认为，近古时期实际是一个大的变迁，主要就是北方民族进来。从宋辽金这一段的分裂到元代统一，对中国历史造成的变迁影响，也不能忽略后面明、清的部分。历史的研究以外，社会文化也应该放在这个近古变迁时期探讨，总之这应该是一个集合学术社群共同研讨的课题。这两三年来少数学术单位可能也发现了，过去唐宋变革的讨论有所偏狭。如台大历史系为此运用其资源，积极推动《中国中古近世史领域发展计划》，集合专研中国中古、近世及北亚史的学者进行合作研究。

我第二个重点的研究范围，是中国的史学思想史与学术史。儒家思想成为中国学术主流之后，面临“五胡乱华”与唐末五代伦理与国家意识沦丧两次困境。宋儒对此的反省与适应与魏晋六朝士人不同，着重个人的修养以调和天理和人欲的差距。《王安石》一书，就是在阐发宋代士人对儒学困境的反应背景下写作的。第三个重点研究领域是北方民族史，实际上可以与传统的“胡汉”关系合而观之，《中国民族与北疆史论》（汉晋篇）因而写成。

四　关于辽金史的研究

在第一个研究方向近古史部分，早年多集中时间在专书的写作上，也有若干论文的发表。起初对蒙元史的研究开始，一方面在研究方向上是以近古史为整体的研究构想，自不能仅停留在蒙元史范围之内，必须扩展延伸，二方面因为教学上，历史系通常是以“宋史”、“辽金元史”分为二门课，则辽、金史必得与元史共同研究始能完整课程，也就展开这方面的研究。宋辽金元四朝与当时西夏史有关，但我没有余力研究，只能阅读有关论著来教学，曾写过一篇《西夏的汉学》，但因觉得不足，有待增补修订，故而未曾发表。

关于辽史方面，较早的一篇论文是《契丹与中原本土的关系》，是综论契丹族在北方草原兴起后，对于南方中原朝廷的和战关系及双方策略的通盘观察，由五代至北宋时期，用意是先作个整体的序论式的讨论。同样地，《略论辽代的汉人集团》，也是对辽代汉人作整体的观察，既是所谓“征服王朝”中的“胡汉”关系，也是辽代政治结构中，对汉人地位的探讨。其他关于辽史的研究可分成两个部分。其一，是社会文化方面，《辽金的史馆与史官》，这是将辽、金二代的修史制度并作讨论，说明契丹、女真人建国之后，采取汉式的官方修史制度，由此汉法看出这方面的汉化，这个议题，此前都还没有专论。《略论辽代之崇佛与藏经》，辽代佛教兴盛，刻印大藏经，都有过相关的论述，本文的主旨是说契丹藏（辽藏）的一些问题，以及它的价值并不逊于北宋的《开宝藏》。在辽、金、元三朝与汉文化关系的课题中，有诸多讨论的方向，不但是对于文化的研究，也是社会政治上的课题，相关的论述较多作通论性的叙述，虽然可以获得较全面的概貌，但细部的专论似嫌不足，深度也嫌稍欠。我试图由汉文化中层次略高的汉学角度来作讨论，故而有《辽代帝后的汉学》、《辽代契丹族群的汉学》两文，前者以国家领袖人物的帝后在汉学方面的研习与其表现来观察，并看在汉学上实际的性质如何，后者则对辽代其他身份人物的汉学研习作全面的探讨，在资料中辽代的北方民族仍以契丹与回鹘居多，故而统称之为契丹族群，同时以分期方式来看其中的发展及演变。其二，是这些年来仍持续关心辽代社会文化方面的发展，把主题放在城市方面，而以北方草原城市的形成为方向。原来的启发是得自陈述先生《契丹社会经济史稿》中，论及草原中城市与插花田的叙述，以及札奇斯钦先生论《契丹人的城市》，于是我着手较整体的研究。城市是农业民族汉文化的产物，城市出现于草原之中是文化变迁，也是社会经济的变迁，而又与政治军事形势有关，游牧民族如契丹，从其既有的“行国”传统，加入“城国”新的因素进来，形成复合体制，这可以呼应在政治制度中的南、北面的双轨或两元的说法，或者所谓“征服王朝”的特性也在于此，但我个人仍然视之为多民族、多元文化的朝代，形成复合体制或多体制国家。在另一方面，辽代在草原大量筑城并移民，已改变了草原面貌，同时影响其后金、元以下继续经营北方草原城市，故而所起的作用有突出性的意义，我已提出中国草原城市的兴起在于辽代这种概念，但须加以研究确立。在一系列的研究论文，从《论内蒙古辽代古城》、《论东北辽代古城》、《辽代政区与移民建筑》、《辽代上京中京之城市形态》、《辽上京中京与渤海上京唐宋都城之城市形态》、《辽代城市之生活资源与户口构成》、《论辽代五京之性质》、《北番地理所载辽国南京道西京道州军辨正》、《辽代草原城市的兴起》，加上即将发表的《辽代奉陵邑州城》等，都是从这种思考而作的探讨。这些研究采用文献资料外，还利用了大量的考古调查报告等数据，一方面建立起草原城市的分布与行政、移民，二方面考察辽代草原城市的性质、特色，三方面探讨其城市形态、设施等。

关于金史的研究，其一部分是在政治史方面，《金初的功臣集团及其对金宋关系的影响》，讨论金初建国灭辽及北宋，在扩张之中有开国功臣的贵族将领其权势地位影响中央决策，又产生地方与中央间的矛盾，造成金初政治上重要的问题，本文讨论其间的过程及其结果。《论金代之行台尚书省》，分析元代行省制度之前的金代行省，不同行省的置废及其功能，由金初的枢密院到行省以控制新占领地区，至晚金对蒙古战争行省遂较普遍设置，而金初行省又与功臣集团有关。《金代汉臣之政见——以君臣对话为中心》，金代灭辽及北宋，遂有大量辽系与宋系汉人士大夫加入其政治圈，汉臣在女真族掌握的国家权力中，对国事朝政的意见表达，除透过制度的奏章、议论外，在君臣间的对话也是可供观察的重要材料，能看到君臣间的互动情形及政见的表达。《东北内蒙地区金代之政区及其城市发展》，在辽代政区的基础上，一则以看金代对塞外州、县、城市的因革置废，二则以看金代在东北、内蒙地区政区的分布，看出金代政区定型于中期，且多沿用辽代的旧城。其二部分是在文化思想方面，《辽金之史馆与史官》即前文所述对辽、金二代官方修史制度的讨论，这应是有开创性的研究，过去的叙述都甚为简略，或仅言及而已，故本文对此受忽略的问题加以探讨，说明辽金二代接受汉式的修史观念，并订定其制度、进行修史工作等。《金修国史及金史源流》承前文，论述金代进行修其国史之情形，依汉式史官修《起居注》、《日历》、至于各朝《实录》，其次论今《金史》中之材料，以取于元好问、刘祁诸作为多，又有王鹗、赵秉文等人所作为本，故可谓为《金史》修撰之依据。《金代士人之历史思想》，分析金代辽、宋二系士人的历史思想，说明他们在历史变迁中，处于非汉族所建之朝代，仍然得以安身立命，承袭汉文化之传统，并未改变其历史观念，其观念仍不出儒家思想的传统，如赵秉文重名教、义理，王若虚重史学批评等较为具体、突出。《王若虚之史学批评》，以金代文学颇盛，亦多受论者所重，对于史学则极为忽略，主要在于金代史学在史学史上并无重要地位，本文则对王若虚的史学批评特别提出讨论，以他对《史记》、《新唐书》的批评为主，看出他由史文、史论上所作的批评有其独到的观点，兼述他的史学理论以及义理史观。《李纯甫之三教思想》，三教论始于南、北朝时期，延流至唐宋，金代则以李纯甫为代表，他对宋代诸儒的攻佛排释加以评议、疏解，除去平反去谬外，也多用力于会儒道于佛，仍采调和、会通之意，故《宋元学案》论述金代学术思想，也以李纯甫为代表，本文以专章略说。《金代诸帝之汉学》承前文所述，为辽代汉学之后论金代之汉学，先讨论国家领导者帝王的汉学态度，并观察汉学研习上的情形，又以具体作品与成果分别叙述，大体上看出金代诸帝文学教养颇高，以海陵、世宗、章宗三帝较为突出，对于经史的研习也颇有程度，金代中期的汉学兴盛，而中期三帝的汉学也正可以代表，此汉学研习延续至金末不衰。《金代北族之汉学》则是继续探讨金代帝王之外，其他身份及其他北方民族人物的汉学情形，同样可以看出金代中期汉学大盛，而至于晚期仍盛。除对汉学的研习、倡行之外，在汉学专长中以文学居多，经、史其次，艺术类也值得重视。基于史料关系，北族汉学以女真族群占绝对多数，也可作为女真族接受汉化的参考。本文虽已完稿，仍在修订之中，故尚未正式发表。不久将与辽金时期的北族汉学作为专书出版。

五　其他相关研究与论著

在前文中已约略说明我对辽金史的研究，不只是作为契丹、女真族或辽、金二朝的个别研究，而是放在近古时期历史长时段的研究，又以观察近古变迁至近世历史的开展中来研究。"吾生也有涯，而知也无涯"，很难说将来继续的研究能发展到何种地步？在相关的研究中，如过去多年前曾有国科会的研究计划，是在于辽、金、元三代华北地区的汉人世家，就是在探讨这一时期汉人社会处于北族朝代时的世家族姓，他们在政治上的地位、关系，以及在地方社会的种种关系、变迁等情形。由于当时资料的局限，始终不满意研究的结果，多年来又发现许多资料可为增补，故未曾正式发表，等将来修订后再行发表刊出。又如近古时期的分裂经验研究，探讨辽与五代、北宋，金与南宋的中国分裂时期，初稿已完成，但仍决不够周延，以及数据尚须加以增补；全稿也有待作完整的修订，同样未正式发表。这些研究都起于十余年前，但有间断，始终未能完整地呈现，有待往后的继续努力。

附录：王明荪著译目录

一　专著

1.《宋辽金元史》1979 年，台北：长桥出版社。

2.《辽金元史论文稿》2005 年，台北：槐下书肆。

3.《辽金元史学与思想论稿》2009 年，台北：台北花木兰文化出版社。

二　论文

1.《金初的功臣集团及其对金宋关系的影响》，《政治大学边政研究所年报》，1979 年第10期（台北：政治大学），135–154页。

2.《金修国史及金史源流》，《书目季刊》1988年，22:1（台北：学生书局），47–60页。

3.《辽金之史馆与史官》，《国史馆馆刊》1989年复刊第6期（台北：国史馆），15–28页。

4.《王若虚之史学批评》，《兴大历史学报》1992年第2期（台中：中兴大学），59–69页。

5.《辽金元史教学之浅见》，《历史学系课程教学研讨会论文集》1993年，台北：政治大学，528–538页。

6.《李纯甫之三教思想》，《海峡两岸中国文化与中国宗教学术研讨会》1996年，成都：中国社科院世界宗教研究所，17–27页。

7.《八十余年来辽金史研究之方向与课题》，《中华民国史专题第四届研讨会论文集》1998年，台北：国史馆，729–751页。

8.《论金代之行台尚书省》，《中华民国史专题第五届讨论会论文集》2000年，台北：国史馆，677–700页。

9.《金代士人之历史思想》，《兴大历史学报》2000年第11期（台中：中兴大学），1–25页。

10.《中国通史》第八章，《辽夏金元时期》2002年，共四节（台北：五南图书出版公司）页。

11.王明荪《论内蒙古辽代之古城》，《兴大历史学报》2002年第13期（台中：中兴大学），25–70页。

12.《论东北辽代之古城》，《兴大文史学报》2002年第32期下册（台中：中兴大学），731–777页。

13.《辽代政区之建置与移民筑城》，《中国中古史研究》2002年第1期（台北：兰台出版社），247–278页。

14.《辽代上京中京之城市形态》，《中国中古史研究》2003年第2期（台北：兰台出版社），255–275页。

15.《略论辽代之崇佛与藏经》，《佛光人文社会学刊》2004年第5期（宜兰：佛光人文社会学院），3–17页。

16.王明荪《金代汉臣之政见——以君臣对话为中心》，《兴大历史学报》2005年第16期，199–238页。

17.《东北内蒙地区金代之政区及其城市发展》，《史学集刊》2005年第100期（长春：吉林大学），56–74页。

18.《辽上京中京与渤海上京唐宋都城之都市形态》，《兴大历史学报》2006年第17期（台中：中兴大学），67–103页。

19.《论辽代帝后之汉学》，《第四届中国暨国际辽金契丹女真史学术研讨会》2006年，沈阳：辽宁大学。（未出版论文集，后发于《江南文史》第2辑，南昌：江西美术出版社，2008年，1–8）

20.《辽代契丹族群之汉学》，《史学汇刊》2008年第21期（台北：中国文化大学），85–

110 页。

21.《北番地里所载辽国南京道西京道州军辨正》,《国际宋史研讨会暨中国宋史第十三届年会》2008 年，昆明：云南大学，140—146 页。

22.《辽代城市之生活资源与户口构成》,《中国中古史研究》2008 年第 8 期（台北：兰台出版社），171—194 页。

23.《论辽代五京之性质》,《史学汇刊》2009 年第 23 期（台北：中国文化大学史学研究所），143—192 页。

24.《辽金元的角抵》,《纪念元大都国际学术研讨会》2009 年，北京：南开大学、北京联合大学。

25.《辽代草原城市的兴起》,《Status of Research and Research Direction of Khitan Studies》2009 年，韩国：檀国大学，67—72 页。

金渭显自述

我是大韩民国人，1939年1月28日生。1967年毕业于明知大学校人文大学，获文学士学位。后入台湾大学历史学研究所攻读，1979年获文学硕士学位。其后入檀园大学校大学院攻读，1985年获文学博士学位。

1977—1979年在关东大学历史教育学任讲师，1979—2004年在明知大学校人文大学史学科任讲师、助教授、副教授、教授。兼任出版部长（1982年3月—1992年2月）、史学系的主任（1987—1990年）、文教部教科书审查委员（1984年）、文教部编辑资料审议官（1985—1990年）、总务处主高等考试的委员（1989—1994年）、明知大学校人文大学长（院长）（1995—1997年）、明知大学校博物馆长（2000—2004年）、中国河北大学宋史研究中心兼职教授（2002年起）、东北亚历史财团理事（2009年起）、大韩民国临时政府纪念事业会副会长（2004年起）、朝鲜民族大同团纪念事业会理事长（2004年起）、国际文化大学院大学校客座教授（2009年起）。现任明知大学人文大学系名誉教授（2004年3月起）。

学术经历

1987年—1990年任明知史学会会长，1988—1990年任韩民族学会评议员，1996年1月任高句所研究会学术咨询委员及编辑委员，1998年任东洋史学会评议员，1998—2000年任宋辽金元史学会顾问，2000—2005年任宋辽金元史学会会长，2003年1月任河北大学宋史研究论文集编辑顾问，2008年3月—2010年2月任韩国上古史研究会监事。1981年获得台湾驻韩代表部奖金，1991年获得韩国精神文化研究院研究费，1994年又获得一笔，1989年获得国中编筹委员会研究费，1998年获得文教部特别研究费，2004年获台湾科学委员会奖金。

目前所任研究课题为：1.《辽史》翻译注释；2.编辑《北方民族辞典》；3.《中古韩中关系史料互证》。

附录：金渭显著译目录

一　专著

1.1979 年 12 月《契丹的东北政策》，台北：华世出版社，第 267 页。

2.1983 年 3 月《高丽史中中韩关系史料汇编》（上、下），台北：食货出版社，第 882 页。

3.1985 年 9 月《辽金史研究》，首尔：礼丰出版社，第 242 页。

4.2004 年 1 月《契丹东方经略史研究》，首尔：明知大学校出版社，第 236 页。

5.2004 年 2 月《契丹社会文化史论》，首尔：景仁文化社，第 279 页。

6.2004 年 2 月《韩中关系研究丛书》，北京大学出版社。

二　论文

1.1979 年 8 月《辽代渤海复兴运动的性质》，《明知大论文集》，11 辑。

2.1979 年 12 月《契丹的东北政策》，台湾大学硕士学位论文。

3.1983 年 6 月《契丹的衣料需给与服投制小考》，《明知史论》1 辑。

4.1984 年 5 月《〈辽史 · 高丽外记〉考索》，《传统文化》2 辑。

5.1984 年 5 月《契丹土俗考》载《明知大论文集》15 辑。

6.1984 年 7 月《契丹后期统治政策》载《关东史学》2 辑。

7.1985 年 8 月《契丹文化的特质及其与社会的关系》，檀国大学博士学位论文。

8.1985 年 8 月《辽史属国表考索》，《明知大论文集》16 辑。

9.1986 年 8 月《契丹对西夏的政策 I》，《白山学报》32 辑。

10.1986 年 9 月《契丹教育与科举制度考》，《明知大论文集》17 辑。

11.1987 年 4 月《契丹对西夏的政策 II》，《白山学报》33 辑。

12.1989 年 9 月《辽代汉人俘降集团的形成及其对契丹经济的影响》，车文燮博士华甲纪念文化丛。

13.1990 年 10 月《契丹对奚人政策考》，《明知史论》3 辑。

14.1992 年 7 月《契丹的府州县学考》，《中国民族史研究》4 辑。

15.1994 年 7 月《契丹晚期打猎习俗的演变》，《中国学报》34 辑。

16.1995 年 10 月《契丹文化东传于高丽》，《北方民族史研究》创刊号。

17）1997 年 8 月《辽代渤海人的反抗斗争》，《辽金西夏史研究》，天津古籍出版社。

18.1999 年 2 月《契丹、高丽间的女真问题》，《明知史论》9 辑。

19.2000 年 9 月《东丹国考》，《宋辽金元史研究》4 辑。

20.2004 年 8 月《契丹史的普遍性与特殊性》，《中国学的普遍性与特殊性》。

21.2005 年 4 月《契丹姓氏与名号考》，《金启琮先生逝世周年纪念文集》。

22.2007年12月《辽代渤海遗民研究》,《高句丽研究》29辑。

23.2010年1月《辽史研究问题点与研究方向》,《北方文化研究》第1卷第1号。

24.1979年12月《完颜部的统一女真与政策》,《青坡卢道阳博士古稀纪念文集》。

25.1982年3月《女真的马贸易》,《明知大论文集》13辑。

26.2007年12月《金建国与渤海遗民》,《高句丽研究》29辑。

27.2008年5月《金史研究现状》,《中国学界的北方民族国家研究》。

28.2008年11月《女真海贼刀伊》,《宋史研究论丛》9辑。

29.2009年6月《金代渤海人的去向》,《韩民族研究》7辑。

30.1983年3月《高句丽对宋辽金人投归的收容政策》,《中韩关系史国际研讨会论文集》。

31.2005年10月《北方史研究的问题点》,《满洲研究》3辑。

32.2005年11月《宋、辽对高句丽的认识》,《东亚细亚的地域与人间》。

33.1989年2月《北宋的对西域政策》,《明知史论》2辑。

34.1999年5月《宋代高丽文物》,《宋辽金元史研究》3辑。

35.2002年7月《宋史·西夏列传》,《宋史研究论文集》(漆侠主编)。

36.2002年10月《宋商在高丽的活动》,《漆侠先生纪念文集》。

37.2003年8月《北宋与高丽关系之演变》,《东亚文化圈的形成与发展》。

38.1995年12月《西夏与宋、契丹之关系(986—1048)》,《明知史论》7辑。

39.1978年2月《丽宋关系与其航路考》《关东大论文集》6辑。

40.1997年3月《宋、丽关系与宋代文化在高丽的传播及其影响》,《中国海洋发展史论文集》6辑。

学者访谈

白滨访谈录

中国社会科学院研究生院　王培培

王培培（以下简称王）：白老师您好！　您做了一辈子民族史研究工作并颇有成就，可不可以谈谈您是如何走上这条道路的?

白　滨（以下简称白）：好的。我于1936年出生于山西省平定县城内学门街一户平民家庭。平定县历史上文化发达，据平定史志记载：自古“民风清简，好尚文章，科第蝉联”。清代中叶更以“文献名邦”之称饮誉三晋。时人所谓“山西文化数二定（平定、定襄二县）”。平定白氏家族于“宋末元初，从宦晋省，择地卜居石艾（平定）”，始以诗书传家。明、清时期“家世业儒，甲第联翩”，成为平定望族。清朝中后期亦商亦儒。大约到我祖、父辈家道渐次衰落。从我记事起，父亲便经常离家或在本地以“店员”或经营小商勉强维持家业，过着困顿的平民生涯。记得从我记事起便生活在日本帝国主义的铁蹄之下，家庭又屡遭变故。祖母、母亲、大嫂相继去世，至今在我的脑海中都找不到对母亲的印象。但从懂事起便深受地方和家族望子成龙思想的熏陶。堂屋中悬挂的条幅中“万般皆下品，唯有读书高”，成为我心灵的信条，所以在家境极端困难的条件下，我仍然坚持上学读书。我于1942年七岁入县城街道小学。1946年初小毕业后，入县中心学校读高小，时为国民党阎锡山统治时期。1947年5月2日平定县城解放后，又进入由县解放区迁入城内的平定第四高级小学继续就读。1950年2月毕业于高小二班，随即考入新建市的阳泉市中学中三班，时因照顾卧病在床的父亲辍学半年。期间父亲病逝，我于1950年9月考入阳泉市中学中四班，1953年毕业。同年九月考入山西省太原第三中学高八班。1956年高中毕业之际，我得知北京中央民族学院初次开设历史学系，在京、津和华北地区招收包括汉族在内的学生，并且最具吸引力的是，它的待遇比其他高等学校优厚得多，每个月有15元的伙食费及5元的津贴。一是为了圆自己进入高等学府学习的梦想，二也是为了生计，我报考了中央民院，幸运的是我被录取了。从1956年秋到1961年夏，我度过了五年的大学生活，这奠定了我此生事业的基础。

大学生活适逢盛世，党和国家十分重视对少数民族的政策倾斜，民族学院经过全国高等院校调整后，集中了国内最著名的民族学与民族史专家授课。我曾经师从翁独健、林耀华和傅乐焕等学术大家，逐渐对少数民族历史以及社会学所必需的田野调查产生了浓厚的兴趣。

当时国家组织了全国范围内大规模的少数民族社会历史调查和少数民族史志丛书的编写工作，我有幸参加了两个调查组的工作。1958 年夏到 1959 年夏，我参加福建少数民族社会历史调查组工作期间，跋涉于闽山赣水的畲家山寨，调查现状，搜集资料，参加撰写畲族的第一部史志。1960 年春，当时平息西藏叛乱的硝烟稍停，我奉派进藏，参加西藏社会历史调查组的工作，昆仑山、藏北高原、山南的雅鲁藏布江流等地都留下过我的足迹。两年的民族调查工作，我学到了课堂上学不到的知识，亲身经历和体验了最下层劳动人民的生活，艰辛在所难免，但现在看来对我未来的工作是有益的。

1961 年，我大学毕业，时逢国家自然灾害，经济困难，编制在紧缩，全国各大学分配到中国科学院民族研究所的 12 名大学生有半数被另行分走了。由于我是学习少数民族历史专业的第一批毕业生，又有从事两年少数民族社会历史调查与史志编写工作的经历，所以留在了民族研究所工作。当时，知识分子都要听从组织安排，积极投身“阶级斗争、生产斗争和科学实验”的“三大革命”实践。我曾先后在机关“下马”的建筑工地喂过猪，在燕山深处长城脚下的梯田种过地，也参加过北京郊区通县和内蒙古大青山下土默特旗的农村社会主义教育运动。参加工作之初，我对云南佤族等少数民族的原始社会形态产生了浓厚的兴趣，立志做一名 20 世纪的摩尔根扎根边疆，为新中国的民族学作出贡献。没有想到的是，组织上却让我担任中国西夏学开创者王静如教授的助手。

王静如教授是中国著名的西夏学者，20 世纪 30 年代他的三部西夏学著作名世，获得法国茹莲奖，在国际西夏学界享有盛名。此后 30 年中，由于种种原因中国西夏学的研究几乎销声匿迹。这个时候，由于国家对民族工作的重视，一些古代民族历史文化的研究也提上了议事日程。民族所有一批对古代民族历史文化研究颇有造诣的专家学者，如蒙古史学家翁独健、回鹘文专家冯家昇，西夏语文学家王静如、辽金史学家陈述等。帮助他们工作，向他们学习，继承他们的学问，是当时中国科学院属下哲学社会科学部民族研究所的一项重要工作。我被组织上安排给王静如教授当助手，这是为当时民族所一些青年人所羡慕的，而我的心中充满了犹豫。但是我这个人有个好处，就是组织上让我干什么，我就干，并且还要干好。所以我虽然心有不甘，还是服从了组织的安排，开始学习和从事西夏学的研究。工作开始之初，我整日捧读王静如先生的成名作——三卷《西夏研究》，与形同鬼符的西夏文字和不知所云的佛经打交道，同时还搜集并翻译俄国学者的西夏学研究资料。从那时起，我了解到沙俄著名探险家科兹洛夫于上世纪初在我国内蒙古黑水城地区发现并带走了大量珍贵的西夏文物和文献资料，它们具有巨大的学术文化价值，被学界公认为 20 世纪继殷墟甲骨、敦煌遗书之后的第三次重要的古代文献发现。从此，我逐渐对西夏研究有了兴趣。

王：白老师，自 60 年代初您首次接触西夏学至今已经过去了 40 多年，能否讲讲您在这一学术历程中的主要经历呢?

白：可以。那是在 1964 年，由于西夏研究资料的匮乏，在“反修”任务的名义下，由中国科学院民族研究所和敦煌文物研究所共同组成敦煌西夏调查小组，对敦煌莫高窟、安西榆林窟等石窟群的西夏洞窟进行系统考察。考察由常书鸿所长和王静如教授主持，宿白教授任顾问，李承仙任秘书长，民族所史金波和我，敦煌文物研究所万庚育、刘玉权、李贞伯及甘肃省博物馆陈炳应为调查组成员。这也是我对敦煌的首次造访。我跟随宿白先生，按照他指定的洞窟作内容记录与描绘洞窟布局、四壁图案、纹饰、藻井等。每日进洞，我都会带了绘图夹、铅笔、橡皮等攀登穿行在洞窟中，认真地记录临摹，工作单调而辛苦，我却乐此不疲。从此我学会了区别前室、后室、甬道、窟顶、人字披、佛龛、中心柱的洞窟形制，壁画题材的佛、菩萨、千佛、西方净土变、药师佛、说法图、十六罗汉、观音等，还描绘了无数的龙、凤、交杵、团花型藻井、平棋以及团花、几何、波状、忍冬、莲瓣、牡丹花、勾心花瓣等边饰和图案。当时我白天在洞窟中工作，晚上回到住处继续整理当日的记录，然后在宿白先生的指导下对西夏洞窟边饰进行分类编排和制作造表等工作。其余时间用来抄写从敦煌文物研究所借来的有关资料。有时候还请敦煌文物所的专家为我们讲解敦煌石窟壁画艺术的知识。在近50天的时间里，我在莫高窟、榆林窟、西千佛洞三窟群内，记录了数百张卡片。十年浩劫中，这些卡片因保存于王静如先生手中，辗转得以幸存。经过这次实地考察，我们对相关洞窟从文字题记到艺术风格进行了科学记录和研究，最后将莫高窟、榆林窟的西夏洞窟由原来的四个增加到八十多个，大大改变了对洞窟布局的认识。这里可以顺便说一下，很多洞窟的西夏壁画是两层的，有的是三层。这样的洞窟壁画本是唐代的，画得非常漂亮。西夏占领敦煌地区时，在此壁画的基础上又绘制了虔佛内容的作品，画面相对简单。因此如果把西夏壁画去掉，下面一层就是唐代的壁画，非常精彩。此后，这次敦煌考察研究的结果尚未公布，便因遇上十年浩劫而功亏一篑。尽管如此，这次活动对后来敦煌石窟中西夏洞窟的划分仍具有非常重要的意义。

1966年春夏之交，一场史无前例的“文化大革命”降临了，我和亿万人民一样热情而执着地投入运动，却不料一夜之间被扣上了反革命分子的帽子，由一派掌权者“隔离审查”，持续了近十年之久。1971年到1973年，我被解送河南“五七”干校，度过了一段终生难忘的日子。此后又被遣返北京，在北京印染厂接受了几个月的工人阶级再教育。最终当局者以“事出有因，查无实据”的结论给我“落实政策”，结束了我八年的“反革命”生涯。1976年夏，在全国百废未举之时，我踏上了赴西北六省考察的征程。此行从北京出发，首途晋阳，南下过黄河访古都西安，北上晋谒革命圣地延安；溯无定河而上，走“三边”，过不毛之地毛乌素沙漠，进入“塞上江南”。重游陇上，跋涉于陇山湟水间。翻越乌鞘岭，循祁连山西行，北达居延海，领略大漠风情。而后过玉门关，更西出阳关至伊州（新疆哈密）而归。行程上万里，历时3个月。此行收获颇丰，在我从事的学术领域拓宽了视野。对前人留下的史籍文献，有发现，有充实，有深入，也有修正。

大家都知道，出土于我国内蒙古黑水城的遗书被俄国探险家科兹洛夫于20世纪初运往圣彼得堡。这批珍贵的资料成就了许多俄国汉学家。最早的是伊凤阁教授，而后有聂历山、克恰诺夫、索弗洛诺夫、克平、捷连提耶夫－卡坦斯基、孟列夫等，苏联的西夏学名噪世界学坛。那时在“反修”的大旗之下，中国中断了和苏联的一切学术交流，中国的西夏研究与圣彼得堡俄藏黑城西夏文书处于完全隔绝状态。70年代末，中国实行改革开放政策，苏联的汉学研究也出现了“对外开放”的迹象，两国西夏学者开始互访。90年代初，早已流失在圣彼得堡的敦煌和黑城出土的文物文献已引起了中国社会科学院高层人士的重视。鉴于中国敦煌学和西夏学发展的需要，我院五个研究所联合组织了访问团出访苏联，民族所派我参加，在即将成行时，因苏联解体未能实现。1993年3月末4月初，俄罗斯科学院东方学研究所圣彼得堡分所副所长克恰诺夫来访，我们双方才达成了协议，决定编辑出版俄罗斯科学院东方学研究所圣彼得堡分所收藏的黑城出土全部西夏文、汉文以及部分其他文字文献，出版物定名为《俄藏黑水城文献》，并决定俄方于1993年内邀请中方人员6名，1994年邀请中方人员4名赴俄工作，中国社会科学院把此项目立为重点科研项目。经过1993年和1994年两次共半年的工作，已经拍摄了俄藏黑水城文献中的全部西夏文世俗文献和全部汉文文献以及西夏文佛经中的一部分写本和刻本精品，共12500拍，含文献约2万页（面），翻阅、整理文献的覆盖面达到3万页（面）左右。如果按我们估算的黑城藏品总数有15万面左右，我们已经整理文献近五分之一，并且拍摄回国的文献都是极有价值的精品。

王：众所周知，西夏文献原件一大部分现存俄国，能否请您谈谈考察俄国的收获和感受？

白：说起俄国之旅，在此之前，我已经有过两次旅俄的梦想了，并且两次都以失败告终。第一次是在我高中临毕业的最后一个学期，我所在的太原第三中学根据我的出身、政治条件和学习成绩等内定为公派留苏。这一喜讯使我着实兴奋了好几个月。快毕业时，国家宣布取消高中生出国留学计划，我的留苏美梦随即告吹。第二次就是1991年夏中国社会科学院组织访苏团，我也名列其中。然而那年却发生了苏联解体的事情，访苏计划因此取消。当我真正登上飞往俄国的飞机时，已经是1993年秋末了。俄国探险家科兹洛夫从我国内蒙古黑水城发掘的西夏文献就藏于俄国圣彼得堡的东方学所。东方学所中收藏的黑城文献究竟有多少，可以说家底还不太清楚。黑城文献主要是西夏文和汉文文献，还有相当数量的藏文、蒙古文和其他古代文字文献。当时我们工作的范围所接触到的只有西夏文和汉文文献。

黑城藏品中的西夏文文献属于世俗著作已经编目的有60种。其中有西夏文字典词书，比方说你们最熟悉的《番汉合时掌中珠》、《文海宝韵》、《文海》、《音同》、《义同》、《纂要》以及用藏文注音的西夏文书等。还有西夏时期的历史法律文献，如崇宗时期的军事法典《贞观玉镜统》、仁宗时期的国家法典《天盛改旧新定律令》，以及后来的《新法》、《亥年新法》等。其他的还有《三才杂字》、《新集碎金置掌文》、西夏文类书《圣立义海》、谚语集《新集锦合辞》，以及西夏译汉文典籍《论语》、《孟子》、《孝经》、《孙子兵法三注》、《六韬》、《黄石公三略》、《类林》、《十二国》等。西夏文献还有大量的政治、经济、军事、法律、社会文书，以及医方、历书、占卜书等。这些西夏文献藏品中佛经为大宗，占总数量的90%以上。已经编目的计345种。我们现在可以看到的克恰诺夫的佛经续录400多种，还有数以千卷的尚未刊行。西夏时期用西夏文大量译经、刻经，这些珍贵的西夏文佛经无论从内容到形式都给西夏和中国佛教史、出版史提供了前所未见的珍贵资料。如佛经中的序、跋、发愿文、题款，记载了西夏佛教的流传、译经、写经、刻经、印经和施经的情况。西夏文佛经的书写、雕版、装帧、纸墨又提供了研究西夏书籍雕版乃至中国雕版印刷史的实物资料。

黑城藏品中的汉文文献据已出版的孟列夫著《黑城出土汉文遗书叙录》著录，已经编目的有488件，内容也以佛经为主，其次为汉文世俗著作和社会政治、经济、军事文书，以及医书、历书、占卜书、纸币等等。其时代包括了宋、西夏、金、元等朝代的作品。其中有西夏时期由国家或私人刻印的各种汉文佛经；儒家经典《论语》、《礼记》，道经《庄子》、《吕观文进庄子义》等，医书有孙思邈《孙真人千金方》、写本《神仙方论》，有刻本与写本宋朝历书残卷、刻本占卜书《六壬课秘诀》、刻本《新唐书》残卷、《汉书》注释本和《金史》残卷，字书《广韵》、《礼部韵略》、《一切经音义》等刻本残卷，还有文学作品金刻本《刘知远诸宫调》、《新雕文酒清话》、童蒙读物写本《杂字》等。文书中最有价值的是109纸、30余件宋朝鄜延、环庆二路和西夏边境发生关系的军事文书，文书背面是被西夏人用来刻印的西夏文韵书《文海》。

当时我们的整理和登录工作基本上是按照东方学所已编目著录的文献进行的。我们对有些未登录和新发现的文献也进行了登录和拍摄，如失而复得的西夏文韵书《文海宝韵》、新发现的加注释的西夏文字书《音同》、多种药方和告状文书等。我们还发现了新的法律文献《法则》和《天盛律令》残卷。整理的汉文文献中，有一部写本《周易六十四卦》，已粘连成块，不知内容，俄藏序录都未收入，我们也都拍摄携归。1994年夏秋之时，我又一次来到俄国，对黑水城文献进行整理和拍摄。此次工作中我发现经折装函套装裱的衬纸利用了大量的西夏文和汉文的文书，经过我的初步辨识，有多种是宋夏进行贸易的经济文书，还有一份是伪齐刘豫阜昌年间的军事文书，十分珍贵。可惜我们无法将所有佛经函一一打开整理，不然不知能清理出多少有价值的西夏文和汉文文书来。此外我记得初来俄国时，克恰诺夫教授领我们在二楼库房参观收藏黑城文献的12个大木橱柜，指着边上的一个说，这里都是还未清理过的文献残卷。他打开橱门，我们看到紧紧塞满柜子的一捆捆书籍经卷，真说不清楚其中还蕴藏着什么珍贵材料。实际情况也说明，在我们整理登录文献时经常会发现新的资料。

此外，与东方学所仅隔一箭之遥的冬宫博物馆（爱尔米塔什）收藏了黑城发现的绘画艺术品和部分珍贵文书。因为不包括在中俄两国的合作协议中，不属于我们的工作范围，我们去参观过两次。这里收藏着丰富的中国瓷器、绘画和艺术品，仅清代的年画就有5000幅之多。陈列中国文物、艺术品的展室有25个，里面有中国的青铜器、瓷器、漆器、玉雕、木雕、丝织品、硬木雕花家具等等。我重点参观了冬宫博物馆收藏的新疆、敦煌和黑城文物。敦煌文物很丰富，据说居世界各国收藏量的第三位，并且具有代表性。特别是收藏的西夏时期的唐卡、绘画、卷轴、雕塑像都是举世无双的精品。已经公开发表过的宗教绘画精品有“弥勒佛图”、“观自在菩萨像”、“阿弥陀佛接引图”、“普贤图”、“文殊图”、“舞乐图”、“木星图”、“土星图”、“月图”、“圣三世明王曼荼罗图”、“十一面观音图”、“密宗锦画”、“男女供养人”、

"坛城木板画"、"降魔成道图";世俗的有素描"鹿图"、"山羊图"、"四美图"、"义勇武安王图"都是稀世珍品。雕塑品中泥塑双头佛像及多种泥塑佛像世所罕见,堪称极品。

王:您从事西夏研究学术活动多半生,治学的主要体会是什么?

白:"体会"这个词有些宽泛了,如果非要我讲,我主要有这么几个体会。一个是我对"西夏学"这个名称的看法。我认为"西夏学"这个学科名称是值得斟酌的。这个名称并不是我们的名称,所谓"学"的名称实际上来自西方,是西方的称谓。作为一个学科,它必须是一个完整的体系。现在所谓的"西夏学"在早期是可以称之为"学"的,因为那个时候主要做的是西夏语言文字方面的研究,西夏有自己的语言文字,属于一个完整的学科体系,称为"西夏语文学"或简称"西夏学"尚可。而今人们把"西夏学"扩大到了西夏考古学、西夏文献学、西夏历史学、西夏艺术学等等,那么这个名称就值得考虑了。比方说西夏历史学,西夏时期没有留下过一本史书,只是在《宋史》、《辽史》、《金史》,或者是《续资治通鉴长编》等宋、元史料中存有关于西夏的记载,所记西夏历史都是从本王朝的正统观念出发记录的,如果用这些资料研究西夏历史,这能叫西夏学么?这是个问题。又如属于断代为西夏时期的考古学称为"西夏考古"就是了,不必另立什么"西夏考古学"。再比如说西夏艺术学,敦煌西夏壁画的内容不是有关藏传佛教的就是有关汉传佛教的,虽然是西夏时期的,但并不是西夏独创的东西,又怎么能称之为西夏艺术学呢?所以说,正如宁夏老一辈西夏学者韩荫晟提过的,不用叫什么西夏学,称西夏研究就可以了。包括敦煌学在内,过去就有个敦煌专家也曾经说过"敦煌学"应该称为"敦煌研究"。现在一般把西夏研究工作称为"西夏学",这不是一个严格意义上的学科名称,因为它的内容太宽泛了。如果称为"西夏学",就应该有一个科学的界定。所以这个问题是值得探讨的。我在这个方面也并没有深入的研究,仅仅是我的一点体会。具体的工作还要后面的学者开展。

第二个体会就是从事西夏研究并不是一件很难的事情。过去人们都把西夏学称为绝学,这是有褒有贬的。说其贬义是指西夏是个冷门,没有人做相关的研究。好听点的就称其为绝学,古人不是说过"为往圣继绝学"吗?绝学在某方面讲就是对前人没有继承下来的知识的继承。我搞了一辈子西夏,可以说它并不是一个神秘的东西。人们为什么认为它神秘呢?就是因为西夏文字在发现之初,没有人知道它是什么。知道它是什么的时候,又无人能知晓它的意义、特点、语音等等。由于有太多的问题需要解决,人们过于看重它的价值。直到一本夏汉双解字典《番汉合时掌中珠》被发现之后,西夏文字的解读才有了重大突破。所以说在当时文献缺乏的条件下,称西夏为绝学是情有可原的。当然,西夏文是死文字,需要人们下死功夫学习,只要下功夫就会有成果。为什么呢?别人没有涉及过的东西是最容易出成果的。以我自己的经历来说吧,早些年西夏历史没有人写过,我一接触就可以写文章。历史所一位专家评论我写的一篇关于西夏政治制度史的文章时,还惊讶我能把西夏政治制度史写出来。这并不是我有办法,而是大家对西夏历史不了解。所以说研究西夏并不神秘,它是一个很平常的学问,一个中国传统文化中很正常的学问,不要认为它困难而对它产生畏惧。

第三个体会是西夏研究是可以做的，也容易出成果，但需要强调的是研究西夏必须要深入，不能总维持在三四十年代，或者八九十年代的水平，西夏研究有很多问题都需要深入，这也是其难点所在。比方说对于西夏历史前人有很多的研究成果，但也有很多问题需要深入讨论，《西夏书事》就是一个例子。曾有人评价《西夏书事》是一部西夏百科全书，实际上就我看来，这本书的问题很多。它是清人吴广成排比西夏史料编撰的一部编年体史料集，约有三十万字，书中所有史料都没有注明出处，我们完全可以对这本书进行注释，找出此书史料的来源、出处，以及此书存在的问题等，避免其中有很多臆造的东西被后人当作信史引用。又如上世纪 80 年代我发现有人抄撮清代类书中的西夏史料，利用已亡佚的《西夏志略》书名，另成《西夏志略》一书，这些都是研究西夏史需要清理的课题。可以说科学是需要发展的，需要深入的，西夏研究也不例外，许多问题有待后继者进行深层次的探讨。

王：请您对中国的民族研究现状作一个评价，并请告诉我们您所从事的学科中还有哪些问题亟待解决？

白：过去我们成立的民族研究所可以说基本上是为国家的民族政策服务的，现在改称民族学与人类学研究所，就需要引进相关的研究人员。对于我们所来说，我们既需要民族学研究人员，也需要人类学研究人员，要有一个合理的人才结构，这样才能与这个所的名称相匹配。就目前民族所的藏族研究人才来说吧，现在的藏族研究人员寥寥可数，急需引进新的研究力量，这样在我们参加或者主持藏学国际会议的时候，才能与国际研究接轨。再一个，我们现在选择课题可以与时俱进，也可以为政治服务，但不能忘记传统学术与基础学科的建设。不能因为哪个课题赚钱，我们就只做这种课题。

关于西夏研究，我想说，老一代的西夏学者了不起。在过去西夏资料极其缺乏的情况下，他们作了很多有价值的工作。如今黑水城文献问世已历经百年，而国人仍无缘接近。即便是国家使用外汇于九十年代初买回的文献照片，在度过了十四五年之后还有相当重要的一部分束之高阁。如我亲手参加整理、拍摄回国的俄藏黑水城文献中极其珍贵的数百部西夏文佛经还待在闺中，千呼万唤，没有动静。令期盼它们公开出版的西夏学子们嗷嗷待哺，望眼欲穿，只能在拣拾的残片碎屑中讨生活，怎不令人心痛！所以我呼吁，尽快公开出版已经拍摄回国的俄藏黑水城文献中的西夏佛经文献，尽快出版 1983 年到 1984 年内蒙古考古队发掘出土的，列为“七五”全国社会科学重点研究项目拨发专款资助的“黑城出土文书”（民族文字文书卷）和“黑城遗迹与出土遗物”卷，取之于公，用之于公么！

再有，所谓的“西夏学”是一门新兴的学科，过去有所谓“绝学”之称。改革开放以来，我们西夏研究形势大好，成为热门话题，研究者趋之若鹜，也有赶时髦，当作敲门砖者。一时间花样翻新的“发布会”，炒“剩饭”，做“回锅肉”，重新包装的“巨型”项目，一批批摆在桌面上，让媒体炒得热火朝天。近来个别别有用心的人又制造西夏“分裂祖国”之言，企图在西夏故地封杀西夏研究。在我看来，当今小小的“西夏学”界假繁荣的背后，存在着真危机。希望卓有成就的“西夏学”界同仁们，应当以学术为重，应当花力气培养“西夏学”

合格的人才，这样“西夏学”才能后继有人。

王：您能对刚进入这个领域的青年人提些建议吗？

白：首先要强调的是青年人要对自己的研究感兴趣，没有兴趣就没有学习的动力。有了兴趣，踏下心来，只要肯下功夫，就一定会出成就。俗话说“皇天不负苦心人”，只要肯干，就一定会有收获。再一个就是青年人做学问要先把人做好，做研究要遵守学术规范，遵守学术道德，这个是很重要的。任何研究都不是从今天的某个人开始的，很多问题都是前人研究过的。没有看到别人的东西，就不够一个学者的身份。我们要学会继承和尊重前人的研究成果，必须在研究之始了解我们研究的问题，前人对于哪些问题已经解决？那些问题尚未解决？那些材料前人已经用过？哪些资料没有用过？只有真正了解前人的研究才能对前人的研究有所超越。现在有个别青年人在这方面就不太注意。开始引用了别人的文章或者观点写成了自己的文章，当再写文章和著书立说时引用同样的观点或内容时就不加注释，变成了自己首创的东西，这是很不规范的，是对前人研究成果的不尊重。这也是需要特别注意的。

王：虽然您已经退休多年，但您一直没有停止过自己的研究工作，您将来还有哪些打算？

白：七八年前，曾经应季羡林先生之邀参加他和汤一介先生主持的中国佛教史，共十二卷，我主要做西夏佛教的部分。敦煌我调查过，此方面相关西夏佛教的材料都是现成的，还有俄藏汉文的西夏佛教材料我也都准备齐全，就等着俄藏黑水城西夏文佛经文献的公布。万事俱备，只欠东风。然而原定 2000 年前出版的俄藏黑水城的西夏文佛经部分迟迟不见出版的迹象，使此项课题就此搁置，而季羡林先生看重的正是西夏文佛经部分。出版社也多次向我询问课题完成情况，我只能遗憾地告诉他们在我有生之年也许有机会完成此课题，然而现在看来，希望渺茫。几百部的佛经，别说现在都还没有公布，就是立马公布了，有相当大的工作量，一时又怎能干完呢？因此，这项工作就此放下了。另外，院里我还申报有一个叫“西夏学通论”的课题。各类西夏研究的门类及其研究成果都已准备就绪。但是关于“西夏学”名称定位是个需要探讨的问题，所以我迟迟没有动笔。如果在我的有生之年还要出点什么成果的话，我想改称此课题为有关“黑水城文献”的综合研究。此外，我剩下的工作就是“打工”。我在民族所之外还有八个兼职职务，比如中国人民对外友协特邀理事，中国文字博物馆专家委员会委员，中国民族博物馆特聘专家，中国民族古文字研究会理事会顾问等等，谁向我约稿，要我讲课或要我干事，在身体允许的情况下，我都乐意胜任。

附录：白滨著译目录

一　学术专著（独著、合著与撰稿）

1.《文海研究》，中国社会科学出版社，1983 年。（与史金波、黄振华合著）

2.《西夏文物》，文物出版社，1988 年。（与史金波、吴峰云合著）

3.《元昊传》，吉林教育出版社，1988 年。

4.《党项史研究》，吉林教育出版社，1989 年。

5. 李锡厚、白滨著《中国政治制度通史》第七卷“辽金西夏卷”。十卷本，人民教育出版社，1991 年。

6. 周谷城主编《中华文明史 · 辽夏金元卷》，河北教育出版社，1994 年。

7. 王锺翰主编《中国民族史》（增订本），中国社会科学出版社，1994 年。

8.《西夏天盛律令》，中国珍惜法律典籍集成甲编第五册，科学出版社，1994 年。

《天盛改旧新定律令》，中华传世法典（修订本），法律出版社，2000 年版。（与史金波、聂鸿音合著）

9.《寻找被遗忘的王朝》，马大正主编之“中国边疆探查丛书”，山东画报出版社，1997 年。

10.《二十五史新编：辽史金史西夏史》，上海古籍出版社，1997 年；1998 年重版；香港中华书局，1998 年版。（与刘凤翥、李锡厚合著）

11.《中华历史通鉴》第 1–4 部，国际文化出版公司，1997 年。

12.《福安市畲族卷》，中国少数民族现状与发展调查研究丛书。民族出版社，1999 年。（与龙远蔚、万红、侯红蕊合著）

13. 白寿彝总主编《中国通史》，陈振分卷主编第七卷中古时代之《五代辽宋夏金时期》（第 11、12 册），上海人民出版社，1999 年出版。

14. 白钢主编《中国政治制度出版史》（上、下卷），天津人民出版社，2002 年。

15.《辽金西夏史》中国断代史系列，与李锡厚合著，上海人民出版社，2003 年。

16. 陈祖武、杨泓主编《辽西夏金史研究》，20 世纪中国人文学科学术研究史丛书：史学专辑。福建人民出版社，2005 年出版。（与李锡厚、周峰合著）

17. 李范文主编《西夏通史》，人民出版社，宁夏人民出版社，2005 年。（任副主编）

18. 边人主编《西夏——消逝在历史记忆中的国度》，外文出版社，2005 年。（撰稿人）

二　学术论文（独著与合著）

1.《明代西夏文经卷和石幢初探》，《考古学报》，1977 年第 1 期。（与史金波合著）

2.《西夏文及其文献》，《民族语文》，1979 年第 3 期。（与史金波合著）

3.《〈大元肃州路也可达鲁花赤世袭之碑〉考释》，《民族研究》，1979 年第 1 期。（与史金波合著）

4.《莫高窟榆林窟西夏资料概述》，《兰州大学学报 · 敦煌学专刊》，1980 年第 2 期。（与史金波合著）

5.《西夏文字典〈文海〉的史料价值》，《中国史研究动态》，1980 年第 5 期；《西夏史论文集》，宁夏人民出版社，1984 年。

6.《中国民族古文字文献及其史料价值》,《中国史研究动态》,1980 年第 10 期。

7.《党项族》,《历史教学》,1980 年第 12 期。

8.《西夏文献及其史料价值》,《中国史研究动态》1981 年第 1 期;《西夏史论文集》,宁夏人民出版社,1984 年。

9.《我国西夏史研究中的几个问题》,《民族研究通讯》,1981 年第 4 期。

10.《西夏文及其文献》,《中国史研究动态》,1981 年第 7 期。

11.《莫高窟榆林窟西夏文题记研究》,《考古学报》,1982 年第 3 期。(与史金波合著)

12.《西安市文管处藏西夏文物考》,《文物》,1982 年第 4 期。(与史金波合著)

13.《略论西夏文字的发现和考定》,《民族研究》,1983 年第 1 期。

14.《试论敦煌藏经洞的封闭年代》,《全国敦煌学术讨论全文集》,甘肃人民出版社,1983 年。

15.《从西夏文字典〈文海〉看西夏社会》,《西夏史论文集》,宁夏人民出版社,1984 年。

16.《明代西夏文经幢和石幢再探》,《西夏史论文集》,宁夏人民出版社,1984 年出版。(与史金波合著)

17.《〈西夏志略〉考》,《民族研究》,1985 年第 4 期。

18.《苏州市砂皮巷慧敏清真寺明永乐上谕碑刻简析》,《中国穆斯林》,1985 年第 4 期。

19.《罗兀筑城考》,《宁夏社会科学》,1986 年第 3 期。

20.《论西夏使臣的"蕃号"问题》,《中国民族史论文集》,中国社会科学出版社,1986 年出版。

21.《西夏史》,《中国古代史研究概述》,江苏古籍出版社,1987 年。

22.《苏州清真寺康熙雍正乾隆三朝上谕碑考》,《民族史论丛》第 1 辑,中华书局,1987 年出版。

23.《论西夏与辽的关系》,《中国民族史研究》(一),中央民族学院出版社,1987 年。

24.《十年来中国民族史研究的理论与实践》,中国民族史学会第二次学术讨论会论文,1988 年 9 月。(与史金波合著)

25.《〈宋西事案〉考》,《西北民族文丛》第 3 辑,1983 年;《东亚的历史和语言》,西天龙雄先生六十寿诞纪念文集(东京),1988 年;《西夏研究丛书》第四辑《宋西事案》代序,宁夏人民出版社,2004 年。

26.《论西夏的后族政治》,《民族研究》,1990 年第 11 期;人大《宋辽金元史》1990 年第 2 期。

27.《西夏文物考古的新发现及其研究》,《北方文物》,1991 年第 4 期。

28.《西夏文〈天盛律令〉进律表考释》,宁夏文管会、宁夏文化厅编《西夏文史论丛》(一),宁夏人民出版社,1992 年版。(与史金波、黄振华、聂鸿音合著)

29.《西夏的学校与科举制度》,宁夏文管会、宁夏文化厅编《西夏文史论丛》(一),宁夏人民出版社，1992年版。

30.《〈宋史·党项传〉取材考略—关于〈长编〉部分》，《中国民族史研究》（四），改革出版社，1992年出版。

31.《西夏雕版印刷初探》，《文献》，1996年第4期。

32.《中国西夏学的发展》，纪念陈述先生逝世三周年论文集《辽金西夏史研究》，天津古籍出版社，1997年。

33.《西夏遗民述论》，中央民族大学历史系编《民大史学》第2辑，民族出版社，1998年版。

34.《西夏后裔考论》，纪念陈述先生逝世三周年论文集《辽金西夏史研究》，天津古籍出版社，1997年。（与史金波、聂鸿音合著）

35.《西夏学研究概况》，国家古籍整理出版规划小组办公室编《古籍整理出版情况简报》1997年第7期。

36.《黑水城的发现与俄藏西夏遗书》，《首届西夏学国际学术会议论文集》，宁夏人民出版社，1998年。（与史金波合著）

37.《中国的西夏学》，《寻根》1998年第6期。

38.《〈马踏飞燕〉的发现始末质疑》，《丝绸之路》，1998年第6期。

39.《〈俄藏黑水城文献〉汉文部分述要》，《宋史研究论文集》，宁夏人民出版社，1999年。

40.《党项与西夏的社会生活》，毛佩琦主编《中国社会生活史—岁月风情》，广西教育出版社，2000年。

41.《元代唐兀氏与西夏遗民》，《〈述善集〉研究论集》，甘肃人民出版社，2001年。

42.《黑水城的发现与俄藏西夏遗书》，寒声主编《黄河文化论坛》第7辑，中国戏剧出版社，2001年。（署名：石艾）

43.《西夏文字与西夏学》，寒声主编《黄河文化论坛》第7辑，中国戏剧出版社，2001年。

44.《元代西夏遗民文献〈述善集〉校注·序言》，[元]杨崇善编著，焦进文、杨富学校注，甘肃人民出版社，2001年。

45.《〈述善集〉研究论集·序》，何广博主编，甘肃人民出版社，2001年。

46.《〈俄藏黑水城文献〉中的宋代文献》，张其凡、范立舟主编《宋代历史文化研究（续编）》，人民出版社，2003年。

47.《西夏时期的敦煌佛教》，载《敦煌与丝绸文化学术讲座》，北京图书馆出版社，2003年。

48.《二十世纪西夏文文献研究》，载杜建录主编《二十世纪西夏学》，宁夏人民出版社，2004年出版。

49.《佛教与西夏文化》，载《佛教与辽金元文化国际学术研讨会论文集》，香港能仁书院，2005年10月。

50.《宁夏灵武出土西夏文文献探考》，第二届西夏学国际学术研讨会论文，宁夏银川，2005年8月；《宁夏社会科学》2006年第1期；林世田主编《国家图书馆藏西夏文献中汉文文献释录·附录》，北京图书馆出版社，2005 年；中国人民大学书报资料中心复印报刊资料《宋辽金元史》，2006 年第 2 期。

51.《探寻西夏文明·序》，吴峰云、杨秀山著该书，宁夏人民出版社，2006 年。

52.《新世纪开端的中国西夏学》，提交俄罗斯圣彼得堡国际西夏学讨论会论文，俄罗斯圣彼得堡大学，2006 年 11 月。

53.《传统典籍中汉文西夏文献研究·序》，胡玉冰著该书，中国社会科学出版社，2007 年。

54.《元代西夏一行慧觉法师辑汉文〈华严忏仪〉补释》，载入杜建录主编《西夏学》第一辑，宁夏人民出版社，2006 年 12 月。

55.《黑水城遗书述略》，提交黑水城人文与环境国际学术讨论会论文，载《黑水城人文与环境研究》，中国人民大学出版社，2007 年 4 月。

56.《罗振玉父子对西夏学的贡献》，载《大连图书馆百年纪念学术论文集》，万卷出版公司，2007 年 11 月。

57.《黑水城文献的考证与还原》，载《河北学刊》，2007 年第 4 期；《新华书摘》2007 年第 19 期转载。

58.《纪念黑水城文献发现一百周年》，《中国社会科学院院报》，2008 年 4 月 22 日（第 4 版）。

59.《黑水城出土汉文文献研究概述》，提交《纪念黑水城文献发现一百周年学术研讨会论文》。（河北省社会科学院主办）。2008 年 4 月。

60.《关于黑水城文献研究的两个问题》，载《中国史研究》2008 年第 4 期。

61.《神奇土地上的文化蕴藏——纪念黑水城文献发现 100 周年》，《财富时报·文化》增刊，2008 年 11 月。

62.《神奇土地上的文化蕴藏——纪念黑水城文献出土一百周年》，《中国民族研究年鉴》2007 年卷，中央民族大学出版社，2009 年 4 月。

三　辞书（党项西夏及其他学科撰稿）

1.《中国大百科全书》（民族卷），中国大百科全书出版社，1986 年。

2. 蔡美彪主编《中国历史大辞典》，《辽夏金元史》卷，上海辞书出版社，1986 年。

3. 陈永龄主编《民族词典》，上海辞书出版社，1987 年。

4. 高文德主编《中国民族史人物辞典》，中国社会科学出版社，1990 年。

5. 叶大兵、乌丙安主编《中国风俗辞典》，上海辞书出版社，1990 年。

6. 赵德馨主编《中国经济史辞典》，湖北辞书出版社，1990 年。

7.《二十世纪中国学术要籍大辞典》，中共中央党校出版社，1993 年。（民族学科主持人与撰稿人）

8. 吕宗力主编《中国历代官制大辞典》，北京出版社，1994 年。

9. 高文德主编《中国少数民族史大辞典》，吉林教育出版社，1995年。（任副主编之一）

10. 季羡林主编《敦煌学大辞典》，上海辞书出版社，1999年。

四　编辑、翻译、书评、报道、调查报告

1.[俄]戈尔巴切娃、克恰诺夫《西夏文写本和刊本目录》，中国社会科学院民族研究所历史室编《民族史译文集》第3辑，1978年。

2.《西夏史论文集》，宁夏人民出版社，1984年。

3.《中国民族史研究》(二)，纪念王静如学术活动六十周年专辑，中央民族大学出版社，1989年。（与史金波、卢勋、高文德合编）

4. 史金波、魏同贤、克恰诺夫主编《俄藏黑水城文献》第1–11册（任编委）；第1–6册汉文部分（任副主编），上海古籍出版社，1996–2000年。

5. 李范文主编《中国国家图书馆藏西夏文献》第1–4册（导言、叙录撰稿），上海古籍出版社，2006年。

6.《西夏研究》第2辑，《罗振玉父子西夏学论著汇编》，中国社会科学出版社，2007年。

7.《西夏科学考古纪录片〈黑水城遗址〉》，《民族研究动态》，1983年第6期。

8.《1982–1984年我国西夏研究概述》，《宁夏社科通讯》，1985年第6期。

9.《西夏文字漫谈》，《中国少数民族历史故事》，宁夏人民出版社，1988年。

10.《中匈美三国学者西夏学术座谈会在京举行》，《民族研究动态》，1988年第1期。

11.《西夏学术座谈会在京举行》，《宁夏日报》，1987年10月24日。（署名石艾）

12.《庆祝王静如教授从事学术活动60周年》，《民族研究动态》，1990年第3期。

13.《〈西夏文物研究〉评介》，《西北史地》，1986年第3期。（与史金波合作）

14.《一部独创的古代民族佛教史著作——〈西夏佛教史略〉评介》，《民族研究动态》，1989年第2期。

15.《西夏瓷的发现与研究——〈宁夏灵武窑〉评介》，《中国文物报》，1990年6月7日。(第3版)

16.《西夏瓷研究的奠基之作——〈宁夏灵武窑〉评介》，《民族研究动态》，1990年第3期。

17.《留住辉煌——评〈中国历史文化名城丛书·平遥〉》，约稿，2002年3月29日。

18.《四十集电视连续剧剧本〈西夏王〉(贺兰雪)》审稿意见。为中央电视台撰稿，1995年5月28日。

19.《被遗忘的旷世奇珍——黑水城与西夏遗书》，《瞭望新闻周刊》，1999年第51期。

20.《古枝东瀛绽新蕾——西夏文字与书法赴日展出侧记》，中国人民对外友协主办《友声》2001年第105期；《中国社会科学院院报》2000年10月17日(4)。

21.《古枝东瀛绽新蕾——中国少数民族古文字与书法赴日展出侧记》，中国人民对外友

协主办《友声》2002 年第 116 期；《中国社会科学院院报》2002 年 10 月 8 日（4）。

22.《西夏文符牌〈敕燃马牌〉》，载《银川集邮》，2007 年第 4 期；《中国集邮报》，2007 年 7 月 20 日（7）；《集邮报》，2007 年 7 月 21 日（12 版）。

23.《拂去西夏王朝的封尘》，《光明日报》，2003 年 3 月 3 日（4）。

24.《福建福安县甘棠乡山岭联社畲族调查（摘录）》，民族问题五种丛书《畲族社会历史调查》，福建人民出版社，1986 年。（调查整理成员之一）

25.《江西省畲族情况调查》，民族问题五种丛书《畲族社会历史调查》，福建人民出版社，1986 年。（调查整理成员之一）

26.《江西省畲族情况调查（摘录）》，民族问题五种丛书《畲族社会历史调查》，福建人民出版社，1986 年。（调查整理成员之一）

古文献收藏整理

国家图书馆收藏的西夏文、契丹文和女真文文献

中国国家图书馆　黄润华

1929年12月，尽管古都北平已进入滴水成冰的隆冬季节，但在中南海居仁堂的一间展厅里，人头攒动。展厅虽不算大，但在这里可以见到一流的教授学者，还有一些政界要人。大小各报的新闻记者也穿梭其间，显得十分活跃。人们隔着展柜的玻璃注视着一本本古老的佛经，脸上露出惊讶、兴奋的神情。几位学者名流对着展品，指指点点，小声议论着什么。尽管宾客如云，且位尊阶高，但他们对此次看到的古籍一字不识。

这些古籍是北平图书馆新近购入的宁夏出土的西夏文佛经。

这批西夏文佛经是1917年在宁夏灵武县发现的。关于发现的时间有两种不同的记载。一是说1917年灵武县修城墙时在墙内挖出两个大箱，内藏西夏文文献。另一说是1919年灵武县近郊农民耕地时发现明代布政使王骥墓及五个瓦坛，内装西夏文经。尽管两处记载的时间、地点互有出入，但都与当时灵武县知县余鼎铭有关。不过，西夏文文献出土不久便落到当地驻军手中了。1929年冬，当地驻军派人到北平求售，但索价甚高。北平图书馆认为“此项经文从未见于著录，最为稀世之珍，亟应集中一处，以供学者之研究”，特请中华教育文化基金董事会拨款9500元购入。这在当时是一笔巨资。这批西夏文佛经入藏北图后，随即举行展览，引起了轰动。

宁夏出土的西夏文佛经是国家图书馆藏西夏文文献的主要部分，以后，通过采访等渠道，又入藏了一批西夏文文献。在新世纪对馆藏西夏文文献进行整理修复时，从佛经的封面、封底中剥离出很多文献残片，共270多页，其中有汉文也有西夏文，尽管是残页，却有很高的文献价值。

据统计，国家图书馆现藏西夏文文献共20种，残页11种，共8000多页。这些文献主要是：

1.《金光明最胜王经》卷第1、3－6、8－10。

2.《慈悲道场忏罪法》卷1、3－10。

3.《现在贤劫千佛名经》卷上、下。

4.《悲华经》卷第9。

5.《说一切有部阿毗达磨顺正理论》卷第5。

6.《过去庄严劫千佛名经》一卷。

7.《金刚萨埵说频那夜迦天成就仪轨经》卷第 2。

8.《不空羂索神变真言经》卷第 18。

9.《经律异相》卷第 15。

10.《添品妙法莲华经》卷第 2。

11.《佛说佛母出生三法藏般若波罗蜜多经》卷第 15。

12.《佛母大孔雀明王经》卷下。

13.《地藏菩萨本愿经》卷中。

14.《菩萨地持经》卷第 9。

15.《大智度论》卷第 4。

16.《大方广佛华严经》(泥活字本)卷第 51、71。

17.《大方广佛华严经》(木活字本)卷第 11、12、14 - 16、19 - 23、27 - 33、34、35、37、39 46、48、51、53、54、57、59 - 75、79、80。

18.《大般若波罗蜜多经》卷第 18、21、22、26、27、34、71、93 - 97、103、104、112、113、281、283、293、294、355.

19.《瓜州审案记录》。

20.《六祖大师法宝坛经》。[1]

国家图书馆的西夏文文献前后经历了四次整理。第一次是 1932 年由周叔迦先生主持,以《馆藏西夏文经典目录》之名发表于《国立北平图书馆馆刊》四卷三号上。这期馆刊是西夏文专号,它的出版首次披露了北图收藏的宁夏出土西夏文文献的全貌。这一期馆刊至今还是治西夏学的必读之书。

第二次整理是 1973 年,当时民族研究所史金波先生用了近三个月的时间对馆藏西夏文文献进行了初步整理,编了一个初目,发现馆藏西夏文文献与入馆之初相比有了一些增减变化。这次整理时间较短,因为当时“文革”尚未结束,“批林批孔”正甚嚣尘上,史先生能在这种特殊时期整理西夏文献,确是难能可贵的。

第三次整理是在 1982 年,这次实际是在九年前整理基础上的延伸和深化。除了对西夏文文献的目录有较为规范的编目外,史金波对馆藏西夏文文献的版本、时代和真伪及活字本等问题作了进一步考察,对文献中的序言、题记、跋文和发愿文作了初步研究。

进入新世纪后,国家图书馆委托史金波再次对馆藏西夏文文献进行整理。这次整理从 2001 年至 2002 年,做得更为深入细致,编出了一份详细目录,《国家图书馆学刊》特出增刊“西夏研究专号”予以刊登。这期专号与 70 年前的专号相映交辉,成为西夏学研究领域中的一段佳话。

1 史金波《中国藏西夏文献 · 国家图书馆藏卷 · 综述》,敦煌文艺出版社 2003 年。

2003年国图决定对馆藏西夏文文献进行修复，这是这批文献入馆70多年后采取的一次重大保护措施。在这次修复中，从文献的封面、封底褙衬纸张中发现了几十种西夏文文献和汉文文献的残页，算是一次意外的收获。这次修复取得了很大成功，成为古籍保护工作的一次成功的范例。

国家图书馆馆藏西夏文文献有着十分重要的文物价值、文献价值和艺术价值。馆藏西夏文文献分属西夏、蒙元、元代三个时期，都是七八百年前的珍贵文物，其中大多数还是难得一见的海内孤本。特别是其中的活字本，更是有重要的版本价值。根据历史记载，在11世纪40年代，宋人毕昇发明了泥活字，元代王祯首次用木活字印书成功，这在出版印刷史上是一次重大的革命，但是宋元时期汉文的活字本图书没有流传下来，西夏文活字印本便成了今天能看到的最早的活字本图书，其重要价值是不言而喻的。西夏文活字印刷是从中原地区学习而来，这为中国印刷技术西传提供了一个明确的座标点。

馆藏西夏文经的文献价值也十分重要。就佛经本身来说，这批佛经包括了西夏、蒙元、元代三个时期的写印本，其中不少是孤本，其文献价值具有独特性。

特别要指出的是，在佛经经文之外的序言、题记、跋文和发愿文等文献中包含了大量重要的历史信息。如《金光明最胜王经》第一卷卷首有一篇《序》，记载了《金光明经》先后五次由梵译为汉的经过，西夏翻译、校点此经的情况，以及西夏被灭后的遭遇等情况。《金光明经》卷十末的跋文记载此经刊于乙已，完成于丁未，由此可见这些序跋和发愿文等具有十分重要的文献价值。

馆藏西夏文佛经无论是雕版印本还是活字印本，多为经折装，大多数保存较好，纸质上乘，版面端庄，文字恭正，墨色均匀，元代杭州刻印的那批经典封面封底均为品位高尚的黄色丝绢，上粘有刻印好的题签。七八百年的时光逝去，呈现在人们眼前的仍是一件印制精美的工艺品，透出一种庄严与大气。

值得一提的是在大多数佛经文字前均配有图画。最常见的是释迦牟尼佛祖说法图。佛祖端坐在上，作说法状，众弟子端立在下，聆听法音。画面布局合理，人物表情刻画细致，服装线条流畅，是非常成功的中国古代版画作品。特别是西夏地区刻印的说法图，其中人物的发式、服装均与汉地不同，无异是党项民族的写照，为今天认识西夏普通百姓的形象留下了一份难得的资料。

在西夏文刻本《慈悲道场忏罪法》的卷首有一幅梁皇宝忏图，图中展现的是在雕梁画栋的宫殿之中，梁武帝高踞在上，周围立有众多宫女太监侍者，在大殿中央，一条巨蟒盘绕在地。这幅图画在每次展出时都引起观众特别的关注。《慈悲道场忏罪法》传为梁武帝撰，其妻郗氏生前酷妒成性，死后化为巨蟒，托梦于帝求请拯救，梁武帝作此十卷经文，超度亡妻。此画即显示此经的创作背景，又有很强的艺术感染力。

在西夏文佛经首卷图中最为特殊的是一幅译经图，这幅图在《现在贤劫千佛名经》卷首，此幅图正中上部为译场主译人白智光国师，两侧分列僧俗16人，为“助译者”，图画下部分别端坐西夏皇帝和皇太后。这幅译经图极为珍贵，在众多的西夏文佛经中仅此一见。形象地表现了西夏译经的场面。此图是史金波先生在第一次到国图整理西夏文文献时发现的，并在1979年首次作了披露，引起了中外学者的重视。

馆藏西夏文文献的艺术价值，随着馆藏西夏文佛经的影印出版将被更多的人所认识，并被进一步发掘出来。

在契丹文文献方面，国家图书馆藏有若干种有代表性的碑刻拓片，其中属于契丹大字的有北大王耶律万辛墓志、萧孝忠墓志、耶律习涅墓志等，属于契丹小字的有辽道宗耶律洪基哀册、道宗宣懿皇后哀册等。

在女真文文献方面，国家图书馆收藏了几种拓片，其中最有名的是大金得胜陀颂碑，另有奥屯良弼题记碑、女真进士题名碑、杨树林山女真国书摩崖和庆源碑等。另有一些多文种的碑刻上也有女真文的内容，如元至正八年（1348年）的莫高窟造像记为梵、蒙、西夏、藏、汉、女真六体合璧，居庸关石刻拓片中也有女真文。

馆藏的契丹、女真文拓片有的拓印质量相当好，有的曾为名家收藏，如契丹文辽道宗及皇后的哀册，是属于珍贵的善拓，女真文奥屯良弼题记原是著名国学大师王国维的旧藏。莫高窟造像记虽然多见，国图亦藏有几种，其中有一幅是著名收藏家孙壮的藏品，上面钤有“孙壮印”、“北平孙伯恒鉴藏书画章”等印。

女真文文献现存大多为石刻碑铭，纸质的寥若晨星。国家图书馆善本书库里有一部题为《华夷译语》的明抄本，共十册，著录了回鹘式蒙古文和回鹘文分别与汉文对照的词汇。在回鹘文词汇之后，录有15页女真文与汉文对照的词汇。每半页录4个词或字，共收58个词(字)。每个词或字分三行，中间为汉文词(字)，其右为女真文，左为汉字拼写女真字音。如“圣旨”，左边的女真语注音为“阿鲁卜鲁旨”，“皇后”为“皇阿木鲁该”。汉文词左右的女真文和汉字注音字体均略小。这份女真语杂字与日本东洋文库藏本内容相同，但在以前的有关研究著作中未有提及，鲜为人知。

国家图书馆的契丹文、女真文文献大都是1949年前的旧藏，上世纪80年代也零星收藏到几种契丹文拓片。在“文革”前，馆内金石组的曾毅公先生曾利用馆藏研究过契丹文，并发表过研究文章。

国家图书馆还收藏着10多种国内少数民族古代珍贵文献，不久前她刚度过自己100周年华诞，其收藏民族文献的历史与馆龄等长。自1909年筹建京师图书馆始，少数民族文字图书与汉文图书同样被重视。一个世纪以来，经过几代人的孜孜不倦的努力，国家图书馆终于成为世界上最重要的中国民族古文献的收藏基地之一。

《中国藏黑水城汉文文献》简介

宁夏大学　杜建录

《中国藏黑水城汉文文献》是由宁夏大学西夏学研究院、内蒙古自治区考古研究所和甘肃省古籍文献整理编译中心历时三年共同整理完成的一项重大学术工程。全书以全彩写真形式首次集中公布古黑水城出土汉文文献4200余件，是宋夏金元史、宋元佛教史、中古社会史、宋元科技史、古代医药史、丝路贸易史、回族经济史、法律制度史、文书制度史以及文献版本学等研究领域十分珍贵的第一手资料。任继愈、宿白、饶宗颐、蔡美彪任学术顾问，陈育宁任编委会主任，塔拉、杜建录、高国祥任主编。

西夏黑水古城是一座民族文献的宝库，1908年和1909年沙俄大佐科兹洛夫从这里盗走大量西夏、汉文献，现藏俄罗斯科学院圣彼得堡东方学研究所。1914年英国人斯坦因步科兹洛夫后尘，也到黑水城寻找挖掘，得到了不少西夏遗物，现藏大英博物馆。1949年新中国成立后，对黑水城进行了多次考古调查与发掘，出土文献5000多件，包括汉文、西夏文、畏兀尔蒙古文、八思巴蒙古文、古藏文、亦思替非字、古阿拉伯文等多种民族文字文书，分别藏内蒙古考古研究所、阿拉善文管所、额济纳旗文管所、甘肃省博物馆、中国社会科学院考古研究所等单位。这些珍贵的文献出土后，一直分散在文物考古部门，没有系统整理出版。以致长期以来人们谈起黑水城文献，只知俄藏与英藏，而不了解我国还藏有如此丰富的黑水城文献。因此，非常有必要在《中国藏西夏文献》之后，系统整理出版《中国藏黑水城汉文文献》。

《中国藏黑水城汉文文献》共收录原始文献4213件，其中社会文献3980件，宗教文献233件。共分为农政文书、钱粮文书、俸禄与分例文书、律令与词讼文书、军政与站赤文书、票据、契约、卷宗文书、书信、礼仪、儒学、文史文书、医算历学、符占秘术、堪舆地理文书、佛教文献、图画、印章及其他文书等10卷64类，编为10册。它的整理出版，意义重大：

第一，全书收录文献属于海内外首次公布。其数量之多，内容之丰富，在黑水城出土文献中十分罕见。尤其是大量汉文社会文书的首次面世，为研究宋夏金元史、中古佛教史、中古社会史、宋元科技史、古代医药史、丝路贸易史、回族经济史、文献版本学提供了丰富的不可替代的原始资料。

第二，与俄、英、法、日等国藏黑水城文献相比，有着显著的不可替代的特点。国外藏黑水城文献以西夏文为主，汉文、古藏文、蒙古文、回鹘文等其他民族文字次之，而在汉文部分中佛经又占大多数。《中国藏黑水城汉文文献》收录的则主要是社会文书，约占全部文献的 95%，其历史文献价值弥足珍贵。

第三，本书考释严谨、分类科学、内容丰实。便于研究者阅读与查阅，全书设有总目，分册设有文献细目，并配有大量考古、遗址和航拍图片，以帮助研究者从中摄取丰富的研究辅助信息。

第四，在国内首次推出大型文献全彩写真印刷，公布文献与原始文物一致无二，无论从文字的书写格式，还是行文、画押、印章、批注以及文字的叠摞，均可见文物的原始面貌，为再造善本和珍贵文物文献传世工程。

学术会议

“西夏语文与华北宗教文化”国际研讨会综述

子寿

“西夏语文与华北宗教文化”国际学术研讨会于2009年12月在台湾召开。此次会议由台湾中研院语言学研究所和佛光大学主办，中国社会科学院西夏研究中心协办。

来自中国（包括大陆、台湾、香港）、俄国、日本、法国、美国、挪威、英国、德国、加拿大的30余名学者参加了会议。中国社会科学院学部委员、西夏文化研究中心主任史金波、民族学与人类学研究所聂鸿音、孙伯君和研究生院的安娅，中国人民大学沈卫荣、宁夏考古研究所孙昌盛、宁夏大学段玉泉、河北师范大学崔红芬8位大陆专家出席会议。

近些年来，藏于国外和国内的大量西夏文献陆续刊布。在中国历代文化研究领域中，西夏原始资料的发现和大规模刊布显得十分突出，引起国内外广泛关注。利用这些珍贵资料进行研究受到越来越多的重视，西夏文文献整理和译释的力度显著加强，通过文献的解读对西夏语的认识也逐步提高，西夏研究渐成为学界关注的热点之一。这次国际会议即是在这种背景下召开的。

会议分两段进行，前一段在台北中研院举行，共有6场报告，专家们就西夏语的语音、词汇、语法、文献解读等方面宣读论文14篇；后一段在宜兰佛光大学举行，分8场报告，就西夏文献所反映的宗教文化与唐宋元明时期华北宗教方面宣读论文16篇。

综观会议有以下特点和成果：

一、此次会议开创了海峡两岸共同举办西夏国际研讨会的先例。会议由台湾两部门主办，中国社会科学院西夏文化研究中心协办，并邀请有关国家和地区的专家参加，为今后两岸合作研讨西夏开辟了新的路径。台湾媒体报道，与会的加拿大英属哥伦比亚大学的陈金华教授表示：“从两岸合作的角度来看，此次西夏语文与华北宗教文化，中国社会科学研究院由史金波教授等率团全程参与此次会议，与台湾及来自世界各地的学者共同进行的学术研讨会，其深具时代意义。”

二、此次参加会议的专家国别多、地区多，具有较广泛的代表性，其中包括多位国际知名的学者，除中国大陆和台湾的专家外，还有德国著名的语言学家茨默（Peter Zieme）教授、美国哈佛大学著名的佛学专家范德康（Leonard van der Kuijp）教授。与会专家多数懂西夏文字，能译释西夏文文献。过去能译释西夏文文献的专家仅限于中国、俄国、日本、美国，此次会上又有英国、法国、加拿大等国专家参与，表明国际上越来越多的专家重视西夏文文献的利用和研究。会上宣读的论文专业水准较高，每人发言和讨论 50 分钟，时间较为充裕，共同语言多，相互交流多，讨论也能深入。与以往一些西夏学术研讨会相比，人员不是很多，但提升了西夏文专业水平，与会者均感有实质性的收获。

三、第一阶段着重西夏语言研究和西夏文献的译释。有 8 篇是对西夏文献的译释、考证，其中有民族所聂鸿音的《俄藏西夏本〈拔济苦难陀罗尼经〉考释》、日本松泽博的《斯坦因将来黑水城出土西夏文献》、台湾故宫博物院胡进彬的《夏译〈无我母十五天母赞〉译注》、宁夏考古研究所孙昌盛的《西夏语〈吉祥遍至口和本续〉(第八章第三品）译释》、台湾淡江大学张佩琪的《初探夏译〈禅源诸诠集都序〉及〈禅源诸诠集都序幹文〉》、民族所孙伯君的《西夏文〈正行集〉考释》、宁夏大学段玉泉的《西夏文〈佛顶无垢经〉释文》、河北师范大学崔红芬的《僧人“慧觉”考略——兼谈西夏的华严信仰》。有 6 篇是对西夏语言的研究，其中有法国国家科学研究院向柏霖（Guillaume Jacques）的《原始西夏语前置音》、台湾中研院林英津的《论西夏语“不知云何作记”》、日本京都大学池田巧的《俄国收藏的藏文注音西夏文佛经残页 No.8363》、香港大学戴忠佩的《西夏语第九类声母反切系连再议》、日本小高裕次的《从收录文字的使用频率来看西夏文〈禅源诸诠集都序〉》、日本东京外国语大学荒川慎太郎的《西夏语位格的初步研究》。文献考释论文显现出西夏文文献释读的强劲势头、较高的释读的水平和利用原始文献深入研究西夏文化的成效。而语言研究论文包含西夏语与现代嘉绒语诸方言音节结构的比较、通过藏文标音对西夏语的重新考察、西夏语位格标记的系统讨论等，涉及西夏语言学研究的一些前沿问题，显示出西夏语研究的深化和细化。西夏语是汉藏语系藏缅语族保留下古代语言资料少有的语言之一，深入研究西夏语，并尽可能把现有研究成果与现有藏缅族语言进行比较，不仅会推进西夏语的研究，对藏缅语族语言的研究和认识也有重要意义。同时也感到西夏文文献的译释还应继续提高水平，更加重视无译文对照文献、特别是世俗文献的解读（佛教文献一般有译文对照），西夏语言研究也期待有明显突破性进展。

四、第二阶段主要围绕古代华北宗教文化议题展开，聚焦於唐末迄元，以五台山为中心的华北地区，重点研讨西夏、辽、金的语言、宗教与文化相互交融的发展历程，及其带给现今佛教世界启发等议题。发表的论文中有宏观与微观相结合深入论述，如加拿大哥伦比亚大学陈金华的《唐代的密教机构：密宗在法门寺崇拜形成过程中的作用》、德国柏林布兰登堡科学与人文科学院茨默的《回鹘佛教中的五台山和文殊》、台湾佛光大学周伯戡的《契丹佛经：它的涵化与整合》、法国高等实验研究院马颂仁（Pierre Marsone）的《神王：契丹帝国建立时耶律阿保机的政治与宗教》、英国诺丁汉大学马克瑞（John McRae）《东亚史上的白高国》、民族所史金波的《西夏的佛与儒》。有的论文则通过具体文献的考证寻求佛教流传发展的重要问题，如台湾林光明的《由房山〈地藏菩萨陀罗尼〉看华北佛教音译特色》、美国哈佛大学范德康的《噶旦巴·却定巴对西夏朝廷的短期访问》、刘国威的《西夏相关文献中对大手印传承师资的记载考察—以〈大乘要道密集〉与〈大手印究竟要集〉为中心》、台湾佛光大学索罗宁（Solonin Kirill）的《西夏语译本中所见南阳慧忠的禅宗教导》、中国人民大学沈卫荣的《台湾故宫博物院藏〈吉祥喜金刚集轮甘露泉〉藏文来源考述》。也有对具体西夏文佛教文献的考释，如中国社科院研究生院安娅的《西夏文译本〈大威德陀罗尼经〉考释》。此外也还有对世俗文献价值和流传的探讨，如挪威奥斯陆大学安东平（Christoph Anderl）的《辽代的字典龙龛手镜》、英国国家图书馆高奕睿（Imre Galambos）的《西夏文版的〈将苑〉》。俄国波波娃（Irina Popova）的《西夏文本〈贞观政要〉的流传史》。

此段会议论文议题涉及10—14世纪，地域跨中原、西夏、契丹、回鹘、吐蕃，第一次将不同政权的宗教纳入到更大范围考量，放宽时空视角，梳理华北宗教的流传脉络，高屋建瓴，综合讨论，颇有特色，不仅加深认识西夏文化的辉煌成就，同时也为华北佛教的研究提供了新的研究题材和新的思路。

此阶段关于佛教研讨会议在著名的台湾佛光大学进行，佛光大学创办人星云大师来函致辞欢迎。这里不仅有浓厚的佛学氛围，会议还邀请佛光大学佛学院的多位法师和学员旁听，会场达到百人，会上会下与专家们交流，气氛十分热烈。

会议结束时专家们进行总结，认为研讨会效率高，成效大，对学术推动明显，大家感到非常满意，认为是一次很成功的国际学术研讨会，建议以后多举办类似的专题研讨会。

辽金西夏历史文献学术研讨会

席 玮

本报讯 近日，由中国民族古文字研究会主办的辽金西夏历史文献学术研讨会，在中国社会科学院民族学与人类学研究所召开。出席会议的有中国社会科学院、中国文化遗产研究院、中国军事科学院和北京市、吉林省、内蒙古自治区的专家学者 20 余人。中国社会科学院民族学与人类学研究所副所长揣振宇出席研讨会并讲话。

与会者指出，辽、金、西夏作为同一历史时期的少数民族政权，彼此间有着密切的联系，尤其是俄藏黑水城西夏文献的整理出版，更为三者之间的交叉研究提供了丰富的珍贵资料。因此，为研究辽、金、西夏的学者提供在一起切磋交流的机会，是很有学术意义的。

会上，部分专家学者通过对文献材料的严谨考证，提出对相关领域内已有观点的修正。例如，历来的研究者都倾向于将西夏文献中的“城主”类比为中原的某一官职，但孙伯君经过详细考证指出，“城主”并不能与中原的任何一个传统官职相当，而仅仅是对地方各级主管的统称。再如，一般认为辽国国号共改复了四次，但景爱根据辽代的碑刻资料指出，辽朝先后改复国号十八次，以“契丹”为始，以“大辽”为终。

除了这一主题，发言者还运用“新”思路对相关领域内的“旧”问题进行重新思考。例如，抗金名将岳飞一向被誉为“民族英雄”，但王宏志从“多民族”的角度指出，岳飞生活的时代，正是我国各民族相互交融、民族政权并立的时代。宋金之间的战争，今天看来只是“兄弟阋墙，家里打架”。如果从整个中华民族的角度来看，岳飞抗金并不是反抗“外来侵略”，因此是否可以称岳飞为“民族英雄”是值得商榷的。另外，与会者还就辽金与西夏研究的关系问题进行了发言。

据了解，会议的主要论文已编入会前出版的《辽金西夏历史文献》一书中。与会者普遍认为，此书对辽金西夏历史文献研究颇有参考价值，应当连续编辑出版。揣振宇副所长对此表示积极支持，并表示将尽力提供方便。

（原载《中国社会科学院报》）

中国首届契丹文化研讨会在河北省平泉县召开

苗天娥

2009年7月28日，由中国辽金文学学会、河北省文化厅、河北省文物局、承德市人民政府主办，平泉县委、县政府承办的首届契丹文化研讨会暨中国契丹文化研究中心揭牌仪式在平泉县隆重举行。河北省委宣传部副部长王景武、河北省文化厅副厅长彭卫国、河北省文物局局长张立方，承德市市长张古江、承德市常委、承德市委宣传部长刘学军、平泉县县委书记刘文勤、平泉县县长董正国等出席了揭牌仪式。河北省副省长孙士彬、承德民族师专老科协、河北平泉苏颂研究会专门发来贺电，祝贺中国契丹文化研究中心在平泉成立。

本次研讨会的召开及建立中国契丹文化研究中心的目的旨在依托平泉文化资源优势，打造全新平台，对契丹文化的研究成果进行总结与整理，推进研究成果实体化运用，促进平泉文化产业的快速发展。

此次会议学术阵容庞大，国内权威云集，学术观点异彩纷呈，来自中国社会科学院、中国文化遗产研究院、中国传媒大学、中央民族大学、南开大学、辽宁省社会科学院、辽宁大学、辽宁师大、吉林大学、安徽师大等高等院校和科研部门的30余位史学、文化史学专家参与了学术研讨。此次会议共收到论文25篇，宋德金、刘凤翥、景爱、胡传志、查洪德、白建春、程妮娜、武玉环、都兴智、李桂芝等19名辽金史专家学者在研讨会上作主题发言，最后由吉林大学的程妮娜教授代表大会作学术总结。

与会专家学者重点研讨了契丹文化的内涵和外延、契丹文化发展的不同阶段、契丹文化和辽文化的关系、契丹与其他相关民族的关系等，焦点是契丹文化和平泉发展的关系。大家一致认为，平泉位于河北、内蒙古和辽宁三省交界处，是契丹文化的主要发祥地，也是辽河的发源地，是辽代重要的商品集散地，在辽朝经济发展中的地位举足轻重。

综观而言，专家们的发言涉及六个方面：(1) 对地方文化资源进行深入研究，分清历史与传说、历史与文学的界限，宣传契丹文化和汉文化的交流涵盖在景观参观过程中更有说服力。中国辽金契丹女真史研究会会长宋德金发言中指出，平泉县曾经是契丹、奚、汉、渤海等北方少数民族生活的地方，又是宋辽使节络绎往来之地，地因人胜，人文、历史、民俗、传说积淀深厚，值得好好开发旅游文化产业，应大力关注地方历史文化经济发展。(2) 平泉地处游牧民族和农耕民族的接合处，草原游牧文化和中原汉文化的交流、碰撞频繁、突出，决定了文化景观打造的尺度。平泉历史上不仅是契丹民族的发祥地，也是多民族聚居区，文化体现多元性，相近文化的交融在所难免，也应提起注意。吉林大学的武玉环教授从本源、他源、祖源（中原汉文化）三方面讲述了契丹文化在中华民族文化中的地位。程妮娜教授着重讲了契丹文化产源和流是多元文化融合的结果。中央民族大学李桂芝教授强调了这一地区历史上是民族融合的地域。(3) 从源头上讲契丹民族和汉汉民族是一家，涉及民族源流和文化认同问题，但要注意绝不应贬低历史上任何一个少数民族。朝阳师专党委书记雷广臻教授从红山文化与黄帝文化的关系入手，阐释了契丹族源考释的进展及其意义，受到与会专家的高度重视。(4) 如何转化研究成果，服务于现代平泉经济发展。中国文化遗产研究院研究员景爱先生认为，平泉县作为契丹民族的发源地，有着丰富的历史文化资源和便捷的交通，应该自然景观与人文景观相结合，充分利用资源，注重史实基础，发展生态旅游，以马盂山、大长公主墓、辽河源、泽州园、契丹文化博物馆为重点着力打造“辽河源头、契丹发祥、中国菌乡、神州炭都”四张名片，缔造黄金旅游线。(5) 对中国契丹文化研究中心寄予厚望。专家们希望以本地研究者为生力军，辐射外围，主要研究平泉地区的红山文化、契丹文化、清文化（避暑山庄文化）等，研究的视角要突破地域，重点是将学术成果转为应用，研究历史服务现实。中国辽金契丹女真史研究会宋德金会长、承德民族师范高等专科学校毕国忠等专家持此说。(6) 具体问题的建议，如契丹文化与辽文化的民族异同、辽朝人物的服饰依据出土的壁画等材料真实还原，参观景点要有通俗的解说，历史人物的塑像等把握细节，避免荒诞不经、低俗下流的介绍，提高本地学者和管理者的学术水平，发扬主人翁的态度，客观研究宣传家乡文化。会上，平泉县委书记刘文勤表示，要全力促进契丹文化研究长效机制建设，努力为研究中心的运行创造环境。搭建平台，提供保障。在四个文化产业园的打造过程中，以辽河源契丹文化产业园为母园，以辽河源国家森林公园景区为品牌，以契丹文化为主线，突出辽河源、契丹寻宗、林海揽胜等主题，谋化实施契丹始祖文化保护、契丹民族博物馆、走进契丹演艺中心，辽河源艺术采风创作基地等 10 多个子项目，为寻祖溯源的辽河儿女全面展示伟大母亲河源关的风采，激发广大辽河流域政府组织、民间团体、专家学者研究弘扬契丹文化的热情，共同推动契丹文化研究事业蓬勃发展。

研究机构介绍

中国社会科学院西夏文化研究中心

子 寿

中国社会科学院西夏文化研究中心于 1997 年 7 月由中国社会科学院批准成立。研究中心的任务是进行西夏文化研究和西夏文献的译释和研究工作，考察、搜集西夏文献和文物资料并整理编辑出版，加强国内外西夏研究专家和有关部门的联系，争取资金进行合作研究，开展西夏研究交流，组织学术讨论，培养西夏研究人才。

西夏文化研究中心及其办公室设在中国社会科学院民族学与人类学研究所。研究中心成立时聘请季羡林、白寿彝、史树青、蔡美彪等著名学者为顾问，聘请中国、俄罗斯、日本、美国的西夏学专家为学术委员和编辑委员。

中国社会科学院西夏文化研究中心主任为中国社会科学院学部委员史金波，副主任（按姓氏笔画排列）为白滨、杜建录、李华瑞、沈卫荣、聂鸿音教授。

西夏文化研究中心的成立有其深厚的学术基础。中国社会科学院民族研究所已故王静如研究员早在 20 世纪 30 年代便在当时西夏学研究者中脱颖而出，出版了《西夏研究》三辑，其学术成果得到国内外学者的赞赏。60 年代初，他又开展西夏研究，并在民族研究所培养西夏学专业人才。自 70 年代中期以来，民族研究所已有多名西夏研究专家，还有参与西夏研究的藏学专家，他们陆续发表了不少有分量的论文，出版了一系列重要西夏研究著作，如《文海研究》(1983)、《西夏文化》(1986)、《西夏佛教史略》(1988)、《元昊传》(1988)、《西夏文物》(1988)、《番汉合时掌中珠》(1989)、《党项史研究》(1989)、《类林研究》(1993)、《西夏天盛律令》(1994)、《辽史、金史、西夏史》（“二十五史新编”）(1997)、《西夏用兵史话》(1997)、《俄藏黑水城文献》第 1—13 册（1996 年—2007 年）、《天盛改旧新定律令》(1999)、《中国活字印刷术的发明和早期传播——西夏回鹘活字印刷术研究》(2000)、《电脑处理〈文海宝韵〉研究》(2000)、《中国风俗通史》(辽金西夏卷)(2001)、《西夏文德行集研究》(2002)、《辽金西夏史》(2003)、《西夏出版研究》(2004)、《国外早期西夏学论集》(一)(二)(2005)、《中国藏西夏文献》1 – 20 册（2005 – 2007)、《西夏社会》（上、下）(2007）等。中国社科院考古研究所也编著了《宁夏灵武窑发掘报告》(1995)。这些著作涉及西夏的语言、文字、历史、文化、宗教、文物、文献、印刷、出版等诸多领域，在国内外学术界产生了较大影响。

民族研究所的西夏研究注重原始资料的搜集和实地考察，重视流失海外资料的整理和出版。他们率先进行了敦煌莫高窟、安西榆林窟西夏洞窟的考察，西夏地区文物、文献的考察和西夏后裔的考察。民族研究所和上海古籍出版社同俄国科学院圣彼得堡东方学研究所于1993年签订协议，共同合作整理刊布全部俄国所藏黑水城遗址出土西夏资料。为使这批流失多年的珍贵文献及早魂归故土，民族研究所的西夏研究人员付出了极大的心血。目前，这部预计30册的巨著《俄藏黑水城文献》已出版了13册。此书的出版大大丰富西夏研究的资料，使西夏研究呈现出崭新的局面。

民族研究所较早地开展对外学术交流。20世纪70年代以来，民族研究所加强了与国内外西夏研究同行的联系。国外的西夏学专家来中国时，首先访问民族研究所。自80年代中期后，民族所西夏研究人员出访日本和苏联，并接纳、培养美国、苏联的进修人员。

中国社会科学院的西夏研究尽管人数不多，但在西夏研究中，领域较宽，成果较多、水平较好，并在资料积累、培养人才、对外交往等方面都有明显的成效，推动了西夏学的发展，对西夏研究和相关学科的研究起到了促进作用，特别是在西夏语言文字、文献释读、历史文化、宗教、法律、社会、印刷术和文献整理出版等方面，均起到开创或深化的作用，确立了在国内外西夏研究的地位，同时也为推动国际西夏学的进展作出了重要贡献。

中国社会科学院西夏文化研究中心是一个非实体性研究单位。自成立以来，在一无固定资金来源、二无专职工作人员的情况下，除研究人员完成多种国家社科基金项目、院重点项目外，还发挥西夏文化研究中心的独特作用，作了一些卓有成效的工作，为深化西夏研究作出了新的贡献。

一　出版《国家图书馆学刊》“西夏研究专号”

20世纪30年代前后，中国的国学大师陈寅恪、王国维等关心、介入西夏研究，中、俄、日三国专家努力探索，形成了一次西夏研究热潮。北京图书馆于1932年适时出版《国立北平图书馆馆刊》西夏文专号，其中有中、俄、日三国专家提供的资料和考证研究，成为后世治西夏学者的必备教科书和参考书。

2001年中国社会科学院西夏文化研究中心主任史金波拜访国家图书馆馆长任继愈先生，提出自《西夏文专号》问世后，经过七十年的发展，现所见西夏文献、文物更加丰富，研究水平不断提升，新的成果陆续推出，西夏学已发展成一门包括语言、文字、社会、历史、文学、宗教、法律、文物、文献等方面的综合性学科。为进一步推动西夏学深入发展，希望由《国家图书馆学刊》刊印“西夏研究专号”，请国内外西夏研究专家撰写论文，发表最新西夏研究成果，以新的文献、文物考释为主，图文并茂，反映最新研究水平，纪念原《西夏文专号》出刊70周年。任先生欣然同意。新刊《西夏研究专号》由任继愈先生任顾问，杨炳延为主编，史金波为特邀主编，王菡为常务副主编，聂鸿音为特约副主编。该刊前有任继愈、季羡林二先生的题词，任先生题词为“加强西夏研究，充实中华文化”，季先生题词为“加强西夏研究，扩大国学范围”。两题词将西夏研究与中华文化、国学相系连，皆俱深意。任先生还为专号亲笔撰写前言。专号收入中国（包括大陆和台湾）、俄国、日本专家论文 30 篇，涉及西夏研究综述、语言、文字、历史、文化、经济、文献、文物、目录等。专号还刊登彩色图版十八帧，展示了泥活字、木活字印刷的佛经，还有精美的佛教版画与壁画，并有近期考古出土的珍贵文物。专号还将国家图书馆的藏品目录重新整理，并汇集国内各地所藏出土西夏文献，成一简明联合目录，以便学界参考。专号在推动西夏研究方面起到良好作用，不仅是对 70 年前原《西夏文专号》的纪念，也是联合国内外西夏学专家共同推动西夏学发展的有力举措。

2002 年 8 月 1 日在国家图书馆举行了《国家图书馆学刊》西夏研究专号首发式。全国政协副主席罗豪才、国家图书馆馆长任继愈和专家学者 60 多人出席。

二　举办西夏文物、文献展览

中国社会科学院西夏文化研究中心与国家图书馆、宁夏西夏博物馆共同主办西夏珍贵文献文物展览。展品有国家图书馆所藏多种珍贵西夏文佛经，是自入藏 70 多年以来首次向社会展示。其中有国内外唯一反映译经场景的版画《西夏译经图》，现存最早的泥活字和木活字印本《大方广佛华严经》，以及有明确元代纪年的雕版经卷，皆有重要文献价值和文物价值。这些文献相当于宋元时期，俱为善本，平时难以得见。展览中亦展出了 1929 年以后又陆续入藏的珍品，如黑水城出土的写本《大般若波罗蜜多经》等。宁夏西夏博物馆专程送展的近年考古发掘的文物，其中有西夏皇家陵园出土的描金碑刻和有精美花纹的琉璃瓦当、滴水等。

此展览的开幕式于 2002 年 8 月 1 日在国家图书馆与《国家图书馆学刊》西夏研究专号首发式同时进行。展览持续月余，有多种新闻媒体报道，中外人士反响热烈。

三、参加大型系列文献丛书《中国藏西夏文献》的编辑出版工作

2004 年宁夏大学西夏研究中心、甘肃五凉古籍整理研究中心合作，联合北京、宁夏、甘肃、内蒙古等 20 余部门，共同编辑大型系列文献丛书《中国藏西夏文献》，中国社会科学院西夏文化研究中心是参与单位之一。该书由甘肃人民出版社、敦煌文艺出版社出版。总主编为西夏文化研究中心主任史金波、宁夏大学校长陈育宁。

这是近代、特别是 20 世纪国内出土、发现、保存的西夏文献的汇总，以八开精装本印刷出版，共 20 册，收录全国各地、各单位收藏的近代出土西夏文献，皆为原始文献图片。在各卷前都撰写数千字乃至上万字的《综述》，详细介绍该地区、单位所藏西夏文献的数量和种类，探讨文献的学术价值、文献价值和版本价值；每一具体文献前有简短的《叙录》，介绍该文献的名称、版本、形制和特点，以增强本书的学术性。全书分为 6 编：“北京编”、

“宁夏编”、“甘肃编”、“内蒙古编”、“陕西编”、“金石编”，包括国内各地存藏的西夏法律文书、账目、契约、蒙书、辞书、诗歌、医方、历书、便条、占卜辞、题记和佛经等，其中佛经数量最多。此次出版还收入了近代出土有关西夏的汉文文献和碑刻等金石文字资料。书中文献多数是第一次刊布。内容十分丰富，涉及西夏社会、历史、文化、宗教、经济、军事、科技等方面，有很多文献是国内外仅有的孤本，有很高的学术价值；文献时间跨度大，西夏文文献涵盖西夏、蒙、元时期和明代，前后历经400多年；囊括地域宽，包含出土于宁夏、甘肃、内蒙古、陕西、新疆以及北京、河北、河南等地的文献，几乎遍及原西夏所辖地区以及部分周边地区和党项族活动地区；文献版本类型多，不仅有精美的刻本，有珍贵的写本，还有不少难得的泥活字印本和木活字印本；装帧形式有卷装、蝴蝶装、经折装、缝缋装、梵夹装，基本上包含了中古时期的各种装帧形式。在编辑过程中有不少新发现。该书将国内藏西夏文悉数出版，为西夏学界提供了大批珍贵原始资料，不仅推动了西夏研究，还有利于原本的保护。

2007年11月6日在北京举行该书出版座谈会，全国政协副主席白立忱、教育部副部长李卫红、国家新闻出版总署副署长阎晓宏、中国社科院副院长武寅、国家社会科学规划办公室主任张国祚出席，著名学者蔡美彪、李致忠、傅璇琮、张公瑾等出席。

四　组织召开“黑水城人文与环境国际学术研讨会”

中国社会科学院西夏研究中心与内蒙古自治区文物局、额济纳旗政府、中国人民大学国学院以及日本综合地球环境学研究所，于2006年9月共同主办了“黑水城人文与环境国际学术研讨会”，在出土大量西夏文文献的内蒙古额济纳旗召开。来自中国、日本、俄罗斯、美国、蒙古国的70多位专家出席。会议围绕黑水城的人文和环境两大议题展开研讨，时间跨越上下两千年，范围囊括了黑水城、居延、西夏、蒙古的历史、社会、经济、政治、文化、宗教、文物、文献、地理、水文水利、气候、植物诸多方面，将黑水城地区社会科学和自然科学的研讨结合起来，将总结历史经验和寻求现实对策结合起来，从社会科学和自然科学角度提出了黑水城地区环境恶化的原因，同时也从不同侧面寻找保护、改善当地环境的对策。会议关注范围广泛，涉猎问题很多，其内容超出了一般性研讨会，对提升黑水城研究和跨学科研讨产生了良好的推动作用。

五　编辑、出版《黑水城人文与环境国研究》

黑水城人文与环境国际学术研讨会后，由中国人民大学国学院、中国社会科学院西夏文化研究中心与日本综合地球环境学研究所合作，将会议宣读的优秀论文编辑成《黑水城人文与环境国研究》《黑水城人文与环境国际学术讨论会文集》一书，于2007年4月由中国人民大学出版社出版，主编为沈卫荣、中卫正义、史金波。文集包括中、日、俄、美等国专家的论文40余篇，60余万字，内容丰富，反响良好，对西夏学和黑水城研究起到了促进作用。

六　参加组织“西夏语文与华北宗教文化”国际学术研讨会

2009年12月由台湾中研院语言学研究所和佛光大学佛教学系共同主办，中国社会科学院西夏研究中心协办的“西夏语文与华北宗教文化”国际学术研讨会在台湾召开。来自中国(包括大陆、台湾、香港)、俄国、法国、美国、日本、挪威、英国、德国、加拿大的30余名学者参加了会议。史金波、聂鸿音、孙伯君、沈卫荣、段玉泉、崔红芬和研安娅8人作为大陆学者代表出席会议。大会分两阶段，前一段在台北中研院举行，共有6场报告，专家们就西夏语的语音、词汇、语法、文献解读等方面宣读论文14篇；后一段在宜兰佛光大学举行，分8场报告，就西夏文献所反映的宗教文化与唐宋元明时期华北宗教方面宣读论文16篇。会上进行了充分交流和热烈讨论。参加会议的专家对中国大陆学者集中与会和发表的论文均给予高度评价。

七　授课

2007年、2008年西夏研究中心主任史金波受邀到中国人民大学开西夏文选修课程，每次1学期，听课学员每期20余人，除中国人民大学国学院及其他院系学生外，尚有北京大学、首都师范大学、中国民族大学、宁夏大学的教师。通过授课向青年人宣传了西夏文化，为培育年轻西夏文人才作了基础性工作，教学效果良好。

西夏研究中心将继续秉承一贯宗旨，联络国内外西夏研究专家，采取多种形式，为促进西夏研究的深入发展而继续努力。

中国社会科学院民族古文献研究室

孙伯君

中国社会科学院民族古文献研究室成立于2003年，进入院重点学科建设工程项目时间较晚，且只是作为民族语言学科的附属研究方向。当时考虑到本室人员和经费较少，学术上除了西夏语文学之外并没有多少优势，所以拟定的五年计划为：一、抓好基础资料建设和研究生培养工作，以保持本室在国际西夏语文学领域的重镇地位；二、在西夏语文学的基础上适当扩展，争取再开拓一两个在国内有优势的学科；三、抓好本室人员思想和业务能力的提高，争取使本室人员都有能力独立申请各级科研课题。在向上述目标的努力过程中，本研究室五年来取得的成果如下：

一 学科前沿

考虑到当前国内西夏学界对国际上的研究情况所知甚少，本研究室首先决定在原有的基础上建立一个国外西夏学资料库，为此我们于2004年参照国外的专题目录开始了对论文的搜集。通过近一年的努力，我们得到的1950年前的国外论文复印件约占到了全部论文的百分之九十，其中有些还是通过研究生从香港得到的。这些论文涉及英、法、德、俄、日五种语言，我们将其全部译成了汉语，编成《国外早期西夏学论集》凡两册，于2005年由民族出版社出版。这两册文集所收论文截至1947年,20世纪下半叶的论文因为还在版权有效期内，所以翻译出版只好暂缓。

国外西夏学资料库的建成保证了本研究室的研究生教学质量。21世纪国内培养的西夏文献专业硕士、博士研究生除一名出自陕西师范大学外，其余全部出自本室。加上近年的博士后研究人员一名、进修教师一名，现在我们培养的学生中已经有了一名研究员、三名副研究员。高质量的学生在当前就业极为紧张的情况下已全部在本专业范围内就业，可以预计，在不久的将来，全国各地的西夏语文学和文献学教学研究骨干超过半数都会和本研究室有直接或间接的师承关系。可以说，本研究室在国内西夏语文学的重镇地位已经确立。

一批高质量学术论文在《中国语文》、《文史》、《中华文史论丛》等权威期刊上的发表，以及论文在国外期刊上的频繁引用使本研究室得到了一定的国际声誉。2008年我们承办了本所主持召开的“辽夏金元历史文献国际研讨会”，除了两名因病卧床者外，国外的一流西夏学家悉数到场，这也说明了国际西夏学界对我们的重视。

二　学科拓展

考虑到西夏学毕竟只是民族古文献学的一个分支，专业领域相对较窄，所以我们希望适当加以拓展。这方面的第一步尝试是女真和契丹语文学，因为这两个领域和西夏学比较接近，我们习惯的研究方法可以得到方便的应用。事实证明这个尝试取得了成功，在所级和院级课题的支持下，《金代女真语》和《契丹语研究》两部专著的出版在短期内就得到了好评，日本的大谷大学、龙谷大学和关西大学还专门联合邀请我室人员到他们那里作了关于契丹女真语文的报告。现在我研究室已经成为国内仅次于内蒙古大学的契丹、女真文字研究机构。

2008年，社科院启动了和美国哈佛燕京学社的合作项目“哈佛燕京学社藏纳西东巴文献”，由本研究室主持。本室原有一名纳西语言文字的研究人员，这次准备再配备两人协助工作，力求在圆满完成任务的同时再次拓展研究领域，尽管我们在国内外的学术地位远不及丽江东巴文化研究院。

从上世纪末开始，我们就参与了国家民族事务委员会组织的大型课题“中国少数民族古籍总目提要”，并且是项目的核心专家组成员。十年来我们受国家民委委托，跑遍了全国大多数有少数民族古籍的省区，负责辅导当地政府工作人员如何进行古籍的寻访、鉴定和登录，回京后还要参加各省区上报“总目提要”的审定稿工作。经我们审定的最终成果现已出版9册，估计这项工作还要进行10年，本研究室已经在安排青年人接班。我们希望今后研究室能沿着这个方向进一步发展，最终建立一门不以一两种民族文献为限的、综合性的“中国少数民族文献学”。

三　队伍建设

本研究室五名研究人员中有四名都是近十年来我国自己培养的博士，他们具有较好的专业基础，但实践能力有待提高。本研究室鼓励博士们寻找更多接触不同学术流派的机会。自2003年以来，已有二人在其他高等学校做博士后研究人员，一人到韩国做一年期的访问学者。他们反映外出交流为他们打开了眼界，提高了独立科研的能力。

广泛的学术交流提高了本室研究人员的业务水平。鉴于近年国内集体科研项目的水平渐趋低下，在学术界内外造成了很坏的影响，本研究室鼓励研究人员独立申报课题，至多进行两个人的小型合作。五年来，本研究室共争取到国家社会科学基金课题2项，院重点课题3项，部委级横向课题（含子课题）4项，所课题5项，且每个研究人员都有独立承担的课题。五年来，各项课题进展情况良好，且有半数已经结项，没有一项拖延，在所里树立了良好的信誉。

截至 2009 年，本室研究人员有两名从副研晋升为正研究员，一名从助研晋升为副研究员，进步喜人，但也造成了本研究室高级研究人员和中级研究人员的比例失调。

院重点学科建设工程分配给本研究室的经费每年只有一万，添置现代化的研究设备和装修房间都还无从谈起，办公条件依然是半个世纪前的样子。好在经常在研究室学习和工作的博士后研究人员和进修教师都是穷苦出身，自己买个暖瓶，打点开水就可以连续工作十几个小时。虽然计划任务中的“科研手段现代化建设”五年来并无丝毫进展，但本研究室立足于当年“先治坡，后治窝”的大寨精神，决定把这一万元钱都用来支持本室人员学术成果的出版和集体参加的国内学术会议。以这项科研经费，本室出版了学术专著一部，全体人员参加在外地举办的学术讨论会两次，全体赴古文献出土遗址考察一次。我们认为这项经费已经发挥了最大效益。

四　最近五年的科研成果

1. 出版专著五部：孙伯君《金代女真语》，辽宁民族出版社，2004 年；孙伯君《黑水城出土等韵抄本〈解释歌义〉研究》，甘肃文化出版社，2004 年；聂鸿音、孙伯君《黑水城出土音韵学文献研究》，文物出版社，2006 年；聂鸿音《中国少数民族语言》，语文出版社，2007 年；孙伯君、聂鸿音《契丹语研究》，中国社会科学出版社，2008 年。

2. 译著一部：聂鸿音《唐代长安方言考》（法汉翻译），中华书局，2005 年。

3. 编译出版论文集两部：孙伯君编译《国外早期西夏学论集》（一）（二），民族出版社，2005 年。

4. 主编出版论文集两部：木仕华主编《活着的茶马古道重镇丽江大研古城——茶马古道与丽江古城历史文化研讨会论文集》，民族出版社，2006 年，北京；木仕华主编《丽江木氏土司与滇川藏交角区域历史文化研讨会论文集》，中国藏学出版社，2008 年，北京。

5. 提交结项报告两部：孙伯君、聂鸿音《“西番译语”汇编》，2007 年；孙伯君《西夏新译佛经的梵汉对音研究》，2007 年。

6. 提交国情调研报告一部：聂鸿音、孙伯君《西夏故城“兀刺海”遗迹探查》，2007 年。

7. 发表学术论文 103 篇，译文 27 篇。

8. 参加学术会议共 45 次，其中受邀参加国际会议 9 次，提交论文 9 篇。

9. 本研究室主办大型国际学术研讨会 1 次，与其他单位合办学术会议 2 次。

吉林大学民族研究所简介

赵永春

吉林大学民族研究所主要研究方向为辽金史，其前身是吉林大学中国地方史研究室和东北地方史研究室。

1959年，时任吉林大学校长的匡亚明提出“要把吉林大学历史系建成有地方特点的系”，于是，吉林大学历史系遂成立了东北地方史研究室，由张博泉先生出任研究室主任，成员有罗继祖、张鸣九、董玉瑛等。研究室虽然以东北地方史为室名，但主要的研究方向是辽金史。像张博泉、罗继祖等人都是著名的辽金史专家。罗继祖早在1938年就出版了他的《辽史校勘记》八卷大作，在学术界产生了重要影响，50年代末60年代初又发表了《辽承天后与韩德让》、《读金史傅慎微传》、《杨业与杨家将》、《辽史译名异同表》等文章。张博泉则发表了《论猛安谋克的形成、发展及其破坏的原因》等系列文章以及《金代经济史稿》等论著。

“文化大革命”爆发后，吉林大学东北地方史研究室自行拆散。1978年末，吉林大学历史系重新恢复东北地方史研究室工作，仍然由张博泉先生出任室主任，成员有罗继祖、董玉瑛、王可宾等人。1979年开始招收硕士研究生。1989年更名为中国地方史研究室。这期间，张博泉出版了《金史简编》、《辽东行部志注释》，王可宾出版了《女真国俗》等著作，张博泉又与苏金源、董玉瑛等合作出版了《东北历代疆域史》，与罗继祖合作出版了《鸭江行部志注释》，又与王可宾等人合作出版了《金史论稿》一、二卷等论著。

1991年张博泉离休，程妮娜出任中国地方史研究室主任，成员有杨军、宋卿等人，后来又从吉林师范大学和辽宁大学调入赵永春、韩世明二位学者，充实了中国地方史研究室的力量。2003年中国地方史在招收硕士研究生的基础上开始招收博士研究生。

2008年吉林大学在中国地方史研究室的基础上，对相关资源重新进行整合，成立了民族研究所，程妮娜出任研究所所长，成员主要有武玉环、杨军、赵永春、韩世明、高福顺、王剑、赵英兰、李文祥、尹豪、冯恩学、许兆昌、王昊、宋卿、张占彪、陈鹏、管书合、魏东、林雪川、王万志、孙久龙等人，辽金史研究仍然是该所的重要研究方向之一。经过中国地方史研究室和中国民族研究所相关老师的努力，在辽代政治制度、辽代科举制度、金代政治制度、金宋关系、辽金社会生活、金代区域文化、辽金考古文物研究等方面均取得了一定成绩。

附：研究所人员简介如下：

程妮娜，女，1953年生。历史学博士、吉林大学文学院历史系教授、博士生导师。兼任国家社科基金项目中国史学科评审组专家、中国世界民族学会副会长、中国民族史学会辽金暨契丹女真史分会副会长、吉林省"高句丽研究中心"专家委员会成员、吉林省抢救整理民间文化遗产专家委员会成员、吉林省民族学会理事。主要从事中国东北疆域史、辽金史研究，重点研究政治史。先后主持并完成国家重大研究项目"东北工程"课题《东北民族区域设置研究》、吉林省哲学社会科学"九五"规划项目《金代政治制度研究》、"十五"规划重点项目《隋唐中央政权的东北民族政策与边疆治理》、吉林大学世川良一基金科研项目《金代官制研究》、教育部重大课题研究项目《中朝韩历史、考古、疆域与政治研究》子课题、国家哲学社会科学基金重点项目《古代东北民族朝贡制度研究》等项目多项。完成《金代政治制度研究》、《东北史》（主编）、《中国地方史论》（合著）、《中国通史》第十二卷（参编）、《中华文明史》第六卷（参编）等著作多部。撰写《辽代乌古敌烈地区属国、属部研究》（《中国史研究》2007年2期）、《元代朝鲜半岛征东行省研究》（《社会科学战线》2006年6期）、《试论辽宋治理少数民族政策之异同》（《文史哲》2006年3期）、《元代对黑龙江下游女真水达达地区统辖研究》（《中国边疆史地研究》2005年2期）等论文数十篇。其中10多篇为《中国社会科学文摘》、《中国历史学年鉴》、《中国人大复印报刊资料》等论点摘要或全文转载。先后获第三届吉林省优秀图书奖二等奖，获长白山优秀图书一等、二等、三等奖，吉林大学人文社会科学第三届优秀科研成果优秀著作奖。

武玉环，女，汉族，1951年生。历史学博士、吉林大学文学院历史系教授、博士生导师。兼任中国辽金史学会副会长。主要从事辽金史、东北民族史研究。先后承担东北边疆历史与现状系列研究工程项目《渤海移民的治理与归属研究》、教育部重大课题研究项目《中朝边界历史考古与政治》子课题《渤海移民问题》、教育部人文社科基金项目《10–13世纪中国北方村乡社会管理制度研究》、吉林省哲学社会科学"十五"规划基金项目《辽金移民与社会发展》、中国社会科学院重大项目《中国历代自然灾害及其对策》子课题《辽金自然灾害及其对策研究》、吉林大学精品项目《辽金社会与文化》等项目多项。

杨军，男，回族，1967年生。历史学博士、吉林大学文学院历史系主任、教授、博士生导师。兼任吉林省孔子学会副会长、吉林省历史学会副秘书长等职。主要从事辽金史、东北民族史、中外关系史研究。先后承担国家社科基金一般项目《高句丽官制研究》、教育部博士点基金项目《高句丽与拓跋鲜卑国家起源比较研究》、教育部重大委托项目《中朝韩历史考古疆域与政治》、中国社科院项目《高句丽民族与国家的演变》、吉林省社科规划项目《高句丽与拓跋鲜卑国家起源比较研究》、省社科自选项目《古代朝鲜半岛国家与民族的演变》、吉林省社科基金一般项目《高句丽建国史研究》、吉林大学杰出青年项目《契丹建国史研究》等项目多项。

赵永春，男，1953年生。吉林大学历史系教授、博士生导师。主要从事辽金元史、东北民族和民族关系史研究，重点研究宋金关系史。先后承担全国高校古委会直接资助项目《宋人出使辽金“语录”研究》、全国高校古委会资助项目《宋金外交“文书”整理与研究》、吉林省“九五”社会科学规划项目《宋金使节往来研究》、吉林大学精品项目《金宋关系史研究》、吉林省高句丽研究中心项目《金朝与高丽关系研究》、国家社会科学基金项目《中国历史疆域问题研究》等项目多项。

韩世明，男，汉族。历史学博士、吉林大学文学院历史系教授。兼任中国辽金史学会秘书长等职。主要从事辽金社会生活史、东北民族史研究。先后承担国家教委“八五”规划重点项目《东北古代民族与疆域》、中华文化基金会项目《金史校注》、吉林大学优秀青年基金项目《〈金史·食货志〉校注与研究》、辽宁大学优秀青年基金项目《辽金社会史研究》、国家教委“211工程”“九五”重点科研项目《辽河流域文化》中的《辽河流域民族风俗》、国家教委“211工程”“九五”重点科研项目《〈金史·食货志〉校注》、国家教委“211工程”“九五”重点科研项目《女真史研究》、日本文化科技省项目《契丹文碑刻考释》等项目多项。

高福顺，男，汉族，1964年生。历史学博士、吉林大学文学院历史系教授，兼任吉林省历史学会副秘书长等职。主要从事辽金史、东北民族史研究。先后承担吉林省社会科学基金项目《中国学者高句丽研究百年史研究》、吉林省教育厅高校人文社会科学研究项目《辽金与高丽关系研究》等项目多项。

宋卿，女，汉族，1976年生。历史学博士，吉林大学文学院历史系教师。主要从事辽金史、东北民族史研究。先后承担吉林省高句丽研究中心项目《唐代营州地区官署机构研究》、吉林大学2009年度科学前沿与交叉学科创新项目《唐代营州研究》等项目多项。

宁夏大学西夏学研究院

杜建录

西夏学研究院前身称西夏研究所，建于 1991 年。2000 年改名西夏学研究中心，2001 年被教育部批准为高校人文社会科学研究基地，2008 年教育部批准更名西夏学研究院。是宁夏大学隶属的实体性研究机构。内设西夏历史研究所、西夏语言研究所、西夏文献研究所（黑水城文献研究中心）、西夏文献数字化研究所、西夏文化产业研发中心、宁夏大学古籍整理研究所、《西夏学》编辑部、重点学科办公室、文献资料中心、行政科研办公室。

院长为杜建录教授，党委书记章治宁，副院长相玉冰教授，学术委员会主任陈育宁教授，办公室负责人：王丽莺。

一、研究方向：西夏历史与文献；西夏语言与文字；西夏与黑水城文献；西夏文献资料数字化；西夏文化开发。

二、学术队伍：现有教职工 16 人。其中专任研究人员 12 人，包括研究员（教授）4 人，副研究员 4 人，博士生导师 2 人，硕士生导师 6 人，获得博士学位者 7 人，享受国务院政府特殊津贴者 2 人，享受自治区政府津贴者 1 人，国家“百千万人才工程”百千层次人选 1 人，教育部“新世纪优秀人才支持计划”人选 2 人，自治区“新世纪 313 人才工程”人才 2 人，兼任研究员 13 人，均为国内外知名的西夏学与黑水城文献研究专家。

三、研究成果：2001 年来承担和完成 13 项国家社会科学与国家自然科学基金项目，20 余项教育部重点研究基地项目、教育部一般研究项目以及全国高校古委会项目，5 项自治区社科规划项目，15 项自治区教育厅项目。出版《中国藏西夏文献》、《中国藏黑水城汉文文献》、《西夏经济史》、《传统典籍中汉文西夏文献研究》、《西夏艺术史》、《西夏社会文书研究》等学术著作 30 余部，在《民族研究》、《中国史研究》、《世界宗教研究》、《中国经济史研究》等刊物发表论文 241 篇。9 项成果获省部级优秀成果奖，其中省级一等奖 3 项，教育部优秀成果奖三等奖 1 项。

四、人才培养：研究院建有民族学一级学科博士后流动站、中国少数民族史博士点、中国古代史硕士点，成为我国与西夏与民族历史文化人才培养重镇。

五、学科建设：本院牵头建设国家“211 工程”重点建设学科：中国民族史学理论与回族史西夏史研究（中国民族史学理论、西夏历史与文献、回族历史与社会三个方向），院长杜建录教授为学科项目总负责人兼西夏历史与文献学方向负责人。研究院目前还承担中央与地方共建高校特色学科平台建设项目“西夏文化数字博物馆”，国务院中俄文化委员会项目“国际西夏学论坛”(每年一次)。

地址：宁夏银川市西夏区文萃北街217号

电话／传真：86-951-2061080/86-951-2061083

电子邮件：xxx@nxu.edu.cn

网址：http://xixia.nxu.edu.cn/

宁夏文物考古研究所

牛达生

宁夏文物考古研究所是1986年10月在宁夏博物馆考古队的基础上成立的。20多年来，在原考古队的基础上，作了大量田野工作，取得不少重要的研究成果。现将宁夏境内西夏考古（包括博物馆期间）的发现与研究简述如下：

1965年，发掘了石嘴山西夏省嵬城故址，启宁夏西夏考古之发端。20世纪70年代以来，西夏考古成为宁夏考古工作的重点之一。其中，最重要的有：银川西夏陵、永宁闽宁村西夏墓，贺兰县拜寺沟方塔、拜寺口双塔和潘昶宏佛塔、青铜峡108塔、灵武西夏瓷窑址、银川山嘴沟西夏石窟、贺兰山大风沟西夏钱币窖藏等。出土了大量西夏文物，取得了不少重要的研究成果，促进了西夏学的发展与繁荣。到目前为止，出版的重要考古报告、图册和论著有：

李范文：《西夏陵墓出土残碑粹编》，文物出版社，1984年。

史金波、白滨、吴峰云：《西夏文物》，文物出版社，1988年。

宁夏回族自治区文物管理委员会办公室：《中国古代建筑·西夏佛塔》，文物出版社，1995年。

中国社会科学院考古研究所：《宁夏灵武窑发掘报告》，中国大百科全书出版社，1995年。

许成、杜玉冰：《西夏陵》，东方出版社，1995年。

西夏博物馆：《西夏艺术》，宁夏人民出版社，2003年。

李进兴：《临羌寨考记》，四川大学出版社，2003年。

宁夏文物考古研究所：《闽宁村西夏墓地》，科学出版社，2004年。

中国国家博物馆、宁夏回族自治区文化厅：《西夏文物集萃·大夏寻踪》，中国社会科学出版社，2004年。

宁夏文物考古研究所：《拜寺沟西夏方塔》，文物出版社，2005年。

宁夏文物考古研究所：《山嘴沟西夏石窟》，文物出版社，2007年。

宁夏文物考古研究所、银川西夏陵管理处：《西夏三号陵——地面遗迹发掘报告》，科学出版社，2007年。

牛达生：《西夏遗迹》，文物出版社，2007年。

地址：宁夏银川市兴庆区

邮编：75001

电话／传真：0951-5035563/0951-5014787

宁夏社会科学院历史研究所

薛正昌

宁夏社会科学院历史研究所是院里设置较早的研究所。1979 年 11 月 30 日，自治区编委下发《关于自治区哲研所机构设置和人员编制的通知》，同意宁夏哲学社会科学研究所（宁夏社会科学院前身）设置 7 个处级机构，其中就有历史所。历史研究所自成立至今历届所长及副所长有刘振亚、李范文、罗矛昆、景永时、薛正昌（在任）。目前在岗 10 人，李范文先生返聘，计 11 人。职称结构：研究员 2 人，副研究员 4 人、副编审 1 人，助理研究员 3 人，研究实习员 1 人。学历结构：本科 6 人，研究生 5 人（博士 1 人）。

自 2005 年以来，宁夏社科院历史研究所在党委、政府及院里的支持下创办了《西夏研究》(年刊)，现已出至第八期，不但刊载了我院西夏研究的部分最新成果，还刊登了日本、台湾等地学者的代表作；还编辑出版了 3 辑《西夏学译丛》；开发出中国第一家西夏文字排版电脑软件《基于方正典码基础之上的西夏文录入系统》(该系统是以北大方正典码输入法为平台而研制开发的西夏文录入系统，较好地解决了困扰电子化时代西夏文字仍用手工书写的问题，在西夏文字数字化历程上具有划时代意义）；另外，宁夏社会科学院和圣雪绒企业集团合办的“圣雪绒西夏研究院”与历史所合并办公，开辟了与著名企业合作搞科研的新途径，也为广大学者开展西夏学术研究和进行相关学术文化交流搭建起了“平台”；2007 年 6 月依托历史所成立了“国际西夏学研究所”，为西夏学的深入研究搭建了良好的平台；2009 年 10 月，《西夏研究》获国家新闻出版总署批准，编辑部设在历史所，成为我院西夏人才高地建设的重要平台，同时也是国际上唯一一份专门研究西夏学的刊物，该刊已于 2010 年 2 月正式出版发行。同时历史研究所在多方支持下成功举办了多次大型国内国际会议，主要有：1981 年 8 月召开西夏研究学术讨论会，来自全国各地的专家、学者和西夏学研究工作者参加了会议；1995 年 8 月召开了首届西夏学国际学术讨论会；2005 年 8 月召开了第二届西夏学国际学术研讨会，来自俄罗斯、日本等国家和台湾地区及全国各省市的 140 余位专家学者出席了这次会议；2007 年 7 月成吉思汗与六盘山国际学术研讨会是为纪念成吉思汗病逝六盘山 780 周年而召开的一次大型国际研讨会，来自于日本、蒙古国、韩国和中国 12 个省区、30 多个科研单位、高等学校、文博系统的 100 余位学者参会；2008 年 11 月举办的第三届西夏学国际学术研讨会邀请到来自俄罗斯、德国、澳大利亚、日本、蒙古及台湾、香港和国内各地的著名学者100余人参加了会议，会议期间中国社会科学院民族学与人类学研究所西夏学研究基地和宁夏社会科学院西夏学研究基地同时在宁夏西夏城揭牌。

历史研究所在20世纪80年代以来，相继出版的西夏学学术成果主要有：《西夏简史》、《西夏官印汇考》、《西夏研究论集》、《西夏陵墓出土残碑粹编》、《同音研究》、《西夏纪》、《宋代西北方音》、《圣立义海研究》、《夏汉字典》、《西夏语比较研究》、《党项与西夏资料汇编》、《西夏书籍业》等，曾组织编写《宁夏通史》、《历史名人与宁夏》，参与编写的重要著作有：《北方少数民族文化史》、《宁夏大百科全书》、《宁夏科技志》、《中国西北近代开发史》等等。其中《党项与西夏资料汇编》、《夏汉字典》、《西夏通史》分别代表了国内西夏汉文史料整理、西夏语言文字研究和西夏历史文化研究的最高水准，受到国内外学术界的一致推崇。李范文主编的《西夏通史》和青年学者姜歆撰写的《西夏法律制度研究》分别荣获吴玉章一、三等奖，是宁夏获得吴玉章奖的科研人员。李范文所著《夏汉字典》，荣获中国人文科学最高奖项“吴玉章奖”优秀奖；《西夏通史》荣获第十届社科优秀成果评比一等奖。韩荫晟先生所编《党项与西夏资料汇编》，荣获宁夏回族自治区社会科学优秀成果特等奖。科研人员的其他专著、论文多次获宁夏回族自治区社会科学优秀成果一、二、三等奖和北方十五省区优秀图书奖。长期以来，宁夏社会科学院在西夏学方面所承担的国家级和自治区级研究课题占全区首位。目前仅在研究的国家课题就有“英国藏黑水城西夏文书整理研究”、“西夏河西佛教研究”、“西夏王陵出土残碑整理研究”、“宁夏文物古迹的调查保护”等。

宁夏社会科学院历史研究所研究专业分两部分——西夏学研究和宁夏地方历史文化研究。

一　西夏学研究

西夏学研究是宁夏社会科学院具有地方特色、民族特色的三大重点学科和优长学科之一。早在1972年，该院学者即已开始从事西夏研究，为我国最早从事西夏研究的机构之一。经过30多年的积累，目前已在国际西夏学领域内处于领先地位。学科研究方向涉及西夏时期的语言文字、汉文史料、历史文化等多个方面。学科组现有10名成员，其中研究员2人，副研究员3人，助理研究员5人，学术带头人为著名西夏学家李范文，学科负责人为贾常业副研究员和余军副研究馆员，已经形成了一支以学科为纽带由老中青年学者组成的科研队伍，在西夏语言文字和西夏历史文化研究方面取得了一系列科研成果。已出版的重要著作有《同音研究》、《宋代西北方音》、《西夏语比较研究》、《党项与西夏资料汇编》、《夏汉字典》、《中国国家图书馆藏西夏文文献》、《西夏通史》及大型丛书《西夏研究》（1–8辑）和《国外西夏学译丛》（一、二）等18部，发表论文100余篇。

学术带头人为著名西夏学家李范文，1956年7月中央民族学院语文系藏语专业毕业，

1959年9月中央民族学院历史系研究生毕业。1987年7月晋升为历史学研究员。长期从事西夏历史和语言文字的研究工作。1984年获宁夏回族自治区有突出贡献的专家称号，1986年获国家级有突出贡献的中青年专家称号，1992年获得国务院特殊津贴。主要著作有：《西夏研究论集》、《国外中国学研究译丛》（第一、二辑）、《西夏陵墓出土残碑粹编》、《同音研究》、《宋代西北方音》、《西夏语比较研究》、《夏汉字典》，与他人合作的著作有《西夏简史》、《西夏官印汇考》、《圣立义海研究》、《西夏文〈难字研究〉》、《电脑处理西夏文〈杂字〉研究》等书。发表学术论文80余篇，并多次荣获宁夏社会科学优秀成果一等奖。主持完成了国家社会科学基金项目《西夏通史》，与台湾中央研究院语言研究所龚煌城教授共同主持完成一项国际合作课题《俄藏黑水城文献研究》。目前，正在主编大型工具书《西夏学大辞典》的工作。与北京大学、南京大学、复旦大学、陕西师范大学联合培养西夏学博士生，已毕业1人。曾先后出访匈牙利、俄罗斯、奥地利、日本等国，进行了广泛的讲学和学术交流活动，深受欢迎，其事迹已收入美国的《国际名人录》、英国的《世界名人录》、《世界精英录》等，在国内外的学术界影响很大。

与本院图书目资料中心合办的资料室，重点收藏西夏和宁夏地方史方面的图书资料，收藏了国际国内主要西夏学研究方面的基础性资料、研究成果和工具书，是国内收藏西夏研究资料较为齐全的机构之一。

二 宁夏地方历史文化研究

宁夏历史悠久，地理位置特殊，是历史上多民族往来活动的重要舞台。同时，中原传统文化、草原文化、丝绸之路文化、伊斯兰文化在这里交融荟萃，历史文化积淀非常深厚。为繁荣哲学和社会科学研究，推进宁夏地方历史文化的深入研究，宁夏社会科学院于2005年启动重点学科建设工程，宁夏历史与文化研究被列入院重点学科。学科带头人是著名地方史志专家、国务院特殊津贴享受者吴忠礼研究员。学科负责人是自治区政府特殊津贴享受者、历史研究所所长薛正昌研究员，宁夏新世纪“313”人才获得者、宁夏地方志办公室主任刘天明研究员。

宁夏地方历史文化重点学科研究人员，来自我院历史研究所、宁夏国史研究所、宁夏地方志办公室、图书资料中心、《宁夏社会科学》编辑部等部门共12人，其中研究员3人，研究馆员1人，副编审4人，助理研究员2人，编辑2人。目前，历史文化学科组已经形成一支老中青结合、专业结构合理、研究能力聚集的梯队式科研群体。

宁夏历史文化重点学科研究领域包括宁夏古代历史研究、宁夏近现代史研究、宁夏断代史研究、宁夏民族史研究、宁夏历史人物研究、宁夏历史人物与重大事件研究、宁夏旅游文化研究、宁夏民族文化遗产研究、宁夏历史文化资源与旅游文化研究、宁夏生态文化研究、宁夏地方史料的整理与研究、宁夏与西北地区历史文化研究等等。

20世纪80年代以来，宁夏历史文化研究已经取得了丰硕的成果，代表性著作有《宁夏通史》、《宁夏历史地理考》、《宁夏近代历史纪年》、《宁夏史话》、《西北五马》、《董福祥传》、《宁夏志笺证》、《固原历史地理与文化》、《历史名人与宁夏》、《全民抗战与宁夏等》等。这些研究成果，已奠定了宁夏历史文化研究重点学科建设的基础。

自2005年宁夏历史文化重点学科建立以来，在吴忠礼研究员、薛正昌研究员和刘天明研究员的带领下，学科组成员以极大的热情投入到学科的建设和宁夏历史文化方面的研究上。一年来，学科取得了丰硕的成果，已有6部著作出版：《宁夏历史名人》、《年鉴百问》、《全民抗战与宁夏》、《宁夏年鉴》（2005年）、《宁夏非公有制经济年鉴》、《盐池旧志笺证》。即将完成的科研成果有：《宁夏历史文化地理》、《二十六史宁夏历史资料辑录整理与研究》、《宁夏通志·人物卷》、《宁夏通志·艺文卷》、《宁夏通志·社会科学卷》、《宁夏日史》等。在各种学术期刊和报纸上发表论文160余篇。已经完成和在研的国家社科基金项目和自治区课题共4项。

宁夏地方历史与文化的研究在学术上和社会上都取得了良好的效果。深入研究宁夏历史文化，有着重要的历史意义和现实意义，为人们认识宁夏悠久的历史和多元文化生成与变迁提供了一个全方位的学术窗口，而且对宁夏当代社会经济发展、文化繁荣、新农村建设和和谐社会文化的推动都起到直接或间接的作用。

宁夏社会科学院历史研究所联络方式：

地址：银川市西夏区朔方路新风巷8号宁夏社会科学院

邮编：750021

电话：0951-2088814

电子邮箱：nxskylss@163.com。

山西大同大学辽金文化研究所

杜成辉

山西大同大学辽金文化研究所的前身是原雁北师范专科学校辽金文学研究室，成立于1990年，2000年改为雁北师范学院辽金文学研究所，2008年改为山西大同大学辽金文化研究所。辽金两朝历时三百余年，与五代、两宋相始终，雄踞北方，入主中原，武功强盛，在文化方面也取得了引人瞩目的成就。由于历代战乱毁坏和人为破坏，辽金文献资料传世者极少，加之历代统治者的民族偏见，致使辽金文化长期以来不受重视，许多人甚至认为辽金无多少文化成就可言。为改变辽金文化研究落后的状况，国家自20世纪80年代以来，大力扶持辽金文化研究，特别是辽金文学研究。大同为辽金西京，为当时我国北方的文化中心之一，文化教育发达，人才辈出，在文坛上占有重要的地位。辽金文学研究室正是在这一背景下诞生的。

辽金文化研究所成立以来，从收集整理辽金文物文献资料入手，取得了一批重要成果。主持编纂出版了《全辽诗》，为辽代诗歌总集，增加了国内外新发现的大量辽代诗歌，特别是应县木塔辽代秘藏和韩国保存下来的辽代诗歌。目前研究重点为辽金文学、史学、哲学、教育、科技和艺术方面，在辽金时期文化教育发展状况研究和山西作家群研究方面有了较大进展。以刘祁和元好问研究为中心，对活跃于辽金文坛的作家作品进行深入研究，对于全面提升辽金文化研究水平具有重要意义。

辽金文化研究所曾成功举办全国首届辽金文学学术讨论会（1991年10月）和中国辽金文学国际学术论坛（2006年6月）。主持完成国家科研课题1项，省级科研课题3项，承担在研国家社会科学基金项目2项。

2008年山西省高等学校人文社会科学重点研究基地“云冈文化研究中心”成立，辽金文化研究所改隶“云冈文化研究中心”，研究所现有研究人员7名。所长杜成辉，1965年5月出生，博士、编审，曾被国家公派赴韩国留学。

研究所近3年部分主要研究成果目录如下：

一　论文

1. 杜成辉《论刘祁的文学成就》，《走进契丹与女真王朝的文学》，北京文化艺术出版社，2006年。

2. 杜成辉《鲜卑族起源和分布初探》（韩国），《中国史研究》第四十五辑2006年。

3. 杜成辉《辽代天文历算成就浅论》，《哈尔滨工业大学学报》（社会科学版），2007年第1期。

4. 杜成辉《刘祁及其学术成就简评》，《北方文物》，2007年第2期。

5. 杜成辉《论南诏的文学成就》，《中央民族大学学报》，2007年第6期。

6. 杜成辉《刘祁佚诗四首详析》，《北方文物》，2008年第3期。

7. 杜成辉《北魏故都》，《紫禁城》，2008年第10期。

8. 裴兴荣《"借传以存史"——中州集史学价值新论》，《北方论丛》，2007年第1期。

9. 裴兴荣《"是借传以存史？还是借诗以存史？"——〈中州集〉新论》，《中国文学研究》，中国文联出版社，2007年8月。

10. 裴兴荣《中州集作家小传的诗话价值》，《山西师大学报》，2007年第4期。

11. 薛文礼《"中国辽金文学国际学术论坛"召开》，《民族文学研究》，2008年第1期。

12. 薛文礼《大同龙壁艺术及其文化价值》，《艺术评论》，2008年第5期。

13. 薛文礼《金代民俗文化与赵秉文诗歌》，《民族文学研究》，2008年第3期。

14. 李润民《〈全元文〉补遗二篇》，《山西大学学报》（哲学社会科学版），2008年第1期。

二　著作

1. 杜成辉《刘祁与〈归潜志〉》，山西人民出版社，2010年。

2. 焦中栋、裴兴荣评注《中国古代话本小说选》，山西古籍出版社，2007年。

三　课题

1. 杜成辉：儒学和基督教比较研究（主持）。2005年韩国国际交流基金会（Korean Foundation）资助项目（KF2005），赴韩国国立汉城大学进行研究工作，韩方提供研究经费1200万韩元（合人民币10万元），山西大同大学与韩国首尔大学国际合作项目，2006—2008年。

2. 杜成辉：南诏大理文学研究（主持），2008国家社会科学基金项目（批准号：08BZW082），经费10万元，2008年—2010年。

3. 薛文礼：大同民俗文化研究（主持），山西省哲学社会科学"十五规划"课题 2005年。

4. 薛文礼：民俗文化在文艺作品中价值显现（主持），山西省教育厅高校人文社科开发项目 2005 年，项目编号：200631021.2006–2008. 经费 5000 元。

5. 薛文礼：雁北长城带民风民俗对民族融合的影响（主持），山西省社会科学联合会 2006 年。

6. 薛文礼：雁北长城带民风民俗对民族融合的影响，2006–2008，晋社联字 [2006]33 号。

7. 薛文礼：大同旅游景区开发中的管理体制研究（主持），山西省科技厅软科学研究计划项目 2007 年，项目编号：2007041035–05.2007–2009，经费 1 万元。

8. 裴兴荣：金代山西文学家族研究（主持），2009 年山西省教育厅强校工程高校人文社会科学研究个人项目，编号：20093020，经费 2 万。

博物馆介绍

辽宁省博物馆

齐 伟

辽宁省博物馆，其前身是1949年7月7日成立的东北博物馆，是新中国建立的第一座博物馆，也是国内较有影响的全国八大博物馆之一。坐落于沈阳市政府广场东南侧，建筑面积达2万8千多平方米，设有12个可供书画、陶瓷器、货币、缂丝刺绣、考古等文物展出的国际一流水平的展厅，为文化的普及和博物馆事业的发展提供了广阔的空间。建馆以来，辽宁省博物馆造就和培养出一大批恪尽职守、学有专长的专家学者，如著名考古学家李文信、朱子方、孙守道、郭大顺；著名书画鉴赏家沈延毅、杨仁恺、齐子如、胡文效；著名历史与文物学家罗福颐、金景芳、罗继祖、张良才、孙作云、阎万章、徐秉琨、王绵厚等。经过几代人筚路蓝缕、艰辛开拓，如今的辽宁省博物馆已经发展成为集收藏、保护、研究和展示于一体的现代化综合性博物馆，为新时期中国文化和教育事业的更新和繁荣不断地进行着探索与追求。

建馆60多年以来，馆内专业人员围绕辽宁地区的有关历史考古和馆藏文物开展了众多的科学研究，在国内各级相关刊物上发表论文、考古报告和其他专题文章数以千万计，在国内外出版发行的有关专集、专著及文物图录百余种，其中较重要的有《齐白石画集》、《辽宁省博物馆藏缂丝刺绣》、《辽宁省博物馆藏宝录》、《辽河文明》、《清宫散佚国宝特集》（书法卷、绘画卷）、《李文信考古文集》、《阎万章文集》等，其中《清宫散佚国宝特集》（书法卷、绘画卷）在2002—2005年全国文博系统图书类评选活动中，荣获最佳图书奖。此处还有一些较重要的文物保护课题，多次获得国家和省、市优秀学术成果奖。

以“打造辽博书画品牌”和“打造辽河文明研究品牌”为重点，辽宁省博物馆坚持“宣传展示、服务社会”的宗旨，致力于精品打造工程，充分利用人才优势，在科学研究的基础上，以历年收藏和辽宁地区的出土文物为基本素材，整合资源，发挥优势，陆续推出了具有辽宁地域文化特色和馆藏特色，融知识性、趣味性、参与性为一体的精品展览，同时面向国际，广开渠道，不断地引进与推出各种高规格、高水准的历史艺术类展览，并大力发展文博产业，使其成为弘扬中华民族优秀历史文化，融汇世界先进文化的知识与艺术的高雅殿堂，并取得了良好的社会效益。已成功举办了《辽河文明展》、《清宫散佚书画国宝展》、《圆明园国宝回归展》、《佛陀之光——佛舍利暨佛教遗宝展》、《神骏留真——馆藏〈神骏图〉暨历代画马名作展》、《国家宝藏——中国国家博物馆藏精品展》、《馆藏佛造像精品展》等诸多特色鲜明、内容丰富、影响力深远的精品展览，其中，辽宁省博物馆2005年的系列文物专题展览荣获全国文博界最高荣誉国家奖——第六届“全国十大陈列展览精品奖”。2006年的《辽河文明展》，展出的文物数目庞大，种类齐全，精彩纷呈，它以著名考古学家苏秉琦先生关于辽河文明的起源与发展所作出的“古国、方国、帝国”的论断为主线，分“文明曙光”、“商周北土”、“华夏一统”、“契丹王朝”、“满族崛起”五个专馆，全面系统地展示了辽河流域特别是辽宁地区悠久的历史文化和半个多世纪的考古发掘及学术研究成果，反映了辽宁省鲜明的地域文化特色和辽河文明所具有的先导性、典型性和区域性特色及其在中华文明史上举足轻重的地位。目前，《清宫散佚书画国宝展》、《辽河文明展》、《中国古今书画真伪作品对照展》、《齐白石画展》、《佛陀之光——佛舍利及历代佛教遗宝展》、《三燕文化展》、《北方民族草原文化展》、《辽代文化展》、《指头画派展》、《毛泽东诗词名家书画展》等已作为我馆的品牌展览，引起了国内外多家博物馆的浓厚兴趣和广泛关注。

辽宁省博物馆素以藏品丰富、特色鲜明而享誉海内外。馆藏文物总量近12万件（套），其中珍贵文物达数万件，以辽宁地区考古出土文物和历史艺术类文物为主体，分法书、绘画、碑志、缂丝与刺绣、青铜、陶瓷、玉器、金银器、佛像、货币、漆器、珐琅器和竹木牙雕等十七个门类，尤以晋唐宋元书画、宋元明清缂丝刺绣、红山文化玉器、商周时期窖藏青铜器、辽代陶瓷器、历代碑志、明清版画、古地图和清末李佐贤《古泉汇》著录的历代货币等最具特色和影响。其中辽金时代的藏品更加丰富，更具地域文化特征，以下简单进行介绍。

一　辽金碑刻

历代碑刻所承载的大量文字史料，是研究相关年代历史与文化的重要信息。辽宁省博物馆所藏的碑刻文物，历史跨度久远，年代上起汉魏，下迄明清，共计200余方。其中辽代碑志独占鳌头，多是各地区出土的墓志，以收藏内蒙古辽庆陵出土的契丹皇族耶律氏的哀册而著称文博界与史学界。

辽庆陵位于辽上京地区，具体位置在今天的内蒙古自治区巴林右旗。作为辽代的首都，辽上京地区又是辽代诸帝陵寝的所在地，辽祖陵、怀陵和庆陵皆存在于此。1922年6月21日，比利时传教士凯尔温掘开辽庆陵兴宗的陵墓，墓中出土了契丹小字辽兴宗皇帝哀册和契丹小字仁懿皇后哀册以及汉字仁懿皇后哀册，致使契丹文字在失传数百年之后又得以重见天日，轰动了中外考古学界。之后，辽代碑刻在辽上京地区陆续出土，除辽兴宗及其皇后的哀册之外，还发现了辽圣宗耶律隆绪和仁德皇后、钦哀皇后的哀册，辽道宗及其宣懿皇后的哀册，以及契丹小字道宗和宣懿皇后哀册，这些辽代帝后哀册几经辗转最后入藏辽宁省博物馆。

目前辽宁省博物馆内收藏的辽代碑志主要有辽代帝后的哀册及诸多辽代契丹贵族和汉人高官的墓志。帝后哀册主要有辽圣宗耶律隆绪及其两位皇后仁德和钦哀皇后的汉文哀册，辽兴宗仁懿皇后的汉文哀册，辽道宗耶律洪基及其皇后宣懿皇后的汉文和契丹文哀册；契丹贵族墓志主要包括统和四年耶律延宁、重熙七年耶律元之妻晋国夫人萧氏、清宁五年耶律庶几、咸雍八年耶律仁先、大安十年耶律庆嗣等人的墓志；此外还有乾统元年赵国公梁援及乾统七年梁援妻、张匡佑、刘继文、郑恪、陈万、宋匡世、贾师训等汉人的墓志。金代墓志主要有吴舜辟墓志等。这些墓志内容丰富，形式多样，寓意深刻，具有重要的历史、语言、文学和艺术价值，可谓弥足珍贵。墓志中所记录的重要史实信息为史学工作者研究辽金历史问题提供了重要的学术参考价值，弥补了《辽史》等文献史料记载缺失的不足。同时，墓志撰文又体现了辽代书法艺术的发展水平和辽代文化艺术的发展程度，为研究辽代文化艺术提供了佐证。尤其是契丹小字的发现，为研究和破解契丹小字提供了重要的线索和参考资料，也为当代语言学的研究和发展提供了不可多得的实物条件。

二 辽代陶瓷

中国陶瓷历史悠久，在世界陶瓷发展史上久负盛名。辽宁省博物馆所藏的陶瓷器，是馆藏文物中的重要类别之一，从新石器时代的彩陶到元明清景德镇瓷器，直至近现代的日用器皿，极具社会、历史与艺术价值。同时博物馆还收藏有战国以来殉葬用的明器和建筑构件，品种丰富，各具特色，大致反映了中国陶瓷业数千年来发展的历史和演变的脉络。其中辽代陶瓷在众多的馆藏陶瓷器中又像是一朵绚丽绽放的奇葩。承袭唐代瓷器的风格，在宋代陶瓷烧造技术的影响下，辽瓷在塞外北疆得以迅猛发展。

辽宁省博物馆藏的辽瓷主要以传世品和考古发掘出土品为主。多见单色釉（白釉、黄釉、绿釉等）、三彩、白瓷、酱釉瓷、白地黑花等。器物造型一部分是受中原文化的影响，如碗、盘、碟、罐、注壶等。另一部分则具有民族特征，如鸡冠壶、凤首瓶、长颈瓶、鸡腿坛、海棠式长盘、方碟等。

契丹为中国古代北方少数民族，受自然条件和地域的局限，常年以车马为家，适应“逐水草而居”的生活方式，创造的辽瓷也独具地方特色。其中鸡冠壶是辽代陶瓷中最具契丹民族特点的器物。鸡冠壶源于契丹游牧民使用的皮革制品，瓷器上仍旧保留着仿皮扣、皮带、皮穗的痕迹。在其自身发展演变的过程中，逐渐形成了两大系列，即提梁式鸡冠壶系列和穿孔式鸡冠壶系列。其中提梁式系列类型直接受中原影响，如三彩釉环梁鸡冠壶，扁体高身长颈，管状口，器身施黄、绿、白三彩釉，刻有花纹，构图简洁，质朴大方；而穿孔系列则完全是契丹族固有的造型，如绿釉贴塑团龙菊花纹鸡冠壶，扁体高身，管状口，马鞍状双孔系，装饰上采用了印、贴、塑、划等多种装饰手段，纹饰生动，写实性强，将人物、动物、植物于一身，设计巧妙、安排合理，展现了辽代制瓷工匠们的巧妙构思和精湛技艺，不愧辽瓷鸡冠壶类型中的精品。属于低温釉陶类的辽三彩，烧制技术秉承唐三彩，在辽代晚期非常流行，常见的造型有海棠盘、高座盘、方碟等，但辽三彩的装饰技法多为磨制印花，色泽仅见黄、绿、白三色，明快质朴。以鸡冠壶、辽三彩、凤首瓶、鸡腿坛等为代表的辽瓷，独具特色，纹饰丰富多彩，通过刻、划、绘、塑贴、模印等技法，在器物上塑造牡丹、芍药、莲花、蜂蝶、流云等图案，极具荒率野趣之意，展现了北方草原民族宏阔粗犷的艺术特色。

三　辽金绘画

作为历史艺术类博物馆，辽宁省博物馆素以收藏历代书法和绘画作品而享誉海内外。1949 年东北博物馆（辽宁省博物馆）成立后，接收了东北银行拨交的清朝末代皇帝溥仪从北京故宫携带出的一批重要书画作品，共计百余件，后来又陆续征集散佚于民间的清宫旧藏书画珍品，并通过考古发掘、征集、购入及接收社会捐赠等方式，加之原有馆藏作品，书画藏品总量达 5000 余件，内容丰富，基本反映了中国千余年来书画的演变历史，价值珍贵，其中不乏有辽、金时代的佳作。

辽、金作为少数民族建立的政权，其政治、经济和文化等方面表现出众多与中原汉文化不同的特点。绘画艺术上，契丹和女真族在吸收汉民族绘画传统因素的基础上，又具备其自身鲜明的民族特色。辽代绘画传世品稀少，1974 年在辽宁法库叶茂台七号辽墓出土的《竹雀双兔图》和《山弈候约图》，其对人物的刻画、幽谷的安排、峰峦的起伏、林木的疏密、山庄楼阁的隐显，艺术构思精巧，为研究辽代绘画艺术提供了第一手资料。金代画院画家杨微的《二骏图》，时代明确，署有名款，保存完好，实为难得。辽金时代的绘画作品具有浓郁的少数民族绘画风格，对研究辽金时期的绘画艺术有着重要的参考价值。

同时，辽金时期墓葬中的出土的壁画同样反映出当时的绘画风格和水准。辽庆陵墓葬壁画主要以人物、四季山水为主，人物多是番汉大臣、侍从仆人。车马依仗反映契丹贵族出行情形，四季山水则表现出契丹民族春水秋山的狩猎习俗。壁画在表现技巧、艺术处理、构图等方面虽略显稚气，但绘画内容本身却反映出深刻的内涵，既表现了契丹民族以车马为家的草原游牧传统，又能感受到民族融合所带来的汉文化因素。辽宁法库叶茂台七号辽墓壁画以人物为主，其中一幅壁画绘有四人，前面一组有三人，面庞丰满，细眉长眼，直鼻小嘴，髡发，身穿圆领长袍，脚踏长靴，刻划出典型契丹人的相貌特征和生活习俗。在同一墓葬中，还出有棺床小帐，其窗板背面绘有契丹族狩猎时的骑猎图，棺床围栏及底座上又绘有动、植物和云气火焰图案。出土石棺上所刻的四神、十二生肖以及飞天、侍卫等图案，尸衾上的刻金山水龙珠纹图案等等，都反映出辽代契丹民族较为成熟的绘画艺术和审美旨趣。此外，在朝阳姑营子耿崇美墓葬中，出土有彩绘伎乐汉人石板画。北票莲花山辽墓中出土了持骨朵的契丹人侍卫的壁画。而在阜新关山辽墓中出土的引马出行图和驼车出行图，则更加体现了契丹游牧民族的特色。朝阳南塔附近出土舍利石函，其上绘有彩绘迦陵频伽纹，便是契丹民族崇尚佛教的真实写照。

以上所述辽金时期的绘画作品以及辽墓中出土壁画的内容，皆不同程度地反映了契丹社会的生活面貌和契丹人的审美观念，为研究辽代历史和绘画艺术以及中国古代的艺术发展史提供了第一手的资料，具有较高的历史、艺术和研究价值。

四　辽代金银器

金银器作为中国几千年传统工艺的重要品类，在中国历史文物史上占有重要地位。辽宁省博物馆所藏的金银器的途径多来自于考古发掘，其族属主要包括扶余、鲜卑、契丹、女真等古代北方少数民族，从春秋战国延续至清，种类丰富，主要有武器、车马具、生活器具、饰物、玺印、宗教仪器和殡葬器等，采用铸造、锤錾刻、鎏金、镂空、累丝、焊接等多种铸造技术。

辽朝作为契丹民族所建立的少数民族政权，在今辽宁境内，其辖地包括辽西、辽北大部分地区，历年来在朝阳、建平、阜新、锦州、法库等地多有辽墓发现，同时辽塔亦遍及各地。在墓葬和塔基中出土了大批辽代文物，其中不乏金银器等稀世珍品。

辽墓中出土的金银器具有鲜明的民族风格与地域特点，以冠带饰物、马具、饮食器皿、首饰等居多，又由于辽塔遍及各地，因此也出有佛教法物。如辽宁建平张家营子乡辽墓即出土了鎏金银冠、凤形金耳饰、鎏金银鞍桥等文物。其中鎏金银冠，采用银胎模制锤鍱后，再经錾花表面鎏金而成，呈圆筒状，前高后低，两端系结丝带，中间为三朵祥云托起火焰珠，两侧双龙对坐，翘首扬尾，身姿矫健。造型生动、工艺精湛，代表了辽代金银工艺的细作水平。此外，还有建平县硃碌科乡辽墓出土的鱼形金耳饰和印花金镯；凌源小喇嘛沟辽墓出土的鎏金双凤银饰件、龙纹饰牌、鎏金银凤冠；朝阳北塔天宫出土的龙纹花式口银碟；彰武朝阳沟二号辽墓出土的双鹿纹鎏金银饰件、鎏金银盘托、金链玉龟；新民市巴图营子辽墓出土的龙舟形金簪；阜新市民主水库出土的银面具以及阜新市红帽子乡塔营子辽塔地宫出土的金塔、银塔以及錾字银经卷；朝阳北塔天宫出土的金塔、银塔、金银经塔、银菩提树等。红帽子乡辽塔地宫所出的金塔，以金片分段做成须弥座、塔身、塔檐和顶刹四部分，再套合而成。须弥座上下三层，锤覆仰莲、卷草和牡丹花叶纹；塔身以卷成圆筒形，正面錾出一壶门状的高龛，周围满錾铭文；塔檐周缘饰以火珠，塔顶内镶珍珠；顶刹高耸，穿宝珠、法轮和华盖等饰物，华盖周缘下垂璎珞，系以小珍珠粒、小金叶与镂孔三花式金叶交错穿缀而成，技艺精巧。

辽宁省博物馆所藏的辽代金银器造型精美、工艺娴熟，其风格既有草原游牧民族的粗犷豪放，又具备汉文化的精巧细致，达到了辽代手工业制造水平的极致，具有很高的历史和艺术价值。

五　辽代玉器

中国玉器从产生至今已有八千年历史，辽宁省博物馆所藏的玉器，以新石器时代的红山文化玉器、辽代玉器和清代玉器最为突出，主要分为考古出土和传世品两大类。

由于辽宁地区是契丹民族活动的主要区域，因此考古出土的辽代玉器十分丰富。辽文化融中原汉文化、草原文化和佛教文化于一体，这一特点在玉器上也得到了充分的体现。辽宁省博物馆收藏的辽代玉器可分为三种类型：第一类是属于草原文化的玉器，第二类是属于佛教文化的玉器，最后一类是属于中原文化的玉器。如辽宁喀左县白塔乡北岭村辽墓出土的白玉飞天，设计巧妙，构思精绝，充分展示了辽代玉器制造工业的发达以及工匠设计思想的活跃。此器物作为耳饰，制作外观玲珑剔透、飞天人物形象刻画细腻，人物昂首挺胸，身下伴有朵朵祥云，创意独特。阜新市蒙古族自治县红帽子乡辽塔塔基地宫出土的辽代龙纹白玉盏和莲瓣纹白玉盏，以及金链竹节式白玉盒，还有辽宁省义县清河门辽墓出土的玛瑙小杯、玛瑙花式碗和青玉双鹅带盖小盒，朝阳姑营子耿延毅墓出土的玛瑙杯，造型独特，构思精巧，做工精湛，基本上体现了辽代玉器融合草原、佛教和中原文化于一身的特点。

六　馆藏辽金铜镜

人类由最早的止水照容到铸鉴盛水，直至铜镜出现，之后在长达四千多年的时间里，铜镜一直是人们生活中不可或缺的生活用具。在铜镜存在的数千年里，辽金铜镜就象一朵奇葩，瑰丽无比，绽放于历史的舞台之上。

辽代铜镜承继汉、唐铜镜的遗风，又融宋镜于一体，有其独到之处。辽宁省博物馆所藏辽代铜镜品类多样、纹饰丰富、具有很高的艺术魅力，如典型的龟背纹镜，采用方圆结合、层层分割、曲直相形的图案，形成独特的四合纹样。刚健犀利的细线刻技法，带来高超的艺术表现能力。菊花纹镜，更多地吸收了宋镜缠枝花草的韵味，细腻、柔美而雅致，更以其花形的镜形，达到镜、花合一的艺术效果。发现于辽宁阜新塔子山辽塔地宫中的龙纹大铜镜，直径达38.5厘米，镜背以细线刻双龙绕钮飞舞，间饰卷云纹，双龙翱翔于云际的神态活泼生动，线条苍劲有力，无论是铸镜技术还是线刻技法展示的艺术表现能力都毫不逊色于盛唐。还有迦陵频伽镜。迦陵频伽是佛教故事中的神鸟，人头鸟身，译名美音鸟或妙声鸟。据说这种鸟生在雪山中，未出壳就能鸣，出妙音若天若人，闻者无厌。迦陵频伽镜以圆润柔和的凸线勾画出两个迦陵频伽，头戴莲冠，舒展双翅，双手各捧一盆三叶花，相对而立，上下空白处以花叶补满。整个图案虽未表达妙音鸟的旷谷清音，却也给人一种远离尘嚣之感。以这种佛教故事作为纹饰题材是与当时契丹统治者崇信佛教有关的。此外还有忍冬纹镜、海浪菊花纹镜、万字纹镜、契丹小字镜等。

辽宁省博物馆所藏金代铜镜数量很多，铜镜主题纹饰也非常丰富，其内容不仅有中原流行的图纹样式，也有反映本民族传统的内容，表现手法上也体现了本民族的特点。如金代的双鱼镜，以浮雕形式表现，造型饱满，线条有力，较之同时期其他动物纹饰更具写实性，由于采用浮雕的手法体现纹饰，给人以厚重的感觉，内容上也表现了女真人对渔猎习俗的执着。同时，金代的铜镜，无论是刻划双鱼、双龙、花枝或是人物、山石、树木，线条都比较粗犷，较之宋镜的柔曼、细弱特点，金代铜镜的豪放风格，更是令人耳目一新。由于女真人是一个喜欢渔猎的民族，在长期的渔猎生产活动中，把握住了鱼的造型与神态，运用于铜镜纹饰造型中才取得了如此好的效果。还有摩羯纹镜，龙头鱼身，张口露齿，取自佛教中摩羯鱼的形象。此外，还有吴牛喘月仙人镜、达摩渡海镜、仙鹤人物故事镜、双飞仙镜等，均是金代铜镜的典型式样。

虽然铜镜的使用价值随着玻璃制品的出现而退出历史舞台，但每一件铜镜都是一段历史的缩影，其背后的精美纹饰依然向我们讲述着那段历史，传输着那个时代人们的思想观念与审美价值。

七　其他辽金文物

除上述几大类珍贵文物之外，辽宁省博物馆还收藏了省内各地出土的辽代其他文物。法库叶茂台七号辽墓，是出土文物最丰富的辽墓之一。上述的两轴绢画，是现存稀有的辽代绘画；棺床小帐，是中国古建筑中少见的小木作建筑实物；雕刻精致的石棺，也是辽代少有的大型雕刻艺术精品。该墓中还出土了几件珍贵的玻璃制品，来自于古代异域的玻璃制品在当时被视为珍宝，是财富和地位的象征，备受古代上层社会的追捧，辽代贵族也是如此。镶银釦绿玻璃方盘，堪称是辽代玻璃器中的珍品。该墓又出土了体现优雅文化气息的双陆棋。双陆棋由一块双陆板和三十枚双陆子组成，在板上两侧各嵌六个圆形梁标，“六”即“陆”，因此称为双陆，这是中国迄今出土的唯一一件完整的古双陆实物，具有重要的民俗和工艺研究价值。还有水晶琥珀项链。这是辽代饰品文化的代表作。此外，玛瑙杯、花口式银釦“官”字款白瓷碗等文物，无不反映着辽金时代遗物的粗犷奔放和独具匠心。使我们对契丹民族的历史文化有了更加深刻的认识，是研究辽史的珍贵资料。

在馆藏的辽代器物之中，还有栩栩如生的佛教造像；刻有精美图案的画像石；造型各异的石雕，如侍俑、伏听；独具特色的辽代漆器，如龙柄漆勺、漆碗、漆盆、漆箸；别具文化气息的黑白双色玛瑙围棋子；刻有契丹文的官印、铜印；断壁残垣之中的兽面瓦当、连纹方砖等建筑构件；反映契丹社会经济发展史的钱币等等。每一件珍贵的文物彷佛像一面镜子，反映出辽代二百年的发展历史和灿烂的文化，为当今世人了解、熟谙并研析辽代历史的发展演变提供了不可多得的历史素材和参考凭据。

辽宁省博物馆藏辽金时期的文物，种类齐全，颇具规模且独具地域和民族特色，反映了中国古代北方契丹和女真民族所达到的高度文化成就，蕴藏着能够反映这两个民族文化艺术的丰富史料。这些丰富史料留给我们的是对历史的遐想和对文明的崇尚，让世人更多地了解这些文物的内涵与价值，发现其独特的审美特征和多姿多彩的风格面貌，这将是时代所赋予辽宁省博物馆的庄严使命和崇高责任。

首都博物馆

首都博物馆于1953年开始筹备，1981年开馆，旧址在北京孔庙。首都博物馆新馆建设项目作为北京市“十五”期间重大文化建设工程，2001年经国务院批准，2001年12月25日正式奠基兴建。在市委、市政府的关心和指导下，经过五年的艰苦努力，首都博物馆新馆已经亮相于中华第一街——长安街西延长线上。首都博物馆以其宏大的建筑、先进的设施、完善的功能、新颖的展览，成为一座与北京“文化中心”、“国际化大都市”和“历史文化名城”地位相称的大型现代化博物馆。并跻身于“国内一流，国际领先”的博物馆行列。

一、经典的建筑

首都博物馆的建筑设计理念是“以人为本，以文物为本，为社会服务”，强调“过去与未来、历史与现代、艺术与自然的和谐统一”。首都博物馆建筑设计方案，是经过两轮国际招标，从16家中外知名建筑设计机构提交的22个设计方案中选出的。博物馆建筑本身是一座融古典美和现代美于一体的建筑艺术品，既具有浓郁的民族特色，又呈现鲜明的现代感；博物馆建筑一经落成，即已得到国内外各界人士一致赞誉。

建筑特点

建筑形象

巨大的屋盖继承了中国传统建筑深远挑檐；通长的石质幕墙象征着中国古代城墙；广场起坡传承古代高台建筑风格；大厅外北广场地面上镶嵌清代丹陛，大厅内有明代牌楼，体现出中国传统建筑平面中心轴线特点；椭圆形的青铜展馆斜出墙面寓意古代文物破土而出。

建筑材质

青铜、木材与砖石的大量运用更显历史的久远。北广场和大堂地面所用石材，产于自古以来为营造北京城供应石材的房山地区；矩形展馆的外装饰，采用北京最常见的榆木；椭圆形展馆的外装饰，采用青铜材料，并饰以北京出土的西周时期青铜器的纹样。钢结构棚顶、玻璃幕墙等表现出北京有力的时代步伐，高大空间和通透的视觉效果顺应了当代建筑的国际流行趋势，非常适宜举办大型礼仪活动和文化活动。

空间布局

新馆建筑内部分为三栋独立的建筑，即：矩形展馆，椭圆形专题展馆，条形办公科研楼。三者之间的空间则为中央大厅和室内竹林庭院。自然光的利用、古朴的中式牌楼、下沉式的翠竹庭院、潺潺的流水，营构了一个兼具人文、自然情调的环境。

首都博物馆新馆不仅是一座重要的文化设施，同时也是北京地区文物保护、文物研究、面向公众和广大青少年传播爱国主义精神、历史及科学知识的基地，还是北京市举办礼仪和庆典活动的重要场所，也是人民群众旅游和休闲的理想去处。

馆藏辽金西夏文物

	各时代总数	各时代百分比
史前	244	0.2
商	381	0.27
周	375	0.27
春秋战国	约 4766	3.5
秦	97	0.07
汉	约 6736	4.88
三国	58	0.04
晋	138	0.1
南北朝	223	0.16
隋	56	0.04
唐	约 1758	1.27
五代	39	0.02
宋	约 4765	3.45
辽	527	0.38
西夏	16	0.01
金	616	0.44
元	约 1800	1.3
明	约 23920	17.33
清	约 64000	46.37
民国	约 24000	17.4
近现代	约 3500	2.5
	约 138000	100

二、辽、金、西夏文物详述

北京地处汉族和北方以及东北少数民族交往汇合之地，作为辽代的南京、金代的中都，她以得天独厚的优势融合了中原文化与北方地方文化，首都博物馆的藏品以北京地区的历史文物为主，共计约 13 万余件，其中以西周初的燕国青铜器、元明清三朝的瓷器等文物最有特色，其中收藏有辽、金、西夏时期的文物共约1380余件，约占藏品总量的1%。首博收藏的辽、金及西夏时期的文物让我们看到了这一历史阶段的优秀文化遗存。

辽代

首博收藏的辽代文物大部分来自10个区县的考古发掘，主要有：西城区阜外大街洪茂沟董匡信夫人王氏墓；宣武区先农坛辽墓；崇文区天坛辽石椁墓、彭庄辽墓；海淀区西翠路辽墓、清河辽墓；石景山福田寺辽墓、八宝山韩佚墓；顺义南门外辽塔塔基；通县东门外辽遗址，丰台镇王泽墓；右安门外辽墓、洋桥村南苑鸭厂辽赵德钧墓；大兴液压厂马直温墓；房山天开塔塔基、云居寺舍利塔、东方红炼油厂辽墓等近20个墓葬、遗址，另有一些文物为捐献、价购、拣选所得，共约580件套，文物以陶瓷为主，少部分为金属、玉石器。

器物有墓葬中陶制的仓、锅、釜、盆、盒、碗、盘、碟、灶、壶、剪、勺、灯盏、熨斗等冥器，有金耳环、玉饰件、银面具、带扣等丧葬用品，还有极其精美的白釉托盘、执壶、碗、罐、渣斗、木俑等随葬物品，以及木供桌、墓供椅、石函、净水瓶、铜飞天等宗教用品。出土的墓志反映出辽代契丹统治者与汉族官吏的关系，有的器物带有明显的契丹风格，如绿釉、黑釉鸡冠壶，说明契丹族风俗习惯也影响着汉族；仿定窑的瓷器有些胎质较粗，应是外地输入北京的物品，但有些如定窑白釉童子诵经壶等都是不可多得的佳品，有的文物尤为精美，如韩佚墓出土的瓷器：如越窑刻花宴乐人物执壶、越窑青瓷刻鹦鹉纹碗。越窑刻花宴乐人物执壶，壶直口，瓜棱腹，圈足外撇，长流，高曲柄。塔式盖，盖壁有双孔。盖面刻划云纹，柄和流为卷草纹，腹部刻划四人宴饮图。器底刻“永”字款，并有五个条形支烧痕。胎色灰白，釉色青中泛绿，花纹清晰，制作工艺精湛。越窑青瓷刻鹦鹉纹碗，碗敞口，深腹，圈足外撇。裹足垫烧，底部有五个条形支烧痕。内口沿刻凹弦纹和卷草纹一周，内心刻划一对首尾相逐的鹦鹉，构成团形图案。釉色青绿，莹润似玉。器型规整，刻划精细，有较高的艺术价值。出土时越窑青釉划花宴乐人物图注壶放置在碗内，二者均是越窑秘色瓷的代表作品。有的文物是唯一的实物资料，如天开塔塔基出土的木供桌、木供椅，说明契丹人、汉族人的共同信仰佛教，而且木供桌、木供椅也是北京地区发现最早的木器家具；有的文物反映了契丹族的丧葬习俗，如房山东方红炼油厂出土的鎏金银面具；有的文物地域特征明显，代表辽代北京地区制瓷技术的高超水平，如龙泉务窑白釉刻花菊莲纹葫芦式执壶，葫芦形，小口前置微曲的管状短流，后置泥条环状柄，圈足。通体施白釉，釉下施白色化妆土。执壶上下球体肩部雕刻转轮菊瓣纹，下层雕刻三层鳞状覆莲纹，近底刻一周仰莲瓣纹，纹饰清晰别致，线条自然流畅。器物造型秀美，比例均称，工艺精湛，是辽瓷中的精品。

生产工具方面，石景山麻峪大队出土了一些铁质工具，如铁镰刀、铁锄、铁夹剪、铁凿子、铁犁、铁耙、铁铡刀；在怀柔、密云的各项工程工地也有零星出土的铁工具。这些铁质工具既反映了辽代冶铁业的技术水平，也反映了辽代社会生产力的发展水平，是十分重要的实物资料。

金代

首博收藏的金代文物也以考古发掘为主，墓葬、遗址近20个，主要有宣武区先农坛育才小学；崇文区天坛；海淀区北京大学、西郊机场、清河金墓、温泉乡金墓；通县三间房村砖瓦厂金墓；昌平大东流公社，土沟大队金墓，房山长沟峪金墓；门头沟碣石村金墓；丰台卢沟桥乡岳各庄大队金墓，另有一少部分来自拣选、捐献、价购，共约790件套，文物有陶、瓷、铜、玉、铁、石质品，器物有罐、盆、杯、瓶、灯、镜、洗、砚、锅、碗、簸箕、玉饰、钗、镯、墓志，其中发现的十盒墓志中有一半为女真贵族墓志，它们反映了金代政治中心的南移，大批女真人迁徙定居中都。

器物中不乏精品：丰台卢沟桥发现一枚“大金正隆二年银铤”，正面刻“邠州进奉正隆二年分，金吾卫上将军静难军节度使臣完颜宗垣进上，正旦银壹铤重伍拾两”。这是北京第一次发现金代银铤。该银铤是研究金中都经济、货币制度的宝贵资料。

通州区城关金代石宗璧墓出土的耀州窑青釉　沿洗和定窑白釉刻花葵瓣碗都为金代瓷器珍品。耀州窑青釉　沿洗，直口，腹微鼓，卧足，口沿侧附月牙形扳耳，耳下附环形系。内外施青绿釉，底部无釉。口外沿饰两道凹弦纹。釉面莹润，有细小开片。此器以釉色和造型取胜，釉色浓深润泽，造型独特，展示了耀州窑青瓷的烧造水平。定窑白釉刻花葵瓣碗，葵瓣形，敞口，芒口，深腹，窄平式浅圈足，圈足满釉。碗心刻荷叶莲花纹，内外施白釉，微泛黄，釉面肥润光洁，胎体坚硬轻薄。此器物出土于金大定十七年的金墓，因而对鉴别金代定窑瓷器有很高的研究价值，是不可多得的珍贵实物资料。

玉器方面，房山长峪沟金墓出土的“镂空双鹤玉饰件”十分精美：青白玉质，细润无暇。体扁平，略作椭圆形。正面以镂雕加阴刻线刻出一对飞鹤。鹤口衔灵芝草，嘴尖相对，两腿相合并且交叉在一起，比翼齐飞，作对称状。饰件正中顶部有镂空的穿孔，背面光素留有琢磨痕。这件玉佩造型简洁明快，雕琢生动有力，是金墓出土玉器中珍品。而乌古论家族墓出土的玉器则是金代玉器的标准器，如白玉绶带鸟衔花形玉佩，白玉质，片状，圆形，镂雕五瓣形花朵、花蕾、枝叶、叶脉、叶齿清晰。中部镂雕一绶带鸟，圆眼尖喙、侧身回首，拢翅，作琢花状，长尾羽分作两股略向内弯。背面光素。再如石刻牡丹四节盒，岫岩玉质，整体呈圆柱形，折角直壁，内壁微凹成弧形，共四层，层与层之间以子母口相套合。奁盖面及壁均阴刻花纹。自上而下，第一层为奁盖，圆形平面上刻回首孔雀一只，孔雀周围刻盛开的牡丹，外壁刻弦纹及双层倒垂覆叶纹；二、三层外壁均刻弦纹及折枝牡丹花纹；奁底层为平底，外壁刻双道弦纹及双层直立覆叶纹。

金代的铁质生产工具也有出土：海淀祁家豁子出土了铁镂角，复兴门外出土了铁犁头。这些用于农耕生产的工具对于研究金中都地区的生产方式是十分珍贵的资料。

西夏

首博收藏的西夏文物极其有限，有10方西夏文印章，均为铜质，长方柄5枚、方柄2枚、墙钮官印1枚、鼻钮2枚，其中6方为拨交，4方从废品回收站拣选。铜印制作较为精良，印文尚未全部识释，如其中一方西夏长方柄铜印，官印，铜质，铸造而成，印台四角呈圆角状，长方柄钮，柄钮下端有穿孔。印面方形，九叠篆西夏文，译为“首领”。印文为满白文，笔画极粗，吸收宋朝九叠篆文特点，印面有边框，文字安排均匀饱满。印背刻西夏文，钮顶部刻西夏文“上”字。印背文字当是后世所刻，字体绵软无力。而另一方西夏长方柄铜印，官印，铜质，铸造而成，印台方正，长方柄钮，柄钮下端无穿孔。印面方形，九叠篆西夏文，译为“首领磨璧”。印文为满白文，笔画极粗，吸收宋朝九叠篆文特点，印面有边框，文字安排均匀饱满。钮顶部刻西夏文“上”字。这些西夏文印章是研究党项族文字及历史的珍贵资料。

另有一黑釉剔花罐，此罐是在施黑釉后，刮去口、足部分的釉，在腹部用剔花技法，装饰缠枝莲。剔去的部分露出胎骨，填白色化妆土。透过细碎开片可看出胎体上的剔刻痕迹。胎质略粗，呈浅黄色。釉面光亮，釉色黑中泛褐色。

首博收藏的辽、金、西夏文物承载着大量的历史信息，让人赞叹不已。

三、丰富的展陈

首都博物馆的展览陈列以北京地区的出土文物和历年收藏为基本素材，吸收北京历史、文物、考古及相关学科的最新研究成果，借鉴国内外博物馆的成功经验，形成独具北京特色的现代化展陈。

1. 学术质量：2000 年首都博物馆新馆建设启动之时，展陈大纲的编写工作随即开始；展览大纲得到了来自中国社会科学院、北京大学、北京社会科学院等学术机构的多位学术权威的指导，力求在展览中体现已得到学术界公认的最新成果。

2. 艺术设计：力求运用全新的设计理念，突破传统的、枯燥的展陈模式，充分利用现代展陈技术和手法，营造不同类别的陈列氛围，给观众以体验式的参观经历，具备形式上的亲和力、趣味性、互动性，做到雅俗共赏。展览采用公开招标方式遴选展陈艺术设计方案；共有十余家专业设计公司提交了四十多个设计方案。经过评审委员会审议，确定了三家专业艺术设计与制作公司承担展陈设计工作。

3. 展览内容：首都博物馆的定位决定了首都博物馆展览的构成：“北京文物精品展”、“古都北京 · 历史文化篇”是首都博物馆展陈的核心，表现了恢宏壮丽的北京文化，不断递升并走向辉煌的都城发展史。“京城旧事 ——老北京民俗展”和“燕地青铜艺术精品展”等七个馆藏文物精品展览是对北京文化展现的补充和深化。临时展览是研究与观赏北京文化与其他地区文化、中国文化与世界文化交流关系的舞台。

古都北京 · 历史文化篇

位于矩形展馆二层，展陈面积 2382 平方米。

该展览以深厚的北京文化为主线、时代演进为顺序，展现北京从原始聚落到形成城市，从北中国的政治中心跃升为统一的多民族封建国家的都城、人民共和国的首都，直至建设中的国际化大都市的历史进程。

北京文物精品展

是一个最典型体现中华民族历史文化风格、最富有北京文化特色、最具有艺术观赏价值的艺术精品展览。该展分为：流光溢彩古都瓷艺（瓷器）、神形俱备自在庄严（佛教造像）、晶莹剔透秀美天工（玉器）、华贵绚丽雍容摇光（金银器）、雕龙琢凤织金铺秀（竹木牙雕）、意气贯通笔墨乾坤（书法）水墨丹青神韵荟萃（绘画）、览珍堂（古典家具）等七个单元陈列，其中包括稀世珍品宋代五大名窑瓷器、精美绝伦的古都北京玉器、历代宫廷典藏书画艺术作品等。充分展示北京历史文化艺术的博大精深，凸现北京作为世界历史文化名城，五代帝王千年古都的独具特色的瑰丽风采。

四、关于辽、金、西夏、元、明、清历史文物的研究和展览

由于首博的藏品以辽金元明清时期的文物居多数，建馆以来十分重视这方面的学术研究、出版、和展览工作。

《首都博物馆丛刊》

《首都博物馆丛刊》自1981年建馆并创刊以来，每年一期，由北京燕山出版社出版，迄今共出版23期。近五年来，刊载的关于辽、夏、金、元历史文物的论文如下。

《首都博物馆丛刊》2005—2006第19—20期：

1.《古代北京·历史文化篇》——辽金元段的收获与思考（谭晓玲）

《首都博物馆丛刊》2007年第21期：

2.唐辽昌平乡里考（赵其昌）

3.首都博物馆馆藏敦煌吐鲁番文献经眼录（荣新江、王素、余欣）

4.金代白瓷碗的修复与体会（孙海燕、吕淑玲、赵立新、冯燕）

《首都博物馆丛刊》2008年第22期：

5.《读王师儒墓志》札记——兼话耶律俨《实录》（赵其昌）

6.元建德门内外寺庙石刻考释（刘高）

《首都博物馆丛刊》2009年第23期：

7.元大都新旧两城坊名略考（王岗）

8.从金上京出土的龙头衔香炉透视金代经济（李丽华）

9.金源文物的一缕灿烂辉煌——金源地区出土的两件鎏金文物赏析（赵国华）

有关辽、西夏、金、元的展览

1.1998月9月25日《马可.波罗文物遗迹展》

2.2002年，应美国芝加哥博物馆的邀请举办《成吉思汗展》

3.2003年9月20日《金中都文物精品展》，展出文物52件套，其中16件套一级品

4.2003年11月15日《走进神秘的西夏王国——西夏文物精品展》，展出文物145件套，其中51件套一级品

参观展览的相关信息

首都博物馆网站

www.capitalmuseum.org.cn

总服务台：售票、衣物寄存。

书店、纪念品商店、奥运特许商品店：地下一层西南部。

主题纪念品商店、画廊：矩形展馆地下一层至三层。

餐厅、咖啡厅：地下一层东端。

茶室：二层西平台。

多媒体互动区：圆形展馆一层。

“首博宝典”：体验高精度文物照片无级放大和内容标注的神奇效果。

“全景漫游”：体验北京地区古建筑、首博展厅的360度影像视觉新感受。

数字放映厅：播放高清晰数字电影《辉煌的北京》。

9:30开始，每小时一场。

多功能会议厅：圆形展馆地下一层。

体验天地：地下一层，年画刷印、脸谱描绘、陶器制作。

开馆时间：9:00-17:00 （星期一闭馆）

地址：北京市西城区复兴门外大街16号　邮编：100045

电话：010 － 63370491、63370492

宁夏博物馆

牛志文

2009年宁夏博物馆迎来了自己的50华诞。目前，宁夏博物馆馆藏文物已达40000件，其中一级文物159 件，二、三级文物3000余件，并拥有西夏鎏金铜牛、刻有西夏文字的力士碑座、唐代胡旋舞墓门3件国宝级文物。

西夏文物展览一直是宁夏博物馆最重要的基本陈列，从西夏文字（残碑、钱币、官印、雕版、文书等）、西夏工艺（陶瓷器、金银器、铜铁器、石刻等）、西夏佛教（佛像、唐卡、佛经、擦擦、舍利等）和西夏建筑（各式鸱吻、套兽、蹲兽及砖瓦建筑材料、石刻雕龙栏柱、柱础、螭首等）等方面，将西夏民族的历史文化特点展示出来，而其中的几件国宝级文物更是绝无仅有。

鎏金铜牛：1977年，银川西夏陵区M177出土，是宁夏博物馆镇馆之宝。铜牛长120厘米、宽38厘米、高45厘米，重188千克。青铜铸造，中空，外表通体鎏金。牛屈肢而卧，双眸远眺，造型生动，比例匀称，是一件难得的艺术珍品。这件铜牛，不仅体现了西夏精湛的青铜铸造工艺，也反映出牛在西夏农业生产中的重要地位，为研究西夏农业经济提供了一个实物佐证。

石刻力士志文碑座：圆雕，白砂石质，近似正方体。长68厘米，宽65厘米，高62厘米，1974年银川西夏陵区6号陵出土。力士面部浑圆，颧骨高突，粗眉上翘，双目圆睁，鼻梁短粗，獠牙外露，下颚置于胸前；肘部后屈，双手托膝，下肢屈跪，背部平直。雕像以夸张的手法，表现了负重者的神态，反映出西夏时期石雕艺术的独特风格。在西夏陵的考古中，已出土力士碑座11件，但刻有西夏文字的仅此一件，引人注目。座顶左上角阴刻西夏文字3行计15字，第一行4字，汉译为“小虫旷负”；第二行4字，汉译为“志文支座”；第三行7字，汉译为“瞻行通雕写流行”；背部阴刻汉文一行6字：“砌垒匠高世昌”。这些文字证明，力士碑座就是“志文支座”。

西夏文木活字版印本《吉祥遍至口和本续》，堪称国宝。计9册，约10万字。1991年出土于宁夏贺兰县拜寺沟方塔。它具有明显的活字版印本的特征，如版框栏线交角处缺口很大，版心行线与上下栏线不相接；墨色浓淡不匀，印背透墨深浅不同；同一面同一字笔锋、形态不一；栏线及版心行线漏排、省排；经名简称和页码用字混乱，有的错排、漏排；还有倒字等等。这些都是在雕版印上不可能出现的。另外，有些字行间有长短不一的线条，是木活字特有的隔行夹条痕迹。这说明元代王祯《造活字印书法》中“排字作行，削成竹片夹之”的技术，早在西夏时期就已经出现。1996年11月，文化部组织鉴定委员会鉴定，认为这部西夏文佛经，是迄今世界上发现最早的木活字版印本，将木活字的发明和使用时间从元代提早到宋代，对研究中国印刷史和古代活字印刷技术具有重大价值。2002年，被国家档案局列入第一批“中国档案文献遗产名录”。2008年，经国务院批准，入选《国家珍贵古籍名录》(02306)。

黑釉剔刻牡丹花经瓶：残高38.8厘米、口径7.5厘米、腹径19.5厘米、底径12厘米，圆肩深腹，肩部有一涩圈，釉色光润明亮，以剔地露胎的技法，于腹部开光剔刻牡丹枝叶纹，形成白底黑花效果。开光两侧刻画花叶和密集的弧线纹作为底纹，起到了局部装饰作用。经瓶是西夏瓷器中常见的器物，多为剔刻花纹饰，施釉均不到底，制作精良。牡丹花是西夏瓷器中最常见的纹饰，在西夏的扁壶、罐、瓶、盘和盆等器物上广泛使用，体现了西夏人对牡丹花情有独钟。

此外，西夏陵出土的碑刻残片，为研究西夏社会历史和西夏书法艺术提供了重要的实物资料；西夏陵出土的建筑材料如鸱吻、脊兽、套兽、蹲兽等，与中原地区同类物品差异较大，别具一格，颇具研究价值。贺兰县宏佛塔出土多件唐卡、彩塑佛像、印刷雕版等，皆为难得的珍稀西夏文物，极具欣赏和研究价值。这些文物，在《西夏文物》、《西夏艺术》、《西夏三号陵地面遗迹发掘报告》等出版物中，皆有精美图片和文字介绍。

这些文物既有很强的民族和地域特色，又体现了西夏文化受到了中原汉文化的深刻影响，是民族特色与民族融合的完美统一。正因为如此，它们也担负起宣传宁夏、展示宁夏历史的重任，除了在宁夏博物馆中正常展出，向八方来客介绍宁夏历史外，还借助外展的机会，走出宁夏，走出国门，把已经掀起的西夏王国的面纱，充分展示在世人面前。

如今，宁夏博物馆软硬件设施堪称一流，人员素质也全面得到提高。在现有编制的96人中，高职12人（研究馆员2名，副研究馆员和高级政工师各5人），中职20人，初职35人。大学本科率达到90%以上。多年来，全馆人员在各类学术刊物上发表论文数百篇，独立或参与编著的出版物近20种，其中与西夏有关的有：《宁夏通史》、《西夏简史》、《西夏通史》、《西夏文物》、《夏汉字典》、《大夏寻踪——西夏文物辑粹》、《中国藏西夏文献——宁夏博物馆卷》、《探寻西夏文明》等。

地址：银川市金凤区人民广场东街6号

邮编：750021

电话/传真：0951-5085075/0951-5042945

网站：：www.nxbwg.com

电子邮箱：nxbwg@163.com

西夏博物馆

李升林

银川西夏博物馆建成开馆于1998年9月23日，坐落于全国重点文物保护单位、国家级风景名胜区——西夏陵区内东侧，是我国第一座以展示西夏历史文化为主题的专题博物馆。西夏博物馆于1997年4月由银川市政府立项，经过反复论证设计，报国家文物局批准，于1997年8月动工，1998年8月竣工。全馆占地面积5300平方米，建筑面积3950平方米，实用面积2560平方米，各类展厅9间，陈列面积1883平方米，展线长600米。该馆座东朝西，呈亭台层楼式，分上下两层，屋顶建有5座亭台，呈八角攒尖顶，意承西夏建筑之遗风，整体建筑风格别致，既有现代建筑之气势，又与陵区建筑遗迹相呼应，形成了浓郁的民族建筑风格。特邀我国著名书法家钱君陶先生题写了馆名。

本馆馆藏各类西夏文物6000余件，主要有西夏瓷器、铁器、铜器、钱币、佛经、佛画、西夏文、汉文残碑、建筑构件和石雕等。其中西夏陵出土的石刻文官头像、石刻力士碑座、绿釉迦陵频伽、灰陶鸱吻、各式套兽、蹲兽，贺兰县宏佛塔出土的木质透雕伎乐天女、绢质炽盛光佛唐卡、绢质玄武大帝图像，灵武窑出土的白釉剔刻牡丹花纹大罐、白釉线刻魚纹盆等，皆为首次发现，具有重要研究价值，是展出文物中的大珍之品。

现有《西夏历史文化展》，《西夏学学术研究成果展》两个基本陈列。《西夏历史文化展》分党项迁徙与西夏兴起；西夏政治、法律、军事；西夏社会经济；西夏文化；西夏宗教；西夏王陵等6个部分。共展出珍贵文物700余件，配以大型沙盘模型、微缩景观、人物雕像、图版、照片等辅助展品，以“科学性、民族性、艺术性”为指导思想，系统展示了西夏政治、经济、文化、宗教等，将西夏王国的兴衰历史、文化遗存生动的再现。《西夏学学术研究成果展》分西夏考古发现与研究、国内学术界的研究成果、国际学术界研究成果三大部分，陈列专著、书刊、杂志500多册，配以辅助展品，集中展示了中外专家学者经过了长期刻苦钻研，在西夏语言文字、社会历史、文化宗教等领域取得的举世瞩目的成果，以及我国西夏遗址的考古发掘，西夏建筑保护维修，西夏石窟艺术的保护研究方面取得的巨大成就。独特的陈列内容和别具特色的形式设计，受到各级领导，专家学者和中外游客的赞誉。《西夏历史文化展》获得国家文物局“99年度全国陈列展览十大精品”殊荣。

西夏博物馆隶属于银川西夏陵区管理处，是正科级非法人事业单位，下设宣教部、陈列保管部和保卫部。博物馆成立以来，注重业务建设，适应旅游业发展，突出专题博物馆特色，长期坚持征集文物，累计近千件，用于充实陈列内容，不断更新陈列手段，加强与国内外相关机构的业务协作，举办临时性展览。其中与西夏有关的有：2001 年与日本民间文化机构联合举办《西夏王国的文字世界展》，2002 年 7 月与中国国家图书馆联合举办《西夏珍贵文献文物展》，2002 年 8 月举办《三号陵出土文物精品展》。积极开展研究工作，出版了《西夏艺术》、《中国藏西夏文献 · 西夏陵出土残碑卷》等。博物馆借陵区旅游优势，注重发挥宣传教育职能，培养了一支高素质的讲解队伍，他们的讲解受到了领导、专家和游客的一致好评。开馆以来，观众人数逐年上升，现年接待观众近 40 万人次。博物馆已成为人们了解西夏历史文化，宣传银川，宣传宁夏的重要窗口。

地址：银川市西夏区西夏陵区管理处

邮编：750021

电话：0951-5668960. 0951-5668969

网址：http//www.xixialing.com

电子邮箱：mashenglin0951@126.com

北京辽金城垣博物馆

陈晓敏

北京辽金城垣博物馆位于北京市丰台区右安门外玉林小区凉水河北岸，是一座遗址型博物馆。1990 年 10 月北京市园林局在此小区 32 号宿舍楼进行施工时，在距地表 5.6 米处发现。该遗址是迄今所发现的唯一一处完整的金中都建筑遗址，其建筑年代约在公元 1151 年— 1153 年。该遗址被评为 1990 年全国十大重要考古发现之一，同年，北京市政府决定在水关遗址上建立“北京辽金城垣博物馆”进行原地保护和展览。1995 年 4 月 23 日在北京建城 3040 年隆重庆典纪念中，“北京辽金城垣博物馆”正式对外开放。

北京辽金城垣博物馆的基本陈列为遗址和展厅两个部分：

地下为金中都水关遗址原状陈列。水关遗址是现在北京除部分金代城墙外仅存的金中都城建筑遗址。水关是古代城墙下进出河水的水道建筑，又称水门。水关遗址残存的基础部分为〕〔形，为正南北向，全长 43.4 米，过水涵洞长 21.35 米，宽 7.7 米，最宽处 13 米。遗址南距凉水河（金中都南护城河）50 米，金中都城内的河水即通过此流入南护城河。遗址整体为木石结构，最下层密植木桩（称为地桩），地桩之上铺设衬石枋，衬石枋与地桩用榫卯结构相连接，衬石枋上面放置过水地面石，过水地面石与衬石枋使用铁柱穿钉相连固定。过水地面石之间使用铁银锭榫连接。进出水口及泊岸两侧设有擗石桩。水关的基础建筑结构与宋《营造法式》的规定相一致。金中都水关遗址是目前国内所发现规模最大，保存较完整的一处水关遗址，为金中都城和中国古代建筑和水利设施的研究提供了难得的实物资料。

展厅的基本陈列《金中都历史展》，共分四个单元。第一单元以照片、线图（遗址平面结构图、遗址剖面结构图、铁柱穿心示意图）、复原图、及水关遗址出土文物为主。介绍了水关遗址的发现、发掘经过及水关的建筑结构和中国古代城市排水设施的演变过程。第二单元为北京城的由来。简要介绍了北京城的历史和地理变迁。展出的文物有战国时期的绳纹陶井圈、汉代的陶楼、唐代的铜镜、辽代的马蹬壶等。第三单元为女真族与金中都。在这个单元里首先介绍了女真族的由来。女真是一个古老的民族，其先世可以追溯到远古的肃慎，以后称挹娄、勿吉、靺鞨，大约五代时称女真。其次，介绍了女真政权的建立。女真族于公元 1115 年正式建立了金王朝，之后迅速发展，占领了淮河以北的大部分地区，与南宋形成了南北对峙的局面。展出的文物主要是一些金代有瓷器及官印等。再次，辉煌的金中都。公元1153年金代统治者完颜亮将都城由金上京迁至北京地区，改称中都，参照汴梁城的规制进行了大规模的城市改造和扩建。该处展示了金代有铜镜、金中都城复原图。然后，介绍了金陵。最后，介绍了金代北京城的水系和金中都到元大都的变迁。主要展示了金代的漕运水系图和金中都城水系图。金中都城内共有三条水系：一条为由今莲花池入城的洗马沟；一条为由今玉渊潭向东南入城的河水，一条为由中都北面高梁河进城的河流。这三条水系构成了金中都城内的供水系统。元代统治者放弃了金中都旧城，在城东北重新规划营建元大都。金中都作为南城逐渐衰败以致荡然无存了。

辽金城垣博物馆除了基本展示之外，还有一个石刻展区，在这里集中展现了辽金时期的石刻文物十余件，主要展示的文物有辽代契丹文墓志、金代石虎、文臣石像、武将石像、石函等。

辽金城垣博物馆建馆以来，自主办或与兄弟博物馆合办的以辽金为主题的临时展览，馆内科研人员历年发表的学术论文以及出版的专著均以表格的形式进行说明。

表一　陈列展览

名　称	主办单位	展品数量	展出时间	展出地点
内蒙敖汉辽代墓葬壁画及文物精品展	辽金城垣博物馆与内蒙敖汉馆合办	壁画30幅 临摹32幅	1996年4月10日至12月31日	辽金城垣博物馆
辽代墓葬壁画精品展	辽金城垣博物馆与内蒙敖汉馆合办	壁画30幅 临摹32幅	1997年1月1日至31日	劳动人民文化宫
京城辽金佛教遗迹摄影展	辽金城垣博物馆与文化部外联局、日本驻华大使馆、德国驻华大使馆合办	照片83幅	1998年4月30日至8月27日	辽金城垣博物馆
契丹女真碑刻拓片精品展	辽金城垣博物馆与民族研究所合办	拓片47幅	1998年9月至12月	辽金城垣博物馆
千年历史照片展	辽金城垣博物馆	展板30块	2006年5月至6月	辽金城垣博物馆

表二　学术论文

篇　名	作者	发表刊物	发表日期
金中都考古的重大发现与辽金城垣博物馆	范　军	《北京文博》	1995年第2期
金代石窟	张　燕	《中原文物》	1995年第2期
金代近侍初探	周　峰	《北京文博》	1996年第2期
金代大兴府尹考述	周　峰	《北方文物》	1998年第1期
金中都城水关遗址木结构腐朽检查和防治方案	张厚培、范　军、刘秀英、王　平、籍和平	《北京文博》	1998年第3期

《黑龙江海参崴考察记》	任秀侠	《北京文博》	2000 年 4 期
《契丹小字〈耶律敌烈墓志铭〉考释》	卢迎红 周　峰	《民族语文》	2000 年 1 期
《独具特色的辽瓷》	刘　洋	《科技潮》	2000 年 7 期
《吕徵墓表考》	任秀侠	《北京文博》	2001 年 4 期
《〈辽瓷造型及其装饰艺术〉——兼北京辽金城垣博物馆藏品介绍》	卢迎红、黄秀纯、高继祥	《北京文博》	2001 年 4 期
《北京金中都水关遗址“关键柱”保护报告》	王　丹、卢迎红、董玉刚	《北京文博》	2002 年 1 期
《关于遗址类博物馆发展的思考》	卢迎红	《北京文博》	2002 年 3 期
《金代皇后的“花株冠”与“纳言”——房山金太祖陵出土文物管窥》	伊葆力 郭　聪	《北京文博》	2003 年 4 期
《辽郑颉墓志考》	任秀侠	《北京文博》	2003 年 4 期
《北京辽金城垣博物馆收藏的一套辽代彩绘木椁》	卢迎红、任秀侠	《北京文物与考古》	2002 年第五辑
《850 年沧桑金中都水关遗址——北京辽金城垣博物馆》	籍和平	《建筑知识》	2004 年 1 期

表三　出版书籍

名　　称	开　本	字　数	出 版 社	图文并貌	出版日期
《金中都水关遗址考览》	32 开	20 千字	北京燕山版社	是	2001 年 4 月
《辽金史迹图册》上	大 16 开	50 千字	北京燕山版社	是	2003 年 9 月
《辽金史迹图册》下	大 16 开	300 千字	北京燕山版社	是	2004 年 7 月
《北京辽金文物研究》	大 16 开	750 千字	北京燕山版社	是	2005 年 3 月

相关刊物介绍

东北史地

薛海波

《东北史地》创办于2004年，由《学问》杂志改刊而来，主管主办为吉林省社会科学院，现任社长张福有，主编王卓。现为双月刊，内页96页，彩版12块，是面向东北史地研究的专家、学者和对此感兴趣的各界人士的专业期刊，以东北史地学术问题为主要研究对象，积极开展东北历史、舆地、考古、文化、民族、文博等方面的研究，尤重高句丽问题研究、渤海问题研究、东北各个历史阶段的重要问题以及东北区域考古，其中考古与文物、辽金史研究，是该刊的两大优势栏目。该刊读者遍及世界各大洲，已成为受到国内外相关领域学者关注的独具特色的学术刊物。

改刊以来刊发的辽金史方面的论文目录

1. 田子馥《试论辽金元清的政权属性——兼评所谓“中国征服王朝论”》，《东北史地》2004年第2期。
2. 武玉环、尹宿湦《辽代职官的犯罪与惩罚》，《东北史地》2004年第8期。
3. 张志勇《辽朝选任官吏的方式考述》，《东北史地》2004年第8期。
4. 麻玲《辽金与高丽的战争》，《东北史地》2004年第12期。
5. 冯永谦《界濠与长城论辩三题（上）》，《东北史地》2005年第2期。
6. 杨雨舒《浅议辽朝对吉林的经略》，《东北史地》2005年第2期。
7. 冯永谦《界濠与长城论辩三题（下）》，《东北史地》2005年第3期。
8. 曲淑华《试论金代的地方治安管理》，《东北史地》2005年第4期。
9. 武玉环《辽金时期的萨满教》，《东北史地》2005年第5期。
10. 刘肃勇《金世宗北防鞑靼部族策》，《东北史地》2005年第6期。
11. 杨雨舒《辽代吉林经济发展概述》，《东北史地》2006年第1期。
12. 陶理、汪玢玲《契丹“三后”的成败及其历史渊源》，《东北史地》2006年第1期。
13. 张志勇、陈振斌《论金世宗的法律思想》，《东北史地》2006年第1期。

14. 赵永春、玄 花《保州问题与辽丽关系》，《东北史地》2006 年第 2 期。

15. 兰婷、孙运来《金代女真官学》，《东北史地》2006 年第 2 期。

16. 李西亚、刘 洋《试论金代女真人的民族文化教育》，《东北史地》2006 年第 2 期。

17. 高福顺、张 爽《金末蒙初大辽收国的建立及其灭亡》，《东北史地》2006 年第 2 期。

18. 郑毅《辽朝“国制”成因探考》，《东北史地》2006 年第 3 期。

19. 蒋金玲《辽代救灾与抗灾措施研究》，《东北史地》2006 年第 3 期。

20. 刘文建《试论宋金之战中的“燕云因素”》，《东北史地》2006 年第 4 期。

21. 李仁志、田月华、李训良《辽西金代古桥考》，《东北史地》2006 年第 4 期。

22. 张国强、钟飞辰《契丹与牡丹——略述辽墓壁画的牡丹图》，《东北史地》2007 年第 1 期。

23. 杨清华《金末东北地区行省设置考》，《东北史地》2007 年第 1 期。

24. 李桂芝《辽代糺军管见》，《东北史地》2007 年第 2 期。

25. 夏宇旭《简论赵秉文的天道性命观》，《东北史地》2007 年第 2 期。

26. 黄凤歧《契丹科学技术研究》，《东北史地》2007 年第 3 期。

27. 冯永谦《金长城的考古与发现》，《东北史地》2007 年第 3 期。

28. 郑毅《略论辽朝的“行朝”体制》，《东北史地》2007 年第 5 期。

29. 孙荣荣《金章宗时期的旱灾及赈灾措施》，《东北史地》2007 年第 5 期。

30. 都兴智《论金代辽宁境内的猛安谋克与人口》，《东北史地》2007 年第 6 期。

31. 兰婷《金代宫廷教育》，《东北史地》2007 年第 6 期。

32. 张志勇《辽朝畜牧法与渔猎法考述》，《东北史地》2008 年第 1 期。

33. 刘肃勇《完颜阿骨打进占东京辽阳府的策略与措施》，《东北史地》2008 年第 1 期。

34. 李仁志《宋徽、钦二帝北疆遗事》，《东北史地》2008 年第 1 期。

35. 朱国忱《关于金齐国王墓的考古发掘》，《东北史地》2008 年第 2 期。

36. 都兴智《略论契丹李尽忠之乱》，《东北史地》2008 年第 2 期。

37. 张涛《金代法制略探》，《东北史地》2008 年第 2 期。

38. 刘辉《金代儒学研究现状述评》，《东北史地》2008 年第 2 期。

39. 冯永谦《金长城修筑年代考辩》，《东北史地》2008 年第 3 期。

40. 孙文政《金东北路界壕边堡建筑时间考》，《东北史地》2008 年第 3 期。

41. 孙红梅《契丹族的族际通婚》，《东北史地》2008 年第 3 期。

42. 武玉环《论辽与西夏的关系》，《东北史地》2008 年第 4 期。

43. 向南《萧惠世系族属考——兼及〈大辽故皇弟秦越国妃萧氏墓志铭〉所记的几个人物》，《东北史地》2008 年第 4 期。

44. 刘肃勇《辽圣宗出兵高丽探析》，《东北史地》2008 年第 4 期。

45. 张志勇《论金世宗以俭治国的思想与实践》，《东北史地》2008 年第 4 期。

46. 崔向东《论耶律楚材的经世治国思想》，《东北史地》2008 年第 5 期。

47. 景爱、苗天娥《辽金边壕与长城》,《东北史地》2008 年第 6 期。

48. 蒋戎《辽朝与高丽朝贡关系浅析》,《东北史地》2008 年第 6 期。

49. 赵彦昌《金代修史研究》,《东北史地》2009 年第 6 期。

50. 张国庆、于航《辽代丧葬礼俗：生者为亡者撰志刻幢——以辽代石刻为史料》,《东北史地》2009 年第 1 期。

51. 王德朋《近二十年来金代儒学研究述评》,《东北史地》2009 年第 1 期。

52. 姚雯雯《论辽朝汉族官僚群体的地位及其影响》,《东北史地》2009 年第 1 期。

53. 黄震云《辽代的文化转型和法令修订》,《东北史地》2009 年第 2 期。

54. 辛鹏龙《辽朝斡鲁朵户试探》,《东北史地》2009 年第 2 期。

55. 毕显忠《内蒙古东南部辽代城址分类举例》,《东北史地》2009 年第 2 期。

56. 高福顺《辽朝科举制度的发展演变》,《东北史地》2009 年第 3 期。

57. 王德忠、李春燕《辽朝斡鲁朵问题研究综述》,《东北史地》2009 年第 3 期。

58. 景爱《金中都的地位及影响》,《东北史地》2009 年第 4 期。

59. 任爱君《麻答军与义州城》,《东北史地》2009 年第 4 期。

60. 周峰《试论金朝对西部边疆的经略——以西夏和西辽为中心》,《东北史地》2009 年第 4 期。

61. 冯永谦《金长城的构造形式、特点与定名》,《东北史地》2009 年第 5 期。

62. 刘辉《金代儒学发展脉络缕析》,《东北史地》2009 年第 5 期。

63. 李玉君《金代皇族婚姻述论》,《东北史地》2009 年第 6 期。

地址：吉林省长春市自由大路 5399 号

邮编：130033

电话：0431-84688039

传真：0431-84688039

电子邮箱：dbsdzz@yahoo.com.cn

内蒙古文物考古

李 力

《内蒙古文物考古》于1981年创刊，至1986年共出版四期。1987年由于经费、编辑人员等多方面的原因暂时停刊。1991年复刊至今，每年出版两期，为半年刊。由内蒙古自治区文化厅主管，内蒙古自治区考古博物馆学会主办的文物考古专业期刊。到2009年底，共出版41期。重点刊发内蒙古文物考古研究成果，极具地方特点。主编孙建华。

创刊以来刊载辽金时期文章一览表

1. 张柏忠、孙进已《辽代春州考》，《内蒙古文物考古》第1期。
2. 李逸友《辽李知顺墓志铭跋》，《内蒙古文物考古》第1期。
3. 项春松《昭盟地区的辽代墓葬》，《内蒙古文物考古》第1期。
4. 郑隆《库伦旗辽墓壁画浅谈》，《内蒙古文物考古》第2期。
5. 金申《库伦旗六号辽墓壁画零证》，《内蒙古文物考古》第2期。
6. 一友《左衽小考》，《内蒙古文物考古》第2期。
7. 陈述《契丹考古对中国通史研究的贡献》，《内蒙古文物考古》第3期。
8. 李逸友《内蒙古契丹考古工作的回顾》，《内蒙古文物考古》第3期。
9. 田广金《四子王旗红格尔地区金代墓葬和遗址》，《内蒙古文物考古》第1期。
10. 哲盟博物馆、内蒙古文物队《库伦旗第五,六号辽墓》，《内蒙古文物考古》第2期。
11. 项春松《上烧锅辽墓群》，《内蒙古文物考古》第2期。
12. 苏日泰《科右中旗巴扎拉嘎辽墓》，《内蒙古文物考古》第2期。
13. 邬耆佬《哲里木盟奈曼旗，库伦旗考古调查记》，《内蒙古文物考古》第2期。
14. 张松柏《辽怀州怀陵调查记》，《内蒙古文物考古》第3期。
15. 韩仁信、青格勒《辽怀州出土窖藏陶器》，《内蒙古文物考古》第3期。
16. 内蒙古文物队《敖汉旗范仗子辽墓》，《内蒙古文物考古》第3期。

17. 项春松《克什克腾旗二八地辽墓》,《内蒙古文物考古》第 3 期。
18. 董文义《巴林右旗查干坝十一号辽墓》,《内蒙古文物考古》第 3 期。
19. 金永田《辽上京城址附近佛寺遗址及火葬墓》,《内蒙古文物考古》第 3 期。
20. 张郁《呼和浩特西白塔古城》,《内蒙古文物考古》第 3 期。
21. 张松柏、任学军《辽金松山州遗址调查》,《内蒙古文物考古》第 4 期。
22. 王建国、马俊山《阿鲁科尔沁旗乌兰哈达辽墓清理简报》,《内蒙古文物考古》第 4 期。
23. 齐晓光《阿鲁科尔沁旗柴达木辽墓》,《内蒙古文物考古》第 4 期。
24. 王建国《敖汉旗小柳条沟金代墓葬》,《内蒙古文物考古》第 4 期。
25. 内蒙古文物考古研究所《辽中京大塔基座覆土发掘简报》,《内蒙古文物考古》第 5 期。
26. 郝维彬《辽代龙化州调查记》,《内蒙古文物考古》第 5 期。
27. 内蒙古文物考古研究所《宁城县小塘沟辽墓》,《内蒙古文物考古》第 5 期。
28. 内蒙古文物考古研究所《呼和浩特郊区辽代佛寺发掘记》,《内蒙古文物考古》第 5 期。
29. 克什克腾旗博物馆《克什克腾旗金代界壕边堡调查》,《内蒙古文物考古》第 5 期。
30. 张松柏、任学军《辽高州调查记》,《内蒙古文物考古》第 6、7 期。
31. 邵国田《敖汉旗娘娘庙辽代壁画墓》,《内蒙古文物考古》第 10 期。
32. 苗润华、张松柏《辽怀州磴磴山寺庙遗址调查》,《内蒙古文物考古》第 10 期。
33. 苗润华《巴林右旗巴彦琥绍辽墓和元代遗址》,《内蒙古文物考古》第 10 期。
34. 高毅、史庆玲《达拉特旗金代窖藏钱币》,《内蒙古文物考古》第 10 期。
35. 巴林右旗博物馆《巴林右旗金代窖藏钱币》,《内蒙古文物考古》第 10 期。
36. 齐晓光《契丹大字的重大发现》,《内蒙古文物考古》第 11 期。
37. 阿鲁科尔沁旗文物管理所、赤峰市博物馆《阿鲁科尔沁旗先锋乡和双胜镇辽墓清理简报》,《内蒙古文物考古》第 14、15 期。
38. 齐晓光《辽耶律羽之家族墓地发现殉葬车》,《内蒙古文物考古》第 14、15 期。
39. 李少兵、索秀芬《林西县土庙子村金代墓葬》,《内蒙古文物考古》第 14、15 期。
40. 王刚《林西县金代瓷器窖藏》,《内蒙古文物考古》第 14、15 期。
41. 邵国田《辽代武安州城址调查》,《内蒙古文物考古》第 16 期。
42. 内蒙古文物考古研究所《科右中旗双龙岗辽墓》,《内蒙古文物考古》第 16 期。
43. 赤峰市博物馆、宁城县文物管理所《内蒙古赤峰市宁城县铁匠营子砖厂辽墓》,《内蒙古文物考古》第 16 期。
44. 赤峰市博物馆、阿鲁科尔沁旗文物管理所《赤峰阿旗罕苏木苏木辽墓清理简报》,《内蒙古文物考古》第 18 期。
45. 林西县文物管理所《辽饶州及长乐、临河、安民三县调查》,《内蒙古文物考古》第 18 期。
46. 王刚《林西县小哈达辽墓》,《内蒙古文物考古》第 18 期。

47. 敖汉旗博物馆《敖汉旗羊山1—3号辽墓清理简报》,《内蒙古文物考古》第20期。

48. 敖汉旗博物馆《敖汉旗七家辽墓》,《内蒙古文物考古》第20期。

49. 敖汉旗博物馆《敖汉旗下湾子辽墓清理简报》,《内蒙古文物考古》第20期。

50. 敖汉旗博物馆《敖汉旗喇嘛沟辽代壁画墓》,《内蒙古文物考古》第20期。

51. 达茂旗文物管理所《达茂旗境内的金代边堡界壕》,《内蒙古文物考古》第22期。

52. 巴林右旗博物馆《辽庆陵又有重要发现》,《内蒙古文物考古》第23期。

53. 韩仁信《罕大坝辽"回纥国国信使"壁画墓的抢救清理报告》,《内蒙古文物考古》第24期。

54. 王刚、吕清《林西县五间房辽墓清理简报》,《内蒙古文物考古》第24期。

55. 杨星宇《尼尔基水利枢纽工程区内金代界壕发掘简报》,《内蒙古文物考古》第26期。

56. 贲鹤龄《科左后旗白音塔拉契丹墓葬》,《内蒙古文物考古》第27期。

57. 内蒙古文物考古研究所、赤峰市博物馆．巴林左旗博物馆《白音罕山辽代韩氏家族墓地发掘报告》,《内蒙古文物考古》第27期。

58. 田少君、李元荣、秦双成《商都县八号村金代窖藏钱币》,《内蒙古文物考古》第28期。

59. 刘伟东《赤峰市元宝山区大营子辽墓》,《内蒙古文物考古》第31期。

60. 内蒙古文物考古研究所、赤峰市博物馆、宁城县博物馆《辽中京半截塔台基覆土及地宫发掘简报》,《内蒙古文物考古》第33期。

61. 张柏忠《陈国公主与驸马萧绍矩的家世》,《内蒙古文物考古》第6、7期。

62. 孙继民《辽仪坤州地望考略》,《内蒙古文物考古》第6、7期。

63. 陈永志《骨朵形制及相关诸问题》,《内蒙古文物考古》第6、7期。

64. 李逸友《论辽墓壁画的题材和内容》,《内蒙古文物考古》第8、9期。

65. 王大方《契丹大画家"让国皇帝"—耶律倍》,《内蒙古文物考古》第10期。

66. 张松柏《西域驯兽对辽代的影响及在辽境的传播》,《内蒙古文物考古》第10期。

67. 陈永志《辽代刑具沙袋形制考实》,《内蒙古文物考古》第10期。

68. 刘冰《试论辽代葬俗中的金属面具及相关问题》,《内蒙古文物考古》第10期。

69. 张汉君《辽万部华严经塔建筑构造及结构规制初探》,《内蒙古文物考古》第11期。

70. 张郁《呼和浩特郊区辽佛寺废墟揭密》,《内蒙古文物考古》第11期。

71. 李逸友《〈辽史〉丰州天德军条证误》,《内蒙古文物考古》第12、13期。

72. 韩仁信《图木胡柱山辽墓九脊覆尸小帐及辽代葬俗举隅》,《内蒙古文物考古》第14、15期。

73. 郝维彬《金代"西北路苏母典　麽胡记"铜印考释》,《内蒙古文物考古》第14、15期。

74. 齐晓光《"镔铁"—契丹与辽王朝》,《内蒙古文物考古》第16期。

75. 齐晓光《近年来阿鲁科尔沁旗辽代墓葬的重要发现》,《内蒙古文物考古》第16期。

76. 陈永志《契丹族源地非"松漠之间"考释》,《内蒙古文物考古》第16期。

77. 张松柏《辽代的摔跤运动》,《内蒙古文物考古》第 16 期。
78. 朱天舒《辽代金银器上的凤纹》,《内蒙古文物考古》第 16 期。
79. 王立华《契丹衣饰文化特点渊源》,《内蒙古文物考古》第 16 期。
80. 王大方《敖汉旗羊山一号辽墓壁画"西瓜图"》,《内蒙古文物考古》第 18 期。
81. 石俊贵《托克托县发现金代买地合同分券》,《内蒙古文物考古》第 18 期。
82. 王大方《契丹风骨绘丹青—内蒙古辽墓壁画综述》,《内蒙古文物考古》第 19 期。
83. 霍宇红《从中国古代陵寝制度的演变看辽皇陵建制》,《内蒙古文物考古》第 19 期。
84. 刘素侠《赤峰地区辽代瓷器概说》,《内蒙古文物考古》第 19 期。
85. 邵国田《刘祜墓志铭考略》,《内蒙古文物考古》第 20 期。
86. 邵国田《关于羊山等五处辽墓壁画的综合分析》,《内蒙古文物考古》第 20 期。
87. 特木尔《金代旧桓州城考略》,《内蒙古文物考古》第 21 期。
88. 张汉君、张晓东《辽塔撷英 明珠璀灿》,《内蒙古文物考古》第 23 期。
89. 张汉君、张晓东《释迦佛舍利塔历次修葺概述》,《内蒙古文物考古》第 23 期。
90. 计连成《辽代平装本手抄佛经初探》,《内蒙古文物考古》第 23 期。
91. 邱国斌《辽代散乐考略》,《内蒙古文物考古》第 23 期。
92. 计连成《辽太叔祖墓主室木椁壁画及相关问题》,《内蒙古文物考古》第 25 期。
93. 邵国田《辽代木器小考》,《内蒙古文物考古》第 25 期。
94. 孙建华《契丹族的马具与围猎—从陈国公主墓出土文物谈起》,《内蒙古文物考古》第 25 期。
95. 邵国田《一幅辽代木板残画浅析》,《内蒙古文物考古》第 25 期。
96. 赵爱军《辽墓壁画的乐舞图》,《内蒙古文物考古》第 25 期。
97. 曹峰《辽代"丰州"刍议》,《内蒙古文物考古》第 25 期。
98. 盖之庸《近年庆陵出土辽代墓志补证》,《内蒙古文物考古》第 26 期。
99. 顾亚丽《外国使节使辽相关问题浅析》,《内蒙古文物考古》第 27 期。
100. 邵国田《敖汉旗英凤沟 7 号辽墓出土的银制文具考》,《内蒙古文物考古》第 29 期。
101. 彭善国《辽陶瓷形制因素论稿》,《内蒙古文物考古》第 30 期。
102. 吉平《浅说辽代马盂山》,《内蒙古文物考古》第 31 期。
103. 顾亚丽、刘怀军《辽代医药学发展浅析》,《内蒙古文物考古》第 32 期。
104. 张力、张艳秋《辽代契丹族金属面具与网络试析》,《内蒙古文物考古》第 33 期。
105. 刘凤翥《契丹大字〈耶律祺墓志铭〉考释》,《内蒙古文物考古》第 34 期。
106. 孙新民《略论辽三彩与唐、宋三彩的异同》,《内蒙古文物考古》第 35 期。
107. 付宁《内蒙古地区发现的辽代伊斯兰玻璃器——兼谈辽时期的对外贸易和文化交流》,《内蒙古文物考古》第 35 期。
108. 斯日古楞《巴林右旗博物馆馆藏辽代鸡冠壶》,《内蒙古文物考古》第 23 期。

109. 巴林右旗博物馆《巴林右旗乌珠日山发现一座辽墓》,《内蒙古文物考古》第6、7期。

110. 丛艳双《阿鲁科尔沁旗道尔其格发现一座辽墓》,《内蒙古文物考古》第6、7期。

111. 于海燕《赤峰市红山区西水地发现一座辽墓》,《内蒙古文物考古》第6、7期。

112. 丁勇《托克托县出土一方金代官印》,《内蒙古文物考古》第6、7期。

113. 白明泽《林西县出土两件金元瓷器》,《内蒙古文物考古》第6、7期。

114. 邵国田《敖汉旗出土的黑釉暗花葫芦瓶》,《内蒙古文物考古》第16期。

115. 丁勇《内蒙古博物馆征集到三面宋辽时期的铜镜》,《内蒙古文物考古》第16期。

116. 武亚琴《通辽市出土的辽渤海县铜镜》,《内蒙古文物考古》第18期。

117. 计连成《巴林右旗发现辽代〈仪制令〉》,《内蒙古文物考古》第18期。

118. 赵玉明《辽代十二生肖铁钱》,《内蒙古文物考古》第18期。

119. 王刚《林西县发现辽三彩龙凤纹镂空三足熏炉》,《内蒙古文物考古》第19期。

120. 敖汉旗博物馆《敖汉旗出土几方辽金元铜印》,《内蒙古文物考古》第20期。

121. 计连成《辽庆州释迦佛舍利塔》,《内蒙古文物考古》第23期。

122. 赵连计《辽代黄釉菊花枕》,《内蒙古文物考古》第23期。

123. 刘志安《辽代三彩四鱼盆》,《内蒙古文物考古》第23期。

124. 王长强、魏国强《辽代三彩埙》,《内蒙古文物考古》第23期。

125. 其木格《辽代绛丝荷花摩羯纹棉帽》,《内蒙古文物考古》第25期。

126. 武亚琴、李铁军《扎鲁特旗出土辽代器物》,《内蒙古文物考古》第25期。

127. 林雪川《宁城县山嘴子辽墓契丹族头像的复原》,《内蒙古文物考古》第6、7期。

128. 张晓岚、张恒金《辽契丹龙首铁刀的养护处理》,《内蒙古文物考古》第30期。

129. 张全超《吐尔基山辽墓墓主人骨骼的稳定同位素分析》,《内蒙古文物考古》第34期。

130. 李术学、黄莉《赤峰市松山区老府西山辽墓清理简报》,《内蒙古文物考古》第37期。

131. 盖之庸、齐晓光、刘凤翥《契丹小字〈耶律副部署墓志铭〉考释》,《内蒙古文物考古》第38期。

132. 金永田《辽祖州“军”号及附近部分山名考》,《内蒙古文物考古》第38期。

133. 赤峰市博物馆、松山区文物管理所《赤峰市哈喇海沟辽墓清理报告》,《内蒙古文物考古》第39期。

134. 彭善国《定窑瓷器分期初探—— 以辽墓、辽塔出土资料为中心》,《内蒙古文物考古》第39期。

135. 刘冰《赤峰市博物馆馆藏辽代石幢浅析》,《内蒙古文物考古》第39期。

136. 张帆《试谈辽代墓葬的研究和对契丹文化的再认识》,《内蒙古文物考古》第40期。

137. 武成、燕晓武《辽代夹山考》,《内蒙古文物考古》第41期。

138. 张红星《内蒙古地区出土耀州窑瓷器》,《内蒙古文物考古》第41期。

139. 刘冰《赤峰博物馆征集四块金代石刻》,《内蒙古文物考古》第41期。

140. 韩立新《克什克腾旗发现辽代骨雕鞍饰》，《内蒙古文物考古》第41期。

地　址：呼和浩特市赛罕区展览馆南巷1号

邮　编：010011

传　真：0471-4951328

电　话：0471-4951328

文物春秋

许潞梅

《文物春秋》杂志创刊于1989年，主管单位为河北省文化厅，主办单位为河北省文物局，国内外公开发行，国内统一刊号CN13－1121／K，国际标准刊号ISSN1003－6555。1989年创刊时为季刊，16开本，每期96个页码，约14万字；1999年改为双月刊，仍为16开本，每期80个页码，约11.5万字。

《文物春秋》在国内一直实行自办发行，另有天津非邮发报刊联合征订服务部、北京海天华教、华教快捷、国图书刊、天下好图书等合作发行渠道。国外发行由中国国际图书贸易总公司代理，发行代号1341 B M。此外还全文收录于中国知网、万方数据、维普资讯网、龙源期刊网等网上期刊数据库。

《文物春秋》非独立编制单位，业务上由河北省文物局领导，现有专职编辑、发行人员5人，分别来自省文物局直属的3个不同业务单位，主编许潞梅，研究馆员；副主编张金栋，副研究馆员。

《文物春秋》是以文物、考古、博物馆学为主的学术性期刊，主要栏目有研究与探索、考古发现、古代建筑、文物介绍与研究等，在发稿内容上立足河北，面向全国，力求及时反映文物考古工作中的新发现及综合研究、专题探讨的新成果。由于历史上河北是宋辽划界对峙之地，又是金朝统治时期的畿辅重地，发现了不少辽金时期的遗址、墓葬，所以有关辽金历史、文化方面的考古发现及研究文章是本刊所发稿件中很重要的一部分。创刊至今（2009年12月），《文物春秋》已累计出刊110期（包括增刊4期），其中涉及辽金文化方面的文章共有184篇，分别是：

1．陈国莹《丰润天宫寺塔保护工程及发现的重要辽代文物》，《文物春秋》1989年第1、2期合刊。

2．张兆祥《香河栖隐寺塔内发现辽代瓷器》，《文物春秋》1989年第1、2期合刊。

3．马忠理《观台窑考古发掘的新收获》，《文物春秋》1989年第4期。

4．贺勇《河北康保县白脑包发现辽代古棺墓》，《文物春秋》1989年第4期。

5．顾铁山、郭景斌《迁西长岭峰出土窖藏钱币》，《文物春秋》1989年第4期。

6. 孟昭勇、陈萍《迁安上芦出土辽代瓷器》，《文物春秋》1990 年第 1 期。

7. 赵欣《张家口市下花园发现一座辽代墓》，《文物春秋》1990 年第 1 期。

8. 张翠荣《平泉县党坝村发现辽金铁器窖藏》，《文物春秋》1990 年第 1 期。

9. 刘化成《河北廊坊安次区出土金代遗物》，《文物春秋》1990 年第 2 期。

10. 贺勇《河北涿鹿谭庄辽臧知进墓》，《文物春秋》1990 年 3 期。

11. 孙启祥《获鹿龙泉寺文物调查记》，《文物春秋》1990 年 3 期。

12. 刘建华、徐建忠《怀安县西坪山发现辽代窖藏瓷器》，《文物春秋》1990 年 3 期。

13. 贺勇、庞瑞祥《河北尚义囫囵村发现辽代石棺墓》，《文物春秋》1990 年 4 期。

14. 陈佩林《由独幽城塔基地宫看乐亭县的历史沿革》，《文物春秋》1991 年 1 期。

15. 郑绍宗、孙慧君《隆化皇姑屯辽北安州及其附近遗迹调查简报》，《文物春秋》1991 年 2 期。

16. 朱子方《〈丰润天宫寺塔保护工程及发现的重要辽代文物〉一文读后记》，《文物春秋》1991 年 2 期。

17. 赵大海《河北抚宁出土的四件古代铜镜》，《文物春秋》1991 年 2 期。

18. 崔天勇《山东莱州市出土两方金代官印》，《文物春秋》1991 年 2 期。

19. 李缙云《一批辽代金银器的初步研究》，《文物春秋》1991 年 3 期。

20. 濡川《辽文忠王府金银器小考》，《文物春秋》1991 年 3 期。

21. 顾铁山、蔡宝满《迁西东寨发现窖藏钱币》，《文物春秋》1991 年 3 期。

22. 赵志厚《河北滦平县北李营乡发现石棺墓》，《文物春秋》1991 年 3 期。

23. 李新威《河北蔚县高院墙村金墓》，《文物春秋》1991 年 3 期。

24. 赵志厚《滦平县银窝沟砖室墓清理简报》，《文物春秋》1991 年 4 期。

25. 王立军《河北省成安县出土窖藏钱币》，《文物春秋》1992 年 1 期。

26. 徐建中《怀安县发现辽代经幢》，《文物春秋》1992 年 1 期。

27. 李文龙《河北唐县发现金代墓葬》，《文物春秋》1992 年 1 期。

28. 刘福珍《定州市出土金代白釉卧狮枕》，《文物春秋》1992 年 1 期。

29. 林秀珍、聂金鹿《从斗拱的演变试论我省几座古代建筑》，《文物春秋》1992 年 2 期。

30. 张汉英《河北丰宁境内的古长城和金代界壕》，《文物春秋》1993 年 1 期。

31. 孟昭永、赵立国《滦县磕头山罗汉洞调查报告》，《文物春秋》1993 年 1 期。

32. 范玉琪《金大定邢州开元寺铁钟考》，《文物春秋》1993 年 1 期。

33. 李新威《蔚县发现辽代窖藏铜器》，《文物春秋》1993 年 2 期。

34. 贺勇《怀来县桑园发现辽金时代墓葬》，《文物春秋》1993 年 2 期。

35. 王国荣《一通稀有的悉昙文真言坟幢》，《文物春秋》1993 年 2 期。

36. 白光、文艺《丰宁云雾山村辽代窖藏钱币清理简报》，《文物春秋》1993 年 3 期。

37. 沈军山《滦平县发现三方金代官印》，《文物春秋》1993 年 3 期。

38. 朱学武《涞水县古塔综述》，《文物春秋》1993年4期。

39. 张子英《磁州窑烧造的文字枕》，《文物春秋》1993年4期。

40. 赵志厚《河北滦平县发现一批辽金时期铁犁铧》，《文物春秋》1993年4期。

41. 徐志芬《河北省博物馆藏铜镜概述》，《文物春秋》1994年1期。

42. 田淑华、石砚枢《从考古资料看承德地区的辽代矿冶业》，《文物春秋》1994年1期。

43. 王兆生《龙烟铁矿矿区发现辽代炼铁遗址》，《文物春秋》1994年1期。

44. 李林《承德县收藏的铜镜》，《文物春秋》1994年1期。

45. 李缙云《续记新出现的一批辽代金银器》，《文物春秋》1994年2期。

46. 崔永超《沧县出土金代银铤的探讨》，《文物春秋》1994年2期。

47. 张凤英《邯郸市文物管理处库藏铜镜选介》，《文物春秋》1994年2期。

48. 张翠荣《平泉出土刻"铜院"铭铜钹和铜镜》，《文物春秋》1994年2期。

49. 贺勇《河北崇礼县水晶屯发现一座金代石函墓》，《文物春秋》1994年2期。

50. 赵志厚《河北省滦平县发现金代石狮子》，《文物春秋》1994年2期。

51. 秦大树《试论磁州窑的民窑特色》，《文物春秋》1994年3期。

52. 张俊英《邯郸市博物馆馆藏部分铜镜选介》，《文物春秋》1994年4期。

53. 马林《河北省顺平县发现金代窖藏钱币》，《文物春秋》1994年4期。

54. 陶敏、姜振利《隆化县博物馆藏铜镜选介》，《文物春秋》1995年1期。

55. 郑绍宗《宣化辽代壁画墓群》，《文物春秋》1995年2期。

56. 郑绍宗《辽代绘画艺术和辽墓壁画的发现与研究》，《文物春秋》1995年2期。

57. 杨晶《辽代汉人墓葬概述》，《文物春秋》1995年2期。

58. 郑滦明《宣化辽墓"妇人启门"壁画小考》，《文物春秋》1995年2期。

59. 姜振利、陶敏、宫艳君《河北隆化金元时期兴州窑发掘简报》，《文物春秋》1995年3期。

60. 周圣国《保定西夏人探源——从西夏文经幢、老索神道碑看保定西夏人》，《文物春秋》1995年3期。

61. 王兴明《迁安平林镇出土窖藏古钱币》，《文物春秋》1995年3期。

62. 翟士英《河北省涞水县出土古代铜镜选介》，《文物春秋》1995年3期。

63. 郑滦明《体育史的新资料——契丹幼儿跳绳图考证》，《文物春秋》1995年3期。

64. 赵志厚、马清鹏《河北滦平县西沟乡发现辽代文物》，《文物春秋》1996年1期。

65. 徐建中《怀安县上果园出土金代遗物》，《文物春秋》1996年1期。

66. 张汉英《河北丰宁五道沟门辽墓》，《文物春秋》1996年2期。

67. 陈环、周心芹《迁西县桃花庵出土许由巢父故事镜》，《文物春秋》1996年2期。

68. 张晓峰、张鸿膺《廊坊安次区翟各庄．南尖塔辽墓》，《文物春秋》1996年4期。

69. 郑绍宗《宣化辽墓壁画服饰内容之研究》，《文物春秋》1996年4期。

70. 王月华《滦平县博物馆藏铜镜》，《文物春秋》1997年1期。

71. 刘友恒《金真定府署所在地出土一方“提控之印”》，《文物春秋》1997 年 1 期。

72. 梅鹏云《独乐寺塔壶门雕砖乐考》，《文物春秋》1997 年 2 期。

73. 陈卓然《廊坊市发现一座辽代墓幢》，《文物春秋》1997 年 2 期。

74. 刘友恒《隆兴寺内的两座经幢》，《文物春秋》1997 年 3 期。

75. 王烨、刘子龙《平泉县博物馆藏两方金代官印》，《文物春秋》1997 年 3 期。

76. 李红军《辽代白瓷与北宋定窑白瓷的鉴别研究》，《文物春秋》1997 年增刊。

77. 张兆祥、武玉茹《廊坊市出土辽代白瓷研究》，《文物春秋》1997 年增刊。

78. 马忠理《磁州窑的装饰品种及其流行时代》，《文物春秋》1997 年增刊。

79. 秦大树《简论观台窑的兴衰史》，《文物春秋》1997 年增刊。

80. 孟繁峰、杜桃洛《井陉窑遗址出土金代印花模子》，《文物春秋》1997 年增刊。

81. 孟繁峰《井陉窑金代印花模子的相关问题》，《文物春秋》1997 年增刊。

82. 赵光林、刘树林《北京琉璃窑考辨》，《文物春秋》1997 年增刊。

83. 黄秀纯《龙泉务窑窑具及装烧工艺》，《文物春秋》1997 年增刊。

84. 彭善国《谈辽耶律羽之墓出土的几件瓷器》，《文物春秋》1998 年第 1 期。

85. 刘子龙、王烨《平泉县博物馆藏辽瓷》，《文物春秋》1998 年第 1 期。

86. 孙学忠、翟良富、李子春《唐山市梁家屯发现金代窖藏钱币》，《文物春秋》1998 年第 1 期。

87. 韩志远《略论金抚州地区在蒙金战争期间的战略地位及元武宗在抚州建立中都的军事原因》，《文物春秋》1998 年第 3 期。

88. 田淑华《承德双塔山古塔考略》，《文物春秋》1998 年第 4 期。

89. 陈信《河北涿鹿县发现金四太子府行元帅之印》，《文物春秋》1999 年第 1 期。

90. 王会民、樊书海《临城山下金代瓷窑遗址试掘简报》，《文物春秋》1999 年第 6 期。

91. 陈少伟《丰润县经幢地宫出土文物》，《文物春秋》2000 年第 1 期。

92. 宋志刚《张家口市博物馆藏金元摩羯纹铜镜》，《文物春秋》2000 年第 1 期。

93. 陈银凤、赵永平《正定县收藏的几件井陉窑瓷器》，《文物春秋》2000 年第 2 期。

94. 刘超英、冀艳坤《河北省文物研究所藏陶瓷枕选介》，《文物春秋》2000 年第 5 期。

95. 刘连强、王建伟《河北邯郸北张庄金墓发掘简报》，《文物春秋》2001 年第 1 期。

96. 张平一《漫话辽金时期的符牌制度》，《文物春秋》2001 年第 2 期。

97. 徐建中《怀安县发现辽代刻石》，《文物春秋》2001 年第 2 期。

98. 李树伟、杜志军《滦南县出土金代石函》，《文物春秋》2001 年第 2 期。

99. 张翠荣、白云香《浅谈辽大长公主石棺的雕刻艺术》，《文物春秋》2001 年第 3 期。

100. 吕冬梅、刘化成、张鸿赝《廊坊市安次区西永丰村辽代壁画墓》，《文物春秋》2001 年第 4 期。

101. 郭玲娣、樊瑞平《河北正定出土两枚金代铜印》，《文物春秋》2001 年第 4 期。

102. 李洪霞《天津市艺术博物馆所藏彩瓷娃娃》,《文物春秋》2001 年第 5 期。

103. 冯恩学《对滴水壶辽墓壁画之商榷》,《文物春秋》2001 年第 6 期。

104. 梅鹏云《天津蓟县弥勒院村辽墓》,《文物春秋》2001 年第 6 期。

105. 贾晓、刘永东《蔚县博物馆收藏的石函》,《文物春秋》2001 年第 6 期。

106. 徐建中《怀安县发现辽代墓葬》,《文物春秋》2002 年第 1 期。

107. 刘树华《河北玉田县出土黑釉瓷缸》,《文物春秋》2002 年第 2 期。

108. 贺勇、刘海文《金代张子行墓志初探——兼析下八里墓群的始建年代及墓穴排列》,《文物春秋》2002 年第 3 期。

109. 戴书田、张羽《河北省文物研究所藏磁州窑题字瓷器》,《文物春秋》2002 年第 3 期。

110. 贾成惠《河北内丘胡里村金代壁画墓》,《文物春秋》2002 年第 4 期。

111. 李新威、贺勇《蔚县金河寺塔林》,《文物春秋》2002 年第 4 期。

112. 马金花《山西金代壁画墓初步研究》,《文物春秋》2002 年第 5 期。

113. 陈杰《浅析宋元时期磁州窑彩绘牡丹纹》,《文物春秋》2002 年第 6 期。

114. 唐晓燕《试论几项河北考古发现的重要意义》,《文物春秋》2002 年第 6 期。

115. 周峰《金代张子行墓志三题》,《文物春秋》2002 年第 6 期。

116. 徐海峰、梅惠杰、王建伟《河北省定州市东沿里遗址．墓葬发掘简报》,《文物春秋》2003 年第 2 期。

117. 张洪印《易县娄亭龙门寺、睒子洞调查记》,《文物春秋》2003 年第 2 期。

118. 金申《谈河北易县八佛洼辽代三彩陶罗汉》,《文物春秋》2003 年第 2 期。

119. 原田淑人著、金申译《关于原属直隶省易县的陶罗汉》,《文物春秋》2003 年第 2 期。

120. 史密斯伊司 · 瑞查德著、张金颖译《宾夕法尼亚大学收藏的一尊易州罗汉造像》,《文物春秋》2003 年第 2 期。

121. 赵生泉、郝建文、杨宏杰《定州开元寺塔题记疏证》,《文物春秋》2003 年第 3 期。

122. 盛立双、姜佰国《天津静海谭庄子金元遗址发掘简报》,《文物春秋》2003 年第 3 期。

123. 陶敏《隆化县厂沟门辽墓》,《文物春秋》2003 年第 3 期。

124. 彭善国《所谓辽代釉下黑花器的年代问题》,《文物春秋》2003 年第 5 期。

125. 王巧莲、刘友恒《正定县文物保管所收藏的古代铜印》,《文物春秋》2003 年第 5 期。

126. 沈军山、李海风《辽音乐之散乐考略》,《文物春秋》2003 年第 6 期。

127. 田林、林秀珍《河北辽代古塔建筑艺术初探》,《文物春秋》2003 年第 6 期。

128. 郑绍宗《契丹文铭陶壶考释》,《文物春秋》2003 年第 6 期。

129. 周峰《北京金代石刻考释二则》,《文物春秋》2003 年第 6 期。

130. 马小青《磁州窑梅点纹的发展演变》,《文物春秋》2003 年第 6 期。

131. 杜平、王巧莲《一方金代摹刻的隆兴寺千手观音刻石》,《文物春秋》2003 年第 6 期。

132. 高云波《定州市文物管理所收藏的一批铜镜》,《文物春秋》2003 年第 6 期。

133. 孙彦平、杜会平、吕波《定州市博物馆收藏瓷枕介绍》,《文物春秋》2004 年第 1 期。
134. 颜诚《辽代真容偶像葬俗刍议》,《文物春秋》2004 年第 3 期。
135. 郑绍宗《河北出土金元时期铜权的分析与研究》,《文物春秋》2004 年第 3 期。
136. 孙荣芬《山西平遥慈相寺的建筑特征》,《文物春秋》2004 年第 5 期。
137. 刘智敏《新城开善寺大雄宝殿修缮原则及工程做法》,《文物春秋》2004 年第 5 期。
138. 乔登云《邯郸考古世纪回眸与前瞻》,《文物春秋》2004 年第 6 期。
139. 申慧玲《邯郸市龙城小区墓葬发掘简报》,《文物春秋》2004 年第 6 期。
140. 尹建兵、王永军《邯郸市连城别苑古墓发掘简报》,《文物春秋》2004 年第 6 期。
141. 吉平《说马盂山》,《文物春秋》2005 年第 1 期。
142. 彭善国《辽耶律羽之墓"海东青"饰片的定名问题》,《文物春秋》2005 年第 1 期。
143. 杨静《甘肃张掖大佛寺大佛殿的建筑特征》,《文物春秋》2005 年第 4 期。
144. 陈杰《试论唐宋时期的陶瓷虎枕》,《文物春秋》2005 年第 5 期。
145. 刘化成《廊坊广阳区马坊村出土的辽代遗物》,《文物春秋》2005 年第 5 期。
146. 郎秀芝《迁安市文物管理所藏古代铜镜选介》,《文物春秋》2005 年第 5 期。
147. 史密斯伊司、瑞查德著、刘卫华、张景华译《关于易县罗汉的研究》,《文物春秋》2005 年第 5 期。
148. 刘友恒、樊瑞平、杜平《近 50 年正定古建筑维修中发现的文字题记初步研究》,《文物春秋》2006 年第 1 期。
149. 刘淼《金代定窑瓷器的初步研究》,《文物春秋》2006 年第 2 期。
150. 孔玉倩《河北省文物研究所藏龙凤纹压胜钱》,《文物春秋》2006 年第 2 期。
151. 贾敏峰、贾宝峰《定州开元寺历史沿革考》,《文物春秋》2006 年第 3 期。
152. 王烨《平泉县石羊石虎古墓群调查》,《文物春秋》2006 年第 3 期。
153. 王兴明、尹晓燕、郎秀枝《迁安小王庄金代墓葬清理简报》,《文物春秋》2006 年第 3 期。
154. 张宝刚《黄骅市博物馆藏铜镜选介》,《文物春秋》2006 年第 3 期。
155. 张守义《平泉县马架子发现的辽代墓志》,《文物春秋》2006 年第 3 期。
156. 李建丽、李文龙《河北长城概况》,《文物春秋》2006 年第 5 期。
157. 李军《邢台旅馆唐、金墓葬》,《文物春秋》2006 年第 6 期。
158. 李明琴《廊坊市和平丽景小区辽代墓群》,《文物春秋》2006 年第 6 期。
159. 张晓峥、张兆峰《乐亭县前炕各庄墓群发掘报告》,《文物春秋》2007 年第 1 期。
160. 郭太原、段宏振《河北宋辽金时代考古简论》,《文物春秋》2007 年第 2 期。
161. 杨卫东《涿州云居寺初考》,《文物春秋》2007 年第 3 期。
162. 杨卫东《辽代涿州地区的佛教邑会活动——永乐村石塔考略》,《文物春秋》2007 年第 3 期。
163. 黄涿生《涿州永安寺辽代佛塔》,《文物春秋》2007 年第 3 期。

164. 杨卫东《与〈契丹藏〉有关的一件石刻——读辽咸雍四年刊〈新赎大藏经建立香幢记〉》,《文物春秋》2007 年第 3 期。

165. 杨卫东《王庭筠及其〈重修蜀先主庙碑〉》,《文物春秋》2007 年第 3 期。

166. 杨卫东《金代鱼纹镜》,《文物春秋》2007 年第 3 期。

167. 张惠《磁州窑陶瓷雕塑艺术品浅谈》,《文物春秋》2007 年第 4 期。

168. 陈银凤、郭玲娣、樊瑞平《介绍两件正定馆藏文物珍品》,《文物春秋》2007 年第 6 期。

169. 郝良真《磁州窑瓷塑玩具刍议》,《文物春秋》2008 年第 1 期。

170. 尹小燕《河北迁安发现辽代刻石》,《文物春秋》2008 年第 1 期。

171. 张翠荣、李素静、李剑《平泉县姜家北沟辽墓》,《文物春秋》2008 年第 3 期。

172. 刘友恒、郭玲娣、樊瑞平《正定洪济寺、舍利寺相关文物综述》,《文物春秋》2008 年第 3 期。

173. 徐永江、高伟《昌黎发现辽代窖藏钱币》,《文物春秋》2008 年第 4 期。

174. 田淑华《承德辽金元时代考古简论》,《文物春秋》2008 年第 6 期。

175. 尹建兵《邯郸市南湖小区古墓葬发掘简报》,《文物春秋》2009 年第 1 期。

176. 贾芸、李芳、闫玉光《张家口市博物馆馆藏瓷器选介》,《文物春秋》2009 年第 1 期。

177. 王为群《辽代白釉贴花莲生贵子双榴联体笔洗》,《文物春秋》2009 年第 1 期。

178. 苑晓光、陈卓然、李明琴、杨光《廊坊市馨钻界小区辽代墓群发掘报告》,《文物春秋》2009 年第 2 期。

179. 安春明《河北玉田彩亭桥》,《文物春秋》2009 年第 3 期。

180. 孙建国《试析北京地区发现的辽代广口重唇罐》,《文物春秋》2009 年第 3 期。

181. 丁利娜《北京地区金代墓葬概述》,《文物春秋》2009 年第 4 期。

182. 赵桂玲《清宫旧藏唐宋元玉器类比分析示例》,《文物春秋》2009 年第 4 期。

183. 郑绍宗、郑立新《河北古代长城沿革考略(下)》,《文物春秋》2009 年第 4 期。

184. 张建锁、马志强《古北岳恒山调查纪略》,《文物春秋》2009 年第 6 期。

其中《宣化辽代壁画墓群》、《丰润天宫寺塔保护工程及发现的重要辽代文物》、《谈河北易县八佛洼辽代三彩陶罗汉》、《河北辽代古塔建筑艺术初探》、《金代定窑瓷器的初步研究》、《井陉窑金代印花模子的相关问题》、《辽代绘画艺术和辽墓壁画的发现与研究》等文章因发表的资料比较重要或综合研究水平较高而受到学术界的重视。

电话：0311-85367299

地址：石家庄市建华南大街 82 号文物春秋杂志社

邮编：050031

电子邮箱：wwcq@chinajournal.net.cn

宁夏大学学报

王荣华

1979年创刊，双月刊。是在国内外发行中文社会科学索引（CSSCI）收录期刊。主要刊登法律、经济、历史、文学、哲学等学科中具有创造性的研究成果。固定辟有“西夏研究”栏目，2006年该栏目被评为全国社科学报优秀栏目。

《宁夏大学学报》主编陈育宁，常务副主编马春宝。

《宁夏大学学报》人文社会科学版“西夏研究”栏目及历年刊文情况

《宁夏大学学报》人文社会科学版创刊于1979年，刊号为CN64 − 1005/C。初为季刊，2001年改为双月刊，由宁夏大学主管和主办，宁夏大学学术期刊中心负责编辑出版工作。现任主编是陈育宁教授，副主编是马春宝编审，负责学报的全面工作。

学报本着“立足本校、面向宁夏、兼顾全国”的思路，注重民族特色，突出地方特点，坚持“学术性、先锋性、开放性”，主要开设“西夏研究”、“回族研究”、“政治理论”、“语言文字研究”、“经济管理”、“历史研究”、“民族文学”、“哲学研究”、“政法论坛”、“文学评论”、“教育研究”、“文化艺术”等栏目。其中，“西夏研究”、“语言文字研究”、“民族文学”等专栏是该刊的特色栏目。

《宁夏大学学报》创刊以来，先后入选：中国社会科学院文献信息中心“中国人文和社会科学论文统计与分析系统”核心刊物，《全国报刊索引》（社会科学版）核心刊物，中国人文社科学报核心期刊，“万方数据—数字化期刊群”全文上网期刊，中国核心期刊（遴选）数据库收录期刊，在中国学术期刊网、万方数据网及中国知识资源总库等媒体发行网络版。1998年、2000年、2004年、2006−2007年、2008−2009年被中国社会科学研究评价中心“中文社会科学引文索引”（CSSCI）选定为来源期刊。2005年，被中国知识资源总库确定为来源期刊和“中国社会科学期刊精品数据库”收录期刊。1999年、2002年、2006年在中国人文社科学报学会组织的评奖中，蝉联三届全国百强社科学报。2006年，《宁夏大学学报》人文社会科学版“西夏研究”栏目被评为全国社科学报优秀栏目。2007年2月，被评为第二届北方十佳期刊；5月被国家民委文化宣传司评为全国民族地区十佳学报，“西夏研究”栏目在首届全国民族地区期刊评优活动中被评为名栏。2000年、2002年、2004年、2007年、2008

年分别获宁夏回族自治区第二届、第三届、第四届、第五届社科期刊质量评估优秀奖，并被评定为宁夏回族自治区一级期刊、优秀期刊。2009 年，被中国核心期刊（遴选）数据库收录为来源期刊，被科技部西南信息中心《中文科技期刊数据库（全文版）》确定为收录期刊，在中国北方优秀期刊评选活动中，被评为“中国北方优秀期刊”。

从 1980 年第 4 期起陆续刊载西夏研究论文，是刊发西夏研究较早的刊物之一，共刊发西夏学论文 157 篇，西夏学界的王静如、聂鸿音、史金波、李范文、黄振华、吴天墀、汤开建、李华瑞、牛达生、韩小忙等专家、学者皆为本刊赐过稿。1995 年第 2 期，设置“西夏研究”专栏，2006 年，“西夏研究”栏目被中国人文社科学报学会评为“全国社科学报优秀栏目”，2007 年，“西夏研究”栏目在首届全国民族地区期刊评优活动中被评为名栏。此外，学报还自主研发了“西夏字库”，解决了西夏文字出版难的历史难题，实现了西夏文字和汉字及多国外文在方正书版编辑系统中的混排、输出，解决了西夏文字出版难的问题，并利用此项技术协助出版了《西夏语音研究》一书。

附 :《宁夏大学学报》人文社会科学版历年刊西夏论文目录

1. 牛达生《〈嘉靖宁夏新志〉中的两篇西夏佚文》,《宁夏大学学报》1980 年第 4 期。

2. 陈永中《79 年盐池出土的一批西夏货币》,《宁夏大学学报》1981 年第 2 期。

3. 李范文《试论西夏社会性质——与蔡美彪同志商榷》,《宁夏大学学报》1981 年第 3 期。

4. 汤开建《关于〈西夏简史〉中的几个问题——与钟侃、吴峰云、杨范文三同志商榷》,《宁夏大学学报》1981 年第 3 期。

5. 牛达生《西夏李继迁的继承人是谁》,《宁夏大学学报》1982 年第 2 期。

6. 汤开建《李继迁卒年再辨正》,《宁夏大学学报》1982 年第 2 期。

7. 吴天墀《关于李继迁的卒年问题——对〈李继迁卒年辨正〉一文的商榷》,《宁夏大学学报》1982 年第 2 期。

8. 刘建丽《也谈“骨勒茂才”》,《宁夏大学学报》1983 年第 1 期。

9. 胡迅雷、霍昇平、李蕴林《元昊离宫与拜寺口遗址》,《宁夏大学学报》1983 年第 1 期。

10. 吴晓光《对〈续资治通鉴长编〉西夏太祖李继迁临终遗嘱一条注文的考释》,《宁夏大学学报》1983 年第 2 期。

11. 李范文《〈宋西事案〉——一部国内罕见的西夏史书》,《宁夏大学学报》1983 年第 2 期。

12. 吴天墀《西夏称“邦泥定”即“白上国”新解》,《宁夏大学学报》1983 年第 3 期。

13. 姬乃军《宋与西夏在保安军互市榷场位置考》,《宁夏大学学报》1983 年第 4 期。

14. 许沛藻《〈续资治通鉴长编〉景德元年五月甲申日注文辨析》,《宁夏大学学报》1983 年第 4 期。

15. 汤开建《西夏史琐谈》,《宁夏大学学报》1984 年第 3 期。

16. 戈午、一冰《介绍〈西夏研究论集〉》,《宁夏大学学报》1984 年第 4 期。

17. 史金波、吴峰云《元代党项人余氏及其后裔》，《宁夏大学学报》1985 年第 2 期。

18. 汤开建《西夏史琐谈（续）》，《宁夏大学学报》1985 年第 3 期。

19. 李范文《西夏韵书〈同音研究·前言〉》，《宁夏大学学报》1986 年第 1 期。

20. 霍昇平、胡迅雷、李大同《西夏谚语初探——兼与陈炳应同志商榷》，《宁夏大学学报》1986 年第 3 期。

21. 牛达生《再谈〈大夏国葬舍利碣铭〉的撰写时间——与吴天墀先生商榷》，《宁夏大学学报》1986 年第 3 期。

22. 李蔚《西夏“建官置兵不用禄食”弁析》，《宁夏大学学报》1987 年第 1 期。

23. 朱筱新《评辽在夏、宋关系中的作用》，《宁夏大学学报》1988 年第 1 期。

24. 牛达生《西夏钱币考略》，《宁夏大学学报》1988 年第 2 期。

25. 顾吉辰《西夏官品考》，《宁夏大学学报》1988 年第 4 期。

26. 房建昌《从西夏文的〈法典〉看西夏佛教》，《宁夏大学学报》1988 年第 4 期。

27. 王静如《西夏法典序》，《宁夏大学学报》1990 年第 1 期。

28. 李范文《西夏法典》，《宁夏大学学报》1990 年第 1 期。

29. 周群华《〈西夏文化〉评介》，《宁夏大学学报》1990 年第 1 期。

30. 李志敏《“克姆丹”之称问题与西夏国都兴庆城》，《宁夏大学学报》1990 年第 1 期。

31. 刘兴全《谈西夏蕃官》，《宁夏大学学报》1991 年第 2 期。

32. 杜建录《潘罗支与河西吐蕃》，《宁夏大学学报》1991 年第 2 期。

33. 吕卓民《论李继迁舍夏取灵与西夏建国的关系》，《宁夏大学学报》1991 年第 3 期。

34. 刘建丽《西夏时期河西走廊佛教的兴盛》，《宁夏大学学报》1992 年第 3 期。

35. 李范文《宋代西北方音序》，《宁夏大学学报》1992 年第 3 期。

36. 王勇《〈西夏纪〉断句、标点商兑》，《宁夏大学学报》1992 年第 3 期。

37. 陈明猷《青年郭守敬西夏之行》，《宁夏大学学报》1992 年第 3 期。

38. 杜建录《试论西夏建都兴庆府》，《宁夏大学学报》1993 年第 1 期。

39. 张迎胜《西夏文字创制刍议》，《宁夏大学学报》1993 年第 3 期。

40. 吴天墀《序〈西夏战史〉》，《宁夏大学学报》1994 年第 1 期。

41. 聂鸿音、史金波《西夏文本〈碎金〉研究》，《宁夏大学学报》1995 年第 2 期。

42. 杜建录《论西夏建国前与北宋的关系》，《宁夏大学学报》1995 年第 2 期。

43. 张迎胜《儒学与西夏文化刍议》，《宁夏大学学报》1995 年第 2 期。

44. 雷天寿《西夏行政管理初探》，《宁夏大学学报》1995 年第 2 期。

45. 刘淑立《90 年代西夏研究论文索引（一）》，《宁夏大学学报》1995 年第 2 期。

46. 孟楠《元代西夏遗民的迁徙及其他民族的融合》，《宁夏大学学报》1995 年第 3 期。

47. 胡若飞《〈贞观将玉镜〉正文译考》，《宁夏大学学报》1995 年第 3 期。

48. 李蔚《关于元昊若干问题的探讨》，《宁夏大学学报》1996 年第 1 期。

49. 冯玉涛《西夏文加形字论》，《宁夏大学学报》1996 年第 1 期。

50. 谢保国《西夏人的审美倾向》，《宁夏大学学报》1996 年第 1 期。

51. 王天顺《略说西夏学的相关学科》，《宁夏大学学报》1996 年第 1 期。

52. 聂鸿音《勒尼——一种未知的古代藏面语》，《宁夏大学学报》1996 年第 4 期。

53. 林英津《关于木雅语和西夏语的词汇比较》，《宁夏大学学报》1996 年第 4 期。

54. 黄振华《西夏月份名称考》，《宁夏大学学报》1996 年第 4 期。

55. 刘菊湘《从〈山之名义〉看白河方位及西夏地理状况》,《宁夏大学学报》1996 年第 4 期。

56. 杜建录《试论〈长编〉西夏史料的价值》，《宁夏大学学报》1996 年第 4 期。

57. 刘淑立《90 年代西夏研究论文索引（二)》，《宁夏大学学报》1996 年第 4 期。

58. 宋乃平《西夏兴衰史中的地理环境》，《宁夏大学学报》1997 年第 2 期。

59. 胡若飞《有关西夏军制“几种人”的范围考察》，《宁夏大学学报》1997 年第 2 期。

60. 孙昌盛《西夏印刷业初探》，《宁夏大学学报》1997 年第 2 期。

61. 李华瑞《北宋末期及南宋与西夏的关系》，《宁夏大学学报》1998 年第 3 期。

62. 黄振华《白狼王远夷乐歌新解》，《宁夏大学学报》1998 年第 3 期。

63. 聂鸿音《俄藏 6965 号〈天盛律令〉残卷考》，《宁夏大学学报》1998 年第 3 期。

64. 杜建录《西夏财政支出初探》，《宁夏大学学报》1998 年第 3 期。

65. 刘菊湘《西夏地理中几个问题的探讨》，《宁夏大学学报》1998 年第 3 期。

66. 韩小忙《西夏语言文字研究的回顾与展望》，《宁夏大学学报》1998 年第 3 期。

67. 王福良《从“夏国剑”看西夏钢铁的冶炼水平》，《宁夏大学学报》1998 年第 3 期。

68. 刘菊湘《西夏地理学初探》，《宁夏大学学报》1998 年第 4 期。

69. 刘华《西夏南牟会遗址考》，《宁夏大学学报》1999 年第 1 期

70. 穆鸿利《试论西夏党项文化传统及其与周边各族文化的交流》，《宁夏大学学报》1999 年第 2 期。

71. 孙昌盛《略论西夏的净土信仰》，《宁夏大学学报》1999 年第 2 期。

72. 韩小忙《〈天盛律令〉与西夏婚姻制度》，《宁夏大学学报》1999 年第 2 期。

73. 胡玉冰《〈西夏志略〉刊谬举例》，《宁夏大学学报》1999 年第 2 期。

74. 聂鸿音《西夏文〈新集慈孝传〉释读》，《宁夏大学学报》1999 年第 2 期。

75. 王福良《西夏的兵器制造与化学》，《宁夏大学学报》1999 年第 2 期。

76. 牛达生《西夏刻书印刷事业概述》，《宁夏大学学报》1999 年第 3 期。

77. 杜建录《试论西夏的手工业》，《宁夏大学学报》1999 年第 3 期。

78. 尚世东《西夏文书工作制度》，《宁夏大学学报》1999 年第 3 期。

79. 王萍《西夏丝织品文物的保护与科学管理》，《宁夏大学学报》1999 年第 3 期。

80. 杨积堂《西夏刑罚体系初探》，《宁夏大学学报》1999 年第 4 期。

81. 赵江水《西夏的立法概况》，《宁夏大学学报》1999 年第 4 期。

82. 韩小忙《〈宁夏大学学报〉西夏研究 20 年》，《宁夏大学学报》2000 年第 4 期。
83. 杨志高《1999 年西夏学研究综述》，《宁夏大学学报》2000 年第 4 期。
84. 陈旭《宋夏沿边的侵耕问题》，《宁夏大学学报》2000 年第 4 期。
85. 杨浣《试析唐代党项羁縻府州制》，《宁夏大学学报》2000 年第 4 期。
86. 尚世东《党项盟誓制度探析》，《宁夏大学学报》2001 年第 1 期。
87. 杨志高《西夏文献研究概述》，《宁夏大学学报》2001 年第 1 期。
88. 杨梓《试论西夏文学的特色》，《宁夏大学学报》2001 年第 2 期。
89. 胡玉冰《宋朝汉文西夏史籍及其著者考述》，《宁夏大学学报》2001 年第 3 期。
90. 冯剑华《西夏诗歌概论》，《宁夏大学学报》2001 年第 4 期。
91. 孙宏开、刘光坤《也谈西夏语里的小舌音问题》，《宁夏大学学报》2001 年第 6 期。
92. 杨志高《2000 年西夏学研究综述》，《宁夏大学学报》2001 年第 6 期。
93. 胡玉冰《宋朝汉文西夏史籍及其著者续考》，《宁夏大学学报》2001 年第 6 期。
94. 聂鸿音《〈河西译语〉探析》，《宁夏大学学报》2002 年第 1 期。
95. 赵彦龙《西夏文化教育及秘书培养考核制度》，《宁夏大学学报》2002 年第 2 期。
96. 陈育宁《承百年传统 创未来新业——〈西夏研究丛书〉序》，《宁夏大学学报》2003 年第 1 期。
97. 李范文《20 世纪中国西夏学的回顾与展望》，《宁夏大学学报》2003 年第 1 期。
98. 王艳云《西夏壁画中的药师经变与药师佛形象》，《宁夏大学学报》2003 年第 1 期。
99. 韩小忙《略论西夏的原始宗教》，《宁夏大学学报》2003 年第 1 期。
100. 马忠建《西夏语 SOV 型单句中主语的形式》，《宁夏大学学报》2003 年第 1 期。
101. 韩振西《谈谈西夏字的结构特点》，《宁夏大学学报》2003 年第 1 期。
102. 王天顺《西夏与周边各族地缘关系述论》，《宁夏大学学报》2003 年第 1 期。
103. 杜建录《论西夏的人口》，《宁夏大学学报》2003 年第 1 期。
104. 鲁人勇《西夏的疆域和边界》，《宁夏大学学报》2003 年第 1 期。
105. 姜歆《论西夏法典结构及私法在其中的地位》，《宁夏大学学报》2003 年第 1 期。
106. 尚世东《西夏文书档案研究》，《宁夏大学学报》2003 年第 1 期。
107. 赵彦龙《夏、宋公文稽缓制度浅论》，《宁夏大学学报》2003 年第 1 期。
108. 胡玉冰《汉文西夏文献述要》，《宁夏大学学报》2003 年第 1 期。
109. 李胜刚《百年西夏学国内外著作概述》，《宁夏大学学报》2003 年第 1 期。
110. 杨富学《〈述善集〉与西夏遗民研究》，《宁夏大学学报》2003 年第 1 期。
111. 杜曼玲《1996 年 –1999 年西夏研究论文索引》，《宁夏大学学报》2003 年第 1 期。
112. 张廷杰《宋夏战事诗题材论析》，《宁夏大学学报》2003 年第 4 期。
113. 杜建录、吴毅《西夏手工工匠考》，《宁夏大学学报》2003 年第 4 期。
114. 王艳云《河西石窟西夏壁画中的弥勒经变》，《宁夏大学学报》2003 年第 4 期。

115. 杨浣、陆宁《略论唐宋党项政策与西北民族格局的互动》,《宁夏大学学报》2003年第4期。

116. 佟建荣《宋夏沿边蕃部生存环境研究》,《宁夏大学学报》2003年第4期。

117. 陆宁《论党项藩镇》,《宁夏大学学报》2004年第1期。

118. 刘建丽《西夏民族音乐及其演变》,《宁夏大学学报》2004年第5期。

119. 赵彦龙《再论西夏公文史的建构(上)》,《宁夏大学学报》2004年第5期。

120. 姜歆《论西夏法典中的狱政管理制度——兼与唐、宋律令的比较研究》,《宁夏大学学报》2004年第5期。

121. 杨富学《二重互证　钩沉发隐——评杜建录著〈西夏经济史〉》,《宁夏大学学报》2004年第5期。

122. 杨志高《2002年西夏学研究概述》,《宁夏大学学报》2004年第5期。

123. 孙昌盛《论宋、夏在河东路麟、府、丰州的争夺》,《宁夏大学学报》2005年第3期。

124. 韩小忙《〈夏汉字典〉补证之一:字形校证》,《宁夏大学学报》2005年第3期。

125. 胡玉冰《清代学者编修之西夏史籍述要》,《宁夏大学学报》2005年第3期。

126. 赵彦龙《再论西夏公文史的建构(下)》,《宁夏大学学报》2005年第3期。

127. 汪一鸣《西夏京师政区的沿革地理讨论》,《宁夏大学学报》2005年第3期。

128. 孙伯君《20世纪上半叶的日本西夏学研究》,《宁夏大学学报》2005年第5期。

129. 尚世东《西夏档案立法概述》,《宁夏大学学报》2005年第5期。

130. 崔红芬、文志勇《黑水城出土西夏文第8203号文书译释》,《宁夏大学学报》2005年第5期。

131. 李芳《试析西夏建都兴庆府在银川城市发展中的历史地位——兼论银川历史文化名城地位的确立》,《宁夏大学学报》2005年第5期。

132. 彭向前《西夏文献整理研究的里程碑——〈中国藏西夏文献〉整理出版》,《宁夏大学学报》2005年第5期。

133. 王梅兰、刘军燕《〈西夏语比较研究〉简评》,《宁夏大学学报》2005年第5期。

134. 彭向前《西夏王朝对丝绸之路的经营》,《宁夏大学学报》2006年第2期。

135. 段玉泉《黑水城文献〈资治通鉴纲目〉残页考辨》,《宁夏大学学报》2006年第3期。

136. 郭迎春《论银川平原在西夏历史上的战略地位》,《宁夏大学学报》2006年第3期。

137. 侯爱梅《北宋时期西夏归明族帐考》,《宁夏大学学报》2006年第4期。

138. 姜歆《论西夏法典〈天盛律令〉中的法医学》,《宁夏大学学报》2006年第5期。

139. 崔红芬、文志勇《西夏皇帝尊号考略》,《宁夏大学学报》2006年第5期。

140. 胡若飞《俄藏西夏文草书〈孝经传〉正文译考》,《宁夏大学学报》2006年第5期。

141. 汪一鸣《西夏时期宁夏平原灌区的土地利用和农牧业》,《宁夏大学学报》2006年第5期。

142. 祁琛云《北宋前期朝野对联蕃制夏策略的非议及其原因》，《宁夏大学学报》2007年第1期。

143. 刘建丽《略论党项夏国的军事制度》，《宁夏大学学报》2007年第6期。

144. 赵彦龙《试论西夏的户籍文书——西夏账籍文书研究之一》，《宁夏大学学报》2007年第6期。

145. 杨蕤《西夏时期鄂尔多斯地区的生态与植被》，《宁夏大学学报》2007年第6期。

146. 张艳娟、王爽《论西夏建国时期的人口规模》，《宁夏大学学报》2007年第6期。

147. 杜建录《西夏文献整理研究的里程碑——〈中国藏西夏文献〉出版座谈会在北京召开》，《宁夏大学学报》2007年第6期。

148. 徐悦《蒙元时期西夏遗民高氏及其后裔》，《宁夏大学学报》2008年第3期。

149. 金勇强《论地形地貌对宋夏战争的影响》，《宁夏大学学报》2009年第2期。

150. 段玉泉《甘博藏西夏文〈自在大悲心经〉写本残页考》，《宁夏大学学报》2009年第2期。

151. 陈炳应、梁松涛《黑水城废弃的时间及原因新探》，《宁夏大学学报》2009年第2期。

152. 杨浣、王军辉《"西夏"小考》，《宁夏大学学报》2009年第2期。

153. 何玉红《宋夏战争史研究的新视角——〈拓边西北——北宋中后期对夏战争研究〉评介》，《宁夏大学学报》2009年第2期。

154. 彭向前《〈天盛律令与西夏法制研究〉评介》，《宁夏大学学报》2009年第2期。

155. 武宇林《日本龙谷大学所藏西夏文献的调研报告》，《宁夏大学学报》2009年第5期。

156. 金勇强《区域气候与宋夏战争》，《宁夏大学学报》2009年第5期。

157. 刘永刚《〈宋大诏令集〉西夏目诏令辑补》，《宁夏大学学报》2009年第5期。

地址：银川市宁夏大学B区：宁夏大学期刊中心《宁夏大学学报》编辑部

邮编：750021

电话／传真：0951-2061735/0951-2061793

电子邮箱：machb@nxu.edu.cn.

西夏学

杜建录

《西夏学》是教育部人文社会科学重点研究基地宁夏大学西夏学研究院主办的学术集刊，每年一辑，刊布西夏政治、经济、军事、文化、民族、宗教、艺术、文献、语言、文字、文物、考古以及西夏学学术史与黑水城研究等方面的文章。2007 年创刊，现已出版四辑，其中第一辑为“创刊号”，第二辑为“中国藏西夏文献研究专号”，第三辑为“中国藏西夏文献出版纪念专号”，第四辑为“黑水城文献研究专号”。刊发史金波、陈炳应、聂鸿音、陈育宁、汤晓芳、牛达生、杜建录、李华瑞、林英津、沈卫荣、韩小忙、孙伯君、彭向前、段玉泉、克恰诺夫、索罗宁、西田龙雄、船田善之等中外专家的最新研究成果。

《西夏学》纸质版由出版社出版，国内外公开发行。网络版在中国高校人文社会科学信息网（www.sinoss.net；www.sinoss.com）发表。“中国知网”（中文期刊数据库）全文收录。

《西夏学》主编杜建录教授，编辑部设在宁夏大学西夏学研究院。

地址：银川市宁夏大学 B 区　西夏学研究院《西夏学》编辑部

邮编：750021

电话：0951－2061045

电子邮箱：xxxjk@nxu.edu.cn

考古新发现

北京首次发现契丹文字石刻

王永成

据《北京晚报》2009年6月14日第27版“五色土副刊”报道，北京首次发现契丹文字石刻。这是一块形状很不规则的残石刻，左宽右窄，中部残有6字，右部残存5个字。据乌拉熙春研究，可释读者为汉文“墓志”2字。据此可知，残石刻当是盝顶墓志盖的一部分。由于只见此残石，究竟为何人的墓志盖，现在已无法确定。

据当地人士说，早在20世纪30年代修建京周公路时，曾于房山顾册村路基旁发现两座石棺墓，一南一北，两棺相距数米。棺体甚小，长约1.2–1.3米，高约1米，宽约0.5米。当时并未引起重视，后被毁坏。2006年9月12日，中共房山区区委关向东在一座石棺中发现了残石刻，现在保存于顾册村村委会。石棺规模甚小，难以容纳尸体，应是放置骨灰的火葬墓。

黑龙江发现女真文字砖刻石刻

王永成

据《东北地方史》2009 年第 2 期报道，在哈尔滨市道外区巨源镇城子村于 1994 年发现有女真文字砖刻和石刻。原物保存于哈尔滨天北科技有限公司总经理刘华为手中。在砖刻上的女真文字一个，石刻上有女真文字十二个，皆为世间常见的女真大字。据乌拉熙春研究，砖刻上的女真字为“背”的表意字，石刻上的女真字为“九十二”的表意字和“龙”字的表意字。

城子村是以村有金代古城而得名，这里北濒松花江，西濒阿什河（金代称安出虎水），南近金上京故城，水陆交通方便。金宗室贵族完颜晏埋葬便在这里，经清理发掘出土了一大批金代文物，可知古城为女真贵族所居。这里出土女真文字砖刻、石刻不是偶然的，可能与女真贵族墓有关。女真文字稀少，此处发现的女真文字砖刻、石刻弥足珍贵。

出版动态

《金代官印》一书获优秀图书奖

陈晓敏

据本书责任编辑赵安民先生介绍，《金代官印》一书荣获第十七届优秀美术图书“金牛杯奖”（2008 年）。该书是在景爱先生原著《金代官印集》（文物出版社 1991 年版）基础上增订而成，由中国书店 2007 年 8 月出版。署名景爱、孙文政、王永成。共收入金代官印 915 方，析为 17 卷。1–16 卷为印谱，皆按原大尺寸排版；第 17 卷为《金代官印说》，详细论述金代官印的制作、使用、特点及学术价值。卷首有著名辽金史学家杨树森先生序言，称赞此书“属于长篇世制，学术价值很高，很值得阅读和收藏。”著名历史学家蔡美彪题签书名，为之增色。

《金代官印》一书由久负盛名的江苏金坛印刷厂印制，使用高级宣纸，内有衬页，书根印字。红印黑字，图文清楚可观。书的装帧和函套都以绫锦制作，2 函 10 册，手工装订，古朴典雅，美观大方，成为制印、研究古代篆刻艺术的重要参考文献。因此，被评为优秀美术图书而获奖。

辽金西夏 2009 年论著目录索引

辽史研究论著索引

吉林大学文学院　王　姝

一　著作

1. 陈述、朱子方《辽会要》，上海古籍出版社。
2. 吴凤霞《辽金元史学研究》，中国社会科学出版社。
3. 王曾瑜《大家说历史 · 王曾瑜说辽宋夏金》，上海科学技术文献出版社。
4. 王明荪《辽金元史学与思想论稿》，台湾台北花木兰文化出版社。
5. 吴凤霞《20 世纪二十四史研究丛书 · 辽史金史元史研究》，中国大百科全书出版社。
6. 中华书局编辑部《中研院历史语言研究所集刊论文类编 · 历史编 · 宋元辽金卷》，中华书局。
7. 刘建丽《中国西北少数民族通史 · 辽宋西夏金卷》，民族出版社。
8. 李伯钦《中国通史》（普通图文版）卷 6《宋辽西夏金元卷》，万卷出版公司。
9. 李学勤主编《话说中国大历史 · 辽金元明》，华艺出版社。
10. 徐斌、颜邦逸《战和之间的挣扎：北宋 · 南宋 · 辽 · 金》，长春出版社。
11. 龚书铎《图说天下 · 辽西夏金：金戈铁马的交汇》，吉林出版集团有限责任公司。
12. 郑师渠《中国文化通史 · 辽西夏金元卷》，北京师范大学出版社。
13. 林言椒、何承伟《中外文明同时空 · 宋元 VS 王国崛起 · 辽金西夏 · 英法德》，上海锦绣文章出版社。
14. 李解民、李零、陈铁民《白话二十五史精选 · 唐五代宋辽金》，新世界出版社。
15. 辽金契丹女真史学会编《辽金史论集》（第十一辑），内蒙古大学出版社，2009 年。
16. 李卫《辽金钱币》，紫禁城出版社。
17. 辽宁省辽金契丹女真史研究会编《辽金历史与考古》第一辑，辽宁教育出版社。
18. 宋慧娟《东北亚研究论丛》（第三辑），吉林大学出版社。
19. 郭杰、秋芙《辽金元文学》（上中下），吉林文史出版社。
20. 张学淳《辽金元明清绝句品读》，上海社会科学院。

21. 师毅编《辽金元朝状元诗榜眼诗探花诗》，昆仑出版社。

22. 黄聪《宋辽金元时期北方少数民族体育文化研究》，陕西师范大学出版社。

23. 刘喜民《契丹大帝——耶律阿保机》，河北大学出版社。

24. 龚莉《人物中国 · 隋唐五代十国辽宋西夏金元》，中国大百科全书出版社。

25. 傅英仁《红罗女三打契丹》，吉林人民出版社。

26. 祁野耘《澶渊之盟》，人民美术出版社。

二　论文

（一）政治、政治制度和人物研究

1．李文军《论辽代契丹的正统化运动》，《内蒙古社会科学》（汉文版）2009 年第 1 期，53−56 页。

2．姚雯雯《论辽朝汉族官僚群体的地位及其影响》,《东北史地》2009 年第 1 期,32−35 页。

3．周峰《试论金朝对西部边疆的经略——以西夏和西辽为中心》，《东北史地》2009 年第 4 期，23−28 页。

4．宗喀 · 漾正冈布、刘铁程《契丹文化变迁与早期政治》，《西北民族大学学报》（哲学社会科学版）2009 年第 3 期，69−76 页。

5．黄震云《辽代的政治文明和对中华民族发展的贡献》，《辽金历史与考古》（第一辑），辽宁教育出版社，124−131 页。

6．王德忠《辽朝社会阶层之分析》，《辽金史论集》（第十一辑），13−30 页。

7．齐伟《浅论辽末金初汉族仕人政治灵活性之原因》，《辽金史论集》（第十一辑），188−199 页。

8．张儒婷《试析辽景宗时期的用人特点》，《辽金历史与考古》（第一辑），辽宁教育出版社 112−118 页。

9．李秀《从参与军政活动看辽代契丹贵族女性的社会地位》，《前沿》2009 年第 7 期，188−190 页。

10. 明甫《雍熙北伐——宋太宗二次伐辽的失利以及杨业之死》,《深交所》2009 年第 10 期。

11. 高井康典行著、程妮娜译《辽朝科举与辟召》,《史学集刊》2009 年第 1 期，83−91 页。

12. 高福顺《辽朝科举制度的发展演变》，《东北史地》2009 年第 3 期，67−73 页。

13. 高福顺《辽朝科举考试次数及其规模述论》，《东北亚研究论丛》（第三辑），吉林大学出版社。

14. 花文凤、郭瑞《辽代科举体制下少数民族教育公平问题及解决策略——兼议对解决当今少数民族教育公平问题的启示》，《昆明理工大学学报》2009 年第 12 期，81−85 页。

15. 高福顺《辽朝“进士”称谓考辨》，《史学集刊》2009 年第 1 期，92−95 页。

16. 李桂芝《辽朝进士杂考》,《学习与探索》2009 年第 2 期,216–221 页。

17. 辛鹏龙《辽朝斡鲁朵户试探》,《东北史地》2009 年第 2 期,72–75 页。

18. 都兴智《也说"横帐"》,《民族研究》2009 年第 6 期,53–57 页。

19. 黄震云《辽代流刑的由来与司法考》,《东北史研究》2009 年第 4 期,7–14 页。

20. 陈晓伟《辽代功臣制度初探》,《辽宁工程技术大学学报》(社会科学版)2009 年第 3 期,280–282 页。

21. 乌力吉《四季山水与"四时捺钵"》,《中华文化画报》2009 年第 1 期,116–121 页。

22. 王雷《辽代致仕制度初探》,《中共郑州市委党校学报》2009 年第 5 期,152–154 页。

23. 郭满《辽朝军队后勤保障制度研究》,吉林大学硕士研究生毕业论文。

24. 张宁《辽朝行宫宿卫制度》,吉林大学硕士研究生毕业论文。

25. 祝建龙《辽代后宫制度研究》,吉林大学硕士研究生毕业论文。

26. 辛时代《避讳制度与宋辽金南北对峙时期的人文政治》,辽宁师范大学硕士研究生毕业论文。

27. 李桂芝《梁援家世考》,《黑龙江民族丛刊》2009 年第 2 期,107–109 页。

28. 都兴智《辽代国舅拔里氏阿古只家族的几个问题》,《黑龙江民族丛刊》2009 年第 5 期,76–79 页。

29. 景爱《历史小说杨家将中的萧太后》,《辽宁工程技术大学学报》(社会科学版)2009 年第 1 期,64–67 页

30. 景爱《历史小说杨家将中的萧太后》,《辽宁工程技术大学学报》(社会科学版)2009 年第 2 期,171–174 页。

31. 王玉亭《辽代韩德昌及其子嗣职官述略——兼论玉田韩第五代权势问题》,《北方文物》2009 年第 3 期,71–75 页。

32. 蒋金玲《辽代韩知古家族世系证补》,《辽金史论集》(第十一辑),62–78 页。

33. 向南《契丹萧思温家族》,《辽金历史与考古》(第一辑),辽宁教育出版社 2009 年,107–111 页。

34. 都兴智《略论辽金时期的渤海高氏》,《东北亚研究论丛》(第三辑),吉林大学出版社 2009 年,79–84 页。

35. 任爱君《麻答军与义州城》,《东北史地》2009 年第 4 期,18–22 页。

36. 黄凤岐《耶律阿保机——辽王朝缔造者》,《辽金历史与考古》(第一辑),辽宁教育出版社 2009 年,93–100 页。

37. 黄为放《辽太祖传说研究》,《东北亚研究论丛》(第三辑),吉林大学出版社 2009 年,126–133 页。

38. 刘国友《钦哀皇太后摄政辨析》,《辽金历史与考古》(第一辑),辽宁教育出版,2009 年,101–106 页。

39. 商豫《历史上的佘太君与肖太后》，《文史月刊》2009 年第 11 期，1 页。

40. 张宏、刘延丽《浅析辽朝萧太后的治国方略》，《吉林师范大学学报》（人文社会科学版）2009 年第 3 期，39–42 页。

41. 张宏《辽末后妃参政述略》，《黑龙江史志》2009 年第 1 期，30 页。

42. 刘肃勇《耶律德光与母后斗智进占燕云十六州》，《学习与探索》2009 年第 6 期，226–228 页。

（二）经济与经济制度研究

43. 武玉环《辽代人口考述》，《学习与探索》2009 年第 6 期，218–225 页 。

44. 武玉环《渤海国人口考述》，《辽金史论集》（第十一辑），38–47 页。

45. 马慧丹《辽朝初期对汉族人口的安置与管理政策》，《赤峰学院学报》（汉文哲学社会科学版）2009 年第 7 期，1–4 页。

46. 王成国《辽代契丹民族经济概述》，《辽金历史与考古》（第一辑），辽宁教育出版社，2009 年，132–137 页。

47. 刘本锋《辽代农业发展刍议》，《农业考古》2009 年第 6 期，13–15 页。

48. 刘建丽《两宋时期西北少数民族科学技术的发展》，《宁夏师范学院学报》（社会科学）2009 年第 4 期，44–48 页。

49. 朱蕾《辽朝时期阜新地区农牧结合的生产方式》，《辽金历史与考古》（第一辑），辽宁教育出版社 2009 年，175–182 页。

50. 王莉《千山出土窖藏汉—辽、金古钱币内涵初探》，《辽金历史与考古》（第一辑），辽宁教育出版社 2009 年，57–66 页。

51. 郭东升《从应感通宝观辽金时期的经济特点》，《辽金历史与考古》（第一辑），辽宁教育出版社 2009 年，363–367 页。

52. 王冠仁《辽宋金钱币琐谈》，《江苏钱币》2009 年第 3 期，37–38 页。

53. 柏光《西辽王朝的第一枚钱币——“延庆元宝”赏析》，《收藏界》2009 年第 12 期，91 页。

54. 陈瑞海《辽钱珍品“应历元宝”》，《收藏界》2009 年第 10 期，101 页。

55. 何文育《辽钱新品“大安年宝”悄然面世》，《收藏界》2009 年第 1 期，72 页。

56. 叶柏光《辽代“大康通宝”折五钱赏析》，《收藏界》2009 年第 12 期，87 页。

57. 何文育《古币二品》，《收藏界》2009 年第 12 期，92 页。

58. 勿日汗《内蒙古发现大量辽代铜钱》，《 新华每日电讯》2009 年 6 月 15 日。

（三）社会生活和思想文化研究

59. 高劲松、任静《辽代酒务官初探》，《内蒙古农业大学学报》2009 年第 6 期，321–323 页。

60. 高劲松、任仲书《辽代酿酒业及其发展》，《重庆工商大学学报》（社会科学版）2009

年第 3 期，76—80 页。

61. 刘刚《试析辽朝的军事体育》,《赤峰学院学报》(自然科学版) 2009 年第 3 期, 55—57 页。

62. 孙佳佳、赵金铁《契丹服饰文化与社会生活》,《南宁职业技术学院学报》2009 年第 1 期, 15—17 页。

63. 胡小鹏、苏鹏宇《蒙元时期契丹人婚姻研究》,《西北师范大学学报》(社会科学版) 2009 年第 6 期，44—48 页。

64. 杜成辉《金末文坛领袖雷渊——兼论辽金时期西京的出版印刷业》,《雁北师范学院学报》2009 年第 6 期，1—4 页。

65. 许石林《宋朝如何与契丹人走亲戚》,《环境经济》2009 年第 11 期，66—67 页。

66. 赵敏《携首府市民追寻北方草原文明足迹》,《呼和浩特日报》(汉文版) 2009 年 7 月 14 日。

67. 杨新《从辽宋之间的战争与和平看燕京及周边地区的民众生活》，吉林大学硕士研究生毕业论文。

68. 齐心、杨亦武《十字寺与景教》,《辽金史论集》(第十一辑)，122—134 页。

69. 尤李《房山石经〈佛顶尊胜陀罗尼经〉及其相关问题考论》,《暨南学报》(哲学社会科学版) 2009 年第 2 期，215—223 页。

70. 陈晓伟《灭罪与超度：辽时期〈佛顶尊胜陀罗尼经〉与晋北地区的造幢》,《五台山研究》2009 年第 1 期，51—53 页。

71. 刘达科《佛禅与辽金文人》,《江苏大学学报》(社会科学版) 2009 年第 6 期, 32—40 页。

72. 刘达科《辽金诗文话语与佛禅》,《晋中学院学报》2009 年第 6 期，10—14 页。

73. 张国庆、张冠男《辽代文学作品中的“禅意”与“佛缘”——“佛教文化与辽代社会变迁”研究之三》,《辽金历史与考古》(第一辑)，辽宁教育出版社，2009 年，150—165 页。

74. 张国庆《辽代佛教供养行为考论》,《辽宁大学学报》(哲学社会科学版), 2009 年 5 期, 52—57 页。

75. 姜念思《从考古资料看辽代沈阳地区的佛教》,《辽金历史与考古》(第一辑)，辽宁教育出版社，2009 年，273—278 页。

76.〔日〕古松崇志著、姚义田译《从考古、石刻资料看契丹（辽）的佛教》,《辽金历史与考古》(第一辑)，辽宁教育出版社，2009 年，279—289 页。

77. 邢丽雅、于耀洲《略论儒学在东北少数民族中的传播》,《黑龙江民族丛刊》2009 年第 1 期，116—119 页。

78. 麻天祥《舍利的历史与象征》,《中国宗教》2009 年第 8 期，75 页。

79. 陈晓伟《浅述辽代山西地区的佛教和寺院——以朔州“辽天庆八年经幢”为中心》,《文物世界》2009 年第 2 期，40—44 页。

80. 何天明《佛教与辽上京的南北塔》,《西部资源》2009 年第 3 期，40—41 页。

81. 何天明《庄严的“奉陵塔”——释迦佛舍利塔》,《西部资源》2009年第1期,40–42页。

82. 郭东升《从海城三塔观析木地区重要的历史地位》,《辽金历史与考古》(第一辑),辽宁教育出版社2009年,314–319页。

83. 温静《略论辽金佛教寺院建筑特色》,《法音》2009年第1期,51–54页。

84. 黄春和《浅论辽代佛像艺术》,《法音》20009年第6期,54–57页。

85. 孙泓《从东北亚地区发现的壁画等考古资料看古代西域文化的传播》,《东北史地》2009年第1期,68–71页。

86. 刘希言《浅谈辽代墓室壁画从中期到晚期的发展——以陈国公主与驸马合葬3号墓和库伦1号墓墓道壁画为例》,《北方文物》2009年第1期,41–43页。

87. 黄震云《辽代的文化转型和法令修订》,《东北史地》2009年第2期,69–71页。

88. 王莉《辽代四神图像的时代及相关问题》,《辽金历史与考古》(第一辑),辽宁教育出版社,2009年,52–56页。

89. 王志华《解读朝阳北塔辽代舍利银棺上的涅槃图》,《辽金历史与考古》(第一辑),辽宁教育出版社,2009年,305–309页。

90. 梁姝丹《阜新大板宝力根寺藏辽代石椁线刻画像石》,《辽金历史与考古》(第一辑),辽宁教育出版社,2009年,343–352页。

91. 万彦《宋辽金元墓葬中女孝子图像的解读》,《艺术探索》2009年第5期,17–19页。

92. 万彦《浅析宋辽金元墓葬孝子图像区域分布与盛行的原因 》,《美术大观》2009年第8期,198–199页。

93. 孙佳佳、任仲书《契丹文化对中原传统文化的影响》,《赤峰学院学报》(汉文哲学社会科学版)2009年第2期,3–4页。

94. 杜晓敏《朝阳北塔佛舍利与辽代舍利崇拜》,《辽金历史与考古》(第一辑),辽宁教育出版社,2009年,293–298页。

95. 刘大志、王志华《朝阳北塔天宫发现的“七宝塔”初探》,《辽金历史与考古》(第一辑),辽宁教育出版社,2009年,299–304页。

96. 王志华《辽塔瘗葬香药探源》,《辽金历史与考古》(第一辑),辽宁教育出版社,2009年,310–313页。

97. 王飞《辽代皇家寺院——奉国寺》,《辽金历史与考古》(第一辑),辽宁教育出版社,2009年,326–332页。

98. 修新宇《论辽代帝后——萧观音诗歌的艺术特点》,《赤峰学院学报》(汉文哲学社会科学版)2009年第6期,1–3页。

99. 孟盛彬《契丹、汉语合璧诗新释》,《赤峰学院学报》(汉文哲学社会科学版)2009年第5期,4–5页。

100. 董艺《论唐代音乐与辽代音乐之关系》,《内蒙古师范大学学报》(哲学社会科学版)

2009 年第 3 期，127–128 页。

101. 石金民《儒家思想对辽代契丹女性的影响》,《北方文物》2009 年第 3 期，67–70 页。

102. 赵彦昌《试论辽代的文书档案工作》，《东北史研究》2009 年第 3 期，45–51 页。

103. 王冰《论辽代的文书档案工作》，《兰台世界》2009 年第 3 期，69–70 页。

104. 汤冰《契丹民族的教育特色》，《法制与社会》2009 年第 2 期，233–234 页。

105. 常乐《辽金元百戏的演出与禁毁》，《衡水学院学报》2009 年第 3 期，39–41 页。

106. 王菲菲《两宋时期辽、金、西夏的歌舞及其与汉族的交流》,《艺术百家》2009 年第 3 期，125–131 页。

107. 韩佳欣《中国狮雕艺术审美与辽金元狮雕收藏前景》，《商业文化》2009 年第 8 期，206–207 页。

108. 陶建英、王玉亭《关注辽上京：推进契丹—辽文化研究》，《内蒙古社会科学》（汉文版）2009 年第 1 期。

109. 杨玉彬、施庆《“春水玉”赏析 》（上），《收藏界》2009 年第 9 期，31–36 页。

110. 杨玉彬、施庆《“春水玉”赏析 》（下），《收藏界》2009 年第 10 期，64–66 页。

111. 张春旭、马德龙《辽墓壁画出行归来图探索》，《美苑》2009 年第 4 期，86–89 页。

112. 霍艳芳《略论辽代官方史书的编撰》,《图书情报工作》2009 年第 19 期，138–141 页。

113. 范学新《北京延庆发现辽金时期壁画墓》，《中国文物报》2009 年 5 月 20 日。

114. 梅鹏云《辽墓乐舞图像考古学观察》，吉林大学硕士研究生毕业论文。

115. 杨星宇《辽墓壁画的分期研究》，内蒙古大学硕士研究生毕业论文。

116. 花文凤《科举体制下中国少数民族教育公平问题的研究》，《西北师范大学硕士研究生毕业论文》。

117. 张蜓《辽金时期弧形连砖揭取墓葬壁画的支撑保护体系研究》，《西北大学硕士研究生毕业论文》。

（四）民族与民族关系研究

118. 任爱君《游牧封建制观点与民族文化共生现象的基本阐释——关于契丹辽朝前期社会性质问题的基本思考》，《辽金史论集》（第十一辑），1–12 页。

119. 张志勇《辽朝建立前契丹族文化与习俗考》,《辽宁工程技术大学学报》（社会科学版）2009 年第 3 期，276–279 页。

120. 张志勇《辽朝建立前契丹族文化与习俗考》,《辽宁工程技术大学学报》（社会科学版）2009 年第 4 期，372–375 页。

121. 张志勇《辽朝建立前契丹族文化与习俗考》，《辽金历史与考古》（第一辑），辽宁教育出版社，2009 年，138–149 页。

122. 范雅黎《浅析哈剌契丹人建立的起儿漫王朝》，《重庆科技学院学报》（社会科学版）

2009 年第 6 期，154—155 页。

123. 孙政《契丹未能统一中原的原因探析——以耶律德光南征为例》，《烟台大学学报》（哲学社会科学版）2009 年第 3 期，85—88 页。

124. 曾国富《五代时期契丹南侵的促动与制约因素》，《北方民族》2009 年第 1 期，71—77 页。

125. 王宇勍《辽代奚族的地理分布》，《辽宁工程技术大学学报》（社会科学版）2009 年第 6 期，624—626 页。

126. 纪楠楠《关于辽代奚族的部族》，《辽金史论集》（第十一辑），87—95 页。

127. 陈永志《奚族为辽之萧族论》，《辽金史论集》（第十一辑），96—121 页。

128. 姚德昌《奚国觅踪》，《辽金历史与考古》（第一辑），辽宁教育出版社，2009 年，198—201 页。

129. 刘庆《契丹、女真民族与中国重甲骑兵的复兴》，《辽金史论集》（第十一辑），284—289 页。

130. 王善军《由富求贵：从归化州张氏看辽金燕云豪族的发展路径》，《河北大学学报》2009 年第 6 期，1—8 页。

131. 姚德昌《萧干建国称帝及其失败》，《东北史研究》2009 年第 2 期，39—42 页。

132. 郭虹虹《契丹迁徙研究》，《边疆经济与文化》2009 年第 5 期，115—116 页。

133. 张宏、于雯雯、李冬雪《浅谈契丹族的起源》，《黑龙江史志》2009 年第 23 期，28 页。

134. 户力平《京郊几多“望京”处 》，《前沿》2009 年第 2 期，63 页。

135. 裴元博《大辽永安从何而来》，《中国商报》2009 年 9 月 17 日。

136. 《“契丹”一度是中国代名词》，《文史博览》2009 年第 11 期，3 页。

137. 李小丽《辽代燕云地区民间邑社组织研究》，山西师范大学硕士研究生毕业论文。

138. 张泓《西方文化在辽代的传播》，《辽金历史与考古》（第一辑），辽宁教育出版社，2009 年，67—92 页。

139. 袁本海《唐朝契丹朝贡述略》，《辽金历史与考古》（第一辑），辽宁教育出版社，2009 年，183—194 页。

140. 杨浣《辽夏关系的变动与东西方贸易的走向——〈李继迁兴起与西域朝贡年表〉》，《辽金史论集》（第十一辑），150—164 页。

141. 顾宏义、郑明《宋辽高梁河之战考辨》，《辽金史论集》（第十一辑），165—180 页。

142. 都兴智《略论张觉事件与宋金寒盟》，《廊坊师范学院学报》（社会科学版）2009 年第 2 期，55—58 页。

143. 张利锁《辽河流域渤海人与辽政权的关系》，《廊坊师范学院学报》（社会科学版）2009 年第 4 期，54—57 页。

144. 白翠莲《浅议澶渊之盟》，《河北北方学院学报》（社会科学版）2009 年第 4 期，

43–44 页。

145. 田索菲《辽金时期契丹女真的民族政策和文化特点》,《黑龙江史志》2009 年第 15 期，8–9 页。

146. 石艳军《辽道宗朝辽与高丽使者往来的初步研究》，大连大学硕士研究生毕业论文。

147. 赵冬梅《增补〈辽史 · 世表〉之唐代契丹君长及世次兼论唐与契丹的关系》，天津师范大学硕士研究生毕业论文。

148. 阿布力米提 · 巴日《高昌回鹘汗国对外关系史研究》，新疆大学硕士研究生毕业论文。

（五）历史地理研究

149. 冯永谦《辽东京道失考州县新探——〈辽代失考州县辨证〉之一》,《辽金历史与考古》（第一辑），辽宁教育出版社 2009 年，202–235 页。

150. 程妮娜《铁骊新考》,《辽金史论集》（第十一辑），31–37 页。

151. 孙永刚、黄文博《辽代义州、义丰县、富义县考》,《辽金史论集》（第十一辑），79–86 页。

152. 毕显忠《内蒙古东南部辽代城址分类举例》,《东北史地》2009 年第 2 期，76–81 页。

153. 魏耕云《辽代迁徙后所置渌州故址考》,《北方文物》2009 年第 1 期，91–94 页。

154. 葛华廷《辽奚迭剌部及相关问题浅探》,《北方文物》2009 年第 2 期，87–91 页。

155. 朱国忱、曹伟《渤海王族进攻的扶余城问题》,《东北史地》2009 年第 4 期,46–51 页。

156. 宋德辉《城四家子古城为辽代长春州金代新泰州》,《北方文物》2009 年第 2 期，92–95 页。

157. 宋德辉《城四家子古城为辽代长春州、金代新泰州》,《辽金史论集》（第十一辑），181–187 页。

158. 余蔚《辽代懿州考》,《中华文史论丛》2009 年第 4 期，273–289 页。

159. 郝红暖、吴宏岐《辽、西夏、金都城建设对中原制度的模仿与创新——兼论唐宋都城制度对少数民族都城之影响途径》,《中南民族大学学报》(人文社会科学版),2009 年第 5 期，88–92 页。

160. 程嘉静、张利锁《从〈奉使辽金行程录〉看辽代的聚落》,《廊坊师范学院学报》（社会科学版）2009 年第 4 期，59–61 页。

161. 武成、燕晓武《辽代夹山考》,《内蒙古文物考古》2009 年第 2 期，78–84 页。

162. 朱国忱《论燕颇——琰府与兀惹城——定安国问题（上）》,《东北史研究》2009 年第 1 期，6–15 页。

163. 朱国忱《论燕颇——琰府与兀惹城——定安国问题（中）》,《东北史研究》2009 年第 2 期，1–10 页。

164. 朱国忱《论燕颇——琰府与兀惹城——定安国问题（下）》，《东北史研究》2009年第3期，13—18页。

165. 陈士平《辽金“霭建村”元明“扎剌奴”》，《东北史研究》2009年第4期，42—44页。

166. 左利军《辽上京“涞流河”考析》，《东北史研究》2009年第4期，37—41页。

167. 郑恩淮《辽朝文化中心在南京（今北京）》，《辽宁工程技术大学学报》（社会科学版）2009年第2期，175—177页。

168. 陈章龙《辽上京城“两城制”的探讨》，《辽金历史与考古》（第一辑），辽宁教育出版社2009年，236—242页。

169. 李冬楠《辽代都城研究中的几个问题》，《齐鲁学刊》2009年第3期，50—53页。

170. 李冬楠《辽金元都城文化的特点及形成原因》，《学术交流》2009年第9期，179—182页。

171. 诸葛净《论辽之京城体系》，《华中建筑》2009年第7期，143—147页。

172. 杨福瑞《四至十二世纪松漠地理环境考略》，《辽金史论集》（第十一辑），48—53页。

173. 王睿《辽代都城制度研究》，山东大学硕士研究生毕业论文。

174. 陈刚《辽上京兴建的历史背景及其都城规划思想》，东北师范大学硕士研究生毕业论文。

（六）文献与考古文物研究

175. 赵永春《“语录”缘起与宋人出使辽金“语录”释义》，《辽金史论集》（第十一辑），269—283页。

176. 吴凤霞《20世纪〈辽史〉〈金史〉〈元史〉研究及其影响》，《南开学报》（哲学社会科学版）2009年第6期，47—48页。

177. 邱靖嘉《〈辽史·耶律鲁不古传〉辨误》，《中国史研究》2009年第2期，100页。

178. 周峰《〈贞观政要〉在辽、西夏、金、元四朝》，《北方文物》2009年第1期，75—78页。

179. 仝建平《〈大金国志〉所载“太行山忠义社抗金”纠误》，《晋阳学刊》2009年第1期，126—127页。

180. 张旭东《〈辽史〉二“秃里”》，《中华文史论丛》2009年第3期，366页。

181. 孙国军、周峰《〈资治通鉴〉辽代北京记事辑稿》，《赤峰学院学报》（汉文哲学社会科学版）2009年第8期，1—6页。

182. 江庆柏《〈四库全书荟要〉辽金元三史提要校议》，《南京师范大学文学院学报》2009年第2期，154—158页。

183. 舒习龙《〈契丹国志〉的编纂特色与史学价值》，《河北学刊》2009年第3期，94—99页。

184. 金鑫《乾隆改定辽金元三史译名探析》，《满语研究》2009年第1期，58—62页。

185. 史金波、黄润华《宋元时期少数民族文字文献出版特点》，《出版发行研究》2009

年第 7 期，54-55 页。

186. 刘凤翥《契丹大字〈萧袍鲁墓志〉考释》，《辽金历史与考古》（第一辑），辽宁教育出版社，2009 年，3-12 页。

187. 吉如何、吴英喆《契丹小字原字字形规范与原字总表》，《内蒙古大学学报》（哲学社会科学版）2009 年第 3 期，127-132 页。

188. 李宇峰《辽孟初墓志考补正》,《辽金历史与考古》(第一辑),辽宁教育出版社 2009 年，13-18 页。

189. 沈钟伟《契丹小字韵文初探》，《民族语文》2009 年第 3 期，37-50 页。

190. 孙伯君《从契丹小字“咎”看支思韵在辽代的分立 》,《中国语文》2009 年第 1 期，75-77 页。

191. 李宇峰《墓志所见辽代中京别称考述》，《东北史研究》2009 年第 01 期，33-35 页。

192. 张国庆、于航《辽代丧葬礼俗：生者为亡者镌志刻幢——以辽代石刻为史料》，《东北史地》2009 年第 1 期，18-25 页。

193. 孙勐《北京石景山出土金代吕嗣延墓志考释》,《北方文物》2009 年第 3 期,79-85 页。

194. 张国庆《石刻资料中的辽代丧葬习俗分析》,《民族研究》2009 年第 1 期,95-109 页。

195. 胡健《从阜新地区辽墓发掘看契丹族葬俗特征》，《辽金历史与考古》（第一辑），辽宁教育出版社，2009 年，49-51 页。

196. 黎新第《在辽代石刻韵文中见到的辽代汉语语音》,《古汉语研究》2009 年第 1 期（总第 82 期），2-7 页。

197. 周峰《奚族碑刻概说》,《赤峰学院学报》（汉文哲学社会科学版）2009 年第 9 期,1-4 页。

198. 付璐、孟凡云《耶律宗教生平及大事略考——以耶律宗教兄弟的墓志为主》，《科技创新导报》，2009 年第 29 期，174 页。

199. 曹彦玲、王银田《辽许从赟墓志略考》，《文物世界》2009 年第 6 期，47-49 页。

200. 张微《不死的契丹文字》，《中国社会科学院报》，2009 年 3 月 19 日。

201. 刘凤翥《〈内蒙古辽代石刻文研究〉(增订本）评介》,《中国文物报》2009 年 2 月 18 日。

202. 金适《乾隆皇帝御笔题词玉卮的契丹字铭文》，《中国文物报》2009 年 6 月 10 日。

203. 王为群《辽代白釉贴花莲生贵子双榴联体笔洗》，《文物春秋》2009 年第 1 期，71-72 页。

204. 廊坊市文物管理处《廊坊市馨钻界小区辽代墓群发掘报告》，《文物春秋》2009 年第 2 期，30-41 页。

205. 孙建国《试析北京地区发现的辽代广口重唇罐》，《文物春秋》2009 年第 3 期，59-63 页。

206. 雨珩《〈北京龙泉务辽金墓葬发掘报告〉简介》，《考古》2009 年第 2 期，86 页。

207. 刘未《辽代契丹墓葬研究》,《考古学报》2009年第4期，497—546页。

208. 王志刚、张建宇、杜运发《吉林敦化市江东、林胜“二十四块石”遗迹的调查和发掘》,《考古》2009年第6期，57—61页。

209. 董新林、塔拉、康立君、肖淮雁《内蒙古巴林左旗辽代祖陵陵园遗址》,《考古》2009年第7期，46—53页。

210. 李凤举《喀喇沁旗二道沟辽墓清理简报》,《北方文物》,2009年第1期，32—33页。

211. 辽宁省文物考古研究所《辽宁朝阳西三家辽代遗址发掘简报》,《北方文物》,2009年第1期，34—40页。

212. 张翠敏、韩家宏、王宇、张志成《大连西甸子辽代遗址发掘简报》,《辽金历史与考古》(第一辑)，辽宁教育出版社，2009年，19—26页。

213. 周向永、张大为《昌图县腰窝棚辽金遗址试掘报告》,《辽金历史与考古》(第一辑)，辽宁教育出版社，2009年，27—40页。

214. 韩宝兴、李宇峰《辽宁建平县丰山村辽耶律霞兹墓地发掘简报》,《辽金历史与考古》(第一辑)，辽宁教育出版社，2009年，41—48页。

215. 张少珊、曲轶莉《丰宁县出土的契丹大字铭陶壶补释》,《北方文物》2009年第2期，50—51页。

216. 董健丽《辽代宗教瓷器述论》,《北方文物》2009年第2期，52—57页。

217. 刘宁《对辽代器物装饰纹样研究的几点认识》,《辽金历史与考古》(第一辑)，辽宁教育出版社，2009年，374—382页。

218. 郭晶《本溪市博物馆藏辽金瓷器精品选介》,《辽金历史与考古》(第一辑)，辽宁教育出版社，2009年，359—362页。

219. 张帆《试谈辽代墓葬的研究和对契丹文化的再认识》,《内蒙古文物考古》2009年第1期，102—109页。

220. 辛蔚《“高氏之宝”印章考释》,《内蒙古文物考古》2009年第1期，128—133页。

221. 张兴国《内蒙古巴林左旗出土彩绘木棺》,《文物》2009年第3期，93—94页。

222. 易立《试论五代宋初耀州青瓷的类型与分期——以墓葬、塔基出土物为中心 》,《考古与文物》2009年第2期，81—92页。

223. 周颖《辽西博物馆藏辽代鸡冠壶》,《辽金历史与考古》(第一辑)，辽宁教育出版社，2009年，353—358页。

224. 韩立新《克什克腾旗发现辽代骨雕鞍饰》,《内蒙古文物考古》2009年第2期，132—133页。

225. 许晓东《辽代璎珞及其盛行原因的探讨》,《辽金历史与考古》(第一辑)，辽宁教育出版社。2009年，333—342页。

226. 韩荣《辽宋“托盏”之考》,《装饰》2009年第6期，116—117页。

227. 王斌《辽代玉带初步研究》,《沧桑》2009 年第 1 期，19–21 页。

228. 李桂英、夏铁琴、张瑛洁《辽中京 · 大明塔》,《城乡建设》2009 年第 3 期, 79–80 页。

229. 谢玉保《大同华严寺薄伽教藏殿的辽塑及经橱》,《山西大同大学学报》(社会科学版) 2009 年第 4 期，35–37 页。

230. 王赴朝《破镜重圆——浅谈修复的吐尔基山辽墓出土大铜镜》,《中国文物科学研究》2009 年第 3 期，76–78 页。

231. 张丽《大同华严寺辽代彩色泥塑赏析》,《文物世界》2009 年第 4 期，64–69 页。

232. 李复《加拿大安省皇家博物馆的辽三彩罗汉塑像》,《艺术市场》2009 年第 1 期，66–67 页。

233. 戴定九《我国古代北方的陶枕艺术》,《上海工艺美术》20009 年第 1 期，94–97 页。

234. 陈晓伟《传承与嬗变之间——关于北方游牧民族的“纛”》,《寻根》2009 年第 1 期，33–36 页。

235. 王玉亭《辽上京故地发现一面金代刻款铜镜》,《东北史研究》2009 年第 4 期，57–58 页。

236. 杨海霞《宋辽金时期铜镜发展状况初探》,《美与时代》(上半月) 2009 年第 11 期，39–41 页。

237. 何松《中国辽金元玉器的民族风格与文化艺术特征》,《超硬材料工程》2009 年第 1 期，53–58 页。

238. 崔跃忠《辽墓出土兵器探索》,《吉林大学硕士研究生毕业论文》。

239. 曾雯《从体制人类学、分子考古学看鲜卑、契丹的源流》,《吉林大学硕士研究生论文》。

240. 宋国栋《蒙古国青陶勒盖古城研究》,《内蒙古大学硕士研究生毕业论文》。

241. 王姝《关于鸡冠壶的几个问题》，辽宁师范大学硕士研究生毕业论文。

242. 乔继涛《关于辽三彩的几个问题》，辽宁师范大学硕士研究生毕业论文。

243. 岳瑞芳、张澜夕《北京发掘辽金时代塔林》,《人民日报海外版》，2009 年 1 月 6 日。

244. 岳瑞芳、张澜夕《北京大规模发掘辽金时代塔林》,《新华每日电讯》, 2009 年 1 月 6 日。

245. 李富《考古史料再现：契丹人与猎犬有着难以割舍的情谊》,《新华每日电讯》，2009 年 7 月 9 日。

246. 田广林《辽海历史与中华文明 》,《光明日报》，2009 年 12 月 29 日。

247. 金适《契丹文字石刻》,《中国文物报》，2009 年 8 月 5 日。

248. 于璞、王炜、朱志刚、李春山《北京大兴辽金墓葬发掘取得重要收获》,《北京文物报》，2009 年 4 月 8 日。

249. 马国臣《中国契丹文化研究中心在平泉揭牌》,《承德日报》，2009 年 7 月 29 日。

250. 张洪林《内蒙古宁城：开发建设七金山契丹文化园》,《中国旅游报》，2009 年 2 月

25 日。

251. 周长庆、常亦殊《我国首次发现辽代行宫“春捺钵”遗址群》，《中国民族报》，2009 年 12 月 18 日。

（七）书评．书序．研究综述及目录索引

252. 程妮娜《辽金社会与文化的探索——〈宋德金集〉评介》，《北方文物》2009 年第 4 期，53−59 页。

253. 太平《评乌拉熙春女真契丹学和辽金史研究的新作》，《辽宁师范大学学报》（社会科学版）2009 年第 5 期，127−128 页。

254. 白明春、高著军《〈世家大族与辽代社会〉介绍》，《大连大学学报》2009 年第 2 期，160 页。

255. 瞿林东《断代史学与民族史学研究的新成果——〈辽金元史学研究〉序》，《廊坊师范学院学报》（社会科学版）2009 年第 5 期。

256. 郭大顺《〈辽西古塔〉序》，《辽金历史与考古》（第一辑），辽宁教育出版社，2009 年，290−292 页。

257. 关树东《改革开放三十年的辽金史研究述评》，《辽金史论集》（第十一辑），298−314 页。

258. 曹流《2007 年辽西夏金史研究综述》，《中国史研究动态》2009 年第 1 期，1−10 页。

259. 王德朋《2008 年辽金西夏史研究综述》，《中国史研究动态》2009 年第 10 期。1−11 页。

260. 李华瑞、杨芳《2008 年辽宋西夏金元经济史研究述评》，《中国经济史研究》2009 年第 2 期，139−146 页。

261. 尤李《辽代佛教研究评述》，《中国史研究动态》2009 年第 2 期。

262. 李月新《20 世纪以来辽属汉人人口问题研究述评》，《赤峰学院学报》（汉文哲学社会科学版）2009 年第 10 期，4−5 页。

263. 王德忠、李春燕《辽代斡鲁朵问题研究综述》，《东北史地》2009 年第 3 期，74−78 页。

264. 齐伟《辽代汉人世家大族研究综述》，《辽金历史与考古》（第一辑），辽宁教育出版社，2009 年，166−174 页。

265. 方广梅《辽代枢密院研究状况》，《东北亚研究论丛》（第三辑），吉林大学出版社，2009 年，134−138 页。

266. 董健丽、董学增《辽代陶瓷研究综述》，《辽金史论集》（第十一辑），135−149 页。

267. 杨雨舒《2009 年东北边疆历史与文化学术研讨会综述》，《东北史地》2009 年第 6 期。89−91 页。

268. 周峰、孙国军《21 世纪辽金史论著目录——2003 年》，《赤峰学院学报》（汉文哲学社会科学版）2009 年第 1 期，189−200 页。

269. 孙国军、周峰《21 世纪辽金史论著目录——2004 年》,《赤峰学院学报》(汉文哲学社会科学版) 2009 年第 2 期, 189-200 页。

270. 周峰、孙国军《21 世纪辽金史论著目录——2005 年》,《赤峰学院学报》(汉文哲学社会科学版) 2009 年第 3 期, 186-200 页。

271. 周峰、孙国军《21 世纪辽金史论著目录——2006 年》(上),《赤峰学院学报》(汉文哲学社会科学版) 2009 年第 4 期, 9-14 页。

272. 周峰、孙国军《21 世纪辽金史论著目录——2006 年》(下),《赤峰学院学报》(汉文哲学社会科学版) 2009 年第 5 期, 192-200 页。

273. 周峰、孙国军《21 世纪辽金史论著目录———2007 年》,《赤峰学院学报》(汉文哲学社会科学版) 2009 年第 6 期, 185-200 页。

274. 孙国军、周峰《21 世纪辽金史论著目录——2008 年》,《赤峰学院学报》(汉文哲学社会科学版) 2009 年第 7 期, 189-200 页。

275. 任爱君、李月新《近百年来 (1900-2008) 乌桓鲜卑史研究索引》(一),《赤峰学院学报》(汉文哲学社会科学版) 2009 年第 11 期, 4-7 页。

276. 任爱君、李月新《近百年来 (1900-2008) 乌桓鲜卑史研究索引》(二),《赤峰学院学报》(汉文哲学社会科学版) 2009 年第 12 期, 231-236 页。

(八) 快讯

277. 席玮《辽金西夏历史文献学术研讨会在京举行》,《中国社会科学院报》2009 年 6 月 25 日。

278. 徐永升《中韩日百名专家研讨"宋辽夏金元史"》,《内蒙古日报》(汉文版) 2009 年 8 月 7 日。

279.《中韩第三届"宋辽夏金元史"国际学术研讨会在左旗召开》,《赤峰日报》2009 年 8 月 5 日。

280. 刘秀娟《辽金文学学会第五届年会暨学术研讨会在京举行》,《文艺报》2009 年 9 月 26 日。

281. 宋德金《东北地域文化三题》,《光明日报》2009 年 7 月 14 日。

282. 李馥颖《让陶瓷史教学走进博物馆》,《美术大观》2009 年第 7 期, 150 页。

283. 朱玉民《依托大辽文化脉络 再现草原古城遗韵——巴林左旗深入挖掘辽文化底蕴全力打造北方山水林城》,《小城镇建设》2009 年第 3 期, 17-19 页。

284. 孙国学《赤峰市辽文化旅游资源的整合与开发》,《前沿》2009 年第 11 期, 110-113 页。

285.《中国契丹文化研究中心在平泉揭牌》,《大众科技报》2009 年 9 月 1 日。

286. 杨世祥《王福义辽金史剧的艺术成就——新时期吉林戏剧创作概观之一》,《戏剧文学》2009 年第 11 期, 57-62 页。

287. 张锡坤《文化专题电视系列片〈中国寺庙〉选登——宋辽金佛寺》,《华夏文化论坛》2009年第4辑，255-259页。

288. 李振远《辽代的大连文化——游牧文化和中原文化的撞击》,《大连日报》2009年6月30日。

289. 刘丽华《巴林左旗实施辽文化品牌创建工程》,《赤峰日报》2009年7月10日。

金史研究论著索引

吉林大学文学院　王 姝

一　著作

1. 李学勤主编《话说中国大历史 · 辽金元明》，华艺出版社。

2. 王曾瑜《王曾瑜说辽宋夏金》，上海科学技术文献出版社。

3. 王明荪《辽金元史学与思想论稿》，台湾台北花木兰文化出版社。

4. 吴凤霞《辽金元史学研究》，中国社会科学出版社。

5. 吴凤霞《20 世纪二十四史研究丛书 · 辽史金史元史研究》，中国大百科全书出版社。

6. 李伯钦《中国通史》（普通图文版）卷 6《宋辽西夏金元卷》，万卷出版公司。

7. 中华书局编辑部《中研院历史语言研究所集刊论文类编 · 历史编 · 宋元辽金卷》，中华书局。

8. 郑师渠《中国文化通史 · 辽西夏金元卷》，北京师范大学出版社。

9. 杨建新、刘建丽著《中国西北少数民族通史 · 辽宋西夏金卷》，民族出版社。

10. 刘建丽《甘肃通史 · 宋夏金元卷》，甘肃人民出版社。

11. 龚莉《人物中国 · 隋唐五代十国辽宋西夏金元》，中国大百科全书出版社。

12. 徐斌、颜邦逸《战和之间的挣扎：北宋、南宋、辽、金》，长春出版社。

13. 吕安世《中华金史演义》，金盾出版社。

14. 林言椒、何承伟《中外文明同时空 · 宋元 VS 王国崛起 · 辽金西夏 · 英法德》，上海锦绣文章出版社。

15. 龚书铎《图说天下 · 辽西夏金：金戈铁马的交汇》，吉林出版集团有限责任公司。

16. 李解民、李零、陈铁民《白话二十五史精选》第 3 册《唐五代宋辽金》，新世界出版社。

17. 辽金契丹女真史学会编《辽金史论集》（第十一辑），内蒙古大学出版社。

18. 山西省考古研究所《走近考古，步入宋金 一次公众考古活动的探索与实践》，科学出版社。

19. 辽宁省辽金契丹女真史研究会编《辽金历史与考古》第一辑，辽宁教育出版社。

20. 宋慧娟《东北亚研究论丛》（第三辑），吉林大学出版社。
21. 北京市文物研究所《鲁谷金代吕氏家族墓葬发掘报告》，科学出版社。
22. 王新英《金代石刻辑校》，吉林人民出版社。
23. 李卫《辽金钱币》，紫禁城出版社。
24. 陈雨壮《宋金青瓷考证》，河南美术出版社。
25. 袁行霈主编《历代名篇赏析集成 · 宋金元卷》，高等教育出版社。
26. 荀人民《金元俗趣》，北京师范大学出版社。
27. 张学淳《辽金元明清绝句品读》，上海社会科学院。
28. 郭杰、秋芙《辽金元文学》（上中下），吉林文史出版社。
29. 师毅《辽金元朝状元诗榜眼诗探花诗》，昆仑出版社。
30. 黄聪《宋辽金元时期北方少数民族体育文化研究》，陕西师范大学出版社。
31. 曾代伟《金元法制丛考》，社会科学文献出版社。
32. 傅璇琮主编《中国古代诗文名著提要 · 金元卷》，河北教育出版社。
33. 于天池、李书著《宋金说唱伎艺》，陕西人民教育出版社。
34. 陈宏铭《金元全真道士词研究》（上下），台湾台北花木兰文化出版社。
35. 申喜萍《南宋金元时期的道教美学思想》，巴蜀书社。
36. 赵一、王耀堂《金元四大名医现代养生方案》，新世界出版社。
37. 王冬芳、季明明《女真、满族建国研究》，学苑出版社。
38. 包丽英《蒙古王妃、女真、歧国卷》，南海出版公司。
39. 杨军、孙昊编《女真帝国传奇》，中国国际广播出版社。
40. 仝道荣《女真族的一支后裔 · 仝姓》，凤凰出版社。
41. 马亚川《女真谱评》，吉林人民出版社。

二　论文

（一）政治．政治制度和人物研究

1. 王星光、符奎《1213 年“汴京大疫”辨析》，《中国史研究》2009 年第 1 期。
2. 贾秀云《宇文虚中事件与南宋社会的道德期许》,《史学月刊》2009 年第 6 期,60–66 页。
3. 贾秀云《朱弁对苏黄的评价及其在金代的影响》,《晋阳学刊》2009 年第 2 期 118–121 页。
4. 冯大北《金代官卖寺观名额考》，《史学月刊》2009 年第 10 期，27–35 页。
5. 赵永春《试论金人的“中国观”》，《中国边疆史地研究》2009 年第 4 期，1–12 页。
6. 董四礼《金世宗参与海陵王弑君夺权史事考》，《北方文物》2009 年第 3 期 76–78 页
7. 都兴智《论金宣宗“九公封建”》，《北方文物》2009 年第 1 期，70–74 页。
8. 陈晓宁《从“金以儒亡”谈起——评女真汉化及其影响》,《消费导刊》2009 年第 9 期，

220–221 页。

9. 沈松勤、龙小松《金代后期政治生态与文学风格的演变》，《浙江大学学报》（人文社会科学版）2009 年第 1 期，60–67 页。

10. 李秀莲《试论金初宰相韩企先与隐者政治》,《辽宁工程技术大学学报》（社会科学版）2009 年第 1 期，68–69 页。

11. 李秀莲《试论金初宰相韩企先与隐者政治》,《辽金史论集》（第十一辑）,200–208 页。

12. 齐伟《浅论辽末金初汉族仕人政治灵活性之原因》，《辽金史论集》（第十一辑），188–199 页。

13. 李玉君《金朝大宗正府考论》，《江汉大学学报》（人文科学版）2009 年第 5 期，99–102 页。

14. 李玉君《论金朝中央集权对女真皇族的防范对策》，《满族研究》2009 年第 3 期，25–28 页。

15. 李玉君《试论金帝完颜亮对女真族的政策》,《东北史研究》2009 年第 4 期,15–20 页。

16. 金鑫《正隆大定之交契丹人起义若干细节问题的再思考》，《大连民族学院学报》2009 年第 4 期，297–300 页。

17. 王雷《金代吏员集团的内部分层》，《黑龙江教育学院学报》2009 年第 11 期，133–135 页。

18. 宋立恒《论金代对僧侣阶层的压制政策》，《满族研究》2009 年第 4 期，40–44 页。

19. 黄运刚《论括地对金朝灭亡的影响》，《东北史研究》2009 年第 2 期，27–32 页。

20. 沈文雪《试论金朝重北轻南政策与中原文化北移关系》,《文教资料》2009 年第 9 期。

21. 刘美云《论金初统治者对汉族士人的重用》，《沧桑》2009 年第 6 期，22–23 页。

22. 田索菲《辽金时期契丹女真的民族政策和文化特点》,《黑龙江史志》2009 年第 15 期，8–9 页。

23. 夏宇旭《初探金代契丹人的部族及乣组织》,《吉林师范大学学报》（人文社会科学版）2009 年第 3 期，38–41 页。

24. 王德朋《论金代科举之弊》,《东北亚研究论丛》（第三辑）,吉林大学出版社,2009 年，55–62 页。

25. 陈德洋《金代和籴利弊初探》，《黑龙江教育学院学报》2009 年第 1 期，88–91 页。

26. 孙久龙《金代盐使司》，《辽金史论集》（第十一辑），261–268 页。

27. 杨春俏《浅从〈揽辔录〉标点之失谈金代符牌制度》，《兰台世界》2009 年第 4 期，67–68 页。

28. 杨清华《金朝行省制度研究》，吉林大学博士研究生毕业论文。

29. 臧颖《论金朝对女真族的政策及影响》，东北师范大学硕士研究生毕业论文。

30. 王观《金熙宗的民族思想与民族政策研究》，吉林大学硕士研究生毕业论文。

31. 刘晓飞《金代官吏休假制度研究》，吉林大学硕士研究生毕业论文。

32. 茌家峰《金朝皇位继承研究》，吉林大学硕士研究生毕业论文。

33. 刘辉《赵秉文理学研究略论》，《社会科学战线》2009 年第 12 期，19–23 页。

34. 景爱、苗天娥《安徽省肥东县的完颜氏》，《辽金史论集》（第十一辑），236–252 页。

35. 李桂芝《梁援家世考》，《黑龙江民族丛刊》2009 年第 2 期，107–109 页。

36. 杜成辉《〈西使记〉作者刘郁事迹考》，《北方文物》2009 年第 4 期，64–68 页。

37. 周峰《金末元初儒士梁斗南事迹钩沉》，《辽金史论集》（第十一辑），290–297 页。

38. 李琳《金代状元陈载考略》，《湖北职业技术学院学报》2009 年第 2 期，56–58 页。

39. 王定勇《论金源词人王寂》，《民族文学研究》2009 年第 3 期，59–63 页。

40. 夏英琳《刘祁在金源时期的交游考略》，《滁州学院学报》2009 年第 2 期，22–24 页。

41. 夏令伟《论王恽的词学观念与词学渊源》，《周口师范学院学报》2009 年第 6 期，34–37 页。

42. 程雅君《纯正道医 . 高尚先生——金代医家刘完素道医思想辨析》，《宗教学研究》2009 年第 4 期，53–61 页。

43. 邹自振、陈宗浣《金代作家吴激生平与创作简论》，《闽江学院学报》2009 年第 4 期，1–5 页。

44. 卢成轩、聂立申《论金朝名士党怀英的泰山情结》，《泰安教育学院学报岱宗学刊》2009 年第 3 期，50–51 页。

45. 吴平、叶宪允《东林志隆生平事迹考》，《法音》2009 年第 2 期，53–55 页。

46. 周惠泉《宇文虚中新探 》，《文学评论》2009 年第 5 期，165–170 页。

47. 夏英琳《刘祁与赵秉文和李纯甫交游述评》，《科教文汇》（上旬刊）2009 年第 4 期，229 页。

48. 王定勇《论女真词人完颜璹》，《黑龙江史志》2009 年第 24 期，79–80 页。

49. 牛贵琥《金朝传奇诗人——施宜生》，《文史知识》2009 年第 6 期。

50. 高文瑞《金章宗与北京山水》，《文史知识》2009 年第 1 期。

51. 刘启旺《朱弁诗话研究》，首都师范大学硕士研究生毕业论文。

52. 李星建《也论海陵王》，辽宁师范大学硕士研究生毕业论文。

（二）经济与经济制度研究

53. 井黒忍《区田法実施に見る金・モンゴル時代農業政策の一断面》，《东洋史研究》，（67–4）2009 年。

54. 杨富学、陈爱峰《黑水城出土夏金榷场贸易文书研究》，《中国史研究》2009 年第 2 期。

55. 赵永春、吕士平《金丽使节“贡赐贸易”探析》，《北华大学学报》（社会科学版）2009 年第 2 期，88–94 页。

56. 王德朋《论金与周边政权的商业贸易》,《中国社会科学院研究生院学报》2009 年第 1 期，102–106 页。

57. 王德朋《论金代商业经济的若干特征》,《辽宁大学学报》(哲学社会科学版) 2009 年第 3 期，83–88 页。

58. 蔡定益《论金代的茶叶贸易》,《农业考古》2009 年第 2 期，195–199 页。

59. 康妮《浅析宋朝与金国之间的非正常贸易》,《经营管理者》2009 年第 12 期，2 页。

60. 夏宇旭《金代农业科学发展探讨》,《安徽农业科学》2009 年第 33 期,16686–16687 页。

61. 冷雯雯《浅谈金代的农业》,《赤峰学院学报》(汉文哲学社会科学版) 2009 年第 7 期，5–6 页。

62. 刘建丽《两宋时期西北少数民族科学技术的发展》,《宁夏师范学院学报》(社会科学) 2009 年 4 月，44–48 页。

63. 林利《小议金世宗为君之道——从金世宗时期的赈济措施谈起》,《辽金历史与考古》(第一辑)，辽宁教育出版社，2009 年，119–123 页。

64. 陈德洋《试论金代地震与救济》,《黑龙江史志》2009 年第 4 期，127–128 页。

65. 王莉《千山出土窖藏汉—辽、金古钱币内涵初探》,《辽金历史与考古》(第一辑)，辽宁教育出版社，2009 年，57–66 页。

66. 张喜荣《千山灵岩寺遗址出土的窖藏铜钱》,《鞍山师范学院学报》2009 年第 5 期，24–25 页。

67. 黄澄《金代前期货币制度研究》,《东北史研究》2009 年第 1 期，22–25 页。

68. 黄澄《金代后期货币制度研究》,《学理论》2009 年第 21 期，108–110 页。

69. 吴进《谈正隆元宝和大定通宝》,《江苏钱币》2009 年第 1 期，33–35 页。

70. 王冠仁《辽宋金钱币琐谈》,《江苏钱币》2009 年第 3 期，37–38 页。

71. 刘存忠《金朝钱币鉴赏——关于金代铸钱历史之我见》,《收藏界》2009 年第 5 期，63–65 页。

72. 叶柏光《“皇统通宝”面世记》,《收藏界》2009 年第 3 期，53 页。

73. 周佐玉《钱币二则》,《收藏界》2009 年第 2 期，69 页。

74. 马聪《一枚特殊的正隆元宝合背钱》,《收藏》2009 年第 1 期 。

75. 吕士平《金丽使节贸易研究》，吉林大学硕士研究生毕业论文。

(三) 社会生活和思想文化研究

76. 张其凡、惠冬《金朝“南人”胡化考略》,《史学集刊》2009 年第 4 期，47–52 页。

77. 贾淑荣《金代女真人的贞节观》,《内蒙古民族大学学报》(社会科学版) 2009 年第 5 期，15–17 页。

78. 杨兆华《马钰女性观试探》,《宗教学研究》2009 年第 2 期，184–186 页。

79. 杨军《金代马球散论》,《黑龙江社会科学》2009 年第 3 期，131–133 页。

80. 李秀莲、韩亚男《女真人崇柳习俗源流探微》,《北方文物》2009 年第 1 期，79–81 页。

81. 刘筝筝《金代女真的婚姻形式和习俗》,《内蒙古农业大学学报》(社会科学版) 2009 年第 1 期，316–317 页。

82. 刘筝筝《金代女真的婚姻形式和习俗》,《满族研究》2009 年第 1 期，87–90 页。

83. 刘肃勇《从“放偷日”习俗看女真族早期婚制与经济生活》,《满族研究》2009 年第 1 期，83–86 页。

84. 李玉君《金代皇族婚姻述论》,《东北史地》2009 年第 6 期，79–81 页。

85. 李玉君《金朝皇族宫廷生活探秘》,《百科知识》2009 年第 11B 期。

86. 孙志刚《浅析女真完颜氏世婚制的原因》,《宿州教育学院学报》2009 年第 4 期，6–7 页。

87. 王莹《满族先世婚俗礼仪》,《安徽文学》(下半月) 2009 年第 4 期，310 页。

88. 刘代霞《从〈董西厢〉看女真婚俗对金代婚姻观念的影响》,《黑龙江民族丛刊》2009 年第 4 期，78–82 页。

89. 顾韵芬、张姝《金代女真族服饰文化的涵化》,《纺织学报》2009 年第 1 期，102–106 页。

90. 陈晓彦《简论金代服饰的特点》,《黑龙江史志》2009 年第 23 期，26–27 页。

91. 刘福燕《金代茶俗与文人茶情》,《中国国情国力》2009 年第 10 期，43–44 页。

92. 王久宇《论金代体育》,《体育文化导刊》2009 年第 5 期，90–92 页。

93. 姚宏杰《金代“六学”考辨》,《教育的传统与变革——〈纪念教育史研究〉创刊二十周年论文集 (二)》2009 年。

94. 潘桂娟、柳亚平《宋金元时期中医诊治痰病的学术思想研讨》,《中华中医药杂志》2009 年第 2 期，189–192 页。

95. 王琳《宋金元时期中药学研究特点浅述》,《新中医》2009 年第 9 期，111–112 页。

96. 郑宇《金代医学研究》，吉林大学硕士研究生毕业论文。

97. 吴凤霞《金代王若虚的“史例”思想》,《北方文物》2009 年第 4 期，60–63 页。

98. 吴凤霞《史例不取宋子京——金代王若虚对〈新唐书〉的批评》，2009 年史学批评与史学文化研究会。

99. 邢丽雅、于耀洲《略论儒学在东北少数民族中的传播》,《黑龙江民族丛刊》2009 年第 1 期，116–119 页。

100. 刘辉《金代儒学发展脉络缕析》,《东北史地》2009 年第 5 期，46–50 页。

101. 王颖《金代儒学的传统复归——以王若虚及其〈滹南遗老集〉为例》,《保定学院学报》2009 年第 6 期，19–21 页。

102. 贾秀云《金代士人的遭遇与元好问的悲剧意识》,《江苏大学学报》(社会科学版) 2009 年第 3 期，56–61 页。

103. 全华凌《论金元士人对韩愈接受的特点》,《求索》2009 年第 9 期，180–181 页。

104. 李大葆《辽阳名士的诗意生活》,《中国地名》2009 年第 1 期, 68–83 页。

105. 刘达科《佛禅话语与金代诗学》,《社会科学战线》2009 年第 12 期, 131–136 页。

106. 刘达科《佛禅与辽金文人》,《江苏大学学报》(社会科学版)2009 年第 6 期,32–40 页。

107. 李洪权《论全真教与金元社会的纲常伦理》,《史学集刊》2009 年第 6 期,35–42 页。

108. 李洪权《论金元时期全真教的无为政治观念》,《华夏文化论坛》2009 年第 4 辑, 65–74 页。

109. 李洪权《论金元时期全真教的财产观念》,《西南大学学报》(社会科学版)2009 年第 5 期, 199–203 页。

110. 郭武《全真道"苦己利人"精神及其现代意义》,《中国宗教》2009 年第 4 期,34–36 页。

111. 郭武《金章宗元妃与早期全真道》,《宗教学研究》2009 年第 4 期, 12–18 页。

112. 杨兆华《从女性主义视角看金代全真教的男女平等思想及影响》,《社会科学辑刊》2009 年第 2 期, 161–163 页。

113. 赵世瑜《圣姑庙:金元明变迁中的"异教"命运与晋东南社会的多样性》,《清华大学学报》(哲学社会科学版)2009 年第 4 期, 5–15 页。

114. 强琛《略论金末元初的三教关系——以万松行秀、耶律楚材和丘处机为例》,《长江大学学报》(社会科学版)2009 年第 3 期, 113–116 页。

115. 钟海连《早期全真道社会思想的演变及其原因初探——以王重阳、丘处机为中心》,《江西社会科学》2009 年第 11 期, 54–57 页。

116. 王万志《金代山西宗教文化简论》,《牡丹江大学学报》2009 年第 2 期, 5–11 页。

117. 戴桢《孙不二女丹功法浅述》,《宗教学研究》2009 年第 1 期, 163–165 页。

118. 祁秋娟《论遗山词的仙家情思》,《青年科学》2009 年第 3 期。

119. 关伯阳《试谈金代宫殿庙宇类建筑的风格和特征》,《东北史研究》2009 年第 4 期, 21–29 页。

120. 温静《略论辽金佛教寺院建筑特色》,《法音》2009 年第 1 期, 51–54 页。

121. 王早娟《明月禅心两相辉——咏月诗与禅》,《中国宗教》2009 年第 3 期,51–52 页。

122. 王耘《"寺"字从女真语到满语的音变分析———兼谈中原佛教在东北地区的本土化》,《东北史地》2009 年第 1 期, 77–79 页。

123. 杨怀源《丘处机诗词用韵研究》,《重庆三峡学院学报》2009 年第 4 期, 98–103 页。

124. 郭文睿、车婧瑜、赵桂珍《论儒家思想对丘处机诗词创作的影响》,《科技信息》2009 年第 14 期, 104 页。

125. 赵文坦《成吉思汗与丘处机关系辨析》,《东岳论丛》2009 年第 10 期, 98–102 页。

126. 刘焕玲《光大全真教门的奠基者——王玉阳》,《湖南科技学院学报》2009 年第 9 期, 1–5 页。

127. 史冰川《王重阳人才教育思想分析》,《民族教育研究》2009 年第 4 期, 23–26 页。

128. 左洪涛《论王重阳道教词对宋代俗词的继承》,《中国韵文学刊》2009 年第 4 期,58–64 页。

129. 闫欢《全真教影响与神仙道化剧》,《才智》2009 年第 7 期,226–229 页。

130. 卫方正《〈赵城金藏〉的传奇》,《先锋队》2009 年第 23 期,60–61 页。

131. 张璇如《长白山祭坛探源》,《东北史地》2009 年第 5 期,82–84 页。

132. 荣国庆《金元时期泽州宗教、民间信仰的演变 》,《晋城职业技术学院》2009 年第 5 期,4–7 页。

133. 常大群《清净家风:王重阳与七真的丹法关要》,《宗教学研究》2009 年第 1 期,22–27 页。

134. 王伟《从马钰入道看宗教的长期性》,《承德民族师专学报》2009 年第 1 期,49–51 页。

135. 黄信阳《道教全真派的传戒科仪》,《中国宗教》2009 年第 8 期,45–47 页。

136. 樊光春《王重阳终南遇仙的几个问题》,《华中师范大学学报》(人文社会科学版)2009 年第 1 期,81–86 页。

137. 邓红蕾《论丘处机道教教育文化学的思想特色》,纪念《教育史研究》创刊二十周年论文集(2)中国教育思想史与人物研究。

138. 于珍《〈重阳立教十五论〉的教育思想》,纪念《教育史研究》创刊二十周年论文集(2)中国教育思想史与人物研究。

139. 焦守强《魏晋至宋元的墨学与道教》,山东大学硕士研究生毕业论文。

140. 潘建顺《天水玉泉观道教碑刻及全真道相关问题研究》,西北师范大学硕士研究生毕业论文》。

141. 封树礼《李纯甫佛学思想初探》,《辽宁工程技术大学学报》(社会科学版)2009 年 6 月,621–623 页。

142. 张毅慧《论赵秉文诗歌中的儒佛道思想》,《山西煤炭管理干部学院学报》2009 年第 2 期,113–114 页。

143. 王亚然《从《杨叔能〈小亨集〉引》看元好问诗歌"诚""正"的创作标准》,《安徽文学》(下半月)2009 年第 1 期,44 页。

144. 魏崇武《略论蒙古前四汗时期的儒佛关系》,《兰州学刊》2009 年第 10 期,6–9 页。

145. 王万志《略论金代山西文人与地域文学的发展及原因》,《史学集刊》2009 年第 2 期,80–87 页。

146. 王勇刚、刘力平、高强、张湛武、刘虎林、王天艺《陕西甘泉金代壁画墓》,《文物》2009 年第 7 期,26–42 页。

147. 董新林《北宋金元墓葬壁饰所见"二十四孝"故事与高丽〈孝行录〉》,《华夏考古》2009 年第 2 期,141–152 页。

148. 张鹏《金墓壁画的考古发现与美术史研究》,《民族艺术》2009 年第 3 期,100–103 页。

149. 张帆《豫北和晋南宋金墓杂剧形象的比较研究 》，《中原文物》2009 年第 4 期，82−89 页。

150. 常乐《辽金元百戏的演出与禁毁》，《衡水学院学报》2009 年第 3 期，39−41 页。

151. 长白雁《黑龙江宁安满族“跳玛虎”和“玛虎戏”》，《中华艺术论丛》2009 年第 00 期，369−372 页。

152. 王菲菲《两宋时期辽、金、西夏的歌舞及其与汉族的交流》，《艺术百家》2009 年第 3 期，125−131 页。

153. 杜文《药王、道童、雨师 宋耀州窑雨师赤松子瓷塑考辨》，《收藏家》2009 年第 5 期，63−68 页。

154. 刘毅《金代的雕塑艺术浅析》，《雕塑》2009 年第 2 期，58−59 页。

155. 郭明志《汉火百炼金源金，周制一用中华中——金源文化考论》，《北方论丛》2009 年第 5 期，90−96 页。

156. 史金波、黄润华《宋元时期少数民族文字文献出版特点》，《出版发行研究》2009 年第 7 期，54−55 页。

157. 于东新《论金代完颜皇族词——以胡汉文化融合进程为中心》，中国少数民族文学 60 年学术研讨会。

158. 白显鹏《论金朝初年“贰臣”文人词——以胡汉文化的碰撞对话为视角》，中国少数民族文学 60 年学术研讨会。

159. 杨晓国《山西古代壁画与泥塑砖雕（四）》，《太原日报》，2009 年 3 月 23 日。

160. 王万志《金代区域文化研究》，吉林大学博士研究生毕业论文。

161. 王守民《金代书法史论》，福建师范大学硕士研究生毕业论文。

162. 崔竞源《北京宫廷音乐初探》，首都师范大学硕士研究生毕业论文。

（四）民族与民族关系研究

163. 霍明琨《试析金宣宗迁都开封》，《北方文物》2009 年第 4 期，69−73 页。

164. 刘肃勇《论金朝完颜亮迁都》，《辽宁大学学报》（哲学社会科学版）2009 年第 5 期，58−62 页。

165. 刘庆《契丹、女真民族与中国重甲骑兵的复兴》，《辽金史论集》（第十一辑），284−289 页。

166. 刘文生、朱国忱《金代女真人名解读》，《黑龙江民族丛刊》2009 年第 2 期，97−106 页。

167. 任崇岳《河南省完颜姓女真遗民探析》，《中州学刊》2009 年第 1 期，174−179 页。

168. 韩志远《金元时期的净州天山马氏家族》，《元史论丛》（第 11 辑），天津古籍出版社 2009 年。

169. 路生《金兀术后代“藏”在甘肃平凉》，《西部论丛》2009 年第 3 期，83−89 页。

170. 路生《金兀术的后代"藏"在甘肃平凉》,《丝绸之路》2009 年第 7 期。

171. 张其卓《女真董鄂氏探源》,《满族文学》2009 年第 1 期。

172. 孙秀玲《金戈铁马蒙古崛起》,《全国新书目》2009 年第 21 期,26-27 页。

173. 兰婷、孙运来《金代教材建设》,《满族研究》2009 年第 4 期,34-39 页。

174. 杜成辉《金末文坛领袖雷渊——兼论辽金时期西京的出版印刷业》,《雁北师范学院学报》2009 年第 6 期,1-4 页。

175. 杨树森《南宋三次内禅与宋金之和战》,《辽金史论集》(第十一辑),253-260 页。

176. 都兴智《试论金蒙鼎革之际的契丹人》,《辽金史论集》(第十一辑),220-227 页。

177. 夏宇旭《浅析宋朝对金治下契丹人的招诱》,《东北师大学报》(哲学社会科学版)2009 年第 2 期,7-11 页。

178. 周峰《试论金朝对西部边疆的经略——以西夏和西辽为中心》,《东北史地》2009 年第 4 期,23-28 页。

179. 都兴智《略论辽金时期的渤海高氏》,《东北亚研究论丛》(第三辑),吉林大学出版社 2009 年,79-84 页。

180. 都兴智《略论张觉事件与宋金寒盟》,《廊坊师范学院学报》(社会科学版)2009 年第 2 期,55-58 页。

181. 顾宏义、郑明《宋辽高梁河之战考辨》,《辽金史论集》(第十一辑),165-180 页。

182. 赵煜、魏敏《南宋初年宋金西线战争双方的战略意图》,《绵阳师范学院学报》2009 年第 4 期,77-79 页。

183. 苏鹏宇《浅论完颜亮改革对契丹人的影响》,《阿坝师范高等专科学校学报》2009 年第 1 期,56-57 页。

184. 张剑锋《牢记历史应该记住些什么——从海上之盟和联蒙灭金谈起》,《学习月刊》2009 年第 15 期,55 页。

185. 白晓霞《吕颐浩北伐的前前后后》,《历史教学》(高校版)2009 年第 4 期,56-59 页。

186. 田同旭《沁水境内梁兴太行忠义》,《晋城职业技术学院学报》2009 年第 1 期,1-6 页。

187. 李德辉《论宋人使蕃行记》,《华夏论坛》2009 年第 3 辑,吉林大学出版社,89-93 页。

188. 汤天生《简论〈金源纪事诗〉中宋金文化交融现象》,《华章》2009 年第 11 期。

189. 宋佳东《简论〈金源纪事诗〉中宋金使臣交聘》,《华章》2009 年第 11 期。

190. 潘红玉《宋抗金失败原因简析》,《天水日报》,2009 年 8 月 10 日。

191. 狄宁《宋金燕云交涉研究》,西北师范大学硕士学位论文。

192. 阿布力米提・巴日《高昌回鹘汗国对外关系史研究》,新疆大学硕士研究生毕业论文。

193. 杨玉彬《金朝中期各民族地位问题研究》,辽宁师范大学硕士研究生毕业论文。

（五）历史地理研究

194. 臼杵勲《金上京路の北　－アム　ル川流域の女真城郭》，《辽金西夏研究の現在(2)》，東京外国　大学アジア　アフリカ言語文化研究所 2009 年。

195. 景爱《金中都的地位及影响》，《东北史地》2009 年第 4 期，9－17 页。

196. 林玉军、韩光辉《金代镇的若干问题研究》，《中国历史地理论丛》2009 年第 2 期，116－125 页。

197. 李锦萍、王金令《金代曷苏馆路治所的考辨》，《北方文物》2009 年第 1 期，95－98 页

198. А．Л．伊夫里耶夫、盖莉萍《治中之印及赛金古城址行政级别考》，《北方文物》2009 年第 4 期，108－110 页

199. 王禹浪、王海波《黑龙江流域金代女真人的筑城与分布》，《满语研究》2009 年第 1 期，122－129 页。

200. 王禹浪、刘冠缨《黑龙江地区金代古城分布述略》，《哈尔滨学院学报》2009 年第 10 期，1－26 页。

201. 王禹浪、孙慧《俄罗斯滨海地区及黑龙江流域的渤海古城遗迹》，《哈尔滨学院学报》2009 年第 2 期，7－15 页。

202. 刘肃勇《金世宗对金源故地的经略》，《黑龙江民族丛刊》2009 年第 1 期，113－115 页。

203. 陈士平《辽金“霭建村”元明“扎剌奴”》，《东北史研究》2009 年第 4 期，42－44 页。

204. 程嘉静、张利锁《从〈奉使辽金行程录〉看辽代的聚落》，《廊坊师范学院学报》（社会科学版）2009 年第 4 期，59－61 页。

205. 李丕华《关于金章宗时期东北路招讨司迁至金山后正副招讨使驻地之我见》，《东北史研究》2009 年第 1 期，36－42 页。

206. 邓树平、夏宏宇《尚志市境内金代重要交通驿站的考察与研究》，《东北史研究》2009 年第 1 期，26－30 页。

207. 齐心《庞葛城／周特城与会平州——兼及齐齐哈尔城史纪元问题》，《辽金历史与考古》（第一辑），辽宁教育出版社 2009 年，195－197 页。

208. 吴建伟《试论金朝对山西的经营》，《中国地方志》2009 年第 2 期，55－61 页。

209. 李冬楠《辽金元都城文化的特点及形成原因》，《学术交流》2009 年第 9 期，179－182 页。

210. 崔艳茹、孙璇《营口地区谋克居址考略》，《辽金历史与考古》（第一辑），辽宁教育出版社 2009 年，243－248 页。

211. 范忠泽《肃慎女真族系历史演变、地理分布及对鹤岗地区的影响》，《黑龙江史志》2009 年第 3 期，22－23 页。

212. 陈中原《历史上的“北京”》，《建筑工人》2009 年第 4 期，58 页。

213. 白宝玉《辽宁辽阳发现金元时期大型建筑址》,《中国文物报》,2009 年 3 月 18 日。

(六)文献与考古文物研究

214. 景爱《金代石刻概述》,《北方文物》2009 年第 4 期,88—92 页。

215. 赵永春《"语录"缘起与宋人出使辽金"语录"释义》,《辽金史论集》(第十一辑),269—283 页。

216. 周峰《〈贞观政要〉在辽、西夏、金、元四朝》,《北方文物》2009 年第 1 期,75—78 页。

217. 周峰《〈金史〉标点正误二则》,《东北史地》2009 年第 3 期,37 页。

218. 林玉军《〈金史〉行盐地理探微》,《北方文物》,009 年第 3 期,86—88 页。

219. 赵伯陶《中华本诸史〈选举志〉商榷》,《古籍整理研究学刊》2009 年第 1 期,26—32 页。

220. 仝建平《〈大金国志〉所载"太行山忠义社抗金"纠误》,《晋阳学刊》2009 年第 1 期,126—127 页。

221. 沈仁国《〈文翰类选大成〉金诗拾遗》,《江苏教育学院学报》2009 年第 4 期,73—75 页。

222. 张建宇《对〈吉林省文物志〉收载的〈完颜娄室神道碑文〉的几点订补》,《博物馆研究》2009 年第 4 期,49—52 页。

223. 张静《〈元好问全集〉增补诗辨误》,《民族文学研究》2009 年第 3 期,54—58 页。

224. 张静《〈元好问全集〉误收金元诗四首》,《江海学刊》2009 年第 4 期,68 页。

225. 杨成凯《金刻本的鉴赏与收藏——古书版本知识》,《紫禁城》2009 年第 2 期,120—125 页。

226 潘瑞国《〈松漠纪闻〉若干问题探讨》,《中国边疆民族研究》(第二辑),中央民族大学出版社 2009 年。

227. 刘晓凡《〈刘知远诸宫调〉词汇研究 》,河北师范大学硕士研究生毕业论文。

228. 周露《〈滹南遗老集〉语言学研究 》,扬州大学硕士研究生毕业论文。

229. 孙勐《北京石景山出土金代吕嗣延墓志考释》,《北方文物》2009 年第 3 期,79—85 页。

230. 公维章《山西榆社崇胜寺〈施地状刻石〉的系年问题》,《晋阳学刊》2009 年第 1 期,28—30 页。

231. 金适、乌拉熙春《女真文诞生地初现女真大字碑》,《东北史研究》2009 年第 2 期,20—25 页。

232. 刘丽萍《试析金代汉字使用之原因》,《辽金史论集》(第十一辑),209—219 页。

233. 綦岩《微探女真文字的流传》,《北方民族》2009 年第 3 期,59—63 页。

234. 綦岩《微探女真文字的流传》,《东北史研究》2009 年第 3 期,19—25 页。

235. 綦岩《微探女真文字的流传》,《黑龙江史志》2009 年第 19 期,19—20 页。

236. 邢东风《大同善化寺与朱弁碑》,《世界宗教研究》2009 年第 1 期,39—49 页。

237. 金宝丽《论金代女真文字在创制和推广中存在的问题》,《中国边疆民族研究(第二辑)》，中央民族大学出版社 2009 年。

238. 金宝丽《论女真文字与金源文化的关系》，《吉林省教育学院学报》（学科版）2009 年第 9 期，151—152 页。

239. 刘丽丽《略论女真文字》，《世纪桥》2009 年第 23 期，34—35 页。

240. 穆长青《金代官印的特征》，《东北史研究》2009 年第 2 期，33 页。

241. 陈锡兴《九叠篆的来龙去脉》，《南方文物》2009 年第 1 期，143—148 页。

242. 侯馨《金代磁州窑文字纹虎形枕》，《中国文物报》2009 年 4 月 8 日。

243. 金适《女真文诞生地初现女真文大字碑》，《中国文物报》2009 年 3 月 4 日 。

244. 金适《女真大字"文字之道，夙夜匪懈"》，《中国文物报》2009 年 4 月 1 日。

245. 金适《契丹文字石刻》，《中国文物报》2009 年 8 月 5 日。

246. 刘婉《东北地区金代以前古玺印综考》，辽宁师范大学硕士研究生毕业论文。

247. 刘晓《万松行秀新考——以〈万松舍利塔铭为中心〉》，《中国史研究》2009 年第 1 期。

248. 王聪、刘玉成、王新春《吉林省扶余县西车家店金代遗址的发掘 》，《北方文物》2009 年第 3 期，15—24 页。

249. 刘玉成、王聪、王新春《吉林省扶余县陶西林场遗址发掘简报》，《北方文物》2009 年第 3 期，33—46 页。

250. 吉林省文物考古研究所、德惠市文物管理所《吉林省德惠市朱城子七队遗址发掘简报》，《北方文物》2009 年第 3 期，27—32 页。

251. 王志刚、聂勇、徐坤、刘浩宇等《吉林省德惠市迎新遗址考古发掘报告》，《北方文物》2009 年第 4 期，36—47 页。

252. 吉林省文物考古研究所、德惠市文物管理所《吉林省德惠市李春江遗址发掘报告》，《北方文物》2009 年第 3 期，47—61 页。

253. 张玉春、王志刚《德惠市迎新遗址金代双鱼镜的检测与研究》，《北方文物》2009 年第 4 期，48—52 页。

254. 徐坤、聂勇、吴铁军等《吉林省农安草房王遗址发掘简报》，《北方文物》2009 年第 4 期，23—30 页。

255. 李东、解峰、曲清海等《吉林省梨树县八棵树金代遗址发掘报告 》，《北方文物》2009 年第 4 期，31—35 页。

256. 宋德辉《城四家子古城为辽代长春州金代新泰州》，《北方文物》2009 年第 2 期，92—95 页。

257. 宋德辉《城四家子古城为辽代长春州、金代新泰州》，《辽金史论集》（第十一辑），181—187 页。

258. 杨海鹏《金代铜坐龙的发现与研究》，《北方文物》2009 年第 1 期，44—49 页。

259. 关伯阳《金源神龙赋（并序）》，《东北史研究》2009 年第 2 期，26 页。

260. 黑龙江大学考古学专业调查组《黑龙江省肇源县大青山遗址发现一批建筑构件》，《北方文物》2009 年第 3 期，25—26 页。

261. 王进先、朱晓芳、崔国琳、张斌宏《山西长治市魏村金代纪年彩绘砖雕墓 》,《考古》2009 年第 1 期，59—64 页。

262. 耿建军、孟强、刘尊志《徐州户部山东汉至金代墓葬发掘简报》，《考古与文物》2009 年第 2 期，45—55 页。

263. 刘彦锋、丁兰坡、索全星《郑州高新区贾庄宋金墓葬发掘简报》，《中原文物》2009 年第 4 期，21—30 页。

264. 蔡毅《瓷枕探析》，《华夏考古》2009 年第 4 期，116—122 页。

265. 徐怡涛、苏林《山西长子慈林镇布村玉皇庙》，《文物》2009 年第 6 期，87—96 页。

266. 丁利娜《北京地区金代墓葬概述》，《文物春秋》2009 年第 04 期，26—31 页。

267. 安春明《河北玉田彩亭桥》，《文物春秋》2009 年第 3 期，41—42 页。

268. 刘冰《赤峰博物馆征集四块金代石刻》,《内蒙古文物考古》2009 年第 2 期,93—96 页。

269. 刘未《大同金代张澄石棺铭跋》,《山西大同大学学报》(社会科学版) 2009 年第 3 期，27—28 页。

270. 王小蒙《耀州窑青瓷的美学理念及风格变迁》,《四川文物》2009 年第 5 期,49—54 页。

271. 白庆林《定窑宽芒口瓷器装烧工艺探识》，《文物世界》2009 年第 5 期，49—51 页。

272. 冯永谦《金长城的构造形式 . 特点与定名》，《东北史地》2009 年第 5 期，2—29 页。

273. 张帆《金代鱼纹铜镜与女真人社会生活》,《哈尔滨学院学报》2009 年第 9 期,1—4 页。

274. 鞠桂玲《浅谈泰来县博物馆收藏的金代铜镜》,《黑龙江科技信息》2009 年第 33 期，118 页。

275. 徐新云、王书林、徐怡涛《陕西韩城庆善寺》，《中国历史文物》2009 年第 4 期，80—88 页。

276. 戴定九《我国古代北方的陶枕艺术》，《上海工艺美术》2009 年第 1 期，94—97 页。

277. 杜文、禚振西《凤翔青渠古瓷窑考察初步收获 》,《文博》2009 年第 5 期,10—16 页。

278. 马谋星、司建华《康乐县出土的金代窖藏钱币研究 》，《西部金融》2009 年第 8 期，85—87 页。

279. 魏传来《山东淄博窑金代三彩陶器欣赏》，《陶瓷科学与艺术》2009 年第 5 期，64—66 页。

280. 刘志国《金代磁州窑雕塑艺术》，《陶瓷科学与艺术》2009 年第 6 期，21—23 页。

281. 于立凡《金代锦地开光梅花带柄铜镜》，《紫禁城》2009 年第 8 期，104—106 页。

282. 李菲《一件金代“吴牛喘月”镜考》，《文博》2009 年第 5 期，70—71 页。

283. 吕志斌《金代早期瓦当探究》，《艺术研究》2009 年第 1 期，4—5 页。

284. 张翀《吴牛喘月镜，深藏家国天下大命题》，《艺术市场》2009 年第 2 期，58—59 页。

285. 王梦林、杨卫波《浅析天宁寺三圣塔的建筑特色及人文价值》,《科教文汇》(上旬刊)2009 年第 1 期，222 页。

286. 赵美燕、王欣《关于山西金代黑瓷的若干思考》,《山西广播电视大学学报》2009 年第 4 期，108–109 页。

287. 周向永、张大为《昌图县腰窝棚辽金遗址试掘报告》,《辽金历史与考古》(第一辑)，辽宁教育出版社 2009 年，27–40 页。

288. 郭东升《从海城三塔观析木地区重要的历史地位》,《辽金历史与考古》(第一辑)，辽宁教育出版社 2009 年，314–319 页。

289. 贾杰、张旗、王立伟《鞍山地区金代古塔初探》,《辽金历史与考古》(第一辑)，辽宁教育出版社 2009 年，320–325 页。

290. 郭晶《本溪市博物馆藏辽金瓷器精品选介》,《辽金历史与考古》(第一辑)，辽宁教育出版社 2009 年，359–362 页。

291. 郭东升《从应感通宝观辽金时期的经济特点》,《辽金历史与考古》(第一辑)，辽宁教育出版社 2009 年，363–367 页。

292. 刘鲕《锦州市博物馆收藏的金代铜印及初探》,《辽金历史与考古》(第一辑)，辽宁教育出版社 2009 年，368–373 页。

293. 臧全红、董广强《甘肃省合水县几处晚期石窟调查简报》,《敦煌研究》2009 年 5 期，53–60 页。

294. 杨海霞《宋辽金时期铜镜发展状况初探》,《美与时代》(上半月) 2009 年第 11 期，39–41 页。

295. 杨海鹏《金代耳饰述略》,《辽金史论集》(第十一辑)，228–235 页。

296. 杨海鹏《别样风情的女真金耳饰》,《收藏家》2009 年第 4 期，42–44 页。

297. 王禹浪、王宏北《金代"建元收国"石尊考略》,《黑龙江民族丛刊》2009 年第 6 期，84–88 页。

298. 王书林、徐怡涛《晋东南五代、宋、金时期柱头铺作里跳形制分期及区域流变研究》,《山西大同大学学报》(自然科学版) 2009 年第 4 期，79–85 页。

299. 彭芊芊《金上京会宁府出土铜镜考证》,《黑龙江档案》2009 年第 2 期，116 页。

300. 谷凤静《辽阳白塔之历史渊源》,《兰台世界》2009 年第 11 期，69 页。

301. 蒋炳昌《一件罕见的八方折釉红绿彩瓷枕 》,《收藏家》2009 年第 11 期，37–38 页。

302. 马希桂、马旭《北京地区出土瓷器简述（中)》,《收藏家》2009 年第 2 期，15–26 页。

303. 闫立群《昔日百姓糊墙用纸 今朝吉博镇院之宝 金代绘画精品文姬归汉图卷》,《收藏家》2009 年第 4 期，11–12 页。

304. 李伟男、范云刚《河南南召高庄金代钧瓷窖藏》,《收藏界》2009 年第 2 期，52–53 页。

305. 刘云辉《长安发现的金代皇后冠饰玉练鹊"纳言"》,《收藏》2009 年第 3 期。

306. 张丽萍《金元磁州窑瓷枕花鸟装饰浅析作者》,《收藏》2009 年第 1 期。

307. 马广彦《入窑一色 出窑万彩——金代钧瓷》,《收藏》2009 年第 5 期。

308. 俎少英《不施丹青也动人》,《收藏》2009 年第 1 期 。

309. 李伟男、范云刚《河南南召高庄金代钧瓷窖藏》,《中国文物报》,2009 年 3 月 11 日。

310. 贾文忠《罕见的提线木偶戏纹铜镜》,《中国文物报》,2009 年 7 月 29 日。

311. 李伟男《南召"高庄钧瓷窖藏"金代钧瓷胎浅识》,《中国文物报》,2009 年 7 月 22 日。

312. 乔欣《"金界壕"为什么哭泣》,《中国文化报》,2009 年 8 月 4 日。

313. 姚海河、吕东风《山西垣曲发现金元时期陶窑》,《中国文物报》,2009 年 5 月 22 日。

314. 范翠莲《金代儿童驭鹿纹印模》,《中国文物报》,2009 年 6 月 17 日。

315. 李星《山西晋中发现寺庙遗址》,《中国文物报》,2009 年 7 月 31 日。

316. 于璞、王炜、朱志刚、李春山《北京大兴辽金墓葬发掘取得重要收获》,《中国文物报》,2009 年 4 月 8 日。

317. 张翘楚、丛明宇《神秘锹头现水面 当头"王"字引争议》,《哈尔滨日报》,2009 年 7 月 24 日。

318. 岳瑞芳、张澜夕《北京发掘辽金时代塔林》,《人民日报海外版》,2009 年 1 月 6 日。

319. 岳瑞芳、张澜夕《北京大规模发掘辽金时代塔林》,《新华每日电讯》,2009 年 1 月 6 日。

320. 刘永俊《金代行宫双泉山》,《北京日报》,2009 年 12 月 27 日。

321.《摩崖石刻——承载历史岁月》,《建筑与文化》2009 年第 4 期,84-85 页。

322. 李辉《曹洞宗史上缺失的一环——以金朝石刻史料为中心的探讨》,《中国佛教的佛舍利崇奉和朝阳辽代北塔：中国 · 朝阳第二届佛教文化论坛论文集》,宗教文化出版社 2009 年。

323. 王纯婧《山西地区宋金时期瓷器研究》,吉林大学硕士研究生毕业论文。

(七)书评 . 书序 . 研究综述及目录索引

324. 景爱《〈金代女真语〉读后》,《辽金西夏历史文献(2008)》,中国民族古文字研究会 2009 年。

325. 景爱《〈女真满汉语辞典〉稿本读后》,《辽金西夏历史文献(2008)》,中国民族古文字研究会 2009 年。

326. 赵永春《独辟蹊径的中国地方史研究——程妮娜主编〈中国地方史纲〉评介》,《史学集刊》2009 年第 2 期,124-127 页。

327. 吴凤霞《20 世纪〈辽史〉〈金史〉〈元史〉研究及其影响》,《南开学报》(哲学社会科学版)2009 年第 6 期,47-48 页。

328. 程妮娜《辽金社会与文化的探索——〈宋德金集〉评介》,《北方文物》2009 年第 4 期,53-59 页。

329. 苗天娥《简评〈历史上的金兀朮〉》，《北方文物》2009年第1期，107–109页。

330. 周峰《〈金代官印〉评介》，《东北史研究》2009年第3期，59–60页。

331. 周峰《〈金代官印〉评介》，《辽金西夏历史文献（2008）》，中国民族古文字研究会2009年。

332. 太平《评乌拉熙春女真契丹学和辽金史研究的新作》，《辽宁师范大学学报》（社会科学版）2009年第5期，127–128页。

333. 步庆权、王宇彤《一幅波澜壮阔的历史画卷——读〈金源文化史稿〉》，《美术之友》2009年第3期，34–35页。

334. 郝军、衷鑫恣《鉴史与敬古———〈甘肃通史·宋夏金元〉编辑思考》，《甘肃社会科学》2009年第4期，204–206页。

335. 蔡东洲《断代军事史研究的新收获——〈南宋军事史〉评介》，《中国社会科学报》2009年7月1日。

336. 瞿林东《断代史学与民族史学研究的新成果———〈辽金元史学研究〉序》，《廊坊师范学院学报》（社会科学版）2009年第5期。

337. 邓绍基《期待金元诗文研究的繁荣——〈金元诗文与文献研究〉序》，《江西师范大学学报》（哲学社会科学版）2009年第1期，158–160页。

338. 关树东《改革开放三十年的辽金史研究述评》，《辽金史论集》（第十一辑），298–314页。

339. 曹流《2007年辽西夏金史研究综述》，《中国史研究动态》2009年第1期；1–10页。

340. 王德朋《2008年辽金西夏史研究综述》，《中国史研究动态》2009年第10期，1–11页。

341. 李华瑞、杨芳《2008年辽宋西夏金元经济史研究述评》，《中国经济史研究》2009年第2期，139–146页。

342. 王德朋《近三十年来金代商业经济研究述评》，《中国史研究动态》2009年第2期，1–11页。

343. 王德朋《近二十年来金代儒学研究述评》，《东北史地》2009年第1期，26–31页。

344. 王德朋《金代辽宁地域文化述略》，《辽宁师范大学学报》（社会科学版）2009年第6期，120–126页。

345. 杨雨舒《2009年东北边疆历史与文化学术研讨会综述》，《东北史地》2009年第6期，89–91页。

346. 张广保《全真教研究述评》，《中国史研究动态》2009年第4期。

347. 王晓颖《全真道研究综述》，《才智》2009年第3期，94–96页。

348. 李冬楠《金上京研究综述 》，《黑龙江社会科学》2009年第5期，145–148页。

349. 周健《钧瓷始烧年代研究述评》，《许昌学院学报》2009年第4期，45–51页。

350. 霍明琨《二十世纪八十年代以来的俄罗斯学界女真研究述评》，《辽金史论集》（第十一辑)，315–324 页。

351. 霍明琨《简论二十世纪的俄罗斯女真学研究》，《光明日报》，2009 年 8 月 10 日。

352. 王宏林《崇尚杜诗，推尊诗教——〈宋金三家诗选〉述略》，《中华文化论坛》2009 年第 1 期，75–81 页。

353. 周峰、孙国军《21 世纪辽金史论著目录——2003 年》，《赤峰学院学报（汉文哲学社会科学版)》2009 年第 1 期，189–200 页。

354. 孙国军、周峰《21 世纪辽金史论著目录——2004 年》，赤峰学院学报（汉文哲学社会科学版)》2009 年第 2 期，189–200 页。

355. 周峰、孙国军《21 世纪辽金史论著目录——2005 年》，赤峰学院学报（汉文哲学社会科学版)》2009 年第 3 期，186–200 页。

356. 周峰、孙国军《21 世纪辽金史论著目录——2006 年（上)》，赤峰学院学报（汉文哲学社会科学版)》2009 年第 4 期，9–14 页。

357. 周峰、孙国军《21 世纪辽金史论著目录——2006 年（下)》，赤峰学院学报（汉文哲学社会科学版)》2009 年第 5 期，192–200 页。

358. 周峰、孙国军《21 世纪辽金史论著目录———2007 年》，赤峰学院学报（汉文哲学社会科学版)》2009 年第 6 期，185–200 页。

359. 孙国军、周峰《21 世纪辽金史论著目录——2008 年》，赤峰学院学报（汉文哲学社会科学版)》2009 年第 7 期，226–240 页。

（八）快讯

360. 刘凤琴、刘长发《金史、金源文化地方特色文献数据库建设探讨》，《图书馆学刊》2009 年第 9 期，21–22 页。

361. 董绍杰、闻德锋《讲座策划的实践与思考——以金史系列讲座为例》，《图书馆建设》2009 年第 6 期，74–75 页。

362. 武继欣、常玺强、王崑《哈尔滨市阿城区金源文化旅游区资源开发评价》，《黑龙江科技信息》2009 年第 6 期，74 页。

363. 张翘楚、丛明宇《金代武官“现身”宾县 专家称为墓葬“地标”》，《哈尔滨日报》2009 年 7 月 18 日。

364. 王荣、杨炎《大散关和陆游抗金主张的转变》，《宝鸡日报》2009 年 12 月 11 日。

365. 刘金霞《照人，也折射历史》，《中国文物报》2009 年 10 月 14。

366. 杨世祥《王福义辽金史剧的艺术成就——新时期吉林戏剧创作概观之一》，《戏剧文学》2009 年第 11 期，57–62 页。

367. 金适《金启孮先生与满学研究》，《中国民族》2009 年第 3 期，19–21 页。

368. 赵宁伟、李玥玥《山西大学考古队发掘出金元明墓地》，《山西日报》2009 年 6 月 11 日。

369. 席玮《辽金西夏历史文献学术研讨会在京举行》,《中国社会科学报》2009年6月25日。

370. 徐永升《中韩日百名专家研讨“宋辽夏金元史”》,《内蒙古日报》(汉文版)2009年8月7日。

371.《中韩第三届“宋辽夏金元史”国际学术研讨会在左旗召开》,《赤峰日报》2009年8月5日。

372. 刘秀娟《辽金文学学会第五届年会暨学术研讨会在京举行》,《文艺报》2009年9月26日。

373. 宋德金《东北地域文化三题》,《光明日报》2009年7月14日。

374. 张锡坤《文化专题电视系列片〈中国寺庙〉选登——宋辽金佛寺》,《华夏文化论坛》2009年第4辑,255–259页。

375. 周喜峰《五国城:父子皇帝“坐井观天”》,《中华文化报》 2009年7月5日。

辽金文学索引

安徽师范大学文学院　李定乾　胡传志

一　学术动态

1．杜莹杰《辽金文学研究的新视角》，《中国文化报》2009 年第 3 版。

2．冯启良《中韩第三届“宋辽夏金元史”国际学术研讨会在左旗召开》，《赤峰日报》2009 年 8 月 5 日第 1 版。

3．刘建军《中国契丹文化研究中心在平泉揭牌——中国 · 平泉首届契丹文化研讨会取得丰硕成果》，《大众科技报》2009 年 9 月 1 日第 3 版。

4．席玮《辽金西夏历史文献学术研讨会在京举行》,《中国社会科学报》,2009 年 6 月 25 日。

5．陶建英、王玉亭《关注辽上京　推进契丹－辽文化研究》，《内蒙古社会科学》2009 年第 1 期。

二　书评、序言

1．刘凤翥《〈内蒙古辽代石刻文研究〉(增订本) 评介》,《中国文物报》,2009 年 2 月 18 日。

2．苗天娥《简评〈历史上的金兀朮〉》，《北方文物》2009 年第 1 期。

3．邓绍基《期待金元诗文研究的繁荣——〈金元诗文与文献研究〉序》，《江西师范大学学报 (哲学社会科学版)》2009 年第 1 期。

三　目录索引

1．周峰、孙国军《21 世纪辽金史论著目录——2003 年》，《赤峰学院学报》(汉文哲学社会科学版) 2009 年第 1 期。

2．孙国军、周峰《21 世纪辽金史论著目录——2004 年》，《赤峰学院学报》(汉文哲学社会科学版) 2009 年第 2 期。

3．周峰、孙国军《21 世纪辽金史论著目录——2005 年》，《赤峰学院学报》(汉文哲学社会科学版)2009 年第 3 期。

4．周峰、孙国军《21 世纪辽金史论著目录——2006 年（上）》，《赤峰学院学报》(汉文哲学社会科学版) 第 4 期。

5．周峰、孙国军《21 世纪辽金史论著目录——2006 年（下）》，《赤峰学院学报》（汉文哲学社会科学版）第 5 期。

6．周峰、孙国军《21 世纪辽金史论著目录——2007 年》，《赤峰学院学报》（汉文哲学社会科学版）第 6 期。

7．孙国军、周峰《21 世纪辽金史论著目录——2008 年》，《赤峰学院学报》(汉文哲学社会科学版) 第 7 期。

四　文学史料与文献研究

1．胡传志《房皞〈戊子〉诗杂考》，《晋阳学刊》2009 年第 6 期。

2．沈仁国《〈文翰类选大成〉金诗拾遗》，《江苏教育学院学报》(社会科学版)2009 年第 4 期。

3．孙勐《北京石景山出土金代吕嗣延墓志考释》，《北方文物》2009 年第 3 期。

4．刘畅、魏崇武《〈闲闲老人滏水文集〉版本考》，《中国辽金文学学会第五届年会暨学术研讨会论文集》。

5．李定乾《赵秉文著述考》，《中国辽金文学学会第五届年会暨学术研讨会论文集》。

6．李润民《高名大节　钜公伟人——金末元初名士魏璠考论》，《中国辽金文学学会第五届年会暨学术研讨会论文集》。

7．张建伟《方志中的金代诗文拾遗》，《中国辽金文学学会第五届年会暨学术研讨会论文集》。

8．黄震云、孙娟《〈诗经〉〈全辽文〉一之日考》，《中国辽金文学学会第五届年会暨学术研讨会论文集》。

9．李正民《献朝华于已荣　启夕秀于未振——研读辽金文献之一得》，《中国辽金文学学会第五届年会暨学术研讨会论文集》。

10. 王树林《元前期北宗文派七家文集汇考》，《中国辽金文学学会第五届年会暨学术研讨会论文集》。

五　文学综论

1．胡传志《金代“国朝文派”的性质及其内涵新探》，《江苏大学学报》(社会科学版)2009

年第2期。

2．张晶《金代文学中的“国朝文派”的整体性内涵》，《中国辽金文学学会第五届年会暨学术研讨会论文集》。

3．刘达科《佛禅与辽金文人》，《江苏大学学报》(社会科学版)2009年第6期。

4．刘达科《辽金诗文话语与佛禅》，《晋中学院学报》2009年第6期。

5．王永《金代散文分期与特色新论》，《中国辽金文学学会第五届年会暨学术研讨会论文集》。

6．王万志《略论金代山西文人与地域文学的发展及原因》，《史学集刊》2009年第2期。

7．沈松勤、龙小松《金代后期政治生态与文学风格的演变》，《浙江大学学报》(人文社会科学版)2009年第1期。

8．贾晓峰《隐逸与幽独——论河汾诸老的疏世心态》，《大庆师范学院学报》2009年第2期。

9．全华凌《论金元士人对韩愈接受的特点》，《求索》2009年第9期。

10.李大葆《辽阳名士的诗意生活》，《中国地名》2009年第1期。

11.赵维江《女真族的汉化进程与词学兴盛》，《中国辽金文学学会第五届年会暨学术研讨会论文集》。

12.牛贵琥《金代统一区域文化形成后的诗歌理论》，《中国辽金文学学会第五届年会暨学术研讨会论文集》。

13.张春晓《从四郎探母故事演变看民族认同的潜意识模式》，《中国辽金文学学会第五届年会暨学术研讨会论文集》。

14.邹春秀《伪齐政权的文人与文学》，《中国辽金文学学会第五届年会暨学术研讨会论文集》。

15.唐明生《宋金元时期批评文体概论》，《世界文学评论》2009年第1期。

16.赵忠敏《论金元之际东平文人的词赋之学》，《北京理工大学学报(社会科学版)》2009年第5期。

17.沈文雪《宋金文学的文化考察及其研究定位》，《长春大学学报》2009年第5期。

18.刘福燕《金代茶俗与文人茶情》，《中国辽金文学学会第五届年会暨学术研讨会论文集》。

六　元好问研究

1．查洪德《借鉴中求超越，在唐宋诗之外求出路——元好问关于诗歌发展之路的思考》，《中国辽金文学学会第五届年会暨学术研讨会论文集》。

2．孙达《元好问唐诗学研究》，河南大学2009年度博士论文。

3．尚永亮《元遗山与白乐天的诗学关联及其接受背景》，《文学遗产》2009年第4期。

4．王辉斌《元好问与金代乐府诗——“宋金元乐府诗史论”系列论文之二》，《第二届乐府与歌诗国际学术研讨会论文集》2009年。

5．刘福燕《元好问、严羽唐诗持论考察》，《西北农林科技大学学报》(社会科学版)，2009年第5期。

6．狄宝心《元好问题画诗中的画论观初探》，《中国辽金文学学会第五届年会暨学术研讨会论文集》。

7．胡传志《天放奇葩角两雄》，《中国辽金文学学会第五届年会暨学术研讨会论文集》。

8．张静《明代元好问诗歌的接受与传播》，《中国辽金文学学会第五届年会暨学术研讨会论文集》。

9．王亚然《从〈杨叔能小亨集引〉看元好问诗歌“诚”“正”的创作标准》，《安徽文学》2009年第1期。

10.方满锦（香港）《元好问论曹刘之新探》，《中国辽金文学学会第五届年会暨学术研讨会论文集》。

11.张秋爽《元好问诗学视野中的陶渊明》，《吉林省教育学院学报》2009年第9期。

12.胡鸣《从元遗山〈论诗绝句〉看潘岳的文品与人品》，《重庆科技学院学报》(社会科学版)2009年第6期。

13.王昊《雅正与尊情：元好问词学思想的内在张力及其意蕴》，《社会科学战线》2009年第9期。

14.颜庆余《元好问与词序的进化》，《兰州学刊》2009年第4期。

15.王菊芹《乱世文人的心灵图景——元好问词刍论》，《濮阳职业技术学院学报》2009年第2期。

16.于新《浅析元好问的词》，《长沙铁道学院学报》(社会科学版)2009年第4期。

17.黄春梅《元好问的宋词观》，《广西教育学院学报》2009年第2期。

18.白琰《浅析元好问的苏轼词论》，《山西煤炭管理干部学院学报》2009年第2期。

19.邓昭祺（香港）《遗山词中的“梦”》，《民族文学研究》2009年第4期。

20.赵永源《再论杜甫诗歌对遗山词风的影响》，《江苏大学学报》(社会科学版)2009年第2期。

21.魏崇武《论元好问羁管山东时间的散文创作》，《中国辽金文学学会第五届年会暨学术研讨会论文集》。

22.魏崇武《论元好问“避难南渡”时期的散文创作》，《西南民族大学学报》(人文社科版)2009年第12期。

23.李献芳《元好问在山东的文学创作及对文化的贡献》，《中国辽金文学学会第五届年会暨学术研讨会论文集》。

24. 裴兴荣《着色屏风 回文锦字——〈中州集〉作家小传所载诗句篇什述略》,《中国辽金文学学会第五届年会暨学术研讨会论文集》。

25. 裴兴荣《论〈中州集〉作家小传的文学史意义》,《山西大同大学学报》(社会科学版)2009 年 12 月第 23 卷第 6 期。

26. 贾秀云《金代士人的遭遇与元好问的悲剧意识》,《江苏大学学报》(社会科学版)2009 年第 3 期。

27. 颜庆余《〈中州集〉徐鸿熙录吴祖修批点本跋》,《中国典籍与文化》2009 (总第 69 期)。

28. 张静《〈元好问全集〉误收金元诗四首》,《江海学刊》2009 年第 4 期。

29. 张静《〈元好问全集〉增补诗辨误》,《民族文学研究》2009 年第 3 期。

30. 狄宝心《元遗山诗系年考辨十则》,《江苏大学学报》(社会科学版)2009 年第 3 期。

31. 狄宝心《遗山诗原貌考》,《晋阳学刊》2009 年第 3 期。

32. 刘达科《民国诗话中的元好问研究史料发覆》,《江苏大学学报》(社会科学版)2009 年第 1 期。

七　其他文学家研究

1. 周惠泉《宇文虚中新探》,《文学评论》2009 年第 5 期。

2. 贾秀云《宇文虚中事件与南宋社会的道德期许》,《史学月刊》2009 年第 6 期。

3. 尚永亮《论王若虚对白居易的接受及其得失》,《社会科学》2009 年第 9 期。

4. 苏利国《一心自得 浑然天成——论王若虚文论的审美指向》,《濮阳职业技术学院学报》2009 年第 2 期。

5. 张丽丽《浅析王若虚的诗学思想》,《山西煤炭管理干部学院学报》2009 年第 2 期。

6. 苏利国《不事雕篆 取法自然——论王若虚文论中的"理"》,《赤峰学院学报》(汉文哲学社会科学版)2009 年第 6 期。

7. 封树礼《李纯甫佛学思想初探》,《辽宁工程技术大学学报》(社会科学版)2009 年第 6 期。

8. 邹自振、陈宗沅《金代作家吴激生平与创作简论》,《闽江学院学报》2009 年第 4 期。

9. 邢东风《大同善化寺与朱弁碑》,《世界宗教研究》2009 年第 1 期。

10. 贾秀云《朱弁对苏黄的评价及其在金代的影响》,《晋阳学刊》2009 年第 2 期。

11. 刘启旺《朱弁诗话研究》,首都师范大学 2009 年度硕士论文。

12. 夏英琳《刘祁在金源时期的交游考略》,《滁州学院学报》2009 年第 2 期。

13. 夏英琳《刘祁与赵秉文和李纯甫交游述评》,《科教文汇》(上旬刊)2009 年第 4 期。

14. 牛海蓉《论赵秉文赋》,《中国辽金文学学会第五届年会暨学术研讨会论文集》。

15. 王昕《不乐径归真吏隐 得闲随分寄僧居——赵秉文诗文之佛心倾向疏解》,《中国辽金文学学会第五届年会暨学术研讨会论文集》。

16. 战化军《杨宏道与淄川》,《山东理工大学学报》(社会科学版)2009 年第 2 期。

17. 卢成轩、聂立申《论金朝名士党怀英的泰山情结》,《岱宗学刊》2009 年第 3 期。

八 诗

93. 马晶《曹勋诗歌研究》,西北大学 2009 年度硕士论文。

94. 彭亚萍《两宋之交宋金战事诗研究》(靖康元年至绍兴十一年,1126-1141),西南大学 2009 年度硕士论文。

95. 张毅慧《论赵秉文诗歌中的儒佛道思想》,《山西煤炭管理干部学院学报》2009 年第 2 期。

96. 李逢春《宋金元诗咏青海》,《中国土族》2009 年第 3 期。

97. 邵卯仙《金代泽州题留诗赏析》,《晋城职业技术学院学报》2009 年第 6 期。

98. 王辉斌《金元诗人与唐诗的关系探论》,《江淮论坛》2009 年第 2 期。

99. 王辉斌《金元诗歌变唐的特色与成就》,《三峡大学学报》(人文社会科学版)2009 年第 2 期。

100. 贾秀云《耶律楚材家族与白居易诗歌在辽金的传播》,《中国辽金文学学会第五届年会暨学术研讨会论文集》。

101. 杨忠谦《金世宗的史鉴意识及其影响下的大定诗坛咏史诗》,《中国辽金文学学会第五届年会暨学术研讨会论文集》。

102. 杨爱敏、姜剑云《姚孝锡诗歌情感探微》,《中国辽金文学学会第五届年会暨学术研讨会论文集》。

九 词

1. 张明星《金代词家蔡松年词刍论》,《内蒙古民族大学学报》(社会科学版)2009 年第 5 期。

2. 于东新《论金代完颜皇族词——以胡汉文化融合进程为中心》,《中国少数民族文学 60 年学术研讨会会议手册》,2009。

3. 王定勇《论女真词人完颜璹》,《黑龙江史志》2009 年第 24 期。

4. 王定勇《论金源词人王寂》,《民族文学研究》2009 年第 3 期。

5. 李楠《论金代王寂词的艺术特质》,《集宁师专学报》2009 年第 1 期。

6. 白显鹏《论金朝初年"贰臣"文人词——以胡汉文化的碰撞对话为视角》,《中国少数民族文学 60 年学术研讨会会议手册》2009 年。

7. 田玉琪《论金词的用调》,《江苏大学学报》(社会科学版)2009 年第 6 期。

8. 王昊《论金词与元词的异质性和词史分野》,《中国辽金文学学会第五届年会暨学术研讨会论文集》。

9. 左洪涛《论王重阳道教词对宋词的继承》,《中国辽金文学学会第五届年会暨学术研讨会论文集》。

10. 李艺《从全真道教原生态词创作看金代民间词》,《中国辽金文学学会第五届年会暨学术研讨会论文集》。

11. 于东新《关于金代大定、明昌词风的文化考察》,《中国辽金文学学会第五届年会暨学术研讨会论文集》。

十　戏剧

1. 刘崇德《宋金曲之曲体及曲调》,《合肥师范学院学报》2009 年第 5 期。

2. 张本一《论金元北曲中的市井之音》,《交响 – 西安音乐学院学报》2009 年第 3 期。

3. 高人雄《辽代戏剧三考》,《中国辽金文学学会第五届年会暨学术研讨会论文集》。

4. 薛瑞兆《论幺么院本》,《文学遗产》2009 年第 5 期。

5. 宋瑞斌《论王实甫〈西厢记〉对〈莺莺传〉和〈西厢记诸宫调〉的继承和发展》,《黑龙江教育学院学报》2009 年第 5 期。

6. 罗冠华《红娘的形象何以变化多端》,《四川戏剧》2009 年第 1 期。

7. 郑卫民《从〈莺莺传〉到〈董西厢〉》,《读与写杂志》2009 年第 8 期。

8. 刘代霞《从〈董西厢〉看女真婚俗对金代婚姻观念的影响》,《黑龙江民族丛刊》2009 年第 4 期。

十一　文学与语言文字、文化

1. 黄震云《三祖三变传说与契丹的史前文明》,《中国辽金文学学会第五届年会暨学术研讨会论文集》。

2. 薛瑞兆《论金代文化的历史渊源》,《中国辽金文学学会第五届年会暨学术研讨会论文集》。

3. 郑恩淮《辽朝文化中心在南京(今北京)》,《辽宁工程技术大学学报》(社会科学版)2009 年第 2 期。

4. 王德朋《金代辽宁地域文化述略》,《辽宁师范大学学报》(社会科学版)2009 年第 6 期。

5. 郭明志《汉火百炼金源金,周制一用中华中——金源文化考论》,《北方论丛》2009 年第 5 期。

6. 金宝丽《论女真文字与金源文化的关系》,《吉林省教育学院学报》(学科版)2009 年第 9 期。

6. 周露《〈滹南遗老集〉语言学研究》，扬州大学硕士论文。

7. 黎新第《在辽代石刻韵文中见到的辽代汉语语音》，《古汉语研究》2009 年第 1 期。

8. 孙伯君《从契丹小字“沓”看支思韵在辽代的分立》，《中国语文》2009 年第 1 期。

9. 于春龙《近代中日文化交流中的一侧面》，东北师范大学 2009 年度硕士论文。

10. 李成《民族文化融合是金代文学发展的重要动力——以金代作家构成等为例》，《中国辽金文学学会第五届年会暨学术研讨会论文集》。

11. 綦岩《微探女真文字的流传》，《黑龙江史志》2009 年第 19 期。

12. 张帆《试谈辽代墓葬的研究和对契丹文化的再认识》，《内蒙古文物考古》2009 年第 1 期。

13. 沈钟伟《契丹小字韵文初探》，《民族语文》2009 年第 3 期。

14. 吉如何、吴英喆《契丹小字原字字形规范与原字总表》，《内蒙古大学学报》(哲学社会科学版)2009 年第 3 期。

15. 孙佳佳、任仲书《契丹文化对中原传统文化的影响》，《赤峰学院学报》(汉文哲学社会科学版) 2009 年第 2 期。

16. 宗喀、漾正冈布(Yongdrol K. Tsongkha)、刘铁程《契丹文化变迁与早期政治》，《西北民族大学学报》(哲学社会科学版)2009 年第 3 期。

17. 孟盛彬《契丹、汉语合璧诗新释》，《赤峰学院学报》(汉文哲学社会科学版) 2009 年第 5 期。

18. 刘丽丽《略论女真文字》，《世纪桥》2009 年第 12 期。

19. 李冬楠《辽金元都城文化的特点及形成原因》，《学术交流》2009 年第 9 期。

20. 田索菲《辽金时期契丹女真的民族政策和文化特点》，《黑龙江史志》2009 年第 15 期。

21. 周惠泉《论满族说部》，《民族文学研究》2009 年第 1 期。

22. 周惠泉《论金代女真族口传长篇叙事文学的发现在文学史上的意义》，《江苏大学学报》(社会科学版)2009 年第 1 期。

23. 周惠泉《东北地区的非物质文化遗产及其重要价值》，《社会科学战线》2009 年第 3 期。

24. 景爱《历史小说杨家将中的萧太后》，《辽宁工程技术大学学报》(社会科学版)第 11 卷 2009 年第 1、2 期。

25. 霍明琨《简论二十世纪的俄罗斯女真学研究》，《光明日报》2009 年 8 月 10 日第 7 版“理论综合”。

西夏学索引

中国社会科学院研究生院　李　杨

一　著作

1．Е．И．克恰诺夫、聂鸿音《西夏文〈孔子和坛记〉研究》，民族出版社。

2．孙继民《俄藏黑水城所出〈宋西北边境军政文书〉整理与研究》，中华书局。

3．张迎胜《西夏人的精神世界》，宁夏人民出版社出版。

二　综述

1．史金波《我与国家图书馆藏西夏文献》，《光明日报》2009 年 11 月 19 日第 6 版。

2．牛达生《简论西方学者早期西夏学研究中的几个问题》，《宁夏社会科学》2009 年第 2 期。

3．聂鸿音《世纪回首：中国西夏学的歧路彷徨》，《中国民族研究年鉴》（2007 年卷），中央民族大学出版社，2009 年

4．孙继民《敦煌学视野下的黑水城文献研究》，《南京师范大学学报》2009 年第 3 期。

5．杜建录《黑水城汉文文献综述》，《西夏学》第 4 辑。

6．杜建录《西夏文献的发现与整理研究》，《图书馆理论与实践》2009 年第 4 期。

7．束锡红《黑城残篇频回首——英藏黑水城西夏文书的搜集、整理与研究》，《中国社会科学报》2009 年 8 月 20 日第 5 版。

8．张琰玲《二百年中国西夏学著作概述》，《宁夏社会科学》2009 年第 5 期。

9．张琰玲、徐雯《60 年来港台地区西夏学研究》，《宁夏师范学院学报》2009 年第 4 期。

10．任菲菲《2008 年西夏学研究综述》，《宁夏师范学院学报》2009 年第 2 期。

11．黄秀兰《近两年国内西夏学研究文献统计分析》，《宁夏社会科学》2009 年第 1 期。

12．孙颖慧、王艳春《第三届西夏学国际学术研讨会综述》，《宁夏社会科学》2009 年第 1 期。

13．马淑萍《〈宁夏社会科学〉西夏研究十七年》，《宁夏社会科学》2009 年第 6 期。

三　文献考释和语言、文字研究

佛教文献释读

1．戴忠沛《藏文注音西夏文残片的分类和来源》，《民族研究》2009 年第 6 期。

2．戴忠沛《五份新见藏文注音西夏文残片校释》，《宁夏社会科学》2009 年第 6 期。

3．西田龙雄著，景永时、鲁忠慧译《关于西夏语翻译的〈法华经〉》，《图书馆理论与实践》2009 年第 2 期。

4．黄杰华《黑水城出土藏传佛教实修文书〈慈乌大黑要门〉初探》，《中国藏学》2009 年第 3 期。

5．段玉泉《西夏文〈圣胜慧到彼岸功德宝集偈〉考论》，《西夏学》第 4 辑。

6．段玉泉《甘博藏西夏文〈自在大悲心经〉写本残叶考》，《宁夏大学学报》（人文社会科学版）2009 年第 2 期。

7．段玉泉《西夏藏传佛教文献周慧海译本述略》，《中国藏学》2009 年第 3 期。

8．段玉泉《元刊西夏文大藏经的几个问题》，《文献》2009 年第 1 期。

9．聂鸿音《西夏文〈无垢净光总持后序〉考释》，《兰州学刊》2009 年第 7 期。

10．聂鸿音《乾祐二十年〈弥勒上生经御制发愿文〉的夏汉对勘研究》，《西夏学》第 4 辑。

11．聂鸿音《西夏文〈阿弥陀经发愿文〉考释》，《宁夏社会科学》2009 年第 5 期。

12．孙伯君《黑水城出土〈圣六字增寿大明陀罗尼经〉译释》，《西夏学》第 4 辑。

13．孙伯君《黑水城出土西夏文〈佛说圣大乘三归依经〉译释》，《兰州学刊》2009 年第 7 期。

14．许生根《日本藏西夏文刊本〈大方广佛华严经〉考略》，《宁夏社会科学》2009 年第 4 期。

15．杨志高《西夏文〈慈悲道场忏罪法〉卷二残叶研究》，《民族语文》2009 年第 1 期。

16．杨志高《俄藏本和印度出版的西夏文〈慈悲道场忏罪法〉叙考》，《图书馆理论与实践》2009 年第 12 期。

17．崔红芬《英藏西夏文〈华严经普贤行愿品〉残叶释读》，《文献》2009 年第 2 期。

18．崔红芬《俄藏西夏文佛经用纸与印刷》，《兰州学刊》2009 年第 2 期。

19．惠宏《黑水城出土〈尚书句解〉残页考》，《西夏学》第 4 辑。

20．西田龙雄著、刘红军译《西夏语佛典目录编纂诸问题》（前半部分），《西夏学》第 4 辑。

世俗文献释读

21．克平著，李杨、王培培译《汉武帝〈秋风辞〉的番语译文》，《西夏学》第 4 辑。

22．聂鸿音《西夏译本〈明堂灸经〉初探》，《文献》2009 年第 3 期。

23．聂鸿音《俄藏 4167 号西夏文〈明堂灸经〉残叶考》，《民族语文》2009 年第 4 期。

24．黄延军《西夏文〈经史杂抄〉考源》，《民族研究》2009 年第 2 期。

25．王培培《西夏文〈类林〉音义补正》，《宁夏社会科学》2009 年第 7 期。

26. 彭向前《夏译汉籍校勘价值举隅》，《宁夏师范学院学报》2009年第4期。

27. 彭向前、李晓玉《一件黑水城出土夏汉合璧历日考释》，《西夏学》第4辑。

28. 彭向前《释“兀擦”》，《书品》2009年第6辑。

29. 文志勇《〈西夏官阶封号表〉残卷新译及考释》，《宁夏社会科学》2009年第1期。

30. 贾常业《西夏法律文献〈新法〉第一译释》，《宁夏社会科学》2009年第4期。

31. 陈瑞青《黑水城所出元代亦集乃路总管府钱粮房〈照验状〉考释》，《西夏学》第4辑。

32. 杜立晖《黑水城F114:W3元代选充仓库官文书初探》，《西夏学》第4辑。

33. 陈艳《俄藏黑水城TK318号文书考释》，《西夏学》第4辑。

34. 许伟伟《〈天盛律令·节亲门〉对译与考释》，《西夏学》第4辑。

35. 杜建录《英藏黑水城马匹草料文书考释》，《宁夏社会科学》2009年第5期。

36. 牛达生《夏州政权建立者拓拔思恭的新资料——唐代〈白敬立墓志铭〉考释之二》，《兰州学刊》2009年第9期。

37. 刘永刚《〈宋大诏令集〉西夏目诏令辑补》，《宁夏大学学报》2009年第5期。

38. 闫永宁《〈元代西夏遗民文献述善集校注〉标点献疑》，《社科纵横》2009年第6期。

四 社会、经济、政治、法律

1. 王炯、彭向前《“五德终始说”视野下的“大白高国”》，《 青海民族学院学报》2009年第3期。

2. 彭向前《试论西夏“以十二月为岁首”》，《兰州学刊》2009年第12期。

3. 杨浣、王军辉的《“西夏”小考》，《宁夏大学学报》（人文社会科学版）2009年第2期。

4. 杨富学、陈爱峰《黑水城出土夏金榷场贸易文书研究》，《中国史研究》2009年第2期。

5. 赵天英、杨富学《从朝贡和榷场贸易看西夏物产》，《西北民族大学学报》（哲学社会科学版）2009年第4期。

6. 王亚莉《元代亦集乃路“蒙古八站”考释》，《西夏学》第4辑。

7. 于光建、张吉林的《试论武威在西夏王朝的历史地位》，《丝绸之路》2009年第14期。

8. 王文元《探秘“西夏陪都”》，《西部论丛》2009年第7期。

9. 杨彦彬《从黑城文书看北元时期甘肃地区的分省设置——以三件黑城出土文书为中心》，《西夏学》第4辑。

10. 赵彦龙等《西夏的书信文书》，《宁夏社会科学》2009年第5期。

11. 高宗池、赵彦龙《论西夏法典中的文书制度》，《青海民族研究》2009年第1期。

12. 杨树娜、杨彦彬《西夏童蒙教育刍议》，《科教文汇》2009年第8期。

13. 文志勇《从俄藏汉文〈杂字〉看西夏社会发展》，《兰州学刊》2009年第2期。

14. 栾晓丽《论西夏时期河西走廊地区土地利用方式与沙漠化的关系》，《青年科学》

2009年第2期。

15. 颜廷真等《略论西夏兴庆府城规划布局对中原风水文化的继承和发展》，《地域研究与开发》2009年第2期。

16. 彭善国《西夏制瓷手工业述论》，《内蒙古文物考古》2009年第1期。

17. 李进兴《西夏瓷器造型探析》，《兰州学刊》2009年第9期。

18. 许伟伟《黑城夏元时期契约文书的若干问题——以谷物借贷文书为中心》，《宁夏社会科学》2009年第5期。

19. 船田善之著、彭向前译《元代汉文公文书（文书原件）的现状及其研究文献》，《西夏学》第4辑。

20. 潘洁《黑水城出土元代赋税文书研究》，《西夏学》第4辑。

21. 徐悦《元代亦集乃路农作物种类考述》，《西夏学》第4辑。

22. 姜莉《从〈天盛律令〉看西夏的税法》，《贵州民族学院学报》2009年第2期。

23. 张永萍《唐与西夏婚姻制度之比较——以〈唐律〉和〈天盛改旧定新律令〉为中心》，《河北学刊》2009年第2期。

24. 姜歆《西夏法典〈天盛律令〉佛道法考》，《宁夏师范学院学报》2009年第4期。

25. 邵方《西夏的诉讼审判制度初探》，《法学评论》2009年第4期。

26. 王盼《麦足朵立只答站户案初探》，《西夏学》第4辑。

五　文化、艺术、宗教

1. 薛正昌《文化背景的大一统——从西夏文化的遗存看传统文化的深层影响》，《宁夏社会科学》2009年第5期。

2. 艾红玲《西夏礼仪制度考论》，《宁夏社会科学》2009年第1期。

3. 孔德翊、孔德龙的《浅析西夏儒家文化建构的必要性》，《大众商务》2009年第12期。

4. 史金波《西夏皇室和敦煌莫高窟刍议》，《西夏学》第4辑。

5. 刘玉权《敦煌西夏石窟研究琐言》，《敦煌研究》2009年第4期。

6. 刘玉权《榆林窟第29窟水月观音图部分内容新析》，《敦煌研究》2009年第2期。

7. 陈育宁、汤晓芳《元代刻印西夏文佛经版画及艺术特征》，《宁夏社会科学》2009年第3期。

8. 顾颖《西夏藏传风格绘画与西藏佛画的异同比较》，《宁夏社会科学》2009年第4期。

9. 赖天兵《从藏汉交流的风格形态看飞来峰元代造像与西夏艺术的关系》，《敦煌研究》2009年第5期。

10. 束锡红《敦煌西域学界面临的新形势与俄藏黑水城艺术品的研究和出版》，《西北民族大学学报》2009年第2期。

11. 邓如萍著，聂鸿音译《西夏佛典中的翻译史料》，《中华文史论丛》2009 年第 95 期。

12. 陈爱峰、杨富学《西夏印度佛教关系考》，《宁夏社会科学》2009 年第 2 期。

13. 公维章《西夏时期敦煌的五台山文殊信仰》，《泰山学院学报》2009 年第 2 期。

14. 樊丽沙、杨富学《西夏境内的汉僧及地位》，《敦煌学辑刊》2009 年第 1 期。

15. 张迎圣《佛教与西夏文字的创制》，《兰州学刊》2009 年第 3 期。

16. 艾红玲《论西夏的宗教信仰对其礼制的影响》，《兰州学刊》2009 年第 3 期。

六　族群和民族关系

1. 张丽娟、王宏涛《试论“党项”名称之由来》，《黑龙江史志》2009 年 第 12 期。

2. 孙伯君《西夏番姓译正》，《民族研究》2009 年第 5 期。

3. 佟建荣、张万静《西夏后妃姓氏异译考论》，《宁夏社会科学》2009 年第 5 期。

4. 李鸿宾《唐末的形势与党项势力的崛起》，《宁夏社会科学》2009 年第 2 期。

5. 汪天顺《论薛向经营北宋西北国防》，《宁夏社会科学》2009 年第 4 期。

6. 魏淑霞、陈燕《余靖与宋夏和议》，《宁夏社会科学》2009 年第 3 期。

7. 李玉芳《宋夏缘边蕃汉经济法律述略》，《黑龙江史志》2009 年 第 4 期。

8. 夏宇旭《略述金代契丹人对西夏的求援》，《兰台世界》2009 年第 15 期。

9. 陈爱峰、杨富学《西夏与回鹘贸易关系考》，《兰州学刊》2009 年第 1 期。

10. 周峰《试论金朝对西部边疆的经略——以西夏和西辽为中心》，《东北史地》2009 年第 4 期。

11. 金勇强《环境冲突视野下的宋夏战争》，《延安大学学报》2009 年第 5 期。

12. 金勇强《论地形地貌对宋夏战事的影响》，《宁夏大学学报》2009 年第 2 期。

13. 金勇强《宋夏战争对黄土高原地区植被的影响》，《宁夏师范学院学报》2009 年第 4 期。

14. 金勇强《区域气候与宋夏战争》，《宁夏大学学报》2009 年第 5 期。

七　文物考古

1. 庄电一《西夏陵六号陵地面遗迹有重要发现》，《光明日报》2009 年 2 月 18 日第 2 版。

2. 束锡红《黑水城“河边大塔”的性质及断代——以考察队的地图和照片为中心》，《西夏学》第 4 辑。

3. 申东《西夏区发现大规模古代石灰窑遗址》，《宁夏日报》2009 年 8 月 5 日第 6 版。

4. 李清萍《青铜峡一西夏墓被盗》，《宁夏日报》2009 年 2 月 20 日第 7 版。

5. 杨焘郡《银川发现西夏时期古井》，《宁夏日报》2009 年 12 月 4 日第 11 版。

6. 唐荣尧《来自青藏高原的——西夏大发现》，《中国民族报》2009 年 1 月 16 日第 12 版。

7. 李进兴《略说西夏塔形擦擦与铜模》，《中国文物报》2009 年 6 月 24 日第 7 版。

8. 志荣《西夏钱币珍品——大安通宝》，《收藏界》2009 年第 10 期。

9. 杨浣《〈平乐府学记〉考释——兼论元末西夏遗裔也儿吉尼在广西的政绩》，《北方民族大学学报》2009 年第 5 期。

10. 王颋《元代大名路达鲁花赤唐兀人昔李氏世系考》，《北方民族大学学报》2009 年第 1 期。

11. 王颋、刘文飞《唐兀人余阙的生平和作品》，《北方民族大学学报》2009 年第 5 期。

八　书评

1. 聂鸿音《〈"同音文海宝韵合编"整理与研究〉读后》，《书品》2009 年第 2 期。

2. 彭向前《〈"天盛律令"与西夏法制研究〉评介》，《宁夏大学学报》2009 年第 2 期。

3. 李范文、王艳春《传承文明，自主创新——大型丛书〈西夏研究〉简介》，《宁夏社会科学》2009 年第 3 期。

4. 陈育宁、杜建录《一部西夏史研究的创新力作——评史金波著〈西夏社会〉》，《民族研究》2009 年第 3 期。

5. 刘建丽、郝军《西夏文献研究的新探索——评胡玉冰〈传统典籍中汉文西夏文献研究〉》，《宁夏师范学院学报》（人文社会科学）2009 年第 4 期。

6. 史金波《残页做出大文章——评〈俄藏黑水城所出宋西北边境军政文书整理与研究〉》，《安徽史学》2009 年第 6 期。

7. 聂鸿音《〈俄藏黑水城所出宋西北边境军政文书整理与研究〉读后》，《书品》2009 年第 6 辑。

8.《俄藏黑水城汉文文献研究的里程碑——评孙继民〈俄藏黑水城所出宋西北边境军政文书整理与研究〉》，《宁夏社会科学》2009 年第 6 期。

9. 何玉红《宋夏战争史研究的新视角——〈拓边西北—北宋中后期对夏战争研究〉评介》，《宁夏大学学报》2009 年第 2 期。

10. 武宇林《日本东京大学所藏西夏文〈大智度论〉残片研究述评》，《北方民族大学学报》2009 年第 1 期。

附录一：辽、西夏、金皇帝世系表

辽皇帝世系表

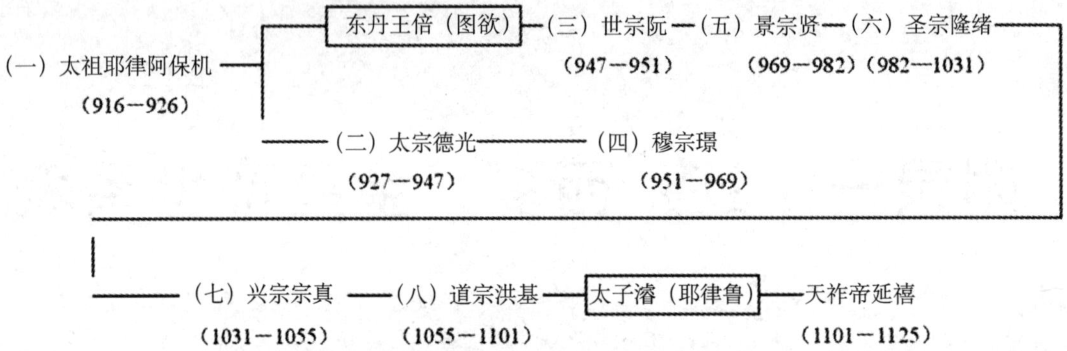
（一）太祖耶律阿保机
（916－926）
东丹王倍（图欲）
（三）世宗阮
（947－951）
（五）景宗贤
（969－982）
（六）圣宗隆绪
（982－1031）
（二）太宗德光
（927－947）
（四）穆宗璟
（951－969）
（七）兴宗宗真
（1031－1055）
（八）道宗洪基
（1055－1101）
太子濬（耶律鲁）
天祚帝延禧
（1101－1125）

西夏皇帝世系表

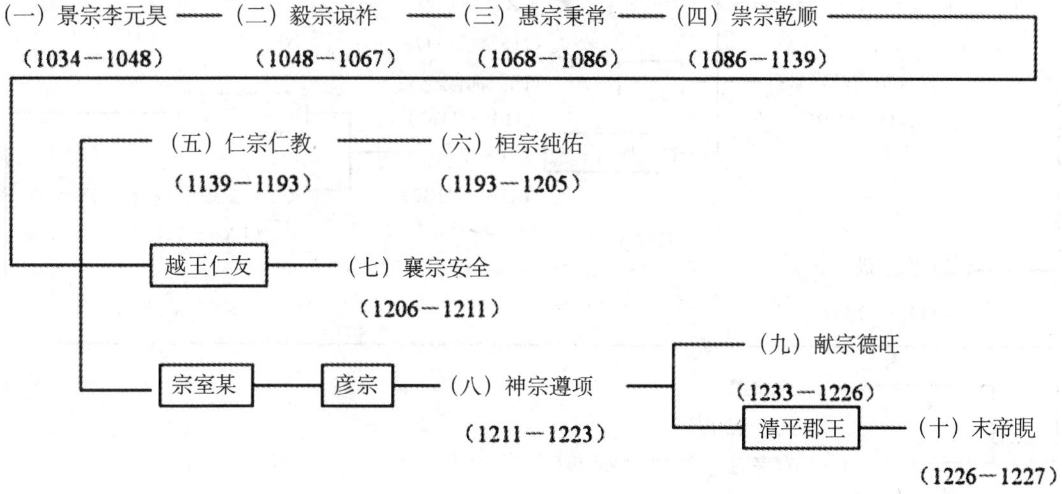
(一) 景宗李元昊
(1034—1048)
(二) 毅宗谅祚
(1048—1067)
(三) 惠宗秉常
(1068—1086)
(四) 崇宗乾顺
(1086—1139)
(五) 仁宗仁教
(1139—1193)
(六) 桓宗纯佑
(1193—1205)
越王仁友
(七) 襄宗安全
(1206—1211)
宗室某
彦宗
(八) 神宗遵项
(1211—1223)
(九) 献宗德旺
(1233—1226)
清平郡王
(十) 末帝睍
(1226—1227)

金皇帝世系表

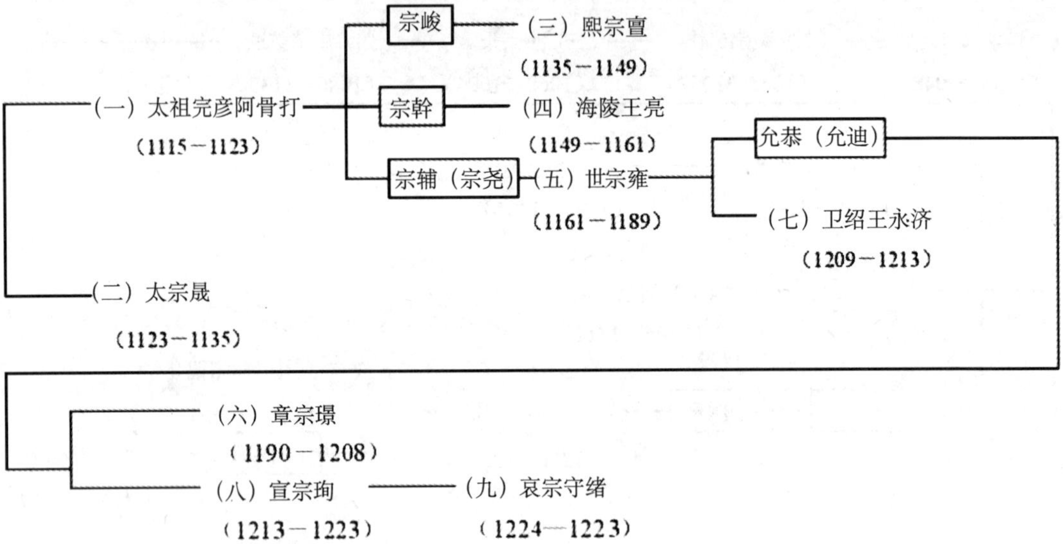

宗峻
（三）熙宗亶
（1135－1149）
（一）太祖完彦阿骨打
（1115－1123）
宗斡
（四）海陵王亮
（1149－1161）
允恭（允迪）
宗辅（宗尧）
（五）世宗雍
（1161－1189）
（七）卫绍王永济
（1209－1213）
（二）太宗晟
（1123－1135）
（六）章宗璟
（1190－1208）
（八）宣宗珣
（1213－1223）
（九）哀宗守绪
（1224—1223）

附录二：辽西夏金年表

辽西夏金年表

公元	干支	辽	后梁
916	丙子	神册元年（太祖耶律亿十二月立）	贞明 2 年
917	丁丑	神册 2 年	贞明 3 年
918	戊寅	神册 3 年	贞明 4 年
919	己卯	神册 4 年	贞明 5 年
920	庚辰	神册 5 年	贞明 6 年
921	辛巳	神册 6 年	龙德元年（五月改）
922	壬午	天赞元年（二月改）	龙德 2 年
923	癸未	天赞 2 年	龙德 3 年（十月亡）
			后　唐 同光元年 (庄宗李存勖四月改)
924	甲申	天赞 3 年	同光 2 年
925	乙酉	天赞 4 年	同光 3 年
926	丙戌	天显元年（二月改）	天成元年 (明宗李嗣源四月改)
927	丁亥	天显 2 年（耶律德光）	天成 2 年
928	戊子	天显 3 年	天成 3 年
929	己丑	天显 4 年	天成 4 年
930	庚寅	天显 5 年	长兴元年（二月改）
931	辛卯	天显 6 年	长兴 2 年
932	壬辰	天显 7 年	长兴 3 年
933	癸巳	天显 8 年	长兴 4 年
934	甲午	天显 9 年	应顺元年 (闵帝李从厚正月改至四月) 清泰 (末帝李从珂四月改)
935	乙未	天显 10 年	清泰 2 年

公元	干支	辽	后唐
936	丙申	天显11年	清泰3年 （闰十一月亡）
			后晋 天福元年（高祖石敬瑭十一月改）
937	丁酉	天显12年	天福2年
938	戊戌	会同元年（十一月改）	天福3年
939	己亥	会同2年	天福4年
940	庚子	会同3年	天福5年
941	辛丑	会同4年	天福6年
942	壬寅	会同5年	天福7年
943	癸卯	会同6年	天福8年 （出帝石重贵）
944	甲辰	会同7年	开运元年（七月改）
945	乙未	会同8年	开运2年
946	丙午	会同9年	开运3年（亡）
			后　汉
947	丁未	大同元年（二月改） 天禄元年（世宗耶律阮九月改）	天福 （高祖刘知远仍称天福十二年）
948	戊申	天禄2年	乾祐元年
949	己酉	天禄3年	乾祐2年 （隐帝刘承祐）
950	庚戌	天禄4年	乾祐3年（亡）
951	辛亥	应历元年（穆宗耶律璟九月改）	后周 广顺（太祖郭威）
952	壬子	应历2年	广顺2年
953	癸丑	应历3年	广顺3年
954	甲寅	应历4年	显德（正月改）
955	乙卯	应历5年	显德2年 （世宗柴荣）
956	丙辰	应历6年	显德3年
957	丁巳	应历7年	显德4年
958	戊午	应历8年	显德5年
959	己未	应历9年	显德6年 （恭帝柴宗训）
960	庚申	应历10年	显德7年 （七月亡，是年宋立，改元建隆）
961	辛酉	应历11年	建隆2年
962	壬戌	应历12年	建隆3年
963	癸亥	应历13年	乾德（十一月改）

公元	干支	辽	宋
964	甲子	应历 14 年	乾德 2 年
965	乙丑	应历 15 年	乾德 3 年
966	丙寅	应历 16 年	乾德 4 年
967	丁卯	应历 17 年	乾德 5 年
968	戊辰	应历 18 年	开宝元年（十一月改）
969	己巳	保宁元年（景宗耶律贤二月改）	开宝 2 年
970	庚午	保宁 2 年	开宝 3 年
971	辛未	保宁 3 年	开宝 4 年
972	壬申	保宁 4 年	开宝 5 年
973	癸酉	保宁 5 年	开宝 6 年
974	甲戌	保宁 6 年	开宝 7 年
975	乙亥	保宁 7 年	开宝 8 年
976	丙子	保宁 8 年	太平兴国（太宗赵匡义十二月改）
977	丁丑	保宁 9 年	太平兴国 2 年
978	戊寅	保宁 10 年	太平兴国 3 年
979	己卯	乾亨元年（十一月改）	太平兴国 4 年
980	庚辰	乾亨 2 年	太平兴国 5 年
981	辛巳	乾亨 3 年	太平兴国 6 年
982	壬午	乾亨 4 年	太平兴国 7 年
983	癸未	统和元年（圣宗耶律隆绪六月改）	太平兴国 8 年
984	甲申	统和 2 年	雍熙（十一月改）
985	乙酉	统和 3 年	雍熙 2 年
986	丙戌	统和 4 年	雍熙 3 年
987	丁亥	统和 5 年	雍熙 4 年
988	戊子	统和 6 年	端拱元年
989	己丑	统和 7 年	端拱 2 年
990	庚寅	统和 8 年	淳化元年
991	辛卯	统和 9 年	淳化 2 年
992	壬辰	统和 10 年	淳化 3 年
993	癸巳	统和 11 年	淳化 4 年
994	甲午	统和 12 年	淳化 5 年
995	乙未	统和 13 年	至道元年
996	丙申	统和 14 年	至道 2 年
997	丁酉	统和 15 年	至道 3 年
998	戊戌	统和 16 年	咸平元年（真宗赵恒）
999	己亥	统和 17 年	咸平 2 年
1000	庚子	统和 18 年	咸平 3 年
1001	辛丑	统和 19 年	咸平 4 年

公元	干支	辽	西夏	宋
1002	壬寅	统和 20 年		咸平 5 年
1003	癸卯	统和 21 年		咸平 6 年
1004	甲辰	统和 22 年		景德元年
1005	乙巳	统和 23 年		景德 2 年
1006	丙午	统和 24 年		景德 3 年
1007	丁未	统和 25 年		景德 4 年
1008	戊申	统和 26 年		大中祥符元年
1009	己酉	统和 27 年		大中祥符 2 年
1010	庚戌	统和 28 年		大中祥符 3 年
1011	辛亥	统和 29 年		大中祥符 4 年
1012	壬子	开泰元年（十一月改）		大中祥符 5 年
1013	癸丑	开泰 2 年		大中祥符 6 年
1014	甲寅	开泰 3 年		大中祥符 7 年
1015	乙卯	开泰 4 年		大中祥符 8 年
1016	丙辰	开泰 5 年		大中祥符 9 年
1017	丁巳	开泰 6 年		天禧元年
1018	戊午	开泰 7 年		天禧 2 年
1019	己未	开泰 8 年		天禧 3 年
1020	庚申	开泰 9 年		天禧 4 年
1021	辛酉	太平元年（十一月改）		天禧 5 年
1022	壬戌	太平 2 年		乾兴元年
1023	癸亥	太平 3 年		天圣元年 （仁宗赵祯）
1024	甲子	太平 4 年		天圣 2 年
1025	乙丑	太平 5 年		天圣 3 年
1026	丙寅	太平 6 年		天圣 4 年
1027	丁卯	太平 7 年		天圣 5 年
1028	戊辰	太平 8 年		天圣 6 年
1029	己巳	太平 9 年		天圣 7 年
1030	庚午	太平 10 年		天圣 8 年
1031	辛未	景福 元年 （兴宗耶律宗真六月改）		天圣 9 年
1032	壬申	重熙元年 （十一月改 ）	显道元年 （景宗李元昊十一月立）	明道元年 （十一月改）
1033	癸酉	重熙 2 年	显道 2 年	明道 2 年
1034	甲戌	重熙 3 年	开运元年（七月改） 广运元年（八月改）	景祐元年
1035	乙亥	重熙 4 年	广运 2 年	景祐 2 年
1036	丙子	重熙 5 年	大庆元年（十二月改）	景祐 3 年
1037	丁丑	重熙 6 年	大庆 2 年	景祐 4 年
1038	戊寅	重熙 7 年	天授礼法延祚（十月改）	宝元（十一月改）

公元	干支	辽	西 夏	宋
1039	己卯	重熙 8 年	天授礼法延祚 2 年	宝元 2 年
1040	庚辰	重熙 9 年	天授礼法延祚 3 年	康定元年（二月改）
1041	辛巳	重熙 10 年	天授礼法延祚 4 年	庆历元年 （十一月改）
1042	壬午	重熙 11 年	天授礼法延祚 5 年	庆历 2 年
1043	癸未	重熙 12 年	天授礼法延祚 6 年	庆历 3 年
1044	甲申	重熙 13 年	天授礼法延祚 7 年	庆历 4 年
1045	乙酉	重熙 14 年	天授礼法延祚 8 年	庆历 5 年
1046	丙戌	重熙 15 年	天授礼法延祚 9 年	庆历 6 年
1047	丁亥	重熙 16 年	天授礼法延祚 10 年	庆历 7 年
1048	戊子	重熙 17 年	天授礼法延祚 11 年	庆历 8 年
1049	己丑	重熙 18 年	延嗣宁国元年	皇祐元年
1050	庚寅	重熙 19 年	天祐垂圣元年	皇祐 2 年
1051	辛卯	重熙 20 年	天祐垂圣 2 年	皇祐 3 年
1052	壬辰	重熙 21 年	天祐垂圣 3 年	皇祐 4 年
1053	癸巳	重熙 22 年	福圣承道元年	皇祐 5 年
1054	甲午	重熙 23 年	福圣承道 2 年	至和元年（三月改）
1055	乙未	清宁元年 （道宗耶律洪基八月改）	福圣承道 3 年	至和 2 年
1056	丙申	清宁 2 年	福圣承道 4 年	嘉祐元年（九月改）
1057	丁酉	清宁 3 年	奲都元年	嘉祐 2 年
1058	戊戌	清宁 4 年	奲都 2 年	嘉祐 3 年
1059	己亥	清宁 5 年	奲都 3 年	嘉祐 4 年
1060	庚子	清宁 6 年	奲都 4 年	嘉祐 5 年
1061	辛丑	清宁 7 年	奲都 5 年	嘉祐 6 年
1062	壬寅	清宁 8 年	奲都 6 年	嘉祐 7 年
1063	癸卯	清宁 9 年	拱化元年	嘉祐 8 年
1064	甲辰	清宁 10 年	拱化 2 年	治平元年 （英宗赵曙）
1065	乙巳	咸雍元年	拱化 3 年	治平 2 年
1066	丙午	咸雍 2 年	拱化 4 年	治平 3 年
1067	丁未	咸雍 3 年	拱化 5 年	治平 4 年
1068	戊申	咸雍 4 年	乾道（惠宗李秉常）	熙宁（神宗赵顼）
1069	己酉	咸雍 5 年	乾道 2 年	熙宁 2 年
1070	庚戌	咸雍 6 年	天赐礼盛国庆元年	熙宁 3 年
1071	辛亥	咸雍 7 年	天赐礼盛国庆 2 年	熙宁 4 年
1072	壬子	咸雍 8 年	天赐礼盛国庆 3 年	熙宁 5 年
1073	癸丑	咸雍 9 年	天赐礼盛国庆 4 年	熙宁 6 年
1074	甲寅	咸雍 10 年	天赐礼盛国庆 5 年	熙宁 7 年
1075	乙卯	大康元年	大安元年	熙宁 8 年

公元	干支	辽	西夏	宋
1076	丙辰	大康.2年	大安2年	熙宁9年
1077	丁巳	大康3年	大安3年	熙宁10年
1078	戊午	大康4年	大安4年	元丰元年
1079	己未	大康5年	大安5年	元丰2年
1080	庚申	大康6年	大安6年	元丰3年
1081	辛酉	大康7年	大安7年	元丰4年
1082	壬戌	大康8年	大安8年	元丰5年
1083	癸亥	大康9年	大安9年	元丰6年
1084	甲子	大康10年	大安10年	元丰7年
1085	乙丑	大安元年	大安11年	元丰8年
1086	丙寅	大安2年	天安礼定 天仪治平（崇宗李乾顺八月改）	元祐（哲宗赵煦）
1087	丁卯	大安3年	天仪治平2年	元祐2年
1088	戊辰	大安4年	天仪治平3年	元祐3年
1089	己巳	大安5年	天仪治平4年	元祐4年
1090	庚午	大安6年	天祐民安元年	元祐5年
1091	辛未	大安7年	天祐民安2年	元祐6年
1092	壬申	大安8年	天祐民安3年	元祐7年
1093	癸酉	大安9年	天祐民安4年	元祐8年
1094	甲戌	大安10年	天祐民安5年	绍圣元年（四月改）
1095	乙亥	寿昌元年	天祐民安6年	绍圣2年
1096	丙子	寿昌2年	天祐民安7年	绍圣3年
1097	丁丑	寿昌3年	天祐民安8年	绍圣4年
1098	戊寅	寿昌4年	永安元年	元符元年（六月改）
1099	己卯	寿昌5年	永安2年	元符2年
1100	庚辰	寿昌6年	永安3年	元符3年
1101	辛巳	乾统元年 (天祚帝耶律延禧二月改)	贞观元年	建中靖国元年 （徽宗赵佶）
1102	壬午	乾统2年	贞观2年	崇宁元年
1103	癸未	乾统3年	贞观3年	崇宁2年
1104	甲申	乾统4年	贞观4年	崇宁3年
1105	乙酉	乾统5年	贞观5年	崇宁4年
1106	丙戌	乾统6年	贞观6年	崇宁5年
1107	丁亥	乾统7年	贞观7年	大观元年
1108	戊子	乾统8年	贞观8年	大观2年
1109	己丑	乾统9年	贞观9年	大观3年
1110	庚寅	乾统10年	贞观10年	大观4年
1111	辛卯	天庆元年	贞观11年	政和元年
1112	壬辰	天庆2年	贞观12年	政和2年

公元	干支	辽	西夏	金	北辽西辽	宋
1113	癸巳	天庆3年	贞观13年			政和3年
1114	甲午	天庆4年	雍宁元年			政和4年
1115	乙未	天庆5年	雍宁2年	收国（太祖完颜旻）		政和5年收国
1116	丙申	天庆6年	雍宁3年	收国2年		政和6年
1117	丁酉	天庆7年	雍宁4年	天辅元年		政和7年
1118	戊戌	天庆8年	雍宁5年	天辅2年		重和（十一月改）
1119	己亥	天庆9年	元德元年	天辅3年		宣和（二月改）
1120	庚子	天庆10年	元德2年	天辅4年		宣和2年
1121	辛丑	保大元年	元德3年	天辅5年		宣和3年
1122	壬寅	保大2年	元德4年	天辅6年	北辽 建福（宣宗耶律淳三月立） 德兴（萧德妃六月至十一月） 神历（耶律雅里五月至十月）	宣和4年
1123	癸卯	保大3年	元德5年	天会元年（太宗完颜晟九月改）	西辽	宣和5年
1124	甲辰	保大4年	元德6年	天会2年	延庆元年（德宗耶律大石二月立）	宣和6年
1125	乙巳	保大5年　辽亡	元德7年	天会3年	延庆2年	宣和7年
1126	丙午		元德8年	天会4年	延庆3年	靖康（钦宗赵桓）
1127	丁未		正德元年（三月改）	天会5年	延庆4年	建炎元年（高宗赵构五月改）
1128	戊申		正德2年	天会6年	延庆5年	建炎2年
1129	己酉		正德3年	天会7年	延庆6年	建炎3年
1130	庚戌		正德4年	天会8年	延庆7年	建炎4年
		伪齐　阜昌元年（刘豫十一月立）				
1131	辛亥	阜昌2年	正德5年	天会9年	延庆8年	绍兴元年
1132	壬子	阜昌3年	正德6年	天会10年	延庆9年	绍兴2年
1133	癸丑	阜昌4年	正德7年	天会11年	延庆10年	绍兴3年
1134	甲寅	阜昌5年	正德8年	天会12年	康国元年	绍兴4年
1135	乙卯	阜昌6年	大德元年	天会13年	康国2年	绍兴5年
1136	丙辰	阜昌7年	大德2年	天会14年 熙宗完颜亶	康国3年	绍兴6年

公元	干支	西夏		金	西辽	宋
1137	丁巳	阜昌8年（十一月亡）	大德3年	天会15年	康国4年	绍兴7年
1138	戊午		大德4年	天眷元年	康国5年	绍兴8年
1139	己未		大德5年	天眷2年	康国6年	绍兴9年
1140	庚申		大庆元年仁宗李仁孝	天眷3年	康国7年	绍兴10年
1141	辛酉		大庆2年	皇统元年	康国8年	绍兴11年
1142	壬戌		大庆3年	皇统2年	康国9年	绍兴12年
1143	癸亥		大庆4年	皇统3年	康国10年	绍兴13年
1144	甲子		人庆九月改	皇统4年	咸清元年 感天后塔不烟	绍兴14年
1145	乙丑		人庆2年	皇统5年	咸清2年	绍兴15年
1146	丙寅		人庆3年	皇统6年	咸清3年	绍兴16年
1147	丁卯		人庆4年	皇统7年	咸清4年	绍兴17年
1148	戊辰		人庆5年	皇统8年	咸清5年	绍兴18年
1149	己巳		天盛元年	天德元年（海陵王完颜亮十二月改）	咸清6年	绍兴19年
1150	庚午		天盛2年	天德2年	咸清7年	绍兴20年
1151	辛未		天盛3年	天德3年	绍兴仁宗耶律夷列	绍兴21年
1152	壬申		天盛4年	天德4年	绍兴2年	绍兴22年
1153	癸酉		天盛5年	贞元元年三月改	绍兴3年	绍兴23年
1154	甲戌		天盛6年	贞元2年	绍兴4年	绍兴24年
1155	乙亥		天盛7年	贞元3年	绍兴5年	绍兴25年
1156	丙子		天盛8年	正隆元年二月改	绍兴6年	绍兴26年
1157	丁丑		天盛9年	正隆2年	绍兴7年	绍兴27年
1158	戊寅		天盛10年	正隆3年	绍兴8年	绍兴28年
1159	己卯		天盛11年	正隆4年	绍兴9年	绍兴29年
1160	庚辰		天盛12年	正隆5年	绍兴10年	绍兴30年
1161	辛巳		天盛13年	大定元年世宗完颜雍十月改	绍兴11年	绍兴31年
1162	壬午		天盛14年	大定2年	绍兴12年	绍兴32年
1163	癸未		天盛15年	大定3年	绍兴13年	隆兴元年 孝宗赵眘
1164	甲申		天盛16年	大定4年	崇福元年承天后耶律普速完	隆兴2年
1165	乙酉		天盛17年	大定5年	崇福 2 年	乾道元年
1166	丙戌		天盛18年	大定6年	崇福 3 年	乾道2年
1167	丁亥		天盛19年	大定7年	崇福 4 年	乾道3年

公元	干支	西夏	金	西辽	宋
1168	戊子	天盛20年	大定8年	崇福 5 年	乾道4年
1169	己丑	天盛21年	大定9年	崇福6 年	乾道5年
1170	庚寅	乾佑元年	大定10年	崇福7 年	乾道6年
1171	辛卯	乾佑2年	大定11年	崇福8年	乾道7年
1172	壬辰	乾佑3年	大定12年	崇福9年	乾道8年
1173	癸巳	乾佑4年	大定13年	崇福10年	乾道9年
1174	甲午	乾佑5年	大定14年	崇福11年	淳熙元年
1175	乙未	乾佑6年	大定15年	崇福12年	淳熙2年
1176	丙申	乾佑7年	大定16年	崇福13年	淳熙3年
1177	丁酉	乾佑8年	大定17年	崇福14年	淳熙4年
1178	戊戌	乾佑9年	大定18年	天禧末主耶律直鲁古	淳熙5年
1179	己亥	乾佑10年	大定19年	天禧2年	淳熙6年
1180	庚子	乾佑11年	大定20年	天禧3年	淳熙7年
1181	辛丑	乾佑12年	大定21年	天禧4年	淳熙8年
1182	壬寅	乾佑13年	大定22年	天禧5年	淳熙9年
1183	癸卯	乾佑14年	大定23年	天禧6年	淳熙10年
1184	甲辰	乾佑15年	大定24年	天禧7年	淳熙 11年
1185	乙巳	乾佑16年	大定25年	天禧8年	淳熙12年
1186	丙午	乾佑17年	大定26年	天禧9年	淳熙13年
1187	丁未	乾佑18年	大定27年	天禧10年	淳熙14年
1188	戊申	乾佑19年	大定28年	天禧11年	淳熙15年
1189	己酉	乾佑20年	大定29年	天禧12年	淳熙16年
1190	庚戌	乾佑21年	明昌元年章宗完颜璟	天禧13年	绍熙光宗赵惇
1191	辛亥	乾佑22年	明昌2年	天禧14年	绍熙2年
1192	壬子	乾佑23年	明昌3年	天禧15年	绍熙3年
1193	癸丑	乾佑24年	明昌4年	天禧16年	绍熙4年
1194	甲寅	天庆元年桓宗李纯祐	明昌5年	天禧17年	绍熙5年
1195	乙卯	天庆2年	明昌6年	天禧18年	庆元元年宁宗赵扩
1196	丙辰	天庆3年	承安十一月改	天禧19年	庆元2年
1197	丁巳	天庆4年	承安2年	天禧20年	庆元3年
1198	戊午	天庆5年	承安3年	天禧21年	庆元4年
1199	己未	天庆6年	承安4年	天禧22年	庆元5年
1200	庚申	天庆7年	承安5年	天禧23年	庆元6年
1201	辛酉	天庆8年	泰和元年	天禧24年	嘉泰元年
1202	壬戌	天庆9年	泰和2年	天禧25年	嘉泰2年
1203	癸亥	天庆10年	泰和3年	天禧26年	嘉泰3年
1204	甲子	天庆11年	泰和4年	天禧27年	嘉泰4年
1205	乙丑	天庆12年	泰和5年	天禧28年	开禧元年

公元	干支	西夏	金	西辽	宋
1206	丙寅	应天元年襄宗李安全正月改	泰和 6 年	天禧 29 年	开禧 2 年
1207	丁卯	应天 2 年	泰和 7 年	天禧 30 年	开禧 3 年
1208	戊辰	应天 3 年	泰和 8 年	天禧 31 年	嘉定元年
1209	己巳	应天 4 年	大安卫绍王完颜永济	天禧 32 年	嘉定 2 年
1210	庚午	皇建元年	大安 2 年	天禧 33 年	嘉定 3 年
1211	辛未	光定神宗李遵顼七月改	大安 3 年	天禧 34 年亡	嘉定 4 年
1212	壬申	光定 2 年	崇庆元年		嘉定 5 年
1213	癸酉	光定 3 年	至宁五月改 贞祐宣宗完颜珣九月改		嘉定 6 年
1214	甲戌	光定 4 年	贞祐 2 年		嘉定 7 年
1215	乙亥	光定 5 年	贞祐 3 年		嘉定 8 年
1216	丙子	光定 6 年	贞祐 4 年		嘉定 9 年
1217.	丁丑	光定 7 年	兴定九月改		嘉定 10 年
1218	戊寅	光定 8 年	兴定 2 年		嘉定 11 年
1219	己卯	光定 9 年	兴定 3 年		嘉定 12 年
1220	庚辰	光定 10 年	兴定 4 年		嘉定 13 年
1221	辛巳	光定 11 年	兴定 5 年		嘉定 14 年
1222	壬午	光定 12 年	元光八月改		嘉定 15 年
1223	癸未	乾定元年献宗李德旺十二月改	元光 2 年		嘉定 16 年
1224	甲申	乾定 2 年	正大元年哀宗完颜守绪		嘉定 17 年
1225	乙酉	乾定 3 年	正大 2 年		宝庆元年理宗赵昀
1226	丙戌	宝义元年李睍七月改	正大 3 年		宝庆 2 年
1227	丁亥	宝义 2 年六月亡	正大 4 年		宝庆 3 年
1228	戊子		正大 5 年		绍定元年
1229	己丑		正大 6 年		绍定 2 年
1230	庚寅		正大 7 年		绍定 3 年
1231	辛卯		正大 8 年		绍定 4 年
1232	壬辰		开兴正月改 天兴元年四月改		绍定 5 年
1233	癸巳		天兴 2 年		绍定 6 年
1234	甲午		天兴 3 年正月亡		端平元年

编后记

《辽金西夏研究年鉴 2009》是根据许多专家学者的建议而编辑出版的，其前身称《辽金西夏历史文献》，只出版了一辑（2008）。由于印量不多，许多读者并未见到。

本年鉴是为从事辽金西夏研究的专家学者准备的信息类的工具书，各个栏目设置都以此为中心，目的是为研究人员提供丰富的信息。大家对本书的宗旨给予了充分理解和支持，许多专家学者亲自为之撰稿，令人感动不已。编好送出版社以后，出版社提出篇幅不宜过大，故而在发排以后，又临时撤掉了 12 篇稿件，约近 10 万字之多。撤下来的稿件时间性不强，作为备用稿以后刊出。在此作一说明，特向有关的专家学者致歉。

本年鉴的编印得到了许多专家学者的支持与帮助，特别感谢中国社会科学院蔡美彪、徐苹芳、史金波三位学部委员出任学术顾问，增强了我们编好年鉴的信心。学苑出版社孟白社长兼总编辑，慨允出版此书，是对我们的极大支持。出版社潘占伟副主任和责任编辑杨雷，在编辑工作中认真负责，一丝不苟，保证了年鉴顺利出版。当本书即将付梓之际，向以上诸先生表示崇高的敬意。

本年鉴的编印只是一种尝试而已。我们缺乏这方面的经验，所存的毛病缺点肯定不少。诚恳各界读者不吝指正，特别是在栏目设置方面，我们想多听大家的意见。为科研工作提供方便，是我们的愿望和目的。读者的批评建议，是我们前进的动力，谢谢广大读者的理解、支持和帮助。

编　者

2010 年 6 月 22 日